读 名 著

品 湖 湘

湖湘文化保护传承工程项目
2024年度湖南省社科基金重大委托项目

总主编 朱汉民

教育卷

湖湘文化名著读本

（修订版）

殷慧 编著

湖南大学出版社·长沙
HUNAN UNIVERSITY PRESS

图书在版编目（CIP）数据

湖湘文化名著读本. 教育卷 / 朱汉民总主编；殷慧

编著. --2 版，修订版. -- 长沙：湖南大学出版社，

2024.12. -- ISBN 978-7-5667-3342-9

Ⅰ. Z835；G4

中国国家版本馆 CIP 数据核字第 2024G2D651 号

湖湘文化名著读本 教育卷（修订版）

HUXIANG WENHUA MINGZHU DUBEN JIAOYU JUAN（XIUDING BAN）

编　　著： 殷　慧

项目总监： 邹　彬　王桂贞

责任编辑： 刘　锋　向彩霞

印　　装： 湖南省众鑫印务有限公司

开　　本： 710 mm × 1000 mm　1/16　　　**印　张：** 28　　　**字　数：** 458千字

版　　次： 2024年12月第1版　　　**印　次：** 2024年12月第1次印刷

书　　号： ISBN 978-7-5667-3342-9

定　　价： 86.00元

出 版 人： 李文邦

出版发行： 湖南大学出版社

社　　址： 湖南·长沙·岳麓山　　　**邮　编：** 410082

电　　话： 0731-88822559（营销部）　　88649149（编辑部）　　88821006（出版部）

传　　真： 0731-88822264（总编室）

网　　址： http://press.hnu.edu.cn

总序

在漫长的人类文明史上，中华文明之所以成为一个从未中断的连续性文明体，缘于中华文化内在的恒长生命力。对于中华文化组成部分的湖湘文化，我们不能够仅仅将其理解为中华文化体系中的地域形态文化，它也是中华文化的杰出代表。沿着中华文化演变的历史脉络，湖湘文化经历了漫长的形成、演变、发展、重构的历史过程。湖湘文化作为中华文化的优秀典范，既具有中华文化的普遍精神，又形成了其独特的传统。

一、湖湘文化对中华文化的重要贡献

湖湘文化形成、发展于漫长的历史过程中，它在不同历史背景下的发展机遇、文化形态、重要贡献，均与中华文化的主体性建构密切相关。湖湘文化之所以在中华文化体系中居于重要地位，是因为它坚守中华民族的家国情怀、人文精神、文化使命，对中华文化的建构发展作出了重要贡献。

湖湘文化有三个重要发展时期，即楚汉时期、宋明时期和近代。湖湘文化人在此时期均创造出独特的历史成就和文化贡献，顺应了中华文化发展的历史趋势，充分反映了中华文化主体性建构的要求。

楚汉时期是湖湘文化登上中华文化历史舞台的重要时期。楚国时期的湖湘地区是楚文化的重要区域，在此产生了将中原道德文化与沅湘民俗文化相结合的浪漫主义文学艺术，其典型代表是屈原的"楚辞"。屈原是战国时期杰出的诗人、思想家、政治家，晚年被流放于湖湘大地，创作了融入湖湘地域特色的《离骚》《九歌》《九章》《天问》等作品。屈原在《离骚》中表露自己的心迹："济沅湘以南征兮，就重华而陈词。"他在沅湘之地而向舜帝陈词，表达了身处南楚沅湘的屈子对华夏文化主体的敬重和认同，这一种文化情怀推动了南楚文化与中原文化的融合。屈原还进一步通过《九歌》的创作，建构了一个将沅湘地区的自然神崇拜与中原地区的圣王崇拜融为一体的艺术形象，逐渐使中原地区的舜帝与苗蛮民族的精神偶像统一起来。他以自己独特的艺术创造与深刻思想，推动了中华文化的多元融合与历史建构。"楚辞"不仅是楚文化的典范，也是中华文化的艺术经典。屈原在"楚辞"中构建了一个体现中华文化精神的艺术世界，推动了一种具有包容性的文化传统的历史建构，对中华文化与民族精神的形成作出了突出的贡献。在之后两千多年的历史长河中，屈原的"楚辞"一直陶冶着中华儿女的审美情操和精神世界。两汉时期建构的中华文化，是人类文明史上最宏大、最丰富、最深刻且具有蓬勃生命力的文明体之一。两汉文化主要由三大地域文化即齐鲁文化、秦晋文化、荆楚文化构成。荆楚文化是湖湘文化的源头，亦可谓湖湘文化的母体，她为两汉以后逐步成熟的中华文明作出了杰出贡献。此后，被流放在湖南的文人学者继承了屈原所奠定的湖湘文统，表现出与屈原一脉相承的精神气质。西汉的贾谊是继屈原之后影响最大的湖湘文人，他在湖南创作了《吊屈原赋》《鹏鸟赋》等充满湖湘神韵的文学作品，在中国文学史上具有重要地位。司马迁作《史记》时将屈原、贾谊合传，故而湖南在历史上又被称为"屈贾之乡"。

宋明时期既是中华文化的成熟与深化时期，也是湖湘文化的丰富与发展时期。两宋时期湖湘地区理学崛起，书院教育大盛，推动了湖湘文化的兴盛和发展，进而推动了中华文化的深入发展。两宋时期湖湘学派崛起，推动了理学思潮的创新和发展，涌现出许多著名的理学家，如周敦颐、胡宏、张栻等。湖湘地区书院的蓬勃发展，为理学的发展和传播作出了重要贡献。宋以前文化教育并不发达的湖湘地区，在两宋时期拥有"天下四大书院"中的岳麓书院和石鼓书院，时有"天下书院楚为盛"的说法，这些都反映了湖湘地区的文化教育对中华文化的历史贡献。明末时期的王船山以毕生精力从事学术研究，留下了一百多种著作，内容涉及哲学、政治、经济、历史、文学、教育、宗教、科技等领域，构建了一个博大精深的思想文化体系。他对自己的学术期许"六经责我开生面"，充分表达了他对中国思想文化发展趋势的深刻洞察。一方面，王船山全面继承、系统总结了以"六经"为代表的中国思想文化传统；另一方面，他又根据历史变革与发展趋势，大胆创新、全面发展了中国的传统思想文化。正因此，他留给后人的是一个既有深厚中华文化传统又有超前时代意义的思想文化体系。

从晚清到民国是中华文化近代化的重要时期，也是湖湘文化的继承与创新时期。清末民初，湖湘文化开始进入大发展时期。晚清以来的近代中国面临"三千年未有之变局"，中华文化受到西方文化的巨大冲击。近代知识分子群体主动承担起学习和引进外来的器物文化、制度文化、思想文化的大任，全方位地推动中国文化的近代化。同时，他们又坚守中华传统文化精神，坚守中华文化中具有恒常意义的价值体系，以实现中华文化的主体性转型。清末民初的湖湘知识分子群体参与了这一历史进程，那些提倡学习西方近代器物、制度、思想的志士仁人，很多都是胸怀家国的优秀湖湘儿女。他们在致力于中华文化近代化建设的同时，也在进一步推动中华文化的主体性转型。那些在近代史上推动中华文化近代化的先驱人物，有着对中华五千多年文化的高度自信。这种文化自信是建立在对中华文化的深刻思考和深厚情感基础之上的，所以，尽管他们也批判中华文化中的糟粕部分，但是他们从来没有对中华文化丧失信心。如魏源既呼唤"师夷长技以制夷"，倡导学习西方先进技术，又坚守中华文化"三代之心"的理想精神，以行王道致富强作为近代中国的最终目标。谭嗣同也是一位有着高度文化自信和文化自觉的人。他坚持以"仁"为价值体系核心来革新近代中国文化体系，他的代表作《仁学》就鲜明地体现出中华文化主体性革新的精神。杨昌济更坚定地相信，中华文化的价值理念是具有普遍性的世界主义。他说："吾国圣贤之教，本取世界主义，故恒谓吾国为天下。"① 总之，湖湘学人坚信中华优秀文化既有贯通古今的恒常性价值，又有超越民族国家的普遍性价值。

近代湖湘文化对中华文化发展的重要贡献是湖湘学人在新文化运动中吸纳、宣传马克思主义，且将外来的马克思主义与中华文化相结合而建立中国化马克思主义。近代湖湘知识分子群体既是强调经世致用的实用主义者，也是追求大同之道的理想主义者，大多数近代湖湘知识分子持中国传统的大同、王道理念来推动中国的现代化进程。青年毛泽东曾表达了自己对中国最高理想"大同圣域"的向往。他说："彼时天下皆为圣贤，而无凡愚，可尽毁一切世法，呼太和之气而吸清海之波。孔子知此义，故立太平世为鹄，而不废据乱、升平二世。大同者，吾人之鹄也。"② 新文化运动中，科学社会主义思潮从西方传入中国，那些追求大同理想的湖湘知识分子很快就接受了马克思主义，并在湖南地区创建了共产主义小组。中国在现代化进程中，最终选择了马克思主义。中国化马克思主义包含着深刻的中华文化思想内涵。如青年毛泽东一度从中外各种新思潮中探寻实现大同理想的道路，最后通过阅读《共产党宣言》等马克思主义著作，找到了实现大同理想的科学社会主义，确定了共产主义信仰。中华人民共和国成立前夕，毛泽东在《论人民民主专政》一文中指出："康有为写了《大同书》，他没有也不可能找到一条到达大同的路。资产阶级的共和国，外国有过的，中国不能有，因为中国是受帝国主义压迫的国家。唯一的路是经过工人阶级领导的人民共和国"，"经过人民

---

① 杨昌济著，王兴国编注：《杨昌济集㊀》，湖南教育出版社，2008 年版，第 85 页。
② 《毛泽东早期文稿》，湖南人民出版社，2008 年版，第 76 页。

共和国到达社会主义和共产主义，到达阶级的消灭和世界的大同"。① 所以，毛泽东把共产主义称为"真正的大同"。可见，中华文化中的大同理念成为马克思主义传入中国的文化基础和精神助力。马克思主义传入中国之后，以毛泽东为代表的一代中国共产党人将实事求是思想作为民族形式的马克思主义，指导中国革命和建设。毛泽东诠释的实事求是之所以成为中国共产党的思想路线，是因为它是一种典型的中国化马克思主义思想。更具体地说，实事求是既有深厚的中国思想传统基础，又能够体现马克思实践唯物主义的普遍原理。中华民族作为一个重视实践的民族，具有实事求是的思想传统与文化基因，所以中国共产党人能够走出一条中国式革命的道路，并且形成了毛泽东思想。总之，我们可以把将中国传统的大同之道与共产主义理想结合起来、将实事求是之道与实践唯物主义结合起来，理解为近代湖湘文化对中华文化现代化发展的重要贡献。

由此可见，一部湖湘文化形成和发展的历史，就是一部传承和发展中华文化道统、参与中华文化建构的历史。在中国历史发展过程中的一些重要阶段，总有一些湖湘知识分子在引领中华文化的主体性建构，推动中华文明的建设与发展。他们致力于中华文明建设和发展的精神动力，正是中华文化的基本精神与中华道统的核心价值——其中包括大同理想、王道政治、内圣外王和实事求是。他们的文化自信，正源于对中华文化所具有的普遍性与恒常性价值的精神信念。

005

二、湖湘文化的主要特色

湖湘文化是中华文化体系中的地域形态文化之一，具有鲜明的地域特色。学界曾经从不同角度对湖湘文化的地域特色作过概括，这对推进湖湘文化的

---

① 《毛泽东选集》第 4 卷，人民出版社，1991 年版，第 1471 页。

研究和宣传起到了很好的作用。这里主要从文源、文脉和文气三个方面，考察和定位湖湘文化的主要特色与优势。

其一，文源深。中华文明是世界古文明中唯一从未中断过的文明。史籍记载的"三皇五帝"，充分体现了中华民族的悠久文明历史，而湖湘文化与"三皇"中的炎帝、"五帝"中的舜帝均有着密切的关联。在中华文明史上，炎帝神农氏是农耕文化的奠基人，《周易·系辞》载神农氏"斫木为耜，揉木为耒，耒耨之利，以教天下"。在湖南地区出土的新石器时代遗址，如道县玉蟾岩遗址、澧县彭头山遗址，均证明了炎帝神农氏时代（甚至更早的历史时期）湖南地区便创立了比较发达的农业文明。可见，"三皇"之一的炎帝神农氏既是中华农耕文明的开拓者，又是湖湘文化的开拓者。后来，炎帝神农氏因为民治病，误食毒草而亡，葬于今湖南炎陵县。"五帝"之一的舜帝则是中华道德文化的奠基人。舜帝是出生于中原地区的华夏部落首领，很多历史典籍中记载了他的道德精神，如孝敬父母、恭谦礼让、以德治国、举贤任能等。舜帝的道德精神成为中华传统道德的典范，在中华大地产生了重大的影响。据《史记》记载，舜帝南巡时崩于苍梧之野，葬于九嶷。此后，九嶷山的舜帝陵就成为湖湘儿女祭拜舜帝、弘扬道德文化的地方。

湖湘文化的文源深，不仅仅在于它与中华民族农耕文化、道德文化的源头相关，还在于它与中国古典文学、两宋道学的源头直接相关。中国古典诗歌有两个源头：北方的《诗经》与南方的"楚辞"。屈原是楚辞艺术的奠基人与杰出代表，他的许多代表作品都是他被流放于湖南地区时创作的，吸收了沅湘之地的神话巫风。可见，湖湘文化为屈原的诗歌作品提供了源头活水。宋代被称为"道学宗主""理学开山祖"的周敦颐出生于湖南道县，又多年在湖南地区为官并从事学术研究与文化传播，故而也是湖湘学的奠基人。屈原与周敦颐，"一为文学之鼻祖，一为理学之开山"（钱基博语），充分反映了湖湘文化的源远流长。

其二，文脉广。"文源深"着重从时间维度表达湖湘文化的悠久，"文脉广"则着重从空间维度表达湖湘文化的广大。区域文化虽然是针对某一空间范围而言的，但其形成、发展、演变均离不开不同区域文化之间的交流和互动。湖湘文化之所以获得很大发展，除了对本土文化的继承、创新以外，还在于对外来文化的不断学习、吸收，故而具有文脉广的特点。湖湘文化形成的上古时期，中原文化与南方本土文化相结合，极大地促进了中华文化的发展。炎帝神农氏的圣王人格精神，其实就是北方的英雄传说（炎帝）与南方的宗教信仰（农神）交流互渗的结果。舜帝南巡逝世并葬于九嶷，受到南方民众的普遍敬仰，亦体现出湖湘文化对中原道德文化的接受与吸收。另外，湖南本土的苗蛮文化，如果追溯其来源，也是九黎部落（东夷文化）南迁的结果。

屈原的"楚辞"作品也体现出文脉广的特点。一方面，他的部分诗歌源于沅湘巫歌，具有南音歌谣、巫风歌舞的地域特色与湖湘风情；另一方面，这些诗歌表现出对"美政""美人"的理想追求，特别是对舜帝这位远古圣王的崇敬，其文脉显然为中原华夏族文化。周敦颐之所以能够成为道学宗主、理学开山鼻祖，固然是由于他能够继承齐鲁之风、孔孟学统，同时还与他大胆吸收和兼容佛、道思想有关。作为周敦颐理学思想的传承者，南宋胡宏、张栻在湖南地区创建的湖湘学派，也具有文脉广的特点。湖湘学派的创立缘于二程洛学南传，故而有浓厚的洛学特色；湖湘学者又广泛地与闽学学派的杨时、朱熹，与浙东学派的吕祖谦、薛季宣、陈傅良，与江西学派的陆九渊、陆九韶等开展学术交流，学术上有典型的兼容并蓄的特点。王船山能够成为清初三大儒之一，也缘于他的文脉广。他不但继承了宋时的湖湘学统（其中包括胡安国的《春秋》学、胡宏的人性论、张栻的知行论），而且继承了张载关学的学术思想，将气学发扬光大；同时吸收了浙学的事功取向。再如晚清的湖湘学人，其思想学术无不具有文脉广的特点。曾国藩将知识学问分成义理、考据、辞章、经济等"四门之学"。他本人能够在这"四门之学"中取得突出的成就，很大程度上在于他的文脉广。如他的义理之学源于洛闽，考据之学宗吴皖，辞章之学承桐城，经济之学源于浙东、湖湘各地。可见，广泛的文脉成就了湖湘学人，也推动了湖湘文化的大发展。

其三，文气足。"文气"是古代文论中的一个专有名词，一般用来指文章中所体现出的作者的精神气质，而用"文气"来描述湖湘文化的特征时，就有狭义与广义之分。狭义的文气，专指那些在湖湘地区创作的作品或湖南人的著述中所表达出的既具有地域特色又充满生命活力的精神气质。湖南作为一个文化大省，曾产生了一大批著名的作家和优秀的文学作品。屈原的《离骚》《九歌》《九章》《天问》，是中国较早的文学经典。此后，这里产生了许许多多在中国文学史上占有重要地位的作品，如贾谊的《吊屈原赋》《鵩鸟赋》，柳宗元的《永州八记》，范仲淹的《岳阳楼记》，周敦颐的《爱莲说》，等等。明清至近代，湖湘地区涌现出不计其数的文化名人，如李东阳、王夫之、曾国藩、何绍基、王闿运、丁玲、沈从文等，他们的作品均表现出一种充盈而劲悍的文气。最早提出"文气说"的曹丕曾说，"文以气为主，气之清浊有体，不可力强而致"[1]。其中的"气"就指作者内在的精神气质。湖湘作家群体的精神气质大多是血性与灵性的结合，并表现出劲直、刚烈、气雄的特色，作家群体及其代表作品凸显出文气足的特点。

广义的"文气"指某个人物群体所具有并表现出来的文化气质。湖湘大地有数千年的文化积淀，加之宋以后湖湘教育发展很快，湖南人才群体普遍体现出一种特别的文化气质。除了那些从事文学、学术等与"文"有关的人普遍具有文气，军人与政治家群体也表现出特别的文气。晚清的湘军集团就是一个具有"文气"的军事集团、政治集团。湘军集团的大部分将领是文人学者出身，受过系统的文化教育，能够治学为文。他们还用这种"文气"训练士兵，军营中常常传出琅琅书声。军队能够具有这样鲜明的文气，在历史上罕见。近代湖南许多著名的革命将领如黄兴、蔡锷等均显出鲜明的文气。同样，湖南的政治家也具有鲜明的文化气质。其中表现得最充分的是毛泽东。毛泽东是中国历史上影响很大的政治家、军事家，他的政治才能、军事才能使得他能够领导中国人民推翻三座大山、建立中华人民共和国；同时，他又

---

[1]　严可均校辑：《全上古三代秦汉三国六朝文》，中华书局，1958 年版，第 1097 页。

是一位创作了大量文学名篇的诗人，一位热爱哲学并且提出了系统哲学理论的哲学家。毛泽东是历史上罕见的文气足的政治领袖。

三、为什么要编"湖湘文化名著读本"

2023 年 6 月 2 日，习近平总书记在文化传承发展座谈会上特别指出，只有全面深入了解中华文明的历史，才能更有效地推动中华优秀传统文化创造性转化、创新性发展。同样，我们只有深入了解湖湘文化的历史，特别是了解湖湘文化对中华文化的历史贡献，才能更有效地推动中华文化重要组成部分的湖湘文化的创造性转化、创新性发展。

我们应该如何深入了解湖湘文化呢？显然，学习、了解湖湘文化，离不开下列几条途径。

其一，阅读湖湘文化的文献典籍。湖湘文化在几千年的历史演变发展过程中，留下了卷帙浩繁的文献典籍，它们是悠久的湖湘文化的体现。想要了解湖湘文化的学习者，无疑应该把这些历史文献典籍作为重要的资料。通过阅读这些典籍，我们可以穿过时空隧道，领悟湖湘文化的丰富内涵。

其二，考察湖湘文化的历史遗迹、文化遗物。由于时间的剥蚀，曾经鲜活的湖湘文化的历史现象和文化形态逐渐演变为博物馆里的文物与文化遗迹。它们是辉煌、灿烂的湖湘历史文化的见证，客观、忠实地叙述着湖湘历史文化。通过参观、考察湖湘文化的历史遗迹、文化遗物，我们可以了解、感受湖湘文化的历史风貌和丰富内涵。

其三，观察、思考当代湖湘人的文化心理、性格气质、风俗习惯。文化心理、性格气质、风俗习惯均是文化积淀的结果，通过对当代湖湘民众习俗、性格、心理等方面的观察思考，可以找到与湖湘文化相关的信息，进而了解湖湘文化。许多民俗学、社会学、人类学、心理学的研究者，都通过这一途径了解和诠释着湖湘文化。

其四，阅读湖湘文化研究著述，参加湖湘文化专题讲座。从事湖湘文化研究的学者，通过上述文献典籍、文物遗迹、民俗活动等载体，获得对于湖湘文化的认知，进而撰写关于湖湘文化的著述，开办湖湘文化专题讲座。通过阅读他们的著述，参与专题讲座，可以更快捷地获得有关湖湘文化的历史知识。

上述学习湖湘文化的途径，各有其特点和长处。而我们采用编写"名著读本"的方式，希望能引导读者深入学习湖湘文化的思想内涵和人文内核，深刻了解湖湘文化。本丛书具有以下特点：

其一，采取选读湖湘文化名著的途径，引导读者更加准确、深入地了解湖湘文化。几千年的湖湘文化历史主要是凭借文献典籍保存下来的。其他的如文物古迹、风俗习惯，也只有借助文献典籍，其文化意义才能够彰显出来。大量的湖湘文化研究论著与专题讲座，也主要是以文献典籍为依据而完成的。阅读文献典籍应该是最全面、最深入、最系统地了解湖湘文化的路径。但由于湖湘文化文献浩繁，普通读者显然难以入手，非湖湘文化研究专业人士也没有必要下那么大的功夫去读。本丛书精选了那些能够体现湖湘文化精华的原著，这些文化名著往往既能够集中体现中华文化精神，又能够反映湖湘文化特色。

其二，将湖湘文化名著与湖湘文化研究著述结合起来。对于读者，仅仅阅读湖湘文化原典，可能难以把握其中的思想核心与文化内涵；仅仅阅读湖湘文化论著，又可能难以进行独立思考。本丛书希望引导读者在自己阅读原著的同时，又能阅读到专业学者的注解、评析，继而能够快速、准确、深入地了解湖湘文化。

其三，将湖湘文化名著分为不同学科，包括哲学、文学、历史学、教育学、军事学等不同领域，以更加全面地介绍湖湘文化，满足不同爱好者的需求。湖湘文化的研究是一个综合性很强的学术场域，其文化内涵离不开各个不同的学科视域。本丛书的编著者均是在上述学科领域中具有较高学术涵养、取得一定学术成果的学者。他们以专业的眼光，选取能够代表湖湘文化的名著，并作出专业的注解、评析，以帮助读者从不同学科视域品读湖湘文化。

　　"湖湘文化名著读本"丛书最初于 2012 年出版，包含哲学卷、佛教卷、道教卷、文学卷、教育卷、军事卷。丛书出版后产生了较好的社会反响。近年来，以习近平同志为核心的党中央一直在强力推动中华优秀传统文化的创造性转化、创新性发展，特别是习近平总书记提出将马克思主义与中华优秀传统文化相结合，进一步推动了民众对中华优秀传统文化的学习。作为中华文化典范的湖湘文化，也受到从中央到地方各级领导的重视，进而引发了广大读者对湖湘文化的学习热情，关于湖湘文化的著述方兴未艾。湖南省委、省政府为了进一步推广湖湘文化，指示湖南大学修订、完善"湖湘文化名著读本"丛书，并将其列为"湖湘文化保护传承工程"项目。同时，本丛书还被湖南省哲学社会科学工作办公室列为"2024 年度湖南省社科基金重大委托项目（24WTA14）"。湖南大学高度重视，成立了编委会和修订工作专班，以期圆满完成这一重大文化工程项目。

　　根据湖南省委、省政府和湖南大学的指示以及湖南大学出版社工作专班的安排，我受命主持本丛书的修订和完善工作。本次修订，我们根据现代大学生、公务员、广大文化爱好者等不同群体学习湖湘文化的需要，选取哲学、历史学、文学、教育学、军事学等五个学科的湖湘文化名著，请相关作者根据新的研究成果，增补、完善本丛书，以体现当代学者对中国传统文化、湖湘文化的研究水平。我在原序的基础上，对湖湘文化的历史概貌、文化成就、地域特色以及本丛书出版始末、主要特色作了一个基本的介绍。

　　是为序。

朱汉民

2024 年 10 月 31 日定稿于岳麓书院文昌阁

前言

湖湘教育是中国教育的一朵奇葩，在中国教育史上有着重要的地位。湖湘教育思想源远流长，并随着历史的发展而展示出独特的魅力。湖湘教育与湖湘思想文化有着十分紧密的联系。在湖湘思想文化的熏陶下，湖湘大地人才辈出。汉代以贾谊为代表的教育家的教育思想奠定了湖湘教育的基础。宋代是湖湘文化脱颖而出的时期，也是教育的繁荣昌盛时期。周敦颐、胡安国、胡宏、张栻等理学家致力于创新思想、创办书院、培养人才，出现了生徒云集、学术繁荣的盛况，形成了中国教育史上教育与理学深度融合的典范。清末民初，国家岌岌垂危的背景催生了以社会变革为主要内容的教育思想。从魏源、曾国藩、谭嗣同到杨昌济、徐特立、毛泽东，湖湘教育家灿若繁星。这一时期，湖湘教育思想风起云涌、引人注目，影响了中国与世界，呈现出多元发展的趋势。

钱基博曾在《近百年湖南学风》中说，湖南人"有独立自由之思想，有坚强不磨之志节。湛深古学，而能自辟蹊径，不为古学所囿"。这一概括也可说明湖南教育在思想、文化中表现出来的特色。呈现在读者面前的这本《湖湘文化名著读本 教育卷》，遴选了湖湘教育史上的名家名作，试图对湖湘教育思想作一介绍，以展示湖湘历代大家对有关社会教化、人的教育与修养等问题的思考历程。

一、湖湘教育思想的传承与创新

纵观湖湘教育思想史，湖湘教育思想关注文化的传承与创新。

湖湘教育主要传承儒家教育。儒家教育的理想基于这样的认识：只有当每个人都成为有道德的人时，社会才能正常运转与繁荣昌盛。政治文化上的稳定得益于教育对每个个体严格的道德要求。因此，个体的修养直接关系到社会的安定、和谐与发展。中国古代社会主要依靠礼制来维持，礼治、礼教成为维系社会正常运行的机制，社会的精英则致力于对礼义的挖掘与认识，发挥以礼移风易俗的功能，注重以礼来调和人际关系，以礼来修养身心。湖湘教育并没有脱离儒家教育的范畴，而是很大程度上在儒家教育思想的框架中展开。

湖湘教育历来重视礼的教化。贾谊的礼治、礼教思想在中国古代教育史上占据了重要的一席之位。贾谊基于社会政治的需要，以君主教育为中心而展开的礼教思想，为湖湘教育思想的发展奠定了理论基础。贾谊指出，社会生活时时刻刻都离不开礼，礼的作用与功能在于能够稳固国家、安定社稷，能够使君民各得其所，各司其职。"道德仁义，非礼不成；教训正俗，非礼不备；分争辨讼，非礼不决；君臣、上下、父子、兄弟，非礼不定；宦学事师，非礼不亲；班朝治军，莅官行法，非礼威严不行；祷祠祭祀，供给鬼神，非礼不诚不庄。是以君子恭敬、撙节、退让以明礼。礼者，所以固国家、定社稷，使君无失其民者也。"在礼与法的关系上，贾谊提出"礼者，禁于将然之前，而法者，禁于已然之后"的观点。贾谊的教育思想继承先秦儒家隆礼的思想，主张定制度、兴礼乐，使社会纲纪有序，六亲和睦，明确主张礼治。值得注意的是，贾谊的礼教思想主要着眼于君主教育，着重论述君主上下之礼与礼义。因此，礼成为教育太子的核心内容。在贾谊看来，一个君主，首先应该明礼，懂得恭敬、撙节、退让之礼；其次，应该明礼之分、礼之数，以礼来处理社会及人伦关系；再次，应懂得以礼恤下，以礼养民。贾谊的君主教育思想对宋代理学家程颐、朱熹、张栻等产生了深远的影响。

可以明确的是，宋代兴起的理学教育仍然是以礼教为中心的。只不过，这时的湖湘教育思想呈现出蔚为大观的关于宇宙、人生与社会的综合思考。理学家也许因为身份地位的关系，更加倾向于关注地方秩序，注重家礼的建设，立足挖掘适合士人群体的身心修养理论。周敦颐、胡安国、胡宏、张栻等湖湘大家均致力于从地方秩序建设推行礼的教化，从而夯实了三湘四水的礼治秩序，推动了湖湘文化发展的进程。这一时期，湖湘的理学教育，继承发扬《大学》"自天子以至于庶人，壹是皆以修身为本"的思想，着眼于士人修身的教育。胡宏曾说："夫为是学者，非教士子美食逸居，从事辞藻，幸凯名第，盖将使之修身也。身修，然后人伦明，小民亲，而人道立。"胡宏的这一论述，正说明湖湘理学教育将修身视作建立人道的根本途径，这也是齐家治国平天下的必由之路。

宋元以降至清末的湖湘教育，以传承理学为正宗，多强调士人和学者为师、为官的教育，这是礼教进一步深化的表现和结果。关于师道的重要性，周敦颐阐发较多。他指出："师道立，则善人多。善人多，则朝廷正，而天下治矣。"这明确了师道的功用在于：能为天下善，能为天下治。这也肯定了教师对社会的主要贡献：能够培养善人，能够促进社会的稳定和谐。周敦颐对为师者、为友者也提出了很高的要求："天地间至尊者道，至贵者德而已矣。至难得者人，人而至难得者，道德有于身而已矣。求人至难得者有于身，非师友，则不可得也已。"为师友者，则意味着要成为天地间至尊至贵的人，要成为得道明德之人。清代汤鹏追溯中国古代教师的地位与作用，也反复论证："储贰，天下之根本也。师傅，储贰之根本也。道学，师傅之根本也。"汤鹏认为教师的根本任务就是传承引导学术方向，能够培养以太子为首的社会精英，能培养好未来的君主，这是天下大治的根本。唐鉴关于儿童学礼的论述，则可以看出湖湘礼教传播与教化的深度和广度。

儒学教育认为，"学而优则仕"。范源廉曾这样描述中国古代学子进入官场的状况："学子之志于为官，几同于流水之归壑。"郑玄这样理解学问与政治之关系："大学者，以其记博学可以为政也。"宋代科举制度兴盛，朱熹对士人提出了更高要求："大学者，大人之学也。"湖湘教育以追求"大人之学"为重点，以修养身心为基础的为官教育，成为一种新的教育范式。清代曾国藩主张凡事要"劳、谦、廉"，不可为官自傲。他修身律己，以德求官，礼治为先，以忠谋政，在官场上获得了巨大的成功。他曾立《五箴》，时时警醒自己；也曾对弟弟提出"清、俭、明、慎、恕、静"六则，规范其为官任事。从郭嵩焘对儿子庆藩的叮咛我们也可以看出，在理学的熏陶下，士人对为官传道济民的具体理解。

综上所述，礼的教化应该是湖湘教育思想传承的主要方面。理学哲学体系的建立和发展体现了湖湘教育思想的创新动力与成果，是湖湘文化建立和品质提升的重要方面。也正基于此，湖湘教育思想成为中国教育思想史上不可或缺、独具特色的部分。

二、湖湘教育的内容与特色——以立志教育为例

湖湘教育注重立志教育，从周敦颐、胡安国、胡宏到罗泽南、曾国藩、左宗棠、陈宝箴等，他们都强调立志的重要性。理学的开山鼻祖周敦颐也是湖湘著名的教育家，他针对汉唐以来盛行的辞章之学、佛老之学，提出了"学为圣人"的教育目标。"学为圣人"这一目标首为荀子提出，周敦颐提出的教育目标，具体而言，就是"圣希天，贤希圣，士希贤"。对于士人学者而言，具体就是如何修养圣贤人格，达到圣贤的境界。"志伊尹之所志，学颜子之所学"成为当时湖湘理学教育家讨论的热点。胡安国说："有志于学者，当以圣人为则；有志于天下者，当以宰相自期。"这是从士人的角度，

指出两条为学的路径。胡宏具体深化了周敦颐关于"志"与"学"的内涵，认识到周敦颐提出此目标的意图在于"患人以发策决科、荣身肥家、希世取宠为事也，故曰'志伊尹之所志'。患人以广闻见、工文词、矜智能、慕空寂为事也，故曰'学颜子之所学'"。我们从中不难看出，当时湖湘理学家对于"志伊尹之所志，学颜子之所学"的理解，主要倾向于两个方面：一方面是修养身心，一方面是致君泽民。其立足点仍是个人的道德修养。

胡宏曾勉励学子，应以传承道学、注重教化为己任，实现一个儒者应有的社会责任："道学衰微，风教大颓，吾徒当以死自担，力相规戒，庶几有立于圣门不沦胥于污世也。"胡宏在给秦桧的一封书信中有这样一段话："杰然自立，志气充塞乎天地，临大节而不可夺，有道德足以赞时，有事业足以拨乱，进退自得，风不能靡，波不能流，身虽死矣，而凛凛然长有生气如在人间者，是真可谓大丈夫矣。"胡宏不愿像寻求荣华富贵、想光宗耀祖的普通士人一样追求现实的名和利，而是立志做一名顶天立地、有道德事业和高尚道德情操的大丈夫。胡宏笃志将自己的一生奉献给求道之路，决心穷毕生之力探索儒家之道，始终不渝，决不半途而废。他的学生张栻也认为，一个真正的学者，首先应该是立场鲜明、坚信儒学的人。

到清末，许多学者、官员仍然认同理学教育中的立志说。修养身心以及改造中国与世界，仍是学者们的共同目标。贺长龄曾说："我辈读书，非关身心性命，即系天下国家，余可概置弗阅，实亦无暇旁及。"曾国藩强调优先穷究义理之学，主张"立志以植基，居敬以养德，穷理以致知，克己以力行，成物以致用"的进阶工夫，强调立志是教育的基础。罗泽南也曾说："人欲行道，必先存理；人欲存理，必先扩识；人欲扩识，必先立志。"陈宝箴认为，为学首先要立志，立志首在知耻。一个学者，首先应有羞耻心、自尊心，才能不甘堕落，才能立志做圣贤豪杰、做君子、做一个对国家和社会有用的人才。傅熊湘说："故士之为学，当以立志为先；立志之方，当以治心为要。"梁启超所拟《湖南时务学堂条约》，仍将立志放在头条。近现代，曾任湖南大学校长的胡庶华先生曾将一幅字赠予当年的总务处长："'尧舜事功，孔孟学术'，此八字是君子当今急务。或问何处下手，曰以天地万物为一体，此是'孔孟学术'；使天下万物皆得其所，此是'尧舜事功'。"学为圣人，立志于身心性命之学，将"尧舜事功"与"孔孟学术"有机结合，这是理学创新的教育目标，也是湖湘教育的共识及特色。

三、湖湘教育大家的风采与精神

教育是关于人的事业，绝非独善其身之事。湖湘教育绵延不绝，兴盛不已，"极广大、尽精微"的方面主要在于：一是教育思想不断创新，在教育模式、教育方法上紧随时代潮流；二是弘道在人，在教书育人及社会教化上本着求真务实的精神，涌现出一批批致力于传道授业、诲人不倦的教育大家。

汉代教育家贾谊致力于探讨君主教育，并怀有强烈的教育责任感，因自己在任太师期间梁怀王坠马身亡，陷入极度悲痛和自责之中，于次年抑郁而终。宋代周敦颐以孔孟为正统，兼综佛道思想，阐发心性义理之学，开宋代理学之先河。他为官时，无论是老师宿儒，还是专业人士，都闻其名而登门造访。他为郴县县令时，知州事职方员外郎李初平年长，钦慕其学，想拜其为师，周敦颐谦逊地说自己年少不足以为师，但可以一起交流。后李初平日听其教诲，两年而后有得。李初平死后，周敦颐一直照顾其幼子，周济其家，始终不懈。湖湘教育大家张栻继承发扬胡宏之学，曾创建城南、道山、南轩书院于长沙、宁乡、衡山等地，担任岳麓书院主教，"一时从游之士、请业问难至千余人，弦诵之声洋溢衡峰湘水"。其融教学与经世活动于一体，致力于培养"得时行道，事业满天下"的济世人才。

清代思想家王夫之曾提出"气理体用、行先知后"的哲学思想，详细论述了"教本政末""习与性成"和"学思相资、教必著行"的教学思想。在家庭教育中，他也会事无巨细地将训诫子孙的内容列出。王夫之晚年居南岳衡山下的石船山，著书立说，对教育事业坚持不懈，鞠躬尽瘁。王夫之为

"从游诸子"讲所注《礼记》，常常夜谈至鸡鸣。曾有盗贼至，"窃听而异之，相戒无犯焉"。清代教育家罗典学问广博，治学严谨，陶澍、彭浚、贺长龄、欧阳厚均等均出自其门下。罗典一生以培育人才为己任，任岳麓书院山长时间长达二十多年。

近代以来，在学习并吸收国外教育思想的基础上，湖湘大地上涌现出了许多教育大家。杨昌济认为，教育在"悠悠万事"中，"无此为大"。在湖南高等师范专科学校从教期间，他"以直接感化青年为己任，意在多布种子，俟其发生"。在毛泽东所就读的湖南省立第一师范学校第八班的教室里，杨昌济曾亲笔书写下一副对联——"强避桃源作太古，欲栽大木柱长天"，以此抒发他决心以教书育人为天职、培养经国济世之才的激越情怀。朱剑凡为兴办女学，决定将面积为440方丈（约4888平方米）的自家泰安里私宅花园全部捐献，作为周南女校永久校址；又将自家田产与长兄换得泰安里另一部分花园，再变卖自家田产，以所得款购地皮628方丈（约6977平方米），用来扩建周南女校校舍。曾宝荪一生以教育为业，终身未婚，曾在长沙创办一所艺芳女子学校，自任校长，为中国近代出类拔萃的女教育家。

湖湘教育家的风采和精神激励了一代代、一批批湖湘学人，他们励志前行，投身经世济民的宏大事业。

四、选录说明与阅读建议

此读本选入了自有典籍记载以来至1949年中华人民共和国成立前主要的湖湘教育名著。选入此读本的名著，其作者主要有两类：一是具有湖南籍贯的教育名人，此类作者占据了大多数；二是曾在湖南为官、办学、施教的教育者。遴选篇目时，我们主要着眼于两方面的作品：一是推动湖湘教育传承和发展的作品，二是在湖湘教育思想史上开风气、有突破性教育思想的作品。

此读本着眼大教育的观念，挖掘中国古代"社会教化"的思想。因此，此读本选入的文章也不再简单地局限于读书、学习、师生等议题，而是涉及学术、思想视野下的诸多教育问题，如家庭教育、社会教育等。从教育的阶段来说，从胎教、婴幼儿教育到小学教育、中学教育、大学教育、终身教育，均有囊括。按教育的内容来说，又包含女子教育、职业教育、道德教育、国文教育等各个方面。

此读本选录的文章体裁不一，有议论文、记叙文，有日记、书信，还有演讲稿、公文等。这样选择的目的在于增强可读性和趣味性，让读者能在多种体裁中体味湖湘教育思想的丰富内涵。

阅读古文，难免使人觉得枯燥，甚至费解。读者可以选阅自己感兴趣的篇目，也可以先看评析，再结合注释阅读原文。古文基础较好的读者，则可以直接阅读原文，而无须顾及注释和评析。此读本的评析主要着眼于诠释、分析原文，力求达到言简意赅的效果。

近年来"国学热"持续升温，针对这一社会现实，读本中比较多的篇幅涉及国文的教授与学习、中学与西学的比较等。读本中彰显的古代士阶层的自修功夫、自律精神等，对今天的读者也可以提供借鉴。

在选编湖湘教育名篇时，编者也常常感到教育是熔知识、情感、意志为一炉的大事业，它需要教育者贡献毕生的智慧、才华和热情，以开风气之先，成就一代栋梁之材。在面对这些教育名篇时，编者也只不过比读者先读一遍而已，诸多不足，敬请读者批评指正为是。

殷 慧

目次

王文清

徐世佐

汤昭弼

胡达源

陶　澍

唐　鉴

贺长龄

左宗棠

胡林翼

郭嵩焘

郭崑焘

郭崙焘

陈宝箴

王闿运

吴 獬

李　达

廖世承

毛泽东

蔡和森

曾宝荪

陈东原

后　记

屈原

　　屈原（约公元前340—约公元前278），名平，字原，又自云名正则、字灵均，战国时楚国诗人。屈原在楚怀王时期曾任左徒、三闾大夫，负责管理内政外交。司马迁在《史记·屈原贾生列传》中写道："入则与王图议国事，以出号令；出则接遇宾客，应对诸侯。"屈原主张对内举贤任能，修明法度；对外力主联齐抗秦，保卫国家。但由于朝中权贵集团和守旧势力的排挤和诽谤，屈原遭受流放。在流放期间，他深感国家沦亡之痛，最终在楚国郢都被秦军攻破后，选择自沉汨罗江，以身殉国。屈原的作品以《离骚》《九歌》《九章》《天问》等为代表，其中《离骚》《九章·橘颂》均体现出他对高洁人格的追求。

离骚
（节选）

　　帝高阳之苗裔①兮，朕皇考曰伯庸②。摄提贞于孟陬③兮，惟庚寅④吾以降。皇览揆余初度⑤兮，肇锡余以嘉名⑥：名余曰正则⑦兮，字余曰灵均⑧。

　　纷吾既有此内美兮，又重之以修能。扈江离与辟芷⑨兮，纫⑩秋兰以为

---

① 高阳："五帝"之一颛顼的号，相传颛顼曾为高阳部落的首领，故以此为号。苗裔：子孙后代。
② 朕：我，先秦时期，我可自称为"朕"。伯庸：屈原父亲的名或字，一说是屈原先祖、祖父的名或字。
③ 摄提："摄提格"的简称，指寅年。孟陬（zōu）：孟春正月。
④ 庚寅：屈原出生的日期。
⑤ 揆（kuí）：度量、揣测。初度：刚降生的时候。
⑥ 肇锡：开始赐予。肇，一说通"兆"，指在皇考宗庙中所求得的卦兆。锡，通"赐"，赐予。嘉名：美好的名字。
⑦ 正则：公正有则。屈原名平，字原，合"正则"之义。
⑧ 灵均：灵善均调。屈原又字。
⑨ 扈：披。楚地方言。江离：香草名，又名蘼芜。辟芷：指生长在偏僻地方的芷草，辟，通"僻"。
⑩ 纫：编织。

佩。汩①余若将不及兮，恐年岁之不吾与。朝搴阰②之木兰兮，夕揽洲之宿莽③。日月忽其不淹④兮，春与秋其代序⑤。惟⑥草木之零落兮，恐美人⑦之迟暮。不抚壮而弃秽兮，何不改此度？乘骐骥⑧以驰骋兮，来吾道夫先路！

　　昔三后⑨之纯粹兮，固众芳⑩之所在。杂申椒与菌桂⑪兮，岂维纫夫蕙茝⑫。彼尧舜之耿介⑬兮，既遵道而得路。何桀纣之猖披⑭兮，夫唯捷径以窘步。惟夫党人之偷乐兮，路幽昧以险隘。岂余身之惮殃⑮兮，恐皇舆⑯之败绩。忽奔走以先后兮，及前王之踵武⑰。荃⑱不察余之中情兮，反信谗而齌怒⑲。余固知謇謇⑳之为患兮，忍而不能舍也。指九天以为正㉑兮，夫唯灵修之故也。曰黄昏以为期兮，羌中道而改路。初既与余成言㉒兮，后悔遁而有他。余既不难㉓夫离别兮，伤灵修之数化㉔。

---

① 汩（yù）：形容水流迅疾的样子。
② 搴：拔取。阰（pí）：楚地方言，坡地。
③ 宿莽：香草名，据说可经冬而不死。
④ 淹：通"延"，停留。
⑤ 代序：递相更代。
⑥ 惟：思。
⑦ 美人：比喻国君，这里指楚怀王。
⑧ 骐骥：骏马，此处比喻贤臣。
⑨ 三后：有多种说法，一说指夏禹、商汤、周文王；一说指楚国熊绎、若敖、蚡冒三位先君；等等。
⑩ 众芳：众花，比喻众多有才能的人。
⑪ 申椒：花椒。菌桂：像竹子一样圆的桂树。
⑫ 蕙茝（chǎi）：蕙和茝均为香草名。
⑬ 耿介：光明正大。
⑭ 猖披：衣不系带、散乱不整的样子，这里引申为狂乱放荡、任意妄为。
⑮ 惮殃：害怕遭殃。
⑯ 皇舆：国君所乘坐的车辇，这里比喻国家。
⑰ 踵武：足迹。
⑱ 荃：香草名，这里喻指楚怀王。
⑲ 齌（jì）怒：大怒、暴怒。
⑳ 謇（jiǎn）謇：直言的样子。
㉑ 正：通"证"，证明。
㉒ 成言：订约、成议。
㉓ 难：为难，惧怕。
㉔ 数（shuò）化：屡次改变，多次变化。

余既滋兰之九畹①兮，又树②蕙之百亩。畦留夷与揭车兮③，杂杜衡与芳芷④。冀枝叶之峻茂兮，愿俟时乎吾将刈⑤。虽萎绝其亦何伤兮，哀众芳之芜秽。

众皆竞进以贪婪兮，凭不厌乎求索。羌内恕己以量人兮，各兴心⑥而嫉妒。忽驰骛⑦以追逐兮，非余心之所急。老冉冉⑧其将至兮，恐修名之不立。朝饮木兰之坠露兮，夕餐秋菊之落英。苟余情其信姱⑨以练要⑩兮，长顑颔⑪亦何伤。擥木根以结茝兮，贯薜荔⑫之落蕊。矫⑬菌桂以纫蕙兮，索胡绳之纚纚⑭。謇⑮吾法夫前修兮，非世俗之所服。虽不周⑯于今之人兮，愿依彭咸⑰之遗则。

（林家骊译注：《楚辞》第二版，中华书局 2015 年版，第 3-8 页。）

📑 评析

此文节选自《离骚》，展现出屈原以"好修"为主导的教育理念。首先，屈原认识到培养人才对于国家的重要性，通过"三后"、尧、舜与夏桀之间

---

① 畹（wǎn）：古代土地面积单位，一说三十亩为一畹，一说十二亩为一畹。
② 树：栽植。
③ 畦：种植。留夷、揭车：皆为香草名。
④ 杂：交错种植。杜衡、芳芷：皆为香草名。
⑤ 刈（yì）：收割。
⑥ 兴心：存心。
⑦ 驰骛：疾驰，狂奔。
⑧ 冉冉：渐渐。
⑨ 信姱（kuā）：真正美好。
⑩ 练要：精诚专一。
⑪ 顑颔（kǎnhàn）：形容因饥饿而面色发黄的样子。
⑫ 薜荔：香草名，又称木莲。
⑬ 矫：举起。
⑭ 索：搓成绳条。胡绳：香草名。纚纚：长而下垂的样子。
⑮ 謇：楚地方言，发语词。
⑯ 周：调和、合适。
⑰ 彭咸：传说为商朝贤臣，因劝谏君王不被听从，后投水而死。

的对比，劝诫楚怀王要以德行纯粹的"三后"、尧、舜为榜样，广纳人才，唯有如此，方能"乘骐骥以驰骋""遵道而得路"，引导楚国逐渐走向富强，在群雄逐鹿的时代占有一席之地。其次，屈原遭遇流放后，将辅佐国君、改革弊政、修明法度的希望寄托在培育楚国人才之上。屈原重视人才的培育工作，文中所出现的江离、辟芷、薜荔、胡绳等芳草之名，实际都喻指各种人才。并且人才的来源不限于贵族子弟，也包括社会下层人民。而文中的"滋""树""畦""杂"则代表了针对不同人才的不同培育方式，表现出屈原为培育人才所耗费之心血。待到花草繁盛之际，便是人才报效国家之时。同时，屈原所培养的人才，不是"不治而议论"之辈，而是能够担当治国理政之大任的人。最后，屈原的教育思想，兼顾内外双修，这种"修炼"的范围十分广泛，包含了思想、品德、才能、仪表等。在屈原看来，学生容易因自身修养不足而随波逐流。屈原不仅教育学生加强自身修养，同时严苛要求自身，如"纷吾既有此内美兮，又重之以修能"，意思是不仅要保持先天赋予的道德品质，还要不断加强学习，使自己内外兼修；"老冉冉其将至兮，恐修名之不立"，他持有这样的人生信条，使自己保持廉洁的名声，加强自身修养，砥砺自身德行。

屈原以"好修"为主导的教育理念，其最终目的在于治国。屈原并未放弃当时君王昏聩、臣子谄媚、各方势力斗争的楚国，而是选择拼尽一生才能，力图使楚国政治清明、百姓安乐。屈原这种以"爱国主义"为根底的教育思想，始终是湖湘教育思想的神髓，并在代代传承中，不断激励湖湘学子忧国忧民，以"虽九死其犹未悔"之决心，守卫天下苍生。

九章·橘颂
（节选）

　　后皇①嘉树，橘徕服②兮。受命不迁，生南国兮。深固难徙，更壹志兮。绿叶素荣③，纷其可喜兮。曾枝剡棘④，圆果抟⑤兮。青黄杂糅，文章⑥烂兮。精色内白⑦，类可任兮⑧。纷缊⑨宜修，姱而不丑兮。

　　嗟尔幼志，有以异兮。独立不迁，岂不可喜兮？深固难徙，廓⑩其无求兮。苏世⑪独立，横而不流兮。闭心自慎，终不失过兮。秉德无私，参天地兮。愿岁并谢⑫，与长友兮。淑离⑬不淫，梗其有理兮。年岁虽少，可师长兮。行比伯夷⑭，置以为像兮。

　　（林家骊译注：《楚辞》第二版，中华书局 2015 年版，第 154-155 页。）

📑 评析

　　此文节选自《九章·橘颂》。"学高为师，身正为范"，选文展现出屈原重视师长在教育中的表率作用。《橘颂》为咏物之诗，此文篇幅不长，却是

---

① 后皇：皇天后土。
② 徕：通"来"。服：习惯。
③ 素荣：白花。
④ 曾枝：层叠的树枝，曾，通"层"。剡棘：锐利的刺。
⑤ 抟（tuán）：同"团"，圆状。
⑥ 文章：此处指橘的花纹和颜色。
⑦ 精色：表皮颜色鲜明。内白：瓤肉洁白。
⑧ 类可任兮：如同肩负重任的君子。
⑨ 纷缊：繁盛的样子。
⑩ 廓：广大、空阔。
⑪ 苏世：醒世。
⑫ 谢：凋落、离去，喻岁月流逝。
⑬ 淑离：善良美丽的样子。
⑭ 伯夷：子姓，名允。商末孤竹国人，周武王伐纣，与其弟叔齐扣马谏阻。武王灭商后，二人耻食周粟，采薇而食，饿死于首阳山。

屈原作品中较为独特的一篇。相较于《九章》中其他诗篇，《橘颂》一改失意的悲愤情绪，字里行间充满了奋发向上的精神和生机蓬勃的景象。屈原从外表形态入手，描绘生长于南方荆楚大地上的橘树形象，并将橘树之特性比作君子应当具备之人格。屈原以橘树的"独立不迁""深固难徙"展现出君子对故国"岿然独立不变更，根深蒂固难转移"的热爱；以橘树的"苏世独立，横而不流"赞扬君子处世清醒，不肯随波逐流的坚守；以橘树的"秉德无私，参天地兮"歌颂君子秉德无私，赞天地之化育的高尚品质。"年岁虽少，可师长兮。行比伯夷，置以为像兮。"这表现出屈原以橘树所展现出的光辉人格为志，激励自身不断前行。在屈原看来，橘树是师长的象征，"独立不迁""深固难徙""苏世独立，横而不流""秉德无私，参天地兮"更是师长所应当具有的品德。屈原赞美橘树，以橘树勉励自身成就君子人格，作出师长表率。热爱祖国、卓然而立、公正无私不仅是屈原不懈的追求，亦是对众多后学的教导要求。

师长的表率作用在现代教育中仍具有重要作用。学生往往会将老师视为道德指南、行为楷模。老师的言谈举止习惯、待人接物方式、日常修养品行，都可能被学生效仿，对学生行为习惯的养成与价值观的形塑具有深远的影响。因此，"好老师要做到学为人师、行为世范"，为学生的全面发展和健康成长创造有利条件。

贾谊

贾谊（公元前200—公元前168），河南洛阳人，西汉著名政论家、文学家，人称贾生、贾子，与屈原并称为"屈贾"。贾谊少有才名，但仕途多舛，历任博士、太中大夫、太傅，后因梁怀王坠马身亡，抑郁而死。贾谊代表作有政论散文《过秦论》《论积贮疏》，著名汉赋《吊屈原赋》《鹏鸟赋》，另有《新书》十卷。

新书·修政语下
（节选）

周文王①问于粥子曰："敢问君子②将入其职，则其于民也何如?"粥子对曰："唯③，疑④。请以上世之政诏于君王。政曰：君子将入其职，则其于民也，旭旭然如日之始出也。"周文王曰："受命⑤矣。"曰："君子既入其职，则其于民也，何若?"对曰："君子既入其职，则其于民也，暵暵⑥然如日之正中。"周文王曰："受命矣。"曰："君子既去其职，则其于民也，何若?"对曰："君子既去其职，则其于民也，暗暗然如日之已入也。故君子将入而旭旭者，义先闻也；既入而暵暵者，民保其福也；既去而暗暗者，民失其教也。"周文王曰："受命矣。"

周武王⑦问于粥子曰："寡人愿守而必存，攻而必得，战而必胜，则吾为

---

① 周文王：姓姬名昌，又称伯昌，生卒年不详，季历之子，西周奠基人。
② 君子：古代对统治者和贵族男子的通称，后来指人格高尚的人。
③ 唯：谦卑的应答声。
④ 疑：拟也。是在下比拟于上，为自下至上之辞。
⑤ 受命：受教。
⑥ 暵（mù）：此处应为"暵"（hàn）字，指阳光普照、热气腾腾的样子。
⑦ 周武王：姓姬名发，周文王的次子，西周的创建者。

此奈何?"鬻子曰:"唯,疑①。攻守而战乎同器②,而和③与严④其备⑤也。故曰:和可以守而严可以守,而严不若和之固也;和可以攻而严可以攻,而严不若和之得也;和可以战而严可以战,而严不若和之胜也,则唯由和而可也。故诸侯发政施令,政平⑥于人者,谓之文政⑦矣;诸侯接士而使吏,礼恭于人者,谓之文礼矣;诸侯听狱断刑⑧,仁于治,陈⑨于行⑩。其由此守而不存、攻而不得、战而不胜者,自古而至于今,自天地之辟⑪也,未之尝闻⑫也。今也,君王欲守而必存,攻而必得,战而必胜,则唯⑬由此也为可也。"周武王曰:"受命矣。"

……

周成王⑭年六岁⑮,即位享国。亲以其身见于鬻子之家而问焉,曰:"昔者先王与帝修道而道修⑯,寡人之望也,亦愿以教。敢问兴国之道奈何?"鬻子对曰:"唯,疑。请以上世之政诏于君王。政曰:兴国之道,君思善则行之,君闻善则行之,君知善则行之。位⑰敬而常之,行信而长之,则兴国之道也。"周成王曰:"受命矣。"

周成王曰:"敢问于道之要⑱奈何?"鬻子对曰:"唯,疑。请以上世之政

---

① 疑:原典无此字,为校注者所加,此处依出处照录。
② 攻守而战乎同器:这里指攻、守、战三者同等重要。原典为"攻守而胜乎同器",此处照录。
③ 和:刚柔得当。
④ 严:严厉、严酷。
⑤ 备:用。
⑥ 平:治理、平定。
⑦ 文政:文治之政。指以文教礼乐治理国家。
⑧ 听狱断刑:听理讼狱,判定罪行。
⑨ 陈:陈列、布置,这里指制定。
⑩ 行:通上文"刑"。
⑪ 辟:开。
⑫ 未之尝闻:没有听说过。
⑬ 唯:只有。
⑭ 周成王:姓姬,名诵。周武王之子,是中国西周第二代国王。
⑮ 六岁:周成王即位的年龄,历史上有多个版本,此处照录。
⑯ "昔者"有版本作"昔日","帝"作"子"。
⑰ 位:同"立"。
⑱ 要:要点,纲要。

诏于君王。政曰：为人下者敬而肃，为人上者恭而仁，为人君者敬士爱民，以终其身，此道之要也。"周成王曰："受命矣。"

周成王曰："敢问治国之道若何？"粥子曰："唯，疑。请以上世之政诏于君王。政曰：治国之道，上忠于主，而中敬其士，而下爱其民。故上忠其主者，非以道义则无以入忠也；而中敬其士，不以礼节无以谕①敬也；下爱其民，非以忠信则无以谕爱也。故忠信行于民，而礼节谕于士，道义入于上，则治国之道也。虽治天下者，由此而已。"周成王曰："受命矣。"

周成王曰："寡人闻之，有上人者，有下人者，有贤人者，有不肖人者，有智人者，有愚人者。敢问上下之人，何以为异？"粥子对曰："唯，疑。请以上世之政诏于君王。政曰：凡人者，若②贱若贵，若幼若老。闻道志而藏之，知道善而行之，上人矣，闻道而弗取藏也，知道而弗取行也，则谓之下人也。故夫行者善则谓之贤人矣，行者恶则谓之不肖③矣。故夫言者善则谓之智矣，言者不善则谓之愚矣。故智愚之人有④其辞矣，贤不肖之人别⑤其行矣，上下之人等⑥其志矣。"周成王曰："受命矣。"

周成王曰："寡人闻之，圣王在上位，使民富且寿云。若夫富则可为也，若夫寿则不在天乎？"粥子曰："唯，疑。请以上世之政诏于君王。政曰：圣王在上位，则天下不死军兵之事。故诸侯不私相攻，而民不私相斗阋⑦，不私相煞⑧也。故圣王在上位，则民免于一死而得一生矣。圣王在上位，则君积于道，而吏积于德，而民积于用力。故妇人为其所衣，丈夫为其所食，则民无冻馁⑨矣。故圣王在上，则民免于二死而得二生矣。圣王在上，则君积

---

① 谕：古同"喻"，明白，理解。
② 若：或者。
③ 不肖：品行不好。
④ 有：取。
⑤ 别：区分、辨别。
⑥ 等：区分等次。
⑦ 阋（xì）：争吵。
⑧ 煞：同"杀"。
⑨ 冻馁：寒冷与饥饿。

于仁，而吏积于爱，而民积于顺，则刑罚废矣。而民无夭遏①之诛。圣王在上，则民免于三死而得三生矣。圣王在上，则使民有时，而用之有节，则民无厉②疾。故圣王在上，则民免于四死而得四生矣。圣王在上，则使盈境③内兴贤良，以禁邪恶。故贤人必用而不肖人不作④，则已得其命矣。故夫富且寿者，圣王之功也。"周成王曰："受命矣。"

（贾谊撰，袁振益、钟夏校注：《新书校注》，中华书局 2000 年版，第369—373 页。）

📝 评析

《新书·修政语》分为上下两篇，应为贾谊做太傅时所编纂的教学材料，篇中辑录黄帝、颛顼、尧、舜、禹、汤、周文王、周武王、鬻熊等古代圣王先贤的修政语录，贾谊借此阐释自己的政治主张。现特选取《新书·修政语》中楚国先祖鬻熊与周文王、周武王、周成王的对话片段，借鬻熊之语一窥贾谊对君主教育的独到见解与思想内涵。

鬻熊认为，从老百姓的状态可以衡量君子的德行。听说有贤德的君子将要来治理，百姓欣欣然奔走相告，如同旭日东升时朝气蓬勃，人心振奋。才德兼备的君子治理有方，百姓安居乐业，怡然如享天福，有着如日中天的热情。得知君子要调任或离去，百姓失去了教化之源，如同遭受沉痛的打击，有暗无天日之感。鬻熊旨在告诫君主或君子，能够赢得民心才能称得上真正意义上的成功。君主应当将老百姓的利益看得高于一切，以民众的需要作为治国之道的根本出发点。在鬻熊看来，"守而必存，攻而必得，战而必胜"，这些都是显性的成功，而能够为可见的成功提供长久而稳固的制度保障的，

---

① 夭遏：夭亡、夭折。
② 厉：病。
③ 盈境：全境。
④ 作：起用。

是和谐有效的礼治。鬻熊并不反对严格的法治，只是相较而言，他认为讲究刚柔得当的礼治更能深入人心，并认为这是上古国家兴盛的主要经验。鬻熊还认为，兴国之道在于君王能够思善、闻善、知善。只有坚持不懈做到这些，国家才能兴旺发达。兴国之道，具体而言，就在于各尽其德：老百姓要做到恭敬严肃，为官者要恭敬而仁爱，做君主的要尊敬大臣、热爱百姓。如果上上下下都能恪尽职守，则百姓有忠信、士人重礼节、君王讲道义，则天下平安和谐。鬻熊作为一个教育家的伟大之处还在于，他认为人虽然会有贫富贵贱的差别，但上天赋予每个人的德行都是一样的。如果一个人能够修养品行，能够择善而行，那么他就是一个有智慧有贤德的人。君王的德行修养尤其重要，直接影响着老百姓的饮食与起居、健康与财富，因此应该再三强调、慎之又慎。

贾谊与鬻熊的教育思想有诸多相似之处：贾谊同样认为君王应当"以德治国"，以百姓安乐为要，注重君主的榜样示范作用，"太子正而天下定矣"；贾谊也主张人的学习天赋所差无几。"谓门人学者：舜何人也？我何人也？夫启耳目，载心意，从立移徙，与我同性。"贾谊倡导"以礼修身""以礼为教""以礼治国""故仁人行其礼，则天下安而万理得矣"。上述所论，在《新书·傅职》《新书·保傅》《新书·劝学》《新书·胎教》《新书·礼》诸篇中得到更为具体的展现。

由鬻熊至贾谊，他们的治国之道、教育之思，对后世湖湘文化的形成具有深远影响，"德""性""礼"亦成为后世论政、施教难以绕开的议题。

新书·傅职

或称《春秋》，而为之耸善而抑恶①，以革劝②其心；教之《礼》，使知上下之则宜③；或称《诗》，而为之广道显德，以驯明其志；教之《乐》，以疏其秽而填④其浮气；教之语⑤，使明于上世，而知先王之务明德于民也；教之故志⑥，使知废兴者而戒惧焉；教之任术⑦，使能纪⑧万官之职任，而知治化之仪；教之训典⑨，使知族类疏戚⑩，而隐比驯焉⑪；此所谓学太子以圣人之德者也。

或明惠施以道之忠，明长复⑫以道之信，明度量以道之义，明等级以道之礼，明恭俭⑬以道之孝，明敬戒以道之事，明慈爱以道之仁，明傆⑭雅以道之文，明除害以道之武，明精直⑮以道之伐⑯，明正德以道之赏，明齐肃⑰以道之敬，此所谓教太子也。

左右前后，莫非贤人以辅相之，捴⑱威仪以先后之，摄体貌以左右之，制义行以宣翼⑲之，章恭敬以监行之，勤劳以劝之，孝顺以内之，敦笃以固

① 耸：奖。抑：贬。
② 革劝：劝勉，规劝。
③ 则宜：有版本作"则宣"。则，法。
④ 填：同"镇"，重之意。
⑤ 语：治国之善语。
⑥ 故志：指记录前世成败之书。
⑦ 任术：指任人之术。
⑧ 纪：综理。
⑨ 训典：指先王典制之书。后泛指奉为典则的书籍。
⑩ 族类疏戚：指悼叙九族，次序九族而亲之。
⑪ 隐：度。比：密。驯：顺。
⑫ 长复：不忘记兑现自己的诺言。
⑬ 俭：卑谦的样子。
⑭ 傆（xiàn）：同"娴"。
⑮ 精直：正直。
⑯ 伐：有他本作"罚"。
⑰ 齐：一。肃：敬。
⑱ 捴（zǒng）：意同下文"摄"，整饬。
⑲ 宣翼：辅佐。

之，忠信以发之，德言以扬之，此所谓顺者也，此傅人之道也，非贤者不能行。

天子不谕于先圣人之德，不知君国畜民①之道，不见礼义之正，不察应事之理，不博古人之典传，不倜②于威仪之数，《诗》《书》《礼》《乐》无经③，天子学业之不法，凡此其属，太师之任也。古者齐太公④职之。

天子不恩于亲戚，不惠于庶民，无礼于大臣，不中于刑狱，无经于百官，不哀于丧，不敬于祭，不直⑤于戎事，不信于诸侯，不诚于赏罚，不厚于德，不强于行，赐予侈于左右近臣，吝授于疏远卑贱，不能惩忿忘欲⑥，大行、大礼、大义、大道，不从太师之教，凡此其属，太傅之任也。古者鲁周公职之。

天子处位⑦不端，受业不敬，教诲讽诵《诗》《书》《礼》《乐》之不经、不法、不古⑧，言语不序，音声⑨不中律，将学趋让⑩，进退即席不以礼，登降揖让无容，视瞻、俯仰、周旋无节，咳唾数顾，趋行不得，色不比顺，隐琴肆瑟⑪，凡此其属，太保之任也。古者燕召公⑫职之。

天子燕业⑬反其学，左右之习⑭诡其师；答远方诸侯，遇贵大人，不知大雅之辞；答左右近臣，不知已诺⑮之适，倜问⑯小诵之不博不习，凡此之属，

① 君：这里作动词，治理。畜：养。
② 倜：同"闲"，习。
③ 无经：不守先王之正经。
④ 齐太公：姜太公，周武王时封于齐。
⑤ 直：正当。
⑥ 惩忿忘欲：克制愤怒，窒塞情欲。
⑦ 处位：坐。
⑧ 不古：不淳朴。
⑨ 音声：乐音、音乐。
⑩ 趋让：指进退周旋的礼仪。
⑪ 隐琴肆瑟：指夫妻关系不和谐。
⑫ 燕召公：《史记·燕召公世家》有言，"召公奭与周同姓，姓姬氏，周武王之灭纣，封召公于北燕"。
⑬ 燕业："燕"同"宴"，指平居时所习之业。
⑭ 左右之习：指天子亲近身边的小臣，与师教相违。
⑮ 已诺：许与不许。
⑯ 倜问：少闻。

少师之任也，古者史佚职之。

天子居处，出入不以礼，衣服冠带不以制，御器①在侧不以度，杂采从美不以彰德，忿怒说②喜不以义，赋与嚼让③不以节，小行、小礼、小义、小道，不从少师之教，凡此之属，少傅之任也。

天子居处燕私④，安所易，乐而湛⑤，夜漏屏人而数⑥，饮酒而醉，食肉而饱，饱而强食，饥而馁⑦，暑而暍⑧，寒而襦，寝而莫宥⑨，坐而莫恃⑩，行而莫先莫后。帝自为开户，自取玩好，自执器皿，亟顾还面，而器御之不举不臧⑪，折毁丧伤，凡此其属，少保之任也。

干戚⑫戈羽之舞，管籥⑬琴瑟之会，号呼歌谣声音不中律，燕乐《雅》《颂》⑭逆乐序，凡此其属，诏工之任也。

不知日月之不时节，不知先王之讳与国之大忌，不知风雨雷电之眚⑮，凡此其属，太史之任也。

（贾谊撰，袁振益、钟夏校注：《新书校注》，中华书局 2000 年版，第 172-174 页。）

---

① 御器：使用器具。
② 说：同"悦"。
③ 嚼（jiào）让：谴责。嚼，通"谯"。
④ 燕私：闲居休息。
⑤ 乐而湛：过于乐也。
⑥ 数：谈论、述说。
⑦ 饥而馁：因饥饿而吃腐烂的鱼。
⑧ 暍（yē）：中暑。
⑨ 宥：同"侑"，帮助。
⑩ 恃：依赖、仗着。
⑪ 举：记录。臧：同"藏"。
⑫ 干戚：盾与斧。古代的两种兵器，亦为武舞所执的舞具。
⑬ 籥（yuè）：同"龠"，古代乐器，似箫。
⑭ 燕乐《雅》《颂》：又作"燕乐雅诵"。
⑮ 眚（shěng）：灾难。

📑 评析

　　此文主要明确了担负教养太子任务的教师们的责任。贾谊从正反两方面进行论述。贾谊先从正面论述教师应当履行的教育任务，即应该以历代经典、历史教训、管理技能以及典章制度来引导太子向善积累德行；明确了德行的主要方面，即包括忠、信、义、礼、孝、仁等内容。贾谊再从反面论述了如果太子出现德行有失、行为不轨、言语不逊、知识不进等问题，均是太师、太傅、太保、少师、少傅、少保、诏工、太史等官员的责任，明确教师的责任意识是做好教师工作的首要德行。贾谊以身作则，认为梁怀王坠马身亡是因为自己没有尽到太傅的职责，并自咎不已，抑郁而亡。这正是他为人师者身具强烈责任意识的表现。从此文中，我们还可以发现中国古代教育"以吏为师"的特点：贾谊所列担任师职的人员，均是朝廷的官吏。同时，我们也可以发现古代君主、贵族教育内容的整全性。正因为这种整全性，有时很难明确教育者具体的责任与义务，因此贾谊此文就具有特别的意义：旨在使教育者在分工与责任上做到明确有序。

新书·保傅

　　殷为天子，三十余世而周受之；周为天子，三十余世而秦受之；秦为天子，二世而亡。人性非甚相远也，何殷周之君有道而长也，而秦无道之暴①也？其故可知也。

---

①　暴：短促。

古之王者，太子初生，固举①以礼，使士负之，有司齐肃端冕②，见之南郊③，见于天也。过阙则下④，过庙则趋⑤，孝子之道也。故自为赤子而教固以行矣。昔者周成王幼在襁褓⑥之中，召公为太保，周公为太傅，太公为太师。保，保其身体；傅，傅之德义；师，道之教训；三公之职也⑦。于是为置三少，皆上大夫也。曰少保、少傅、少师，是与太子燕者也。故孩提有识⑧，三公三少固明孝仁礼义，以道习之，逐去邪人，不使见恶行。于是皆选天下之端士，孝弟博闻有道术者，以卫翼⑨之，使与太子居处出入。故太子初生而见正事，闻正言，行正道，左右前后皆正人也。习与正人居之，不能无正也，犹生长于楚，不能不楚言也。故择其所嗜，必先受业，乃得尝之；择其所乐，必先有习，乃能为之。孔子曰："少成若天性，习贯⑩若自然。"是殷周之所以长有道也。

及太子少长，知好色，则入于学。学者，所学之官⑪也。《学礼》⑫曰："帝入东学，上亲而贵仁，则亲疏有序而恩相及矣。帝入南学，上齿而贵信，则长幼有差而民不诬矣。帝入西学，上贤而贵德，则贤智在位而功不遗矣。帝入北学，上贵而尊爵，则贵贱有等而下不逾矣。帝入太学，承师问道，退习而考于太傅，太傅罚其不则而匡其不及，则德智长而理道得矣。此五学⑬既成于上，则百姓黎民化辑于下矣。"学成治就，是殷周所以长有道也。

及太子既冠⑭成人，免于保傅之严，则有司直之史，有彻膳之宰。太子

① 固：必。举：培育。
② 齐：同"斋"。端冕：玄衣和大冠。古代帝王、贵族的礼服。
③ 南郊：祭天之处。
④ 阙：敬君典法之处。下：下车。
⑤ 趋：疾行，快步走。
⑥ 襁褓：背负婴儿用的宽带和包裹婴儿的被子。后亦指婴儿包。
⑦ 保：慎身、谨护，使不受伤害。傅：教导。师：训导。
⑧ 有识：引用版本无"有识"二字，据清代抱经堂校定本添加。
⑨ 卫翼：辅佐。
⑩ 贯：同"惯"。
⑪ 官：官舍。
⑫ 《学礼》：古《礼经》篇名，后失传。
⑬ 五学：古立学之法，有四郊及国中。在东郊谓之东学，南郊谓之南学，西郊谓之西学，北郊谓之北学，在国中谓之太学。
⑭ 既冠：天子、诸侯之子，十九而冠。

有过，史必书之，史之义，不得书过则死①；过书而宰收其膳，宰之义，不得收膳即死。于是有进善之旌②，有诽谤之木③，有敢谏之鼓④。瞽⑤史诵诗，工⑥诵箴谏，大夫进谋，士传民语。习⑦与智长，故切而不愧，化与心成，故中道若性。是殷周之所以长有道也。

三代之礼，天子春朝朝日，秋暮夕月，所以明有敬也；春秋入学，坐国老，执酱而亲馈之，所以明有孝也；行⑧以鸾和，步中《采荠》，趋中《肆夏》⑨，所以明有度也；其于禽兽也，见其生不忍其死，闻其声不尝其肉，故远庖厨，所以长⑩恩，且明有仁也。食以礼，收以乐⑪。失度，则史书之，工诵之，三公进而读之，宰夫减其膳，是天子不得为非。

《明堂之位》曰："笃仁而好学，多闻而道顺。天子疑则问，应而不穷者谓之道。道者，道天子⑫以道者也。常立于前，是周公也。诚立而敦断，辅善而相义⑬者谓之辅。辅者，辅天子之意者也。常立于左，是太公也。洁廉而切直，匡过而谏邪者谓之拂⑭。拂者，拂天子之过者也。常立于右，是召公也。博闻强记，捷给⑮而善对者谓之承。承者，承天子之遗忘者也。常立于后，是史佚也。故成王中立听⑯朝，则四圣维之，是以虑无失计而举无过事。"殷周之所以长久者，其辅翼太子有此具也。

---

① 不得书过则死：指史不得伸其职，则以死争之。
② 进善之旌：尧设五达之路，令民进善。旌，幡。
③ 诽谤之木：尧设之，使书政之过失。
④ 敢谏之鼓：舜置之，使谏者击之。
⑤ 瞽（gǔ）：乐师。
⑥ 工：乐人。
⑦ 习：所习之业。
⑧ 行：车行。
⑨ 《采荠》《肆夏》：皆乐名。
⑩ 长：大。
⑪ 收以乐：天子食终撤器之时，作乐以撤之。
⑫ 道天子：导天子。
⑬ 辅善而相义：以善义辅佐之。
⑭ 拂（bì）：辅佐。
⑮ 捷给：应对敏捷。
⑯ 听：治。

及秦而不然，其俗固非贵辞让也，所上者告讦①也；固非贵礼让也，所上者刑罚也。使赵高傅胡亥而教之狱，所习者非斩劓②人，则夷人之三族也。故今日即位，明日射人。忠谏者谓之诽谤，深为之计者谓之妖言。其视杀人若艾草菅③然，岂胡亥之性恶哉？其所以集道之者非理故也。

鄙谚曰："不习为史，而视已事。"又曰："前车覆而后车戒。"夫殷周之所以长久者，其已事可知也；然而不能从者④，是不法圣智也。秦之亟绝者，其轨迹可见也，然而不避，是后车又覆也。夫存亡之反⑤，治乱之机，其要在是矣。天下之命，县⑥于太子；太子之善，在于蚤⑦谕教与选左右。心未滥而先谕教，则化易成也。夫开于道术，知义理之指，则教之功也。若其服习积贯，则左右而已矣。夫胡越之人，生而同声，嗜欲不异，及其长而成俗也，累数译而不能相通，行有虽死而不相为者，则教习然也。臣故曰："选左右、蚤谕教最急。"夫教得而左右正，则太子正矣，太子正而天下定矣。《书》曰："一人有庆，兆民赖之。"此时务也。

（贾谊撰，袁振益、钟夏校注：《新书校注》，中华书局 2000 年版，第 183-186 页。）

评析

此篇着重论述了君主教育尤其是太子教育的重要性，太子能决定国家治乱兴衰存亡，"太子正而天下定"，太子教育可以说就是君主教育的核心，应该及早实施教育并且为其选择德才兼备的老师。这是贾谊根据殷周兴盛与嬴

① 告讦：责人过失或揭人阴私；告发。
② 劓（yì）：古代割掉鼻子的一种酷刑。
③ 艾：同"刈"，割。草菅：草茅。
④ 者：引用版本无"者"，编者据文意加。
⑤ 反：变。
⑥ 县：同"悬"。
⑦ 蚤：同"早"。

秦暴亡得出的历史结论。

　　贾谊深入探讨了太子教育在各个年龄阶段需要引起注意的问题：幼儿阶段，应开始赤子之教，精择教师。选择既能保养其身体，又能晓谕其德义，并且给予适时教训的太保、太傅、太师及少保、少傅、少师等。除了及早进行教育和选择良师之外，还应以"正"字作为衡量的标准，让幼儿远离不良的环境和不良品行的人，耳濡目染的皆是正事、正言、正道、正人，这样才有利于太子受到良好的环境影响和行为训练。少年阶段，应该及早送入学校就读，主要学习亲、仁、信、贤等道德教育的内容，同时应严肃教师的责任，强调在文化学习和品行锤炼上对少年不可有丝毫迁就，应当严格要求，及时惩罚匡正。成人阶段，应重点发挥史官和宰相的作用。教育方式上主要采取劝勉和提示，使其能听得进各种不同的意见，体察民情，养成良好的品行，做到行为有度、治国有方，能够担负起领导管理国家的大任。

新书·劝学

　　谓门人学者：舜何人也？我何人也？夫启耳目，载心意①，从立移徙②，与我同性③。而舜独有贤圣之名，明君子之实；而我曾无邻里之问④，宽徇⑤之智者，独何与？然则舜俛俛⑥而加志，我儃儃⑦而弗省耳。

---

① 启耳目：张启耳目。载心意：表达心意。
② 从立移徙：指行止。或直立，或迁移。
③ 同性：本性、天性相同。
④ 问：同"闻"，名誉著闻之意。
⑤ 宽徇（xùn）：宽裕通达。
⑥ 俛俛（mǐnmiǎn）：同"黾勉"，勤勉努力。
⑦ 儃（dàn）儃：放诞、放纵。

夫以西施之美而蒙不洁，则过之者莫不睨①而掩鼻。当试傅②白黛黑，榆铗陂，杂芷若，虻虱视，益口笑③，佳能佻志④，从容为说焉。则虽王公大人，孰能无悇憛养心而巅一视之⑤。今以二三子材，而蒙愚惑之智，予恐过之有掩鼻之容也。

昔者南荣跦丑⑥圣道之忘乎己，故步涉⑦山川，坌冒楚棘⑧，弥道千余，百舍重茧⑨，而不敢久息。既遇老聃，噩⑩若慈父，雁行避景⑪，夒立蛇进⑫，而后敢问。见教一高言，若饥十日而得大牢⑬焉。是达若天地，行生后世。

今夫子之达佚⑭乎老聃，而诸子之材不避荣跦，而无千里之远、重茧之患。亲与巨贤连席而坐，对膝相视，从容谈语，无问不应，是天降大命以达吾德也。吾闻之曰：时难得而易失也。学者勉之乎！天禄⑮不重。

（贾谊撰，袁振益、钟夏校注：《新书校注》，中华书局 2000 年版，第 296-297 页。）

📝 评析

此篇主要论述了学习的重要性、如何学习等问题。当一个学子走上学习的漫漫征途时，贾谊给出的忠告主要包括两个方面。一是要立志。在贾谊看

---

① 睨：斜着眼睛看，指藐视。
② 傅：敷，涂。
③ 榆铗陂：左右夹佩。杂芷若：混合着香草味。虻虱视：望风而视。益口笑：掩口而笑。
④ 能：姿态。佻：美好。志：意。
⑤ 悇憛（tútán）：忧苦悲伤。巅一：同一。
⑥ 南荣跦：即"南荣趎"，鲁人。丑：以为耻。此句意指圣道失于己为耻。
⑦ 步涉：跋涉。
⑧ 坌（bèn）冒楚棘：披荆斩棘之意。坌，也有版本作"盆"。
⑨ 百舍重茧：百里一舍，足底老皮上又生出硬皮。形容长途奔走，十分辛劳。
⑩ 噩：侍、迎。
⑪ 雁行：并行或走在前头。引申为有次序地排列。景：同"影"。
⑫ 夒立：直立双腿并立如一，形容恭立的样子。蛇进：像蛇一样迁行，敬畏的样子。
⑬ 大牢：即"太牢"，古代祭祀，牛羊豕三牲具备谓之太牢。
⑭ 夫子：指张苍。佚：过。
⑮ 天禄：天赐的福禄。

来，每个人的天赋并无本质上的不同，在先天的认知、行为能力方面，圣贤与凡人相差无几。两者真正的差别在于，圣贤能够坚持自律、自省之功。因此，学者应当增强主观能动性、主体自觉性，确立远大的志向，勤勉努力，从日常细微之处做起，如此，每日精进，为通达圣贤夯实基础。二是要善于创造并珍惜与圣贤之师学习、交流的机会。贾谊以南荣跦跋涉千里问学老子为例，点明为学过程中老师的重要作用。正是因为有了老师的指导，学者可以"见教一高言"，常常能醍醐灌顶、茅塞顿开。因此善于学习的人，往往能够拜访名师，寻求指点，并善于把握这种千载难逢的机遇，将其视为如同上天厚爱赐福般的精神享受。

新书·胎教

《易》曰："正其本而万物理，失之毫厘，差以千里。"故君子慎始。《春秋》之元①，《诗》之《关雎》②，《礼》之《冠》《婚》③，《易》之《乾》《坤》④，皆慎始敬⑤终云尔。

素成⑥，谨为子孙婚妻嫁女，必择孝悌世世有行义⑦者。如是，则其子孙慈孝，不敢淫暴，党⑧无不善，三族⑨辅之。故凤凰生而有仁义之意，虎狼

---

① 元：始。
② 《关雎》：《诗经》首篇。
③ 《礼》之《冠》《婚》：《礼》指《士礼》，《士冠》第一，《士婚》第二。
④ 《易》之《乾》《坤》：《周易》开篇就是《乾》《坤》两卦，《乾》为天，《坤》为地。意为有天地，然后万物生焉。
⑤ 敬：慎。
⑥ 素：始。成：终。
⑦ 行义：仁义。
⑧ 党：族亲。
⑨ 三族：父族、母族、妻族。

生而有贪戾之心，两者不等①，各以其母。呜呼，戒之哉！无养乳虎，将伤天下。故素成，胎教之道，书之玉版②，藏之金柜③，置之宗庙，以为后世戒。

青史氏之《记》曰：古者胎教之道，王后有身，七月而就蒌室④，太师⑤持铜而御户左，太宰持斗⑥而御户右，太卜⑦持蓍龟而御堂下，诸官皆以其职御于门内。比⑧三月者，王后所求声音非礼乐，则太师抚乐而称不习；所求滋味者非正味，则太宰荷⑨斗而不敢煎调，而曰不敢以侍王太子。太子生而立，太师吹铜曰声中某律，太宰曰滋味上某⑩，太卜曰命⑪云某。

然后为太子悬弧⑫之礼义。东方之弧以梧，梧者，东方之草，春木也；其牲以鸡，鸡者，东方之牲也。南方之弧以柳，柳者，南方之草，夏木也；其牲以狗，狗者，南方之牲也。中央之弧以桑，桑者，中央之木也；其牲以牛，牛者，中央之牲也。西方之弧以棘，棘者，西方之草也，秋木也；其牲以羊，羊者，西方之牲也。北方之弧以枣，枣者，北方之草，冬木也；其牲以豷⑬，豷者，北方之牲也。五弧五分矢，东方射东方，南方射南方，中央射中央，西方射西方，北方射北方，皆三射。其四弧具，其余各二分矢⑭，悬诸国四通门之左；中央之弧亦具，余二分矢，悬诸社稷门之左。

然后卜王太子名，上毋取于天，下毋取于土，毋取于名山通谷⑮，毋悖

---

① 等：齐。
② 玉版：古代用以刻字的玉片，亦泛指珍贵的典籍。
③ 金柜：古藏秘书，必以金缄其柜表。
④ 蒌室：王后分娩前所居的宫室。
⑤ 太师：乐官之长。
⑥ 太宰：三代掌馔之官。斗：指"豆"，或盛豆的容器。
⑦ 太卜：周时属春官，为卜官之长。
⑧ 比：近。
⑨ 荷：持。
⑩ 滋味上某：春上酸，夏上苦，秋上辛，冬上咸。
⑪ 命：名。
⑫ 悬弧：古代风俗尚武，家中生男，则于门左挂弓一张，后因称生男为悬弧。
⑬ 豷：猪。
⑭ 矢：箭。
⑮ 通谷：往来无阻的山谷。

于乡俗。是故君子名难知而易讳也，此所以养隐之道也。

正之礼者，王太子无羞臣①，领臣之子也，故谓领臣之子也。身朝王者，妻朝后，之子朝王太子，是谓臣之子也，此正礼胎教也。周妃后妊成王于身，立而不跛，坐而不差，笑而不喧②，独处不倨③，虽怒不骂，胎教之谓也。成王生，仁者养之，孝者襁之，四贤④傍之。成王有知，而选太公为师，周公为傅，前有与计而后有与虑也。是以封于泰山而禅梁父⑤，朝诸侯，一天下。由此观之，主左右不可不练⑥也。

昔禹以夏王，而桀以夏亡；汤以殷王，而纣以殷亡；阖闾以吴战胜无敌，而夫差以之见禽⑦于越；文公以晋伯，而厉公以见杀于匠丽⑧之宫；威王以齐强于天下，而简公以杀于檀台⑨；穆公以秦显名尊号，而二世以劫于望夷之宫。其所以君王同而功迹不等者，所任异也。故成王处襁褓之中朝诸侯，周公用事也；武灵王五十而弑于沙丘，任李兑也⑩；齐桓公得管仲⑪九合诸侯，一匡天下，称为义主；失管仲，任竖刁⑫而身死不葬，为天下笑。一人之身荣辱具施焉者，在所任也。故魏有公子无忌而削地复，赵任蔺相如而秦兵不敢出，安陵任周瞻而国独立，楚有申包胥而昭王反复，齐有陈单而襄王得其国⑬。由此观之，无贤佐俊士⑭，能成功立名，安危继绝者，未之有也。是以

---

① 羞臣：养私臣。
② 跛：不平衡。差：通"蹉"，失足、跌倒。喧：大声说话，声音杂乱。"笑而不喧"在有的版本中脱字。
③ 倨：同"踞"，伸开脚坐着。
④ 四贤：慈母及子师。
⑤ 封：帝王筑坛祭天。禅：祭地。
⑥ 练：通"拣"，选择。
⑦ 禽：同"擒"。
⑧ 杀：同"弑"。匠丽：同"匠黎"，复姓。
⑨ 檀台：今山东淄博。
⑩ 武灵王：战国中后期赵国君主赵雍，死后谥号武灵。李兑：战国时赵国大臣。
⑪ 管仲：名夷吾，谥曰"敬仲"，春秋时期齐国颍上人，史称管子。春秋时期齐国著名的政治家、军事家，周穆王的后代。
⑫ 竖刁：指春秋时齐桓公的宦官寺人貂。
⑬ 公子无忌：号信陵君，魏国第六个国君安釐王魏圉的异母弟。蔺相如：战国时赵国上卿，战国时期著名的政治家、外交家。周瞻：指唐雎。申包胥：楚国大臣。陈单：齐国大臣。
⑭ 俊士：才德过人者。

国不务大而务得民心，佐不务多而务得贤者；得民心而民往之，得贤者而贤者归之。

文王请除炮烙之刑而殷民徙①，汤去张网者之三面而二垂②至，越王不颓旧冢而吴人服，以其所为顺于人也。故同声则处异而相应，意合则未见而相亲，贤者立于本朝，而天下之士相率而趋之，何以知其然也？管仲，桓公之雠③也。鲍叔④以为贤于己而进之桓公。七十言说乃听，遂使桓公除仇雠之心，而委之国政焉。桓公垂拱⑤无事而朝诸侯，鲍叔之力也。管仲之所以走桓公而无自危之心者，同声于鲍叔也。

卫灵公之时，蘧伯玉贤而不用，弥子瑕不肖而任事⑥。史鳅⑦患之，数言蘧伯玉贤而不听。病且死，谓其子曰："我即死，治丧于北堂。吾生不能进蘧伯玉而退弥子瑕，是不能正君也。生不能正君者，死不当成礼。死而置尸于北堂，于我足矣。"灵公往吊，问其故，其子以父言闻。灵公戚然易容而寤⑧曰："吾失矣。"立召蘧伯玉而进之，召弥子瑕而退之，徙丧于堂，成礼而后去。卫国已治，史鳅之力也。夫生进贤而退不肖，死且未止，又以尸谏，可谓忠不衰矣。

纣杀王子比干，而箕子被发⑨而佯狂。陈灵公杀泄冶⑩，而邓元去陈以族徙。自是之后，殷并于周，陈亡于楚，以其杀比干与泄冶，而失箕子与邓元也。燕昭王得郭隗，而邹衍、乐毅自齐、魏至，于是举兵而攻齐，栖闵王于莒⑪。燕度地计众，不与齐均也。然而，所以能信意至于此者，由得士故也。

① 炮烙：古时的一种酷刑。把人绑在烧红的铜柱上烫死。徙：有版本作"从"。
② 二垂：指边陲。
③ 雠（chóu）：仇。
④ 鲍叔：鲍叔牙的别称。春秋时齐国大夫，以知人并笃于友谊称于世。
⑤ 垂拱：垂衣拱手，表示不做什么事，形容不用花什么气力。
⑥ 蘧伯玉：字瑗，卫国大夫，因贤德闻名诸侯。弥子瑕：卫之嬖大夫。不肖：不才，不正派。
⑦ 史鳅：卫国大夫，字子鱼，亦称史鱼。
⑧ 寤：古同"悟"，理解，明白。
⑨ 被发：谓发不束而披散。
⑩ 陈灵公：春秋时期陈国的第十九任国君，在位期间是公元前 613 年至公元前 599 年。泄冶：春秋时陈国大臣，因谏陈灵公与夏姬私通之事而被陈灵公所杀。
⑪ 闵王：齐宣王之子。莒：中国周代诸侯国名，在今山东省莒县一带。

故无常安之国，无宜治之民，得贤者显昌，失贤者危亡。自古及今，未有不然者也。明鉴①所以照形也，往古所以知今也。夫知恶②古之所以危亡，不务袭迹③于其所安存，则未有异于却走而求及前人也。太公知之，故国微子④之后，而封比干之墓。夫圣人之于圣者之死，尚如此其厚也，况当世存者乎？其弗可失矣。

（贾谊撰，袁振益、钟夏校注：《新书校注》，中华书局 2000 年版，第 390—393 页。）

📑 评析

贾谊认为"慎始"能够为人今后的教育奠定良好基础，主张在人出生之前就应该进行教育，强调重视胎教。胎教首先对母亲的言谈举止提出了要求，贾谊以成王之母周妃为例，认为怀孕期间，孕妇应该做到"立而不跛，坐而不差，笑而不喧，独处不倨，虽怒不骂"，保持身体的自然姿态和心情的平静，为胎儿的生长发育提供一个舒适良好的生理和心理环境。同时，为保证胎儿有良好的情绪，健康成长，孕妇应该居住在安宁的环境中，与外界嘈杂的生活环境相隔绝，不听怪诞的音乐，不吃刺激性强的食物。太师、太宰、太卜等官员各司其职，侍奉于其左右，保证王后能听到礼乐之声，吃到正味之食。胎教"慎始"的另外一层含义在于，应该有良师贤士来引导太子成就功业。以礼为教的基础也正在于太子周围有一群贤佐俊士，帮助太子治理国家，从而实现国家的繁荣富强。

---

① 明鉴：引用版本无"明"，据前后文意及清抱经堂版本添加。
② 恶（wù）：害怕、担心。
③ 袭迹：沿袭他人的行径。
④ 微子：商王帝乙的长子，纣王的庶兄，宋国开国远祖。

新书·礼

昔周文王使太公望傅太子发。太子嗜鲍鱼，而太公弗与，太公曰："礼，鲍鱼不登于俎①，岂有非礼而可以养太子哉？"寻常之室无奥剽②之位，则父子不别；六尺之舆③无左右之义，则君臣不明。寻常之室、六尺之舆，处无礼，即上下踳逆④，父子悖乱，而况其大者乎！故道德仁义，非礼不成；教训正俗，非礼不备；分争辩讼，非礼不决；君臣、上下、父子、兄弟，非礼不定；宦学事师，非礼不亲；班朝治军，莅官⑤行法，非礼威严不行；祷祠祭祀，供给鬼神，非礼不诚不庄。是以君子恭敬、撙节⑥、退让以明礼。

礼者，所以固国家、定社稷，使君无失其民者也。主主臣臣，礼之正也；威德在君，礼之分也；尊卑大小，强弱有位，礼之数也。礼，天子爱天下，诸侯爱境内，大夫爱官属，士庶各爱其家，失爱不仁，过爱不义。故礼者，所以守尊卑之经、强弱之称者也。礼，天子适诸侯之宫，诸侯不敢自阼阶⑦。阼阶者，主之阶也。天子适诸侯，诸侯不敢有宫，不敢为主人礼也。君惠臣忠，父慈子孝，兄爱弟敬，夫和妻柔，姑慈妇听，礼之至也。君惠则不厉，臣忠则不贰⑧，父慈则教，子孝则协，兄爱则友，弟敬则顺，夫和则义，妻柔则正，姑慈则从，妇听则婉，礼之质也。

礼者，臣下所以承其上也。故《诗》云："一发五豝，吁嗟乎驺虞⑨。"驺者，天子之囿也；虞者，囿之司兽者也。天子佐舆十乘，以明贵也；二牲

---

① 俎：祭宗庙器。
② 奥：室内的西南角，泛指房屋及其他深处隐蔽的地方。剽：同"窔（yào）"，室中东南角。
③ 舆：车中装载东西的部分，后泛指车。
④ 踳（chuǎn）逆：指乖逆、抵制。
⑤ 莅官：到官，居官。
⑥ 撙（zǔn）节：抑制、节制。
⑦ 阼（zuò）阶：东阶。
⑧ 贰：变节，背叛。
⑨ 豝（bā）：母猪。驺：传说中的一种仁兽，不食生物。虞：养兽者。

而食，以优饱也。虞人翼五犯以待一发，所以复中也。人臣于是所尊敬，不敢以节待，敬之至也。甚尊其主，敬慎其所掌职，而志厚尽矣。作此诗者，以其事深见良臣顺上之志也。良臣顺上之志者，可以义矣。故其叹之也长，曰"吁嗟乎"。虽古之善为人臣者，亦若此而已。

礼者，所以节义而没①不还。故飨饮之礼，先爵于卑贱，而后贵者始羞。殽膳下浃②而乐人始奏。肴不下遍，君不尝羞③；殽不下浃，上不举乐。故礼者，所以恤下也。由余④曰："干肉不腐，则左右亲；苞苴⑤时有，筐篚⑥时至，则群臣附；官无蔚藏⑦，腌陈时发，则载其上。"《诗》曰："投我以木瓜，报之以琼琚⑧；匪报也，永以为好也。"上少投之，则下以躯偿矣；弗敢谓报，愿长以为好。古之蓄其下者，其施报如此。

国无九年之蓄，谓之不足；无六年之蓄，谓之急；无三年之蓄，国非其国也。民三年耕，必余一年之食，九年而余三年之食，三十岁相通，而有十年之积。虽有凶旱水溢，民无饥馑。然后天子备味而食，日举以乐。诸侯食珍不失，钟鼓之县⑨可使乐也。乐也者，上下同之。故礼，国有饥人，人主不飧；国有冻人，人主不裘。报囚之日，人主不举乐。岁凶⑩谷不登，台榭不涂，榭彻干侯⑪，马不食谷，驰道⑫不除，食减膳，飨祭有阙。故礼者，自行之义，养民之道也。受计之礼，主所亲拜者二：闻生民⑬之数则拜之，闻登谷则拜之。《诗》曰："君子乐胥，受天之祜。"胥者，相也；祜，大福也。

---

① 没：死。
② 浃（jiá）：周匝。
③ 羞：同"馐"。
④ 由余：又称繇余，秦穆公时为上卿。
⑤ 苞苴：苞，通"包"，即蒲包。指用苇或茅编织成的包裹鱼肉之类食品的用具。
⑥ 筐篚（fěi）：盛物竹器。方曰筐，圆曰篚。
⑦ 蔚藏：储存丰富。
⑧ 琼琚：精美的玉佩。
⑨ 县：同"悬"。
⑩ 凶：庄稼收成不好。
⑪ 彻：同"撤"。干侯：用豻皮装饰的箭靶。干，通"豻"。
⑫ 驰道：古代供君王行驶车马的道路。
⑬ 生民：人民。

夫忧民之忧者，民必忧其忧；乐民之乐者，民亦乐其乐。与士民若此者，受天之福矣。

礼，圣王之于禽兽也，见其生不忍见其死，闻其声不尝其肉，隐弗忍也。故远庖厨，仁之至也。不合围，不掩群，不射宿①，不涸泽。豺不祭兽②，不田猎；獭不祭鱼，不设网罟③；鹰隼不鸷，睢而不逮，不出植罗④；草木不零落，斧斤不入山林；昆虫不蛰⑤，不以火田；不麛，不卵，不刳胎，不殀夭⑥，鱼肉不入庙门，鸟兽不成毫毛不登庖厨。取之有时，用之有节，则物蕃多。汤曰："昔蛛蝥⑦作罟，不高顺、不用命者，宁丁我网。"其惮害物也如是。《诗》曰："王在灵囿，麀鹿⑧攸伏，麀鹿濯濯，白鸟皓皓。王在灵沼，于牣鱼跃。"言德至也。圣主所在，鱼鳖禽兽犹得其所，况于人民乎？

故仁人行其礼，则天下安而万理得矣。逮至德渥泽洽，调和大畅，则天清澈，地富熅⑨，物时熟，民心不挟诈贼，气脉淳化，攫啮搏击之兽鲜，毒蠚猛蚄⑩之虫密，毒山不蕃，草木少薄矣。铄乎大仁之化也。

（贾谊撰，袁振益、钟夏校注：《新书校注》，中华书局 2000 年版，第214-217 页。）

📝 评析

礼是中国古代社会、政治生活得以运行的重要手段和内容。礼的作用在

---

① 掩群：尽取兽群。射宿：夜射栖鸟。
② 祭兽：豺杀兽而陈之若祭。
③ 祭鱼：谓獭常捕鱼陈列水边，如同陈列供品祭祀。网罟（gǔ）：捕鱼及捕鸟兽的工具。
④ 鸷：凶猛。睢：张目仰视的样子。植罗：同"罘罗"，捕鸟的网。
⑤ 蛰：动物冬眠，藏起来不吃不动。
⑥ 麛（mí）：泛指幼兽。刳（kū）胎：剖挖孕妇胎儿。
⑦ 蝥（máo）：昆虫，腿细长，鞘翅上黄黑色斑纹，成虫危害农作物，可入药。
⑧ 麀（yōu）鹿：牝鹿。
⑨ 熅：燃微火的火堆。
⑩ 蠚（hē）：蜂、蝎子等用毒刺刺（人或动物）。蚄：一种吃庄稼叶的害虫。

于能够稳固国家、安定社稷，使君民各得其所、各司其职。贾谊继承荀子隆礼的思想精髓，主张定制度、兴礼乐，使社会纲纪有序，六亲和睦。此篇着重讨论了礼的重要性，尤其是君臣上下之礼。

礼也是教育太子的核心内容。礼的教育功能至少包含以下三个层面。首先，在行为规范层面，应当以礼修身，懂得恭敬、撙节、退让之礼，即人的举止动作、仪态言谈皆应合乎所宜，将行礼变为自身行为准则，并从礼仪实践中提高自身道德修养。其次，在道德情感层面，应该明确礼之分、礼之数，不因关系疏离而无有所爱，亦不因关系亲近而偏爱，通过礼来处理社会关系及人伦关系，使情感中正，各得其所。最后，在政治治理层面，应懂得以礼恤下，以礼养民。君主当政应以万民生计为要，民无所聊生时，人君应当与其共担其苦，并在为民行礼过程中，懂得君民忧乐一体之道。

柳宗元

柳宗元（773—819），字子厚，河东解县（今山西运城）人，世称柳河东，唐代文学家、哲学家、教育家。他曾与韩愈倡导古文运动，并称"韩柳"，同为"唐宋八大家"。贞元九年（793），柳宗元与刘禹锡同登进士第。永贞元年（805），他因参与"永贞革新"失败而被贬为邵州刺史，赴任途中又被贬为永州司马。他在永州期间，创作了《捕蛇者说》《永州八记》等名篇。哲学上有《天说》《天对》等重要论著。他所写的《与杨京兆凭书》《报袁君陈秀才避师名书》《答韦中立论师道书》《报崔黯秀才论为文书》《答严厚舆秀才论为师道书》等，集中体现了其教育思想。

与杨京兆凭书

月日，宗元再拜，献书丈人①座前：役人胡要返命，奉教诲，壮厉②感发，铺陈③广大。上言推延贤隽④之道，难于今之世，次及文章，末以愚蒙剥丧⑤顿瘁，无以守宗族、复田亩为念，忧悯备极。不唯其亲密旧故是与，复有公言显赏，许其素尚⑥，而激其忠诚者。是用踊跃敬惧，类向时所被简牍，万万有加焉。故敢悉其愚，以献左右。

大凡荐举之道，古人之所谓难者，其难非苟一而已也。知之难，言之难，听信之难。夫人有有之而耻言之者，有有之而乐言之者，有无之而工言之者，有无之而不言似有之者。有之而耻言之者，上也。虽舜犹难于知之。孔子亦

① 丈人：指岳父。
② 壮厉：刚直毅烈。
③ 铺陈：详细地叙述。
④ 贤隽：同"贤俊"，才德出众的人。
⑤ 剥丧：伤亡，丧乱。
⑥ 素尚：朴素高尚的情操。

曰"失之子羽①"。下斯而言知而不失者，妄矣。有之而言之者，次也。德如汉光武，冯衍②不用；才如王景略，以尹纬③为令史。是皆终日号鸣大咤，而卒莫之省。无之而工言者，贼也。赵括④得以代廉颇，马谡⑤得以惑孔明也。今之若此类者，不乏于世。将相大臣闻其言，而必能辨之者，亦妄矣。无之而不言者，土木类也，周仁⑥以重臣为二千石，许靖⑦以人誉而致三公。近世尤好此类，以为长者，最得荐宠。夫言朴愚无害者，其于田野乡间为匹夫，虽称为长者可也。自抱关击柝⑧以往，则必敬其事，愈上则及物者愈大，何事无用之朴哉？今之言曰："某子长者，可以为大官。"类非古之所谓长者也，则必土木而已矣。夫捧土揭木而致之岩廊⑨之上，蒙以绂冕⑩，翼以徒隶⑪，而趋走其左右，岂有补于万民之劳苦哉！圣人之道，不益于世用，凡以此也，故曰知之难。孔子曰："仁者其言也讱⑫。"孟子病"未同而言"。然则彼未吾信，而吾告之以士，必有三间。是将曰："彼诚知士欤？知文欤？"疑之而未重，一间也。又曰："彼无乃私好欤？交以利欤？"二间也。

---

① 子羽：澹台灭明的字。春秋鲁国人，孔子弟子，状貌丑陋。
② 冯衍：字敬通，京兆杜陵人。世祖即位，论功当封，将召见之。为令狐略等谗之，竟不获用。
③ 尹纬：《晋史》载：尹纬，天水人。先为秦吏部令史，后事姚苌为佐命元功。苌既败蔡坚，遣用尹说坚求禅代，坚问纬曰："卿于朕何可官？"纬曰："尚书令史。"坚曰："卿宰相才也。王景略之俦，而朕不知，其亡也不亦宜乎！"王猛，字景略。
④ 赵括：战国赵将，赵奢之子。《史记·赵奢传》载：赵孝成王使廉颇将兵拒秦，秦遣间言曰："秦之所患，独畏马服君赵奢之子赵括为将耳。"王以括代颇，括之母谏王："括徒能读父书，而父子异心。"王不听，果败。
⑤ 马谡（sù）：《蜀志》载：马谡好论军计，诸葛亮深加器异。先主谓亮曰："谡言过其实，不可大用。"亮谓不然，以谡为参军，战于街亭，为张合所破。
⑥ 周仁：西汉人。武帝立，以先帝臣重之。仁乃病免，以二千石禄归老。
⑦ 许靖：字文休，汝南平舆（今河南省平舆县）人。三国时著名人物，年轻时即为世人所知。后经刘翊推举为孝廉，担任尚书郎。后受到益州牧刘璋邀请，受任为巴郡、广汉太守，刘备入蜀后，担任要职，位列三公。
⑧ 抱关击柝：守门打更的小吏。
⑨ 岩廊：借指朝廷。
⑩ 绂冕：古时系官印的丝带及大夫以上的礼冠。引申为官服、礼服。
⑪ 徒隶：刑徒奴隶，服劳役的犯人。
⑫ 讱：出言缓慢谨慎。

又曰："彼不足我而恭①我哉？兹咈②吾事。"三间也。畏是而不言，故曰言之难。言而有是患，故曰听信之难。唯明者为能得其所以荐，得其所以言，得其所以听，一不至则不可冀矣。然而君子不以言听之难，而不务取士。士，理之本也。苟有司之不吾信，吾知之而不舍，其必有信吾者矣。苟知之，虽无有司，而士可以显，则吾一旦操用人之柄，其必有施矣。故公卿之大任，莫若索士。士不预备而熟讲之，卒然君有问焉，宰相有咨焉，有司有求焉，其无以应之，则大臣之道或阙，故不可惮烦③。

今之世言士者，先文章。文章，士之末也。然立言存乎其中，即末而操其本，可十七八，未易忽也。自古文士之多莫如今，今之后生为文，希屈、马④者，可得数人；希王褒、刘向之徒者，又可得十人；至陆机、潘岳之比，累累相望。若皆为之不已，则文章之大盛，古未有也。后代乃可知之。今之俗耳庸目，无所取信，杰然特异者，乃见此耳。丈人以文律通流当世，叔仲鼎列，天下号为文章家。今又生敬之⑤。敬之，希屈、马者之一也。天下方理平，今之文士咸能先理。理不一断于古书老生，直趣尧舜之道、孔氏之志，明而出之，又古之所难有也。然则文章未必为士之末，独采取何如尔！宗元自小学为文章，中间幸联得甲乙科第，至尚书郎，专百家章奏，然未能究知为文之道。自贬官来无事，读百家书，上下驰骋，乃少得知文章利病。去年吴武陵⑥来，美其齿少，才气壮健，可以兴西汉之文章，日与之言，因为之出十数篇书。庶几铿锵陶冶，时时得见古人情状。然彼古人亦人耳，夫何远哉！凡人可以言古，不可以言今。桓谭亦云：亲见扬子云，容貌不能动人，安肯传其书？诚使博如庄周，哀如屈原，奥如孟轲，壮如李斯，峻如马迁，富如相如，明如贾谊，专如扬雄，犹为今之人，则世之高者至少矣。由此观

① 恭（jì）：毒害，憎恨。
② 咈：古同"拂"，吵扰。
③ 惮烦：怕麻烦。
④ 屈、马：屈，屈原。马，司马迁。
⑤ 敬之：杨敬之，字茂孝，尝写《华山赋》示韩愈，韩愈称之。
⑥ 吴武陵：元和二年（807）中进士，元和三年（808）谪永州。

之，古之人未始不薄于当世，而荣于后世也。若吴子之文，非丈人无以知之。独恐世人之才高者，不肯久学，无以尽训诂风雅之道，以为一世甚盛。若宗元者，才力缺败，不能远骋高厉①，与诸生摩九霄，抚四海，夸耀于后之人矣。何也？凡为文，以神志为主。自遭责逐，继以大故，荒乱耗竭，又常积忧恐，神志少矣，所读书随又遗忘。一二年来，痞气②尤甚，加以众疾，动作不常。眊眊③然骚扰内生，霾雾填拥惨沮④。虽有意穷文章，而病夺其志矣。每闻人大言，则蹶⑤气震怖，抚心按胆，不能自止。又永州多火灾，五年之间，四为天火所迫。徒跣走出，坏墙穴牖，仅免燔灼⑥。书籍散乱毁裂，不知所往。一遇火恐，累日茫洋，不能出言，又安能尽意于笔砚，矻矻⑦自苦，以危伤败之魂哉？

中心之悃愊⑧郁结，具载所献《许京兆丈人书》，不能重烦于陈列。凡人之黜弃，皆望望思得效用，而宗元独以无有是念。自以罪大不可解，才质无所入，苟焉以叙忧栗为幸，敢有他志？伏以先君禀孝德，秉直道，高于天下。仕再登朝，至六品官。宗元无似，亦尝再登朝至六品矣！何以堪此？且柳氏号为大族，五六从以来无为朝士者，岂愚蒙独出数百人右哉？以是自忖，官已过矣，宠已厚矣。夫知足与知止异，宗元知足矣。若便止不受禄位，亦所未能。今复得好官，犹不辞让，何也？以人望人，尚足自进。如其不至，则故无憾，进取之意⑨息矣。身世孑然，无可以为家，虽甚崇宠之，孰与为荣？独恨不幸获托姻好，而早凋落，寡居十余年。尝有一男子，然无一日之命，至今无以托嗣续，恨痛常在心目。孟子称"不孝有三，无后为大"。今之汲

033

---

① 高厉：崇高，高超。
② 痞气：脾脏郁结成块的病，即慢性脾脏肿大。
③ 眊（mào）眊：昏乱，糊涂。
④ 惨沮：忧伤沮丧。
⑤ 蹶：挫折、失败。
⑥ 燔（fán）灼：烧灼。
⑦ 矻（kū）矻：辛勤劳作的样子。
⑧ 悃愊（kǔnbì）：至诚，诚实。
⑨ 进取之意：《全唐文》作"进取之志"。

汲于世者，唯惧此而已矣！天若不弃先君之德，使有世嗣，或者犹望延寿命，以及大宥，得归乡闾，立家室，则子道毕矣。过是而犹竞于宠利者，天厌之！天厌之！丈人旦夕归朝廷，复为大僚，伏惟以此为念。流涕顿颡①，布之座右，不任感激之至。宗元再拜。

（柳宗元著：《柳宗元集》，中华书局 1979 年版，第 786-791 页。）

📝 评析

永贞元年（805），柳宗元被贬为永州司马，自此柳宗元在永州谪居十年之久。柳宗元被贬永州期间，其岳父杨凭的宦海生涯同样波澜起伏、横生波折。当杨凭被流放至临贺（今属广西贺州）时，柳宗元写下《与杨京兆凭书》，此信言语恳切，充满真知灼见。

信中，柳宗元着重论述了荐举之难。荐举之难，难在知人，"夫人有有之而耻言之者，有有之而乐言之者，有无之而工言之者，有无之而不言似有之者"。有有才而不愿显露者，有无才而善言者，更有无才而充能者。因此，推荐人才时，应当"得其所以言，得其所以听，一不至则不可冀矣"；必须深入考察其才德、品行、实绩。同时，选举者应该尽可能避免带着爱恶偏见去观察人的言行表现，因为这样有可能埋没真正的人才。

此外，柳宗元注意到唐代文学繁荣兴盛，能文者比比皆是。但他提出，文章并非士人之所以为士人的根本准则，士人应该追求尧舜之道、孔孟之志，应该追求为文之道，而非以堆砌辞藻、舞文弄墨为能事。他主张通过阅读古人的文章，理解他们的思想与精神，与历代的思想者进行沟通与对话，实现精神上的交流。

柳宗元将人才视作国家繁盛之根本，认为无论是操持用人之柄、大权在握的官员，还是用心培育人才的教师，都应该认识到人的多样性、复杂性，同时着力于培养人才、发现人才，让每个人都有人生出彩的机会。

---

① 顿颡（sǎng）：同"顿首"，屈膝下拜，以额角触地。颡：脑门儿。

报袁君陈秀才避师名书

秀才足下：仆避师名久矣。往在京都，后学之士到仆门，日或数十人，仆不敢虚其来意，有长必出之，有不至必蓰①之。虽若是，当时无师弟子之说。其所不乐为者，非以师为非，弟子为罪也。有两事，故不能：自视以为不足为，一也；世久无师弟子，决为之，且见非，且见罪，惧而不为，二也。其大说具《答韦中立书》，今以往，可观之。

秀才貌甚坚，辞甚强，仆自始觌②，固奇秀才，及见两文，愈益奇。虽在京都，日数十人到门者，谁出秀才右耶？前已毕③秀才可为成人，仆之心固虚矣，又何鲲鹏互乡于尺牍哉！秋风益高，暑气益衰，可偶居卒谈。秀才时见咨，仆有诸内者不敢爱惜。

大都文以行为本，在先诚其中。其外者当先读六经，次《论语》、孟轲书，皆经言；《左氏》、《国语》、庄周、屈原之辞，稍采取之；穀梁子、太史公甚峻洁④，可以出入；余书俟文成异日讨也。其归在不出孔子，此其古人贤士所懔懔者。求孔子之道，不于异书。秀才志于道，慎勿怪、勿杂、勿务速显。道苟成，则悫⑤然尔，久则蔚然尔。源而流者岁旱不涸，蓄谷者不病凶年，蓄珠玉者不虞殍⑥死矣。然则成而久者，其术可见。虽孔子在，为秀才计，未必过此。不具。宗元白。

（柳宗元著：《柳宗元集》，中华书局 1979 年版，第 880-881 页。）

---

① 蓰：教导。
② 觌（dí）：相见。
③ 毕：一作"必"。
④ 峻洁：指诗文刚劲凝练。
⑤ 悫（què）：诚实。一作"勃"。
⑥ 殍：饿死，饿死的人。

📝 评析

此文写于柳宗元谪居永州时期，众学子素闻其学，前来求教者络绎不绝，《报袁君陈秀才避师名书》旨在答复应考秀才拜师之请。

文章甫一开篇，柳宗元便委婉地说明了自己不愿为人之师的理由：一方面他谦逊地认为，自视不足，难以为人师；另一方面，自魏晋以降，师道衰落久矣，他如以人师身份自居，恐会遭受非议与责难，因此"惧而不为"。柳宗元虽受时代所迫，不愿担当为师之名，但因本人崇尚先贤师道，青年往来求学，无不尽心指点，故已行为师之实。文章后段论述作文之道，柳宗元认为文章"以行为本，在先诚其中"，这蕴含了其道德修养、社会关怀，文章须内外相顾，生发于内心并指向现实。同时，为文之道又应重视读书，当先读六经，次读诸子，后旁推交通，进而融汇百家之学。"其外者当先读六经，次《论语》、孟轲书，皆经言；《左氏》、《国语》、庄周、屈原之辞，稍采取之；穀梁子、太史公甚峻洁，可以出入；余书俟文成异日讨也。"读书可广博但不可怪、杂、速，"秀才志于道，慎勿怪、勿杂、勿务速显"。

柳宗元教陈秀才的为文之道，在今天仍有重要意义。我们应当认识到，成就一篇好文章的前提，是作者应有深厚的积淀。这种积累可源于作者对情感的敏锐洞察，可来自对现实世界的深刻关怀以及对书本知识的深入思考。文章写作之路，并非一朝即成，唯有脚踏实地、久久为功，方可取得成就。

答韦中立论师道书

二十一日，宗元白：辱书云欲相师，仆道不笃，业甚浅近，环顾其中，未见可师者。虽常好言论，为文章，甚不自是也。不意吾子自京师来蛮夷间，乃幸见取。仆自卜固无取，假令有取，亦不敢为人师。为众人师且不敢，况敢为吾子师乎？

孟子称"人之患在好为人师"。由魏、晋氏以下，人益不事师。今之世，不闻有师，有辄哗笑之，以为狂人。独韩愈奋不顾流俗，犯笑侮，收召后学，作《师说》，因抗颜①而为师。世果群怪聚骂，指目②牵引，而增与为言辞。愈以是得狂名，居长安，炊不暇熟，又挈挈③而东，如是者数矣。屈子赋曰："邑犬群吠，吠所怪也。"仆往闻庸蜀之南，恒雨少日，日出则犬吠，余以为过言。前六七年，仆来南，二年冬，幸大雪，逾岭被南越中数州，数州之犬，皆苍黄吠噬狂走者累日，至无雪乃已，然后始信前所闻者。今韩愈既自以为蜀之日，而吾子又欲使吾为越之雪，不以病乎？非独见病，亦以病吾子。然雪与日岂有过哉？顾吠者犬耳。度今天下不吠者几人，而谁敢炫怪于群目，以召闹取怒乎？

仆自谪过以来，益少志虑。居南中九年，增脚气病，渐不喜闹，岂可使呶呶者早暮咈吾耳、骚吾心？则固僵仆烦愦④，愈不可过矣。平居望外，遭齿舌不少，独欠为人师耳。

抑又闻之，古者重冠礼，将以责成人之道，是圣人所尤用心者也。数百年来，人不复行。近有孙昌胤者，独发愤行之。既成礼，明日造朝至外庭，荐笏言于卿士曰："某子冠毕。"应之者咸怃然⑤。京兆尹郑叔则怫然⑥曳笏却立，曰："何预我耶？"廷中皆大笑。天下不以非郑尹而快孙子，何哉？独为所不为也。今之命师者大类此。

吾子行厚而辞深，凡所作，皆恢恢然有古人形貌，虽仆敢为师，亦何所增加也？假而以仆年先吾子，闻道著书之日不后，诚欲往来言所闻，则仆固愿悉陈中所得者。吾子苟自择之，取某事去某事，则可矣。若定是非以教吾

---

① 抗颜：态度严正。
② 指目：用手指，用眼看。
③ 挈挈：孤独的样子。
④ 僵仆：身体僵硬而倒下。烦愦：谓心烦意乱。
⑤ 怃然：惊愕。
⑥ 怫然：愤怒的样子。

子，仆材不足，而又畏前所陈者，其为不敢也决矣。吾子前所欲见吾文，既悉以陈之，非以耀明于子，聊欲以观子气色诚好恶何如也。今书来，言者皆大过。吾子诚非佞誉诬谀①之徒，直见爱甚故然耳。

　　始吾幼且少，为文章，以辞为工。及长，乃知文者以明道，是固不苟为炳炳烺烺②，务采色、夸声音而以为能也。凡吾所陈，皆自谓近道，而不知道之果近乎，远乎？吾子好道而可吾文，或者其于道不远矣。故吾每为文章，未尝敢以轻心掉之，惧其剽而不留也；未尝敢以怠心易之，惧其弛而不严也；未尝敢以昏气出之，惧其昧没而杂也；未尝敢以矜气作之，惧其偃蹇③而骄也。抑之欲其奥，扬之欲其明，疏之欲其通，廉之欲其节，激而发之欲其清，固而存之欲其重，此吾所以羽翼夫道也。本之《书》以求其质，本之《诗》以求其恒，本之《礼》以求其宜，本之《春秋》以求其断，本之《易》以求其动，此吾所以取道之原也。参之谷梁氏以厉其气，参之《孟》《荀》以畅其支，参之《庄》《老》以肆其端，参之《国语》以博其趣，参之《离骚》以致其幽，参之太史公以著其洁，此吾所以旁推交通而以为之文也。凡若此者，果是耶，非耶？有取乎，抑其无取乎？吾子幸观焉择焉，有余以告焉。苟亟来以广是道，子不有得焉，则我得矣，又何以师云尔哉？取其实而去其名，无招越、蜀吠怪，而为外廷所笑，则幸矣！宗元白。

　　　　（柳宗元著：《柳宗元集》，中华书局 1979 年版，第 871-874 页。）

📑 评析

　　《答韦中立论师道书》一文，作于元和八年（813），是柳宗元写给潭州刺史韦彪之孙韦中立的拜师回信。

---

① 佞誉：曲意赞美。诬谀：谓以不实之词奉承人。
② 炳炳烺（lǎng）烺：文采鲜明。
③ 偃蹇：骄横，傲慢。

此篇集中论述了柳宗元的"师道"与"文道"。柳宗元继承儒家尊师重道的优良传统，批评了魏晋以来"耻学于师""举世不师"的不良风气，赞赏和支持韩愈抗颜为师的举动，并指出不尊师道、不向教师学习、不重视教育是最终导致儒道衰落的主要原因。柳宗元认为"文者以明道"，即文章必须承载以经世济民、治国安邦为指归的"圣人之道"。柳宗元从自己的亲身经历、经验教训出发，告诫韦中立作文不能仅仅关注辞藻是否华丽、声韵是否悠扬，更当注重其背后所蕴之"道"。柳宗元主张为文写作时应去掉"轻心""怠心"，戒掉"昏气""矜气"，所表达的情感和道理应该深奥、明晰、通达等。柳宗元认为为文写作，既可取法于"五经"，又应参考诸子，只有博采众长，才能豁然贯通，通达圣人之道。

柳宗元教人作文，以文章关涉国计民生为宗旨，以文章为百姓造福为关切，如果文章没有以现实为关怀，没有以"道"为支撑，那只不过是空疏的呐喊与辞藻的堆砌。柳宗元"文以明道"的教育理念，旨在让学生走出书斋，将目光投向社会现实。今天，我们仍须继承和发扬这一教育理念，用文章传递我们之于社会现实的思考与见解，为国家的发展和进步贡献自己的力量。

报崔黯秀才论为文书

崔生足下：辱书及文章，辞意良高，所向慕不凡近，诚有意乎圣人之言。然圣人之言，期以明道，学者务求诸道而遗其辞。辞之传于世者，必由于书。道假辞而明，辞假书而传，要之，之道而已耳。道之及，及乎物而已耳。斯取道之内者也。今世因贵辞而矜书，粉泽①以为工，遒密②以为能，不亦外

---

① 粉泽：特指文辞上刻意雕饰。
② 遒密：雄健缜密。

乎？吾子之所言道，匪辞而书，其所望于仆，亦匪辞而书，是不亦去及物之道愈以远乎？仆尝学圣人之道，身虽穷，志求之不已，庶几可以语于古。恨与吾子不同州部，闭口无所发明。观吾子文章，自秀士可通圣人之说。今吾子求于道也外，而望于余也愈外，是其可惜欤！吾且不言，是负吾子数千里不弃朽废者之意，故复云尔。

凡人好辞工书者，皆病癖也。吾不幸蚤①得二病。学道以来，日思砭针②攻熨，卒不能去，缠结心腑牢甚，愿斯须忘之而不克，窃尝自毒。今吾子乃始钦钦思易吾病，不亦惑乎？斯固有潜块积瘕③，中子之内藏，恬而不悟，可怜哉！其卒与我何异？均之二病，书字益下，而子之意又益下，则子之病又益笃，甚矣，子癖于伎也。

吾尝见病心腹人，有思啖土炭、嗜酸咸者，不得则大戚，其亲爱之者不忍其戚，因探而与之。观吾子之意，亦已戚矣。吾虽未得亲爱吾子，然亦重来意之勤，有不忍矣。诚欲分吾土炭酸咸，吾不敢爱，但远言其证不可也，俟面乃悉陈吾状。未相见，且试求良医为方已之。苟能已，大善，则及物之道，专而易通。若积结既定，医无所能已，幸期相见时，吾决分子其啖嗜者。不具。宗元白。

（柳宗元著：《柳宗元集》，中华书局 1979 年版，第 886-887 页。）

📑 评析

《报崔黯秀才论为文书》为柳宗元回崔黯之信，旨在教授崔黯文辞书法，是柳宗元指导文章写作的代表性文章。

柳宗元认为，教育的目的在于培养能够明道、行道、济世安民的君子。圣人通过著书立说的方式启示后人传道，依靠书中文辞阐明道之精义，三者

---

① 蚤：同"早"。
② 砭针：古代用以治痈疽、除脓血的石针。
③ 积瘕：指腹中结块的病，多由血瘀、气滞、痰积等所致。

以道为核心，相互依存。因此，后世学者"务求诸道"，则不能忽视记载圣人之言的书本，应该博览群书；也当留意书中的遣词造句，领略圣人工笔。然而值得注意的是，"好辞""工书"可能带来注重外在形式的弊病，而导致忽略书中所要言明的道理；仅仅追求外在文辞的书写华丽，而放弃内在圣人之道的文章。这在柳宗元看来有违圣人著书之意，此类文章不仅不能起到提撕后学之效，更难以经过时代检验，为世人所传。因此，柳宗元呼吁当下所有学子都应该认识到这一问题，并有效地采取措施，力求做到文道合一。

六朝时期，学者对文辞、音韵的重视极大地提高了文章的艺术性、审美性、技术性，骈文成为中国文学发展史上的重要文体。但骈文极盛便生流弊：文章形式大于内容、玄奥空洞而无思想。而由柳宗元所倡导的"文以明道""文道合一"的文章写作宗旨，不仅对当时热衷仕途、忽略现实的读书人具有深刻的教育意义，更是唐代力图扭转骈文之弊的"古文运动"之强音。

答严厚舆秀才论为师道书

二十五日某白，冯翊严生足下：得生书，言为师之说，怪仆所作《师友箴》与《答韦中立书》，欲变仆不为师之志，而屈己为弟子。凡仆所为二文，其卒果不异，仆之所避者名也，所忧者其实也，实不可一日忘。仆聊歌以为箴，行且求中以益己，栗栗①不敢暇，又不敢自谓有可师乎人者耳。若乃名者，方为薄世笑骂，仆脆怯，尤不足当也。内不足为，外不足当，众口虽恳恳见迫，其若吾子何？实之要，二文中皆是也，吾子其详读之，仆见解不出此。

吾子所云仲尼之说，岂易耶？仲尼可学不可为也。学之至，斯则仲尼矣；

---

① 栗栗：戒惧的样子。

未至而欲行仲尼之事，若宋襄公好霸而败国，卒中矢而死①。仲尼岂易言耶？马融、郑玄者，二子独章句师耳。今世固不少章句师，仆幸非其人，吾子欲之，其有乐而望吾子者矣。言道、讲古、穷文辞以为师，则固吾属事。仆才能勇敢不如韩退之，故又不为人师。人之所见有同异，吾子无以韩责我。若曰仆拒千百人，又非也。仆之所拒，拒为师弟子名，而不敢当其礼者也。若言道、讲古、穷文辞，有来问我者，吾岂尝瞋目②闭口耶！

敬叔吾所信爱，今不得见其人，又不敢废其言。吾子文甚畅远，恢恢乎其辟大路将疾驰也。攻其车，肥其马，长其策，调其六辔③，中道之行大都，舍是又奚师欤？亟谋于知道者而考诸古，师不乏矣。幸而亟来，终日与吾子言，不敢倦，不敢爱，不敢肆。苟去其名，全其实，以其余易其不足，亦可交以为师矣。如此，无世俗累而有益乎己，古今未有好道而避是者。宗元白。

（柳宗元著：《柳宗元集》，中华书局 1979 年版，第 878—879 页。）

📑 评析

柳宗元被贬永州时，不断有学子慕名前来求学拜师，但他从未接受。于是便有学子试图通过批评柳宗元的文章，以改变其不为人师的观念，"怪仆所作《师友箴》与《答韦中立书》，欲变仆不为师之志，而屈己为弟子"，《答严厚舆秀才论为师道书》一文，便是对此批评的回应。

实际上，在当时恶劣的地理环境及政治境遇中，柳宗元不愿负老师之名，这是他在特殊的人生境遇中作出的选择与判断，目的在于避免遭受更多的非议与指责。柳宗元虽未像韩愈直接参与教育活动，却行诸多老师之实，致力于"言道、讲古、穷文辞"，并且认为这是自己义不容辞的责任。在此回信

---

① 中矢而死：见《左传·僖公二十二年》：宋公及楚人战于泓。宋师败绩，公伤股。二十三年五月卒，伤于泓故也。

② 瞋目：瞪大眼睛表示愤怒。

③ 辔：辔绳。

中我们还可以看到，柳宗元主张师生在交往中应当秉持"不敢倦，不敢爱，不敢肆"的态度，保持适度的距离、分寸；双方就学问相互切磋、取长补短，彼此平等视之，亦师亦友。如果能够达到此种境界，也就可以交相为师了，而不必一定要徇师徒之名。

柳宗元所秉持的务实教育理念，可谓抓住了师友学问交流的核心本质。他所倡导的这种师生间亦师亦友、和睦融洽的关系模式，不仅体现了教师独立思考、不徇流俗的一面，同时也主张师生相互学习、共同成长，这对当今教育实践仍具有深远的启示意义。

周敦颐

周敦颐（1017—1073），字茂叔，号濂溪，道州营道（今湖南道县）人，北宋著名理学家，被推尊为理学开山鼻祖。《宋史·道学传》将创立理学学派的周敦颐提到了极高的地位："千有余载，至宋中叶，周敦颐出于舂陵，乃得圣贤不传之学，作《太极图说》《通书》，推明阴阳五行之理，命于天而性于人者，了若指掌。"周敦颐的理学教育思想在《通书》中多有体现。

通书·师

或问曰："曷为天下善？"曰："师。"曰："何谓也？"曰："性者，刚柔善恶，中而已矣。"

不达①。曰刚善：为义，为直，为断，为严毅，为干固②；恶：为猛，为隘，为强梁③。柔善：为慈，为顺，为巽④；恶：为懦弱，为无断，为邪佞⑤。

惟中也者，和也，中节也，天下之达道也，圣人之事也。

故圣人立教，俾⑥人自易其恶，自至其中而止矣。

故先觉觉后觉，暗者求于明，而师道立矣。

师道立，则善人多；善人多，则朝廷正，而天下治矣。

（周敦颐撰，梁绍辉、徐荪铭校点：《周敦颐集》，岳麓书社 2007 年版，第 68-69 页。）

---

① 不达：指问的人不能明白其主旨。
② 干固：干练坚持。
③ 强梁：粗暴，凶狠。
④ 巽：同"逊"，谦让恭逊。
⑤ 邪佞：奸邪，伪善。
⑥ 俾（bǐ）：使。

评析

　　此篇的主旨在于明确师道的功用：能为天下善、能为天下治。在周敦颐看来，人性以气禀而言，自一而二，分为刚与柔；自一而四，则又分为刚善、刚恶、柔善、柔恶也。加其一"中"也，以为五行。人禀受五行之气而形成五常之性。五常之性因感受外物而动，便有善恶产生。这是人性的五种状态及性质，其中刚善、刚恶、柔善、柔恶各有不同的行为表现及特征，只有圣人，才能达到中和的境界。同时，圣人能够实施教化的妙法在于引导人进行自我教育，"自易其恶"。无论是先知先觉，还是后知后觉，只要能够弃暗求明，那么具有中和之质的人日益增多，整个社会将呈现富国安邦的大治。这就是教师对社会最主要的贡献：能够培养善人，能够促进社会的稳定和谐。

通书·思

　　《洪范》曰："思曰睿①，睿作圣。"无思，本也；思通，用也。幾②动于彼，诚动于此。匪③思而无不通，为圣人。

　　不思，则不能通微；不睿，则不能无不通。是则无不通生于通微，通微生于思。

　　故思者，圣功之本，而吉凶之机也。

　　《易》曰："君子见幾而作，不俟终日。"

---

① 睿：深明，通达。
② 幾（jī）：事物将要出现变化时的状态、苗头。
③ 匪：一作"无"。

又曰："知幾，其神乎！"

（周敦颐撰，梁绍辉、徐苏铭校点：《周敦颐集》，岳麓书社 2007 年版，第 69-70 页。）

评析

此篇强调思考在圣学中的地位，认为思考乃"圣功之本"。周敦颐引用《洪范》篇展开对思与圣人之间关系的论证：人能思考，则会通达，通达而进，自然无不通，无不通则可以成为圣人。在周敦颐的思想体系中，诚是圣人之本，神乃圣人之用。圣人保持无思或者无心而思的虚静状态，外界环境或状况一旦出现变化，圣人的诚心能迅速反应，将危机或可能的困顿消灭于将生之际。这种察识事物征兆以及能及时、妥善解决问题的能力，是圣人的神妙之处。圣人为什么能够达到此境界呢？是因为圣人善于思考，善于曲尽事物精微之处，能够把握先机，处处得中，时时得中。

通书·志学

圣希天，贤希圣，士希贤。

伊尹①、颜渊，大贤也。伊尹耻其君不及尧、舜，一夫不得其所，若挞②于市。颜渊不迁怒③，不贰过④，三月不违仁。

志伊尹之所志，学颜子之所学。

---

① 伊尹：商汤大臣，名伊，一名挚，尹是官名。相传生于伊水，故名。
② 挞：用鞭棍等打人。
③ 迁怒：把自己的怒气或对某人的怒气发泄到另一个人身上。
④ 贰过：重犯同一过失。

过则圣，及则贤，不及则亦不失于令名①。

（周敦颐撰，梁绍辉、徐苏铭校点：《周敦颐集》，岳麓书社 2007 年版，第 70 页。）

📑 评析

教育、读书贵在立志。此篇虽然短小精悍，却在理学教育史上或者说中国儒学教育史上占据着重要的地位。因为周敦颐直接提出了理学教育的目标——培养圣贤。就每个学习者个体而言，就是要"志伊尹之所志，学颜子之所学"，这成为后来的理学家诠释的重点。程颐所著的理学名篇《颜子所好何学论》中就回应了这一问题，认为"颜子所独好者何学也？学以至圣人之道矣"。胡宏具体深化了周敦颐关于"志"与"学"的内涵，认识到周敦颐提出此目标的意图在于"患人以发策决科、荣身肥家、希世取宠为事也，故曰'志伊尹之所志'。患人以广闻见、工文词、矜智能、慕空寂为事也，故曰'学颜子之所学'"。朱熹则用《大学》来诠释这一命题，认为"凡人为学，便当以明明德、新民，止于至善，及明明德于天下，为事不成，只要独善其身便了，须是志于天下。所谓志伊尹之所志、学颜子之所学也"。以上论述足见周敦颐提出的"志"与"学"产生的深远影响。

通书·圣学

"圣可学乎？"曰："可。"曰："有要乎？"曰："有。""请闻焉。"曰：

---

① 令名：好名声。

"一为要。一者，无欲也。无欲，则静虚动直①。静虚则明，明则通；动直则公，公则溥②。明通公溥，庶矣乎③！"

（周敦颐撰，梁绍辉、徐苏铭校点：《周敦颐集》，岳麓书社 2007 年版，第 75—76 页。）

📝 评析

此章简单明白地提出了两个重要的理学问题：圣人能否可学而至？成就圣人的根本途径是什么？周敦颐的回答简明扼要——圣人可学而至，其关键在于能做到"一"。"一"就是太极，就是纯然无杂一点私欲的自在状态。一个人只有去掉私欲，内心才能实现虚空宁静，行为才能做到公平正直。在周敦颐看来，人心若有私欲，则心中千头万绪纷纷扰扰，杂乱不堪，做小事尚且不能有始有终，何况要做成为圣人的工夫呢？无欲而静，这是周敦颐提出的圣人修养方法，后来学者认为这一目标太高而难以把握，因而程朱理学又拣出一个"敬"字，教人在"敬"上下功夫，主敬就能够有下手处，能起到立竿见影的效果。

通书·颜子

颜子④一箪食⑤，一瓢饮⑥，在陋巷⑦，人不堪其忧，而不改其乐。

---

① 直：公正合理。
② 溥（pǔ）：广大、普遍。
③ 庶矣乎：这样就差不多了吧。
④ 颜子：孔子弟子，名回，字子渊。
⑤ 箪：古代盛饭的圆竹器。
⑥ 瓢饮：原谓以瓢勺饮水，后用以喻生活俭朴。
⑦ 陋巷：狭窄的街巷。

夫富贵，人所爱者也。颜子不爱不求，而乐乎贫者，独何心哉？

天地间有至贵至爱可求，而异乎彼者，见其大而忘其小焉尔。

见其大则心泰，心泰则无不足，无不足则富贵贫贱处之一也。处之一则能化而齐，故颜子亚圣。

（周敦颐撰，梁绍辉、徐苏铭校点：《周敦颐集》，岳麓书社 2007 年版，第 76-77 页。）

📑 评析

孔颜乐处，是一个重要的理学命题。颜回，是理学家树立的一个圣贤典范。颜子起居饮食，简陋之至，贫贱之甚。在他人看来，颜回应困极而有不胜之忧，为何他却处之泰然，不改所乐呢？这是怎样可贵的品质和心境在支撑他呢？周敦颐的解释是，颜回之所以能不爱富贵，不求富贵而乐处贫窭，是因为他认识到天地间至富至贵、可爱可求者，仁而已。仁者，天地生物之心，而人所受以生者，为一心之全德、万善之总名。体即天地之体，用即天地之用，存之则道充，居之则身安。这就是认识到了人生之"大"，道理之"大"。一个人体会到天人一体之大，则个体之动静即天地之动静，个体之卷舒即天地之卷舒，因而能达到舒泰自若的境界。学者认识到了这一宇宙人生的大道理，心自满足，则处富贵而不加，处贫贱而不损。人能视富贵贫贱为一般，则大而化之，存养操持，则能达到圣人的标准。

通书·师友

天地间至尊者道，至贵者德而已矣。至难得者人，人而至难得者，道德有于身而已矣。

求人至难得者有于身，非师友，则不可得也已。

道义者，身有之，则贵且尊。

人生而蒙①，长无师友则愚，是道义由师友有之。

而得贵且尊，其义不亦重乎！其聚不亦乐乎！

（周敦颐撰，梁绍辉、徐苏铭校点：《周敦颐集》，岳麓书社 2007 年版，第 77 页。）

📝 评析

由道义加持的师友是天地间至尊至贵之人。在周敦颐看来，道就是一，具有上极高明、下涉形器、大至于无外、小入于无内的特点，其大要在"中"。德，就是行道而得于心。宇宙中至尊至贵者，就是道与德。在中国古代经典中，十分重视人的地位。《礼记》中说："人者，其天地之德，阴阳之交，鬼神之会，五行之秀气也。"《尚书》中说："惟人万物之灵。"《孝经》中说："天地之性，人为贵。"周敦颐继承这些说法，说人是天地间至难得者，而人群中最优秀的人就是那些体道尊德的人。唯有名师教导、益友辅责，才能明心见性，才能摆脱蒙昧，才能道义加身。基于此，周敦颐对为师者、为友者提出了很高的要求。为师友者，就意味着要成为天地间至尊至贵的人，要成为得道拥德之人。道义的传习与修得在于师友间的磨砺、切磋，人生的开蒙、进化得益于师友的鼓励与帮助，这是理学传播的重要途径与方法。就个体而言，得良师益友是恩重如山、义重如海的人生快事。周敦颐反复申说、叮咛，这表明隆师重友始终是中国古代教育的优良传统。

---

① 蒙：没有知识，愚昧。

胡寅

胡寅（1098—1156），字明仲，学者称致堂先生，建宁崇安（今福建武夷山）人，后迁居衡阳。少时，胡安国见其桀骜难制，置书数千卷以设法移其心。后来，因受人举荐，胡寅尝从祭酒杨时学。宋徽宗宣和三年（1121）进士。宋钦宗靖康元年（1126），除秘书省校书郎。历官司门员外郎、起居郎、永州知府、中书舍人、礼部侍郎兼侍讲、徽猷阁直学士。著有《斐然集》《论语详说》《读史管见》等。

岳州学记

学之失有五，而其难有二。盖自书契①已来至于今，上下数千年，纸墨之传以万号，卷不知其几也。则有溺于名数②者焉，则有囿于训诂③者焉，则有役于记诵者焉，则有耽于文词者焉，则有惑于异端④者焉。夫是之谓五失。豪杰之士慨然自拔于流俗，曰道德性命圣人之奥也，岂是五者之谓哉？索之以私志⑤，广之以辩言⑥，言之成文而持之有故⑦，材出其下者滔滔是也。则和而从之，曰是诚得圣人之奥矣。今迹其言曰，天道高远，资之无深也，居之无安也，虽欲不变亦末由矣。终于惑异端，迷义利，举外夷杂霸偏驳⑧之具，参乱正教，谈高语妙，系风拾沈⑨，而使人纪人纲沦胥⑩于无父与君之

---

① 书契：指文字。
② 名数：名目、数量、物理之学。
③ 训诂：解释古文字义。
④ 异端：古代儒家称其他学说、学派为异端。这里指佛教。
⑤ 私志：私情。
⑥ 辩言：巧伪之言，美丽动听而奸诈虚伪的言辞。
⑦ 持之有故：所持观点，查有依据。
⑧ 偏驳：不纯正。
⑨ 系风拾沈：比喻虚幻无根之事。沈，汁水。拾沈，捡拾汁水。
⑩ 沦胥：指沦丧。

极，其势然也。故学而得正，一难也。明善审是，择中庸，知正当，不身践之，犹无有也，是二难也。自汉、唐已来，取士之制不本乎先王。夏侯胜①明经，则希望青紫②之拾；桓荣③稽古，则夸侈车马之赐④。跛于五失而寘⑤于二难，惟利是趋，俗远益弊，先圣先师大学之道几于熄矣。天子闵⑥焉，乃诏中外兴复庠校，罢三传⑦，出问目⑧，以尊经世之书；退诗赋，厌雕篆⑨，以隆六籍之训；著为邪说者毁其板，黜其人，示道术之统于一。德意美矣。

巴陵古郡，地挟湖山之胜，长材秀民，多出其间。太守赵侯尚之、通判董君时敏、教授齐君稷奉承诏旨，曾未阅时，黉宇⑩一新。属某经从，见委为记，而诸生之请抑又勤焉。曾子曰："为人谋而不忠乎？"某虽固陋，敢不竭所闻语之。或问然则何以去二难而离五失耶？将应之曰：孟氏所受于子思，至于今不绝者，子思得之曾子，曾子传之仲尼。其言在《语》《孟》《中庸》之中，其则不远也。造之得门，进之得序，游而泳之有乐，积而久之有成。视形名度数之详，笺注释文之精，闻见诵习之多，语言辞采之利，犹冥鸿之过赠弋⑪，巨鱼之睨⑫数罟也。支离穿穴⑬，而配合撰作者无之。口笔尹、

---

① 夏侯胜：西汉著名学者，西汉今文尚书学"大夏侯学"的开创者。宣扬儒家经学，经常对学生们说："士病不明经术。经术苟明，其取青紫，如俯拾地芥耳。经学不明，不如归耕。"（《汉书·夏侯胜传》）。

② 青紫：指古代高官印绶、服饰的颜色。比喻高官显爵。

③ 桓荣：东汉经学大师。

④ 夸侈：夸张，浮夸。车马之赐：比喻豪华、贵重的物品。

⑤ 寘（zhì）：同"踬"，被东西绊倒。

⑥ 闵：古同"悯"，忧虑。

⑦ 三传：指解释《春秋》的《左传》《公羊传》《穀梁传》。

⑧ 问目：试题。

⑨ 雕篆：雕琢文字，指辞章。

⑩ 黉宇：指校舍。

⑪ 冥鸿：高飞的鸿雁。赠弋（zēngyì）：系有丝绳以射飞鸟的短箭。

⑫ 睨：斜着眼睛看。

⑬ 穿穴：犹穿凿。牵强附会的意思。

旦①，而施设申、商②者无之。蓬庐③孔、孟，而归宿老、释④者无之。必信趋汶⑤之辞，异乎出兕毁玉⑥者矣。必信莫春咏归⑦，异乎夫子哂之者⑧矣。必信可仕不仕，异乎学为干禄⑨者矣。必信洁己辞粟⑩，异乎为人聚敛⑪者。以《诗》理情而养性，以《书》监古而决今，以《易》从道而随时，以《春秋》正己而正物。心日广，体日胖，德日进，业日修。用则致君尧、舜，措俗成、康。舍则独善其身⑫，不愿乎外。非此族也，夫亦何足道于阙里⑬之前哉！

（胡寅撰，尹文汉校点：《斐然集》，岳麓书社 2009 年版，第 397－398 页。）

📑 评析

此篇中，胡寅首先批评了几千年来学者们容易犯的五种过失：沉溺于名

---

① 口笔：指口诛笔伐，口头谴责，笔端讨伐。尹：伊尹。旦：周公旦。
② 施设：陈设，设置。申：申叔时。商：商鞅。
③ 蓬庐：古代驿站中供人休息的房子。犹今言旅馆。
④ 老：指道家道教。释：佛教。
⑤ 汶：水名，在今山东，亦称"大汶河"。
⑥ 出兕（sì）毁玉：化自《论语·季氏》，原文为"虎兕出于柙，龟玉毁于椟中，是谁之过与"，老虎和犀牛从笼子里出来伤人，龟玉在匣子里被毁坏，是谁的过错呢？难道是老虎、犀牛以及龟玉的过错吗？显然不是，应是看守人员的过错，是看守人员的失职。
⑦ 莫春咏归：化自《论语》，这是著名的"曾点之志"的描述："暮春者，春服既成，冠者五六人，童子六七人，浴乎沂，风乎舞雩，咏而归。"
⑧ 夫子哂（shěn）之者：出自《论语》中"子路、曾皙、冉有、公西华侍坐"章，文中记录子路率尔而对，孔子认为其为国不让，是不懂礼治的表现，故冷笑。
⑨ 干禄：求禄位，求仕进。《论语·为政》："子张学干禄。"
⑩ 辞粟：典故有两则，一是列御寇拒绝子阳之粟。"子列子穷，容貌有饥色。客有言之郑子阳者曰：'列御寇，盖有道之士也，居君之国而穷，君无乃为不好士乎？'郑子阳即令官遗之粟。子列子见使者，再拜而辞。"二是原宪辞粟。"孔门原思，狷介自持，家贫为宰，与粟犹辞。"
⑪ 聚敛：课重税来搜刮民财。
⑫ 独善其身：指修身养性，保全己身，不管世事。出自《孟子·尽心上》："穷则独善其身，达则兼善天下。"
⑬ 阙里：孔子故里，借指儒学。

物制度，拘泥于繁复不堪的训诂注疏，受限于记诵之学，满足于虚文浮词，困惑于佛老之学。这是宋代理学批评前代之学的鲜明立场——一反汉唐佶屈聱牙、日渐烦琐的注疏，大肆批评易生浮躁之风的文学，为坚守儒学立场，坚决与佛老之学划清界限。同时，胡寅比同时代的教育家高明之处在于，他看到了理学教育在兴起时很难把持的两个方面：能否学而得正，不惑异端，不迷义利，坚守明确的儒学立场，坚持走礼教之路；能否以所学之理来指导人生，择善而从，中和处事，践履于日用常行之中。这两个方面，一方面是立场问题，一方面是实践问题。最后胡寅提出的解决方案是，以《论语》《孟子》《中庸》来登堂入室，体认道德性命之学，再以五经涵养性情，深造自得。这为后来朱熹提出"四书，五经之阶梯也"奠定了为学之序的基础。

永州重修学记

学孰难？莫难于知道德之本，性命之正，幽明①之故，死生之说，鬼神之情状矣。今夫该洽②九流，摄贯百氏，或有问焉，其应如响，强记者能之；铺张事物，陶冶情思，雄奇妙丽，不专一长，工文者能之；莅官③赋政，以吏为师，在邑最邑，在国最国，敏才者能之；善敛散，析秋毫，充府实库，流钱地上，足心计者能之；挥羽扇，仗将钺，指纵授略，战胜攻取，有智勇者能之。是皆秦、汉而后，时所必用，人所鲜能者。试考诸仲尼之教于门弟子，尝以此品目之矣，而未之诏也。仲尼岂不通世务，固使门弟子为椎朴④

---

① 幽明：指有形和无形的事物。
② 该洽：博通。
③ 莅官：到职，居官。
④ 椎朴：朴实，笨重。

无用之器，以见诮①于便儇皎厉②之俗哉？盖治其难，则振领而裘举，澄源而流清；安于所易，则耳目鼻口不可相借官，而私意小智侥幸成功，自以为是，不合于道理者众矣。是故有志之士，所存必大，所期必远。譬彼涉海必穷其源，譬彼登山必造其极。凡外营末趋，人所共鹜，无与乎我者，一不留于太灵之舍。顾且嚣嚣然诵《诗》《书》，亲师友，反躬内省，若不皇暇，惟思知所当知而未知者，勉所宜能而未能者，如饥不可不食，渴不可不饮也。昔者诚然寐，今者蘧然③觉。天高则著明，动气必丽焉。地厚则流形，赋生必托焉。经纶酬酢④辅相裁成⑤之具，盖未始出吾宗，无所求而不得，无所处而不当。则岂直智效一能，才周一事，区区见役于人，交累于物，老身童豁而不悔哉！至于此，必也释然⑥而笑曰："邹、鲁⑦垂训，固不使我为觅举⑧干禄之用。贫贱富贵命不可易者，又何暇商得丧，较利害，戚戚而不欣欣⑨也。盖饭疏饮水，敝褐⑩缊袍，曳履⑪而歌《商颂》，鼓琴而思文王，优哉游哉，聊以卒岁而已矣。"余曩者假守⑫零陵郡，尝与士人讲此，又时作问目以求起予⑬之益。爱其勤劝者众，往往固穷，耻为非义。大抵遗风余韵，自三国以来，人物表见于世，理亦宜然也。

绍兴十二年六月，予奉祠垂去官，有诏旨令郡邑修复黉宇，交代罗侯适至，即因旧而增新之。数数致书，述二三子之请，欲余一言以记本末。夫有

055

---

① 诮：责备。
② 便儇（xuān）：轻捷灵便貌。皎厉：清高自持。
③ 蘧然：惊喜，惊觉。《庄子·大宗师》："成然寐，蘧然觉。"
④ 经纶：比喻筹划治理国家大事。酬酢：宾主互相敬酒（酬，向客人敬酒；酢，向主人敬酒），泛指交际应酬。
⑤ 辅相：辅助，帮助。裁成：犹栽培。谓教育而成就之。
⑥ 释然：疑虑、嫌隙等消释后心中平静的样子。
⑦ 邹、鲁：邹，孟子故乡；鲁，孔子故乡。后以"邹鲁"指文化昌盛之地，礼仪之邦。
⑧ 觅举：谓古代士子请托以求举用。
⑨ 戚戚：忧惧、忧伤的样子。欣欣：高兴、自得的样子。
⑩ 敝褐：破旧的短衣。指寒素身份。
⑪ 曳履：拖着鞋子。形容闲暇、从容。
⑫ 假守：古时指权宜派遣而非正式任命的地方官。
⑬ 起予：指启发他人。

天下国家者不可一日而无学，城阙之刺，园蔬之诮，废毁为异，则建置为常。《春秋》之法，凡文章制度克合典礼者，常事也。常事不书。故于首善之化，不敢施赞词，而于乐泮之观，不复荐谀语，独以鄙陋窃闻于先生君子者为青衿申言之：夫道德有本，而非珍彝伦①也；性命有正，而非趋空寂也；幽明有故，而非天地之外复有天地也；死生有说，而非受形轮转，人兽同区也；鬼神有情状，而非居处、姓氏、言语、主掌之可名可接也。不溺于此而得之，可谓善学也已。必于此求之，适越而北辕欤！曰：吾于此得之，画饼而疗饥欤！

（胡寅撰，尹文汉校点：《斐然集》，岳麓书社 2009 年版，第 404 - 406 页。）

评析

　　此篇与《岳州学记》批评过往学者过失有一脉相承、相得益彰之处。此篇的精彩之处在于，胡寅抵制佛教时能做到有破有立。在胡寅看来，夫佛教灭绝人伦，抛家弃父，道德无所归依；论性命无非空寂，没有实体；论宇宙本体为二元论，相信天地之外还有一天地；不注重过好此生，却迷信人死之后还有一轮回世界。如此等等的观念吸引了不少士大夫，使其沉溺而不自知。胡寅破佛教的理论的同时，树立了儒家的教育理念与生活理想：之所以接受孔孟遗训、儒家文化的教化，目的并不在于当官以求俸禄，而是为了求得人生的至理和至乐。儒者，就应该知晓人生的至理，明道德之本，性命之正，幽明之故，死生之说，鬼神之情状。即使生活条件艰苦，也不能影响儒者歌诗诵乐的雅兴。悠游此生，夫复何求？人生的至乐在于无论贫贱富贵，都不应去计较利害得失，而应始终保持欣欣然快乐的心情。

---

① 彝伦：人伦。

胡宏

胡宏（1106—1162），字仁仲，号五峰，人称五峰先生，崇安（今福建武夷山）人。胡安国子，湖湘学派创立者。胡宏一生矢志于道，以振兴道学为己任，他强调道与物不可分离，认为"无一物息者"，主张"循道而行"。他说："道学衰微，风教大颓，吾徒当以死自担。"他自幼从其父研习儒学，后又学习了二程理学，因对时局不满，隐居衡山之下创建书院，授徒讲学，成就卓著，成为南宋初期对振兴理学起了重大作用的关键人物。著有《五峰集》《知言》等。

与秦会之①书

癸亥春，尝拜起居②之间，自是遵禀传业之诲，不敢失坠③。上搜羲、炎、姚、姒④之遗文，中考商、姬、孔、孟之大训，下观两汉，遍阅历代，以及五季⑤，数千年间治乱之迹，正如风云感会，来无定形，去无定体。得其道者昌，失其道者亡，故大要治乱，必本于人。

稽诸数千年间，士大夫颠冥⑥于富贵，醉生而梦死⑦者，无世无之，何啻百亿。虽当时足以快胸臆，耀妻子，曾不旋踵而身名俱灭，某志学以来，所不愿也。至于杰然⑧自立，志气充塞乎天地，临大节而不可夺，有道德足以赞时，有事业足以拨乱，进退自得，风不能靡，波不能流，身虽死矣，而凛凛然长有生气如在人间者，是真可谓大丈夫矣。某读其书，按其事，遐想其

---

① 秦会之：即秦桧，"会之"是他的字。引用版本题为"与秦桧之书"，编者就文意改。
② 起居：指日常生活作息。
③ 失坠：丧失，抛弃。引用版本为"失堕"。
④ 姚：指舜帝，姓姚，名重华。姒：指大禹，姓姒，名文命。
⑤ 五季：即后梁、后唐、后晋、后汉、后周五代。
⑥ 颠冥：迷惑，沉湎。
⑦ 醉生而梦死：像在醉梦中那样昏昏沉沉度日。形容生活目的不明确，糊里糊涂。
⑧ 杰然：特出不凡。

人，意其胸中所存，淡然直与神明通，不可以口传耳受也。方推其所存于数千年文字之中，茫乎昧乎，未能望其藩篱，窥其门户，又况其堂奥①乎！业当从事于斯，不敢半涂而废②，此某之所以逡巡③历年，若自弃于门下，未能进而求仕者也。窃伏思念四十三年矣。

先人即世，忽已十载。惟是，布衣藜杖④，寻壑经丘⑤，劝课⑥农桑，以供衣食。不如是，则啼饥号寒，且无以供粢盛⑦、奉祭祀，将飘零惨淡，无以成其志矣。积忧思与勤苦，而齿落发白，夙兴冠栉⑧，引镜自窥，颜色枯槁⑨，形容憔悴，身之穷困，如此足矣。

去年复哭子，而今年又丧妇，自嗟薄命，益不敢有意荣进。然立身行道，扬名后世，以显父母，圣人之训也。苟泊然⑩无意于是，甘与草木同腐，则何以为人子，岂先人平日教诏之所望耶！

矧今圣明在上，而相公丈端秉化权⑪，念及寒微，下询所欲，傥于是时不显寸长，思自振耀，则真自弃矣。

昔孔子成人之美，今相公丈曲敦故旧，欲先人身后不即衰落，将使某兄弟各遂其志，愿人以所长表见于世，此诚莫大之德。若用不以其才，则丑拙陈露⑫，非所以成其美矣。

长沙湘西岳麓山书院，元是赐额，祖宗时尝命山长主之，今基址皆在，

---

① 堂奥：堂的深处，喻含义深奥的意境或事理。
② 半涂而废：亦作"半途而废"，半路上终止。比喻做事情有始无终。
③ 逡巡：因为有所顾虑而徘徊不前。
④ 藜杖：用藜的老茎做的手杖，质轻而坚实。
⑤ 寻壑经丘：寻幽探胜，游山玩水。语出晋陶潜《归去来兮辞》："既窈窕以寻壑，亦崎岖而经丘。"
⑥ 劝课：鼓励与督责。
⑦ 粢（zī）盛：古代盛在祭器内以供祭祀的谷物。
⑧ 夙兴：早起。冠栉：梳发戴帽。
⑨ 枯槁：面容憔悴。
⑩ 泊然：恬淡无欲。
⑪ 化权：教化之权，犹政权。
⑫ 陈露：陈述表露。引用版本为"陈陋"，据清钞本改为"陈露"。

湘山负其背，文水①萦其前，静深清旷，真士子修习精庐②之地也。至道二年，潭守李允则修而广之，乞降书史以厚名风。天圣八年，漕臣黄总奏乞特授山长进士孙胄一官，当时皆从之。今若令潭守与漕臣兴复旧区，重赐院宇，以某有继述其先人之志，特命为山长，依州县监当官给以廪禄③，于以表朝廷崇儒广教之美。

凡学舍诸生不乐近城市，愿居山间者，并听之。俾舒卷数百千年之文，行思坐诵，精一于斯，人一己百，人十己千，庶几愚而能明，柔而能强，可以继古人之后尘，而为方来之先觉④矣。

（胡宏著，吴仁华点校：《胡宏集》，中华书局1987年版，第104-105页。）

📑 评析

现当代著名哲学家冯友兰曾在《中国哲学史新编》下册中指出，理学"从人生的各个方面阐述了人生中的各种问题。这些问题归总为两个问题：一个是什么是人，一个是怎样做人"。胡宏在这封给秦桧的书信中明确告诉对方自己想成为一个怎样的人。他不愿像寻求荣华富贵、光宗耀祖的普通士人一样满足于现实的名和利，而是立志做一名顶天立地，有道德事业和高尚道德情操的大丈夫。文章以"可以继古人之后尘，而为方来之先觉矣"作结，展现出胡宏对自孟子以来儒者一贯追求的理想人格的继承：笃志将自己的一生奉献给求道之路，决心穷毕生之力探索儒家之道；同时以己之能教育后学，始创湖湘学派，以期后世儒者学问昌明，光复儒家之道。

胡宏求道、传道、行道之精神，激励了无数的湖湘后学。他们自觉肩负起传承儒家道统之责任，以赓续中华文脉为使命，使之代代传承，生生不息；

---

① 文水：指湘江。
② 精庐：学舍，读书讲学之所。
③ 廪禄：禄米，俸禄。
④ 先觉：事先认识觉察的人，觉悟早于常人的人。

他们虽"不乐近城市，愿居山间"，但心忧天下，不为个人名利计算奔波，而以培养出经世致用、匡济天下之人才为志业。此为湖湘文化之神魂所在。

复斋记

《易》卦有《复》，孔子曰："复，反也，所以返本复始，求全其所由生也。"人之生也，父天母地，天命所固有也，方孩提，未免于父母之怀，及少长，聚而嬉戏，爱亲敬长，良知良能在，而良心未放也。逮成童，既冠，嗜欲动于内，事物感于外，内外纷纠①，流于所偏胜，故分于道者日远也。此大学所以不传，而人心之所以流漫，支离不可会归于一欤！

扶风②马君，名其种学积文之所曰"复斋"，不汨于流俗，慨然有志于大学之道，因予友彪子也来求言，予安能知？然从事于斯，如老农之服田力穑也久矣，请试言其耕耨③收获之功焉。

夫人生非生而知之，则其知皆缘事物而知。缘事物而知，故迷于事物，流荡失中，无有攸止。自青阳至于黄发④，茫茫如旅人，不得归家而安处也。今欲驱除其外诱，不失其赤子⑤之心，以复其所由生之妙，则事事物物者，乃人生之不可无，而亦不能扫灭使之无者也。儒者之道，率性保命，与天同功，是以节事取物，不厌不弃，必身亲格之，以致其知焉。夫事变万端，而物之感人无穷，格之之道，必立志以定其本，而居敬以持其志。志立于事物之表，敬行乎事物之内，而知乃可精。目流于形色，则知自反而以理视；耳流于音声，则知自反而以理听；口流于唱和，则知自反而以理言；身流于行

① 纷纠：纠纷，纷扰，祸乱。
② 扶风：古郡名。旧为三辅之地，多豪迈之士。
③ 耕耨：耕田除草。亦泛指耕种，比喻辛勤钩稽探索。
④ 青阳：指青春年少的面容。黄发：指老人。老人发白，白久则黄。
⑤ 赤子：刚生的婴儿。

止，则知自反而以理动。有不中理，未尝不知，知之未尝复行，此颜子所以克己复礼，不远复而庶几圣人者也。及其久也，德盛而万物一体，仁熟而变通不穷，岂特不为事物所迷乱而已哉？视听言动，皆由至理，形色音声，唱和行止，无非妙用，事各付事，物各付物，人我内外，贯而为一，应物者化，在躬者神。至此，则天命在我，无事于复，而天地之心可一言而尽矣。复之道于是为至焉。马君勉之哉！毋惊焉，而谓予言之狂也，必顾名思义，与其友朋牵连而复于道，然后为称矣。

马君名宁祖，字奉先。

（胡宏著，吴仁华点校：《胡宏集》，中华书局 1987 年版，第 152－153 页。）

📑 评析

人最大的弱点是容易受嗜欲及外在事物的诱惑。如何有效地控制自己的欲望及强有力地抵制外在的诱惑，这是理学家需要解决的核心问题。胡宏认为，人因囿于事物不知其返，以至丧失良知，但其恢复良知之法并非"存天理，灭人欲"以隔绝外物所扰，而是力主在"格物"中恢复原有之良知，以立志居敬，为惩忿窒欲的主要手段；于待人接物、优游读书中恢复本性；在后天学习、观察体认中探究事物广泛之理。最终使视听言动均中于理，这样才不会为形色音声困惑，才能使自己的唱和行止均复返天地之心，达至与天地万物一体之境。

胡宏以"顺万物性"而"成万物性"的教育方法使学生避免空谈玄思、离物禁欲，使其不曾游离于生活、实践之外。在经济蓬勃发展、社会持续繁荣的今天，我们同样应当保持适度的自我约束，懂得有所节制。这里的"节制"并非使人乏味刻板、过度拘谨，也非摒弃欲望、远离世俗；而是遵守社会规范，既要满足个人合理的需求，又要避免成为欲望之奴隶，做到"从容中道"。

朱熹

朱熹（1130—1200），字元晦，亦字仲晦，号晦庵，有晦庵先生、朱文公之称，祖居徽州婺源（今属江西），生于南剑州尤溪（今属福建），南宋著名理学家、教育家。朱熹二十四岁从学于李侗，后从学于罗从彦，宗二程理学，于福建创立考亭学派，因而其学说又称"闽学"。朱熹是宋代理学的集大成者，其一生授徒讲学，著书立说，代表作《四书章句集注》被元、明、清三代钦定为科举考试的必读书目；《朱子家礼》在明代被列入官方礼典，清康熙皇帝将朱熹升位于孔庙十哲之次。朱熹哲学思想、教育思想等集中见于《太极图说解》《四书章句集注》《朱文公文集》《朱子语类》等。

潭州委教授措置岳麓书院牒

契勘①本州州学之外复置岳麓书院，本为有志之士不远千里求师取友，至于是邦者，无所栖泊，以为优游肄业②之地，故前帅枢密忠肃刘公③特因旧基复创新馆，延请故左④司侍讲张公先生⑤往来其间，使四方来学之士得以传道授业解惑焉。此意甚远，非世俗常见所到也。而比年以来，师道陵夷⑥，讲论废息，士气不振，议者惜之。

当职叨冒⑦假守⑧，蒙被训词，深以讲学教人之务为寄。顾恨庸鄙，弗克

---

① 契勘：审核、审查，宋代公文用语。
② 肄业：修习老师传授的课业。
③ 前帅枢密忠肃刘公：刘珙，字共父，崇安人。岳麓书院曾在1131年毁于战火，时为湖南安抚使的刘珙"葺学校，访雅儒，思有以振之"，重建岳麓书院。
④ 左：原作"本"。
⑤ 张公先生：指张栻，字敬夫，号南轩，四川绵竹人，曾主持岳麓书院。南宋理学家、教育家，湖湘学派集大成者，"东南三贤"之一，名相张浚之子。
⑥ 陵夷：衰败。
⑦ 叨冒：谦辞，受到赏赐。
⑧ 假守：权宜派遣而非正式任命的地方官。

奉承，到官两月，又困簿书，未能一往谒殿升堂，延见诸生，询考所合罢行事件，庶革流弊，以还旧规。除已请到醴陵黎君贡士充讲书职事，与学录郑贡士同行措置外，今议别置额外学生十员，以处四方游学之士。依州学则例，日破米一升四合，钱六十文，更不补试，听候当职考察搜访，径行拨入者。庶几有以上广圣朝教育人才之意，凡使为学者知所当务不专在于区区课试之间，实非小补。牒教授及帖书院照会施行，仍请一面指挥合干人排备斋舍、几案、床榻之属，并帖钱粮官于本州赡学①料次钱②及书院学粮内通融支给，须至行遣。

（朱熹撰：《朱子全书》修订本第二十五册，上海古籍出版社、安徽教育出版社 2010 年版，第 4629—4630 页。）

📑 评析

此篇作于绍熙五年（1194）朱熹到任潭州荆湖南路安抚使后，为记录岳麓书院兴学一事而写，如今岳麓书院讲堂上仍刻有《措置岳麓书院牒》一文。乾道三年（1167），朱熹前来与张栻会讲论学，时隔二十多年，朱熹再赴湖湘，见到当地文风不振，讲论几废。这时的长沙已然判若云泥，甚爱文教的朱熹因槐市不再、昔人归去（张栻已于 1180 年去世）而倍感悲怆，故特发此牒，延请名师，设置学录，办学招生，以求兴学于湖湘，以道学感时人之心。

在朱熹居敬穷理的哲学体系中，"尊德性"与"道问学"是教化性情、敦和人心的两全之道。当他见到湖湘道衰，学术不兴，心中不免哀叹，渴望以讲学传业改变风俗。学之功夫是格物穷理的重要环节，读圣贤之书，持敬涵养，方能去人心之危，感道心之旨。朱熹重视教育与办学的思想对当今社会大有裨益，为今人提供了精神营养和行为借鉴。

---

① 赡学：资助办学。
② 料次钱：料钱，唐宋时除朝廷俸禄外，另给的食料或折钱发给。

朱子语类·朱子三
（节选）

在潭州时，诣学升堂，以百数签抽八斋，每斋一人，出位讲《大学》一章。讲毕，教授以下请师座讲说大义。曰："大纲要紧，只是前面三两章。君子小人之分，却在'诚其意'处。诚于为善，便是君子；不诚底，便是小人，更无别说。"

问："先生到此，再诣学矣，不知所以教诸生者，规模如何？"曰："且教他读经书，识得圣人法语大训。"曰："乡来南康白鹿学规①，却是教条，不是官司约束。"曰："屡欲寻访湖学旧规，尚此未获。"曰："先生如此教人，可无躐等②之患。"曰："躐等何害？若果有会躐等之人，自可敬服。"曰："何故？"曰："今若有人在山脚下，便能一跃在山顶上，何幸如之！政恐不由山脚，终不可以上山顶耳。"

先生至岳麓书院，抽签子，请两士人讲大学，语意皆不分明。先生遽止之，乃谕诸生曰："前人建书院，本以待四方士友，相与讲学，非止为科举计。某自到官，甚欲与诸公相与讲明。一江之隔，又多不暇。意谓诸公必皆留意，今日所说，反不如州学③，又安用此赘疣④！明日烦教授诸职事共商量一规程，将来参定，发下两学，共讲磨此事。若只如此不留心，听其所之。学校本是来者不拒，去者不追，岂有固而留之之理？且学问自是人合理会底事。只如'明明德'一句，若理会得，自提省人多少。明德不是外面将来，安在身上，自是本来固有底物事。只把此切己做工夫，有甚

① 白鹿学规：即《白鹿洞书院教条》，是中国书院发展史上第一个纲领性学规，为朱熹于江西九江主持白鹿洞书院时所定。
② 躐（liè）等：逾越等级，不按次序。
③ 州学：学校名，宋代官办教育的主体，这类学校设在州县，在宋代兴学运动中迅速发展。
④ 赘疣：出自《楚辞·九章》"反离群而赘疣"，指皮肤上的肉瘤，形容多余无用的东西。

限量！此是圣贤紧要警策人处，如何不去理会？不理会学问，与蠢蠢横目之氓何异？"

（黎靖德编，王星贤点校：《朱子语类》第七册，中华书局 2011 年版，第 2654-2655 页。）

评析

　　此篇言朱熹至潭州，于岳麓书院教授《大学》事迹，集中展示了朱熹的治学功夫和办学观念。朱熹对君子的认同在于"诚其意"，即以毋自欺之意诚心行善。古人讲学秉持"礼闻来学，不闻往教"的原则，办学又讲究"来者不拒，去者不追"，看重求学之人发乎自身的主动性、积极性。因此当朱熹始至书院，发现诸生讲论《大学》语意不明，其学问功底尚且不如州学，便直斥学校为"赘疣"。朱熹教育学生，讲求"复其初"的状态，即认为明德自在人身，由上天赋予，但普通人会被自身气质和欲望遮蔽，难以通晓明德所在，故而志于学之人需要践履切己体察的治学功夫，格致周身之物，省察切己之事，追求义理于纸上，又回过头来反省自身，方能明了自己与生俱来的明德，达到集聚众理，应对万事的境界。朱熹始终将学习、读书视为修身的基础，并以此来教导书院学生，其严谨诚敬、一丝不苟的治学态度可见一斑。

　　此外，朱熹书院讲学的一大特色便是善于与学生们交流，选文中便有学生发问的内容。不论是传颂千古的朱张会讲，还是朱熹传教于门人弟子，他始终倡导师生沟通，反对一人独言的读书观、教学观。这些观念在当今仍然具有指导意义。党和国家在集体学习，讨论解决重大问题时始终坚持广泛协商，不搞"一言堂"。而在教育领域，我们也在推动将课堂还给学生，引导学生交流互动，让课堂走向"满堂彩"。

朱熹

张栻

张栻（1133—1180）字敬夫、钦夫，号南轩，世称南轩先生，南宋汉州绵竹（今四川绵竹）人。南宋著名的理学家、教育家，中兴名相张浚之子。张栻幼承家学，后从师胡宏，潜心研习理学。孝宗乾道元年（1165），他受湖南安抚使刘珙之聘，主管岳麓书院教事。乾道三年（1167），张栻与朱熹于岳麓书院会面，创造了"朱张会讲"的佳话，致使岳麓书院闻名遐迩，从学者甚众，初步奠定了湖湘学派规模。其学自成一派，与朱熹、吕祖谦齐名，时称"东南三贤"。著作经朱熹审定的有《南轩文集》四十四卷刊行于世，还有《论语解》十卷、《孟子说》七卷等，后人合刊为《张南轩公全集》。

《孟子讲义》序①

学者潜心孔孟，必得求其门而入，愚以为莫先于义利之辨，盖圣学无所为而然也。无所为而然者，命之所以不已，性之所以不偏，而教之所以无穷也。凡有所为而然者，皆人欲之私，而非天理之所存，此义利之分也。自未尝省察者言之，终日之间鲜不为利矣，非特名位②货殖③而后为利也。斯须之顷，意之所向，一涉于有所为，虽有浅深之不同，而其徇己自私则一而已矣。如孟子所谓"内交要誉④，恶其声"之类是也。是心日滋，则善端遏塞⑤，欲迄圣贤之门墙以求自得，岂非却行以望及前人乎？使谈高说妙，不过渺茫臆度，譬犹⑥无根之木，无本之水，其何益乎？学者当立志以为先，持敬以

---

① 此篇另有《讲义发题》别名，内容略异。
② 名位：官职与品位，名誉与地位。
③ 货殖：经商，商人。
④ 要誉：猎取荣誉。
⑤ 遏塞：阻塞，堵塞。
⑥ 譬犹：譬如。

为本，而精察于动静之间，毫厘之差，审其为霄壤之判①，则有以用吾力矣。学然后知不足。平时未觉吾利欲之多也，灼然②有见于义利之辨，将日救过之不暇，由是而不舍，则趣益深、理益明，而不可以已也。

孔子曰："古之学者为己，今之学者为人。"为人者无适而非利，为己者无适而非义。曰利，虽在己之事，皆为人也；曰义，则施诸人者，亦莫非为己也。嗟乎！义利之辨大矣，岂特学者治己之所当先，施之天下国家一也。王者所以建立邦本，垂裕③无疆，以义故也。而伯者所以陷溺④人心，贻毒后世，以利故也。孟子当战国横流之时，发挥天理，遏止人欲，深切著明，拨乱反正之大纲也。其微辞奥义，备载七篇⑤之书。如某者虽曰服膺⑥，而学力未充，何足以窥究万一？试以所见与诸君共讲之，愿无忽深思焉。

（张栻撰，邓洪波校点：《张栻集》下册，岳麓书社 2017 年版，第617 页。）

067

📋 评析

张栻认为，儒者须先明义利之辨。圣人能够持守天理之正，去人欲之私，做到无所为而然。所谓无所为，并非没有明确的目的和行动，而是能做到认识上天所赋予的使命，不泯天性，不为世俗的名望、地位、财富而困扰。如果不能保持无所为的态度，就很容易受环境影响而走向偏执，满足于自私自利。因此，学者应该立下追求"义"的志向，同时下"持敬"的功夫，经常内省，仔细审查自己的追求与欲望，在日用常行中仔细分辨其特征，不断改

---

① 霄壤之判：同霄壤之别、天壤之别。天和地，一极在上，一极在下，比喻差别极大。

② 灼然：明显的样子。

③ 垂裕：谓为后人留下业绩或名声。

④ 陷溺：虐害。

⑤ 七篇：指《孟子》中的七篇，分别为《梁惠王》上下、《公孙丑》上下、《滕文公》上下、《离娄》上下、《万章》上下、《告子》上下、《尽心》上下。

⑥ 服膺：铭记在心，衷心信服。

过自新，从而提高自己的修养。张栻还以"为己"之学与"为人"之学来区分义利。他认为，在学习的过程中，能够心无旁骛，为满足自己的好奇心、提升自身的素质和能力而做的努力为教育的正途，即学之"义"；为了外在的需求而付出的努力是"为人"之学，是学之"利"。因此，明义利之辨是学者修身治己的首要功夫。

郴州学记

维三代之学，至周而大备。自天子之国都以及于乡党①，莫不有学，使之朝夕优游于弦诵咏歌之中，而服习乎进退揖逊②之节，则又申之以孝悌之义，为之冠昏丧祭之法，春秋释菜③，与夫乡饮酒养老之礼。其耳目手足肌肤之会、筋骸④之束无不由于学。在上则司徒总其事，乐正⑤崇其教，下而乡党亦莫不有师。其教养之也密，故其成才也易。士生斯时，藏修游息⑥于其间，诵其言而知其味，玩其文而会其理，德业之进，日引月长⑦，自宜然也。于是自乡论其行而升之司徒，司徒又论之而升之国庠⑧，大乐正则察其成以告于王，定其论而官之。其官之也，因其材之大小，盖有一居其官，至于终身不易者。士修其身而已，非有求于君也，身修而君举之耳。夫然，故礼义

---

① 乡党：家乡，乡里。
② 揖逊：揖让，宾主相见的礼仪。
③ 释菜：古代入学时祭祀先圣先师的一种典礼。
④ 筋骸：筋骨。
⑤ 乐正：官名，周代乐官之长。
⑥ 藏修游息：专心学习与游玩休息。《礼记·学记》："君子之于学也，藏焉，修焉，息焉，游焉。"
⑦ 日引月长：谓事物随时光流逝而日渐增长。
⑧ 国庠：国家开设的学校。

兴行，人才众多，风俗醇厚，至于斑白①者不负戴②于道路，而王道成矣。

国朝之学，视汉唐为盛，郡县皆得置学。郡有教授以掌治之，部刺史、守令佐又得兼领其事，亦既重矣。而士之居焉者，大抵操笔习为文辞，以求应有司之程耳。嗟乎，是岂国家所望于多士之意哉！虽教养之法疑若未尽复古，然为士者，岂可不思士之所以为士者，果为何事也哉？郴故有学，迫于城隅，湫隘③不治，知州事薛彦博、通判州事卢逈、教授吴镒始议迁改，因得浮屠④废宫，江山在前，高明爽垲⑤，乃徙而一新之。郡之士相与劝率⑥，以助资役⑦。甫逾时而迄成焉，来属⑧某，愿有记。

某惟先王之于学，所以勤勤恳恳，若饮食起居之不可须臾离者，诚以正心、修身、齐家、治国以至于平天下，未有不须学而成者，实生民之大命，而王道之本原也。然而学以何为要乎？孟子论三代之学，一言以蔽之曰"皆所以明人伦"也。大哉言乎！人之大伦，天所叙也。降衷⑨于民，谁独无是性哉！孩提之童，莫不知爱其亲，及其长也，莫不知敬其兄，而夫妇、朋友之间，君臣之际，礼仪三百，威仪三千，无适而非性之所有者。惟夫局于气禀，迁于物欲，而天理不明，是以处之不尽其道，以至于伤恩害义者有之。此先王之所以为忧，而为之学以教之也。然则学之所务，果何以外于人伦哉！虽至于圣人，亦曰尽其性而为人伦之至耳。呜呼！今之学者苟能立志尚友，讲论问辩，而于人伦之际审加察焉，敬守力行，勿舍勿夺，则良心可识，而天理自著。驯是而进，益高益深，在家则孝悌雍睦之行兴，居乡则礼逊廉耻之俗成。一旦出而立朝，致君泽民，事业可大，则三代之风何远之有，岂不

---

① 斑白：亦作"班白""颁白"，指头发花白，常用来形容年老。

② 负戴：以背负物，以头顶物。亦谓劳作。《孟子·梁惠王上》："谨庠序之教，申之以孝悌之义，颁白者不负戴于道路矣。"

③ 湫（jiǎo）隘：低下狭小。

④ 浮屠：亦作"浮图"，佛教语，梵语 Buddha 的音译，意为佛陀，佛。

⑤ 爽垲：亦作"塽垲"。高朗干燥。

⑥ 劝率：劝导。

⑦ 资役：役力。

⑧ 属：古同"嘱"，嘱咐，托付。

⑨ 降衷：施善，降福。

盛欤！又岂可不勉欤！

学之成，实乾道四年春二月。

（张栻撰，邓洪波校点：《张栻集》下册，岳麓书社 2017 年版，第 562—564 页。）

📑 评析

在此篇中，张栻通过回溯教育史而阐发了理想中的"三代之学"。三代之学的特点可以归结为重视教育，表现为通过细密而有序的教养，从而实现"学而优则仕"。反观当时南宋的教育现状，张栻不无担心地提出代表知识群体的"士"到了仔细思考自己的责任与使命的时候了。张栻认为，三代之学的重要任务与主要内容是"明人伦"。之所以要"明人伦"，是因为人一出生就处在人伦秩序之中，因此教育不能离开生活。生活即教育。教育的内容来自生活，从生活中受到的教育才是自然而然的。相反，如果不能明确人伦的责任，一味放纵个性之私，为外在的物欲所困，放弃自己应该坚守的良知，就容易做出伤恩负义之事。明人伦，实际上就是要求学者建立有序的生活。在家修身治己，做到父子亲、夫妇恩；在外治国平天下，能做到朋友信、君臣义。当然，这仍然是对《大学》中三纲领、八条目的具体阐释。

潭州重修岳麓书院记

潭州岳麓书院，开宝九年知州事朱洞之所作也。后四十有五年，李允则来，为请于朝，因得赐书藏焉。是时，山长周式以行义著，祥符八年召见便殿，拜国子主簿，使归教授，始诏因旧名赐额，仍增给中秘书，于是书院之称闻天下。

绍兴初，更兵革灰烬，十一仅存，已而遂废。乾道元年，建安刘侯珙安抚湖南，既剔蠹夷奸，民俗安靖①，则葺学校，访儒雅，思有以振起之。湘人士合辞以书院请，侯竦然②曰："是固章圣皇帝所以加惠一方，劝厉③长养以风天下者，而可废乎？"乃属州学教授金华邵颖经纪其事，未半岁而成，大抵悉还旧规。

某从多士往观焉，爱其山川之胜，堂序④之严，徘徊不忍去，喟而与之言曰："侯之为是举也，岂将使子群居族谭，但为决科⑤利禄计乎？抑岂使子习为言语文词之工而已乎？盖欲成就人才，以传斯道而济斯民也。"惟民之生，厥有常性，而不能以自达，故有赖于圣贤者出而开之。是以二帝三王之政，莫不以教学为先务。至于孔子，述作大备，遂启万世无穷之传。其传果何与？曰仁也。仁，人心也，率性立命，知天下而宰万物者也。今夫目视而耳听，口言而足行，以至于食饮起居之际，谓道而有外夫是，乌可乎？虽然，天理人欲，同行异情，毫厘之差，霄壤之缪⑥，此所以求仁之难，必责于学以明之与？善乎，孟子之得传于孔氏，而发人深切也！齐宣王见一牛之觳觫⑦而不忍，则告之曰："是心足以王矣。"古之人所以大过人者，善推其所为而已。论尧舜之道本于孝悌，则欲其体夫徐行疾行之间；指乍见孺子匍匐将入井之时，则曰恻隐之心，仁之端也，于此焉求之，则不差矣。尝试察吾终日事亲从兄、应物处事，是端也，其或发见，亦知其所以然乎？诚能默识而存之，扩充而达之，生生之妙，油然于中，则仁之大体岂不可得乎？及其至也，与天地合德，鬼神同用，悠久无疆，变化莫测，而其则初不远也。是

---

① 安靖：使安定平静。
② 竦然：恭敬的样子。
③ 劝厉：亦作"劝励"，激励，勉励。
④ 堂序：正厅。序，堂东西两壁之墙。
⑤ 决科：谓参加射策，决定科第。后指参加科举考试。
⑥ 缪：一作"谬"。
⑦ 觳觫（húsù）：恐惧得发抖。

乃圣贤所传之要，从事焉终吾身而后已，虽约居屏处①，庸何损？得时行道，事业满天下，而亦何加于我哉？侯既属某为记，遂书斯言以厉同志，俾无忘侯之德，抑又以自厉云尔。

二年冬十有一月辛酉日南至，右承务郎直秘阁赐紫金鱼袋广汉张某记。

（张栻撰，邓洪波校点：《张栻集》下册，岳麓书社 2017 年版，第 571—572 页。）

📝 评析

岳麓书院是湖湘文化的发祥地和主要传播基地，张栻则是明确岳麓书院教育发展方向的大教育家。乾道元年（1165），湖南安抚使刘珙重修岳麓书院，次年成，请张栻主教岳麓书院，张栻遂作《潭州重修岳麓书院记》，以申其教学之旨。

张栻认为，岳麓书院培养人才，绝不是为了科举得功名，也不是为了个人的利禄财富，更不是为了炫耀文采，而是为了"传斯道而济斯民"。"传"意味着应该以教学为第一要务，继承、传授以孔孟之道为核心的传统文化。"斯道"是怎样的"道"？是人之道，是人之所以为人的道理。能够"济斯民"的基础在于能够很好地践履"斯道"，而"斯道"的核心是求"仁"，求仁之大体就在于日常行为之中。张栻举例说明，尧舜重孝悌，悟道于快走慢走之间；小孩子快要掉到井里去了，人心都会揪起来，这些都是体察仁的机会。学者们如果能在事亲从兄、应物处事这些细微的事情上，不断体会仁的种种表现，那么日积月累，就能扩充体验到人与天地万物一体的"仁"。一以贯之地不断地体会"仁"，无论是身居庙堂之上，还是处江湖之远，都能自信自觉地承担责任与履行义务。

---

① 屏处：隐蔽之处。

经张栻阐扬，"传道济民"成为湖湘文化之底色，影响了一代又一代的湖湘学子。从"六经责我开生面"的王夫之，到"睁眼看世界"的魏源，到"洋务实干"的曾国藩，再到革命先辈何叔衡、唐才常……"传道济民"成为这些仁人志士心中永不熄灭的火焰，指导他们拯救国家于危难。如今，岳麓书院讲堂复刻此记，以期当代学子能够继承、发扬此绵延千载之湖湘精神，共同完成民族复兴的伟业。

寄周子充尚书
（一）

垂谕"或谓人患不知道，知则无不能行"，此语诚未完。知有精粗，行有浅深。然知常在先，固有知之而不能行者矣，未有不知而能行者也。《语》所谓"知及之，仁不能守之"，是知而不能行者也。所谓"知之者不如好之者，好之者不如乐之者"，是不知则无由能好而乐也。且以孝于亲一事论之。自其粗者，知有冬温夏清①、昏定晨省②，则当行温清定省。行之而又知其有进于此者，则又从而行之。知之进，则行愈有所施；行之力，则知愈有所进，以至于圣人。人伦之至，其等级固远，其曲折固多，然亦必由是而循循可至焉耳。盖致知力行，此两者工夫互相发也。寻常与朋友讲论，愚意欲其据所知者而行之，行而思，庶几所践之实而思虑之开明。不然，贪高慕远，莫能有之，果何为哉？然有所谓知之至者，则其行自不能已，然须致知力行工夫至到，而后及此，如颜子是也。彼所谓欲罢不能者，知之至而自不能以已

---

① 冬温夏清：冬温被使暖，夏扇席使凉。谓事亲无微不至。语出《礼记·曲礼上》："凡为人子之礼，冬温而夏清，昏定而晨省。"

② 昏定晨省：旧时子女侍奉父母的日常礼节。谓晚间服侍就寝，早上省视问安。

也。若学者以想象臆度①，或一知半解②为知道，而曰知之则无不能行，是妄而已。曾晳咏归之语，亦可谓见道体矣，而孟子犹以其行不掩为狂，而况下此者哉！不识高明以为如何？

问及此间相从者，某迩来退缩，岂敢受徒？但有旧日士子数辈时来讲问，亦不过以行远自迩、登高自卑之方语之耳。所谓晚辈假先儒之论以济其私者，诚如所忧。胡文定盖尝论此，然在近日此忧为甚。是以使人言学之难，非是不告语之，正恐窃闻一言半句，返害事耳。要亦如玉石之易辨，即其行实，夫岂恫疑虚喝③可掩哉！文定所论甚详，备在《文集》中，曾见之否？

（张栻撰，邓洪波校点：《张栻集》卷二，岳麓书社 2009 年版，第 664-665 页。）

📝 评析

黄宗羲曾评价张栻学问，说其"见识高、践履又实"。这一评价说明了张栻的教育思想既注重致知，又注重力行。张栻针对当时社会上存在的"重知轻行""循名忘实"的虚浮学风，提出了自己的知行观。他的知行观主要表现在以下方面。第一，知常在先，能得到实践检验的方为真知。有了"知"，便能更好地指导"行"，认识越深刻，道理越鲜明，行为可能就愈加通达。但"行"自有其特点和复杂性，有了知，未必能够躬行。因此，有可能出现学者汲汲求知，但对践履躬行有所忽略的情形。是否已学到真知，需要通过实践来验证。张栻曾对朱熹说："不践履，直是未尝真知耳。"第二，知行能够互相作用与提升。知依赖于行的检验，力行能够增进真知的获得，"行之力则知愈进，知之深则行愈达"。只有知行互发，做到内外结合、始终

---

① 臆度：凭主观猜测。
② 一知半解：形容知之甚少，理解不深透。
③ 恫疑虚喝：谓虚张声势，恐吓威胁。喝，亦写作"猲"。《史记·苏秦列传》："秦虽欲深入，则狼顾，恐韩魏之议其后也。是故恫疑虚喝，骄矜而不敢进。"

如一，学才能达到一定的境界。

张栻所倡导的知行观，对现代教育具有深远的指导意义。学校在教育过程中，除了传授基础理论知识，还应重视实践环节的设置与实践能力的培养。实践教育能够使学生将所学理论知识与实际情境相结合，从而深化理解和记忆。同时，实践教育亦有助于学生在实际操作中发现新的问题和现象，进一步推动知识的创新和发展，实现理论与实践的相互促进和双向提升。这种教育理念对于培养学生的综合素质和创新能力具有重要意义，值得现代教育工作者深入思考和借鉴。

寄周子充尚书
（二）

重谕近世学者徇名①忘实之病，此实区区所忧者。但因学者徇名忘实，而遂谓学之不必讲，大似因噎废食②耳。后世盗儒为害者多矣，因夫盗儒之多，而遂谓儒之不可为，可乎？熙宁以来，人才顿衰于前，正以王介甫作坏之故。介甫之学，乃是祖虚无而害实用者，伊洛诸君子盖欲深救兹弊也。所谓圣人诲人有先后，学者进德有次第，此言诚是也。然所谓先后次第，要须讲明，譬如适远，岂可不知路之所从？不然，只是冥行而已。至如所谓不可以圣贤自期者，则非所闻。大抵学者当以圣贤为准，而所进则当循其序，亦如致远者以渐而至也，若志不先立，即为自弃，尚何所进哉？所欲言者，要须面尽。

（张栻撰，邓洪波校点：《张栻集》下册，岳麓书社 2017 年版，第 665 页。）

---

① 徇名：舍身以求名。徇，同"殉"。汉贾谊《鹏鸟赋》："贪夫徇财兮，烈士徇名。"
② 因噎废食：因吃饭噎住而索性不吃，引申为怕出麻烦而不敢去做。

📝 评析

此篇文章虽然简短，但教育意蕴深厚。在胡宏《与秦会之书》中，我们可以看到，胡宏重志，其言："杰然自立，志气充塞乎天地，临大节而不可夺，有道德足以赞时，有事业足以拨乱，进退自得，风不能靡，波不能流，身虽死矣，而凛凛然长有生气如在人间者，是真可谓大丈夫矣。"张栻继承其师之说，行立志教育，告诫学者当以立志为先，不能因为过往的陋儒、盗儒败坏了儒学及儒者的形象，就放弃儒学之信仰。张栻认为，一个真正的学者，首先就应该成为立场鲜明、坚信儒学的人。这是无须商量、不假思索就应该明确的志向。其次，儒学是实学，不用谈高论妙，也并非空谈玄理，真正的学者需做务实的践履工夫。张栻强调"学贵力行"，"学者若能务实，便有所得"。

张栻经世致用、经邦济世的教育思想具有深远影响力，这种务实学风使得其后湖湘学子在学术与政治领域中颇有建树。最后，张栻认为，学者应以圣贤为榜样，"其为有渐，其进有序"，不可贪功冒进。学业上应自粗及精，道德修养上当由近及远，以此循序渐进之功迈入圣贤之域。

真德秀

真德秀（1178—1235），字景元，后改希元，建宁浦城（今属福建）人。学宗朱熹，最有名的作品是《大学衍义》。嘉定十五年（1222），真德秀任湖南安抚使知潭州。到任之后，立即着手整顿政风、士风，多次到岳麓书院督课讲学，主持先贤祭典，作《劝学文》，用周敦颐、胡安国、胡宏、朱熹、张栻等理学家的学说勉励读书人。

劝学文

窃惟方今学术源流之盛，未有出湖湘之右者。盖前则有濂溪先生周元公生于春陵，以其心悟独得之学，著为《通书》《太极图》，昭示来世，上承孔孟之统，下启河洛之传。中则有胡文定公以所闻于程氏者，设教衡岳之下，其所为《春秋传》，专以息邪说、距诐行①、扶皇极②、正人心为本。自熙宁后，此学废绝，公书一出，大义复明。其子致堂、五峰二先生，又以得于家庭者，进则施诸用，退则淑其徒，所著《论语详说》《读史》《知言》等书，皆有益于后学。近则有南轩先生张宣公寓于兹土，晦庵先生朱文公又尝临镇焉。二先生之学，源流实出于一，而其所以发明究极者，又皆集诸老之大成，理义之秘，至是无复余蕴。此邦之士，登门墙③、承謦欬④者甚众，故人材辈出，有非他郡国所可及。今二先生虽远，所著之书具存，皆学者所当加意，而南轩之《论孟说》，晦庵之《大学中庸章句》《或问》《论孟集注》，则于学者为尤切，譬之菽粟⑤、布帛，不容以一日去者也。颇闻迩来士子，急于

---

① 诐行：偏邪不正的行为。《孟子·滕文公下》："我亦欲正人心，息邪说，距诐行，放淫辞，以承三圣者。"
② 皇极：帝王统治天下的准则。即所谓大中至正之道。
③ 门墙：指老师之门。
④ 謦欬（qǐngkài）：咳嗽，借指谈吐。
⑤ 菽粟：泛指粮食。

场屋科举之业，往往视为迂缓，置不复观，殊不知二先生之书，旁贯群言、博综世务，犹高山巨海、瑰材秘宝，随取随足，得其大者，固可以穷天地万物之理、知治己治人之方，至于文章之妙，浑然天成①，亦非近世作者所能仿佛。盖其本深末茂，有不期然而然者，学者诚能诵而习之，则于义理之精微，既有所得，发之于文，亦必意趣深长、议论精确，以之应举，直余事尔。若徒讽咏肤浅之文，掇拾②陈腐之语，见闻既陋，器识③可知，虽使幸而获选，其不能大有所立必矣。今秋试之期尚远，群居暇日，正当培养义理之源，务求有用之实，自今以始，学校庠塾之士，宜先刻意于二先生之书，俟其浃洽④贯通，然后博求周程以来诸所论著，次第熟复，而温公之《通鉴》与文公之《纲目》，又当参考而并观焉。职教导者以时叩击，验其进否。上中二旬当课之日则于所习之书，摘⑤为问目，俾之援引诸儒之说，而以己意推明之，末旬则仍以时文为课，如此则本末兼举、器业日充，上足以追续先贤之正脉，次足以为当世之实用，异时英髦⑥接武⑦，追迹⑧于前闻人，岂不盛哉？顾念迂疏⑨，滥尘师帅之任，新美士习，盖其责也，辄不自揆，敢述其所闻，惟同志相与勉之。

（真德秀著：《真西山先生集》第二册，商务印书馆 1937 年版，第 106-107 页。）

---

① 浑然天成：自然形成的整体，无斧凿的痕迹。

② 掇拾：拾掇，拾取。

③ 器识：器量与见识。

④ 浃洽：贯通。

⑤ 摘（tī）：剔除，挑出。

⑥ 英髦：亦作"英旄"，俊秀杰出的人。

⑦ 接武：步履相接，前后继承。

⑧ 追迹：跟随，效法。

⑨ 迂疏：迂远疏阔。

📑 评析

在此篇中，真德秀首先详尽梳理了北宋以来湖湘学术的发展脉络与教育源流：周敦颐为理学开山鼻祖，胡安国、胡寅、胡宏则为湖湘学派的奠基人，张栻、朱熹对湖湘人才的培养功不可没。应该说，在南宋学术界，湖湘学术及其教育理念在全国是独领风骚、独树一帜的。

其次，真德秀作为当时的地方长官，劝诫学子们先不要急于场屋科举之业，而应当夯实基础、精读博览。他极力要求学子们研读湖湘学者的代表性著作："自今以始，学校庠塾之士，宜先刻意于二先生之书，俟其浃洽贯通，然后博求周程以来诸所论著，次第熟复，而温公之《通鉴》与文公之《纲目》，又当参考而并观焉。"他的这番表述是为了教士子体认义理之源，养成认真务实的品质，不为科举利禄所引诱。

最后，除指明具体的教学内容，真德秀还提出具体的学习进度及测试办法，"职教导者以时叩击，验其进否。上中二旬当课之日则于所习之书，摘为问目，俾之援引诸儒之说，而以己意推明之，末旬则仍以时文为课"，并指出继承先贤的学术思想和注重解决实际问题同等重要，展现出真德秀严谨、务实的教育理念。

湘学自宋代以来蓬勃发展，潇湘成为当时的学术重镇，亦有"潇湘洙泗""荆蛮邹鲁"之美誉。湘学作为湖湘文化的重要组成部分，对湖湘文化的发展、传播起到了极大的促进作用。"理学名臣"真德秀对湖湘学术脉络的梳理，凸显了湘学在儒家文化系统中的重要性与独特性，为后世学子对湖湘文化的认同和建设奠定了坚实基础，有力推动了湖湘文化共同体的形成。

潭州示学者说

予既新其郡之学，又为之续廪士之费，俾诵弦于斯者，微一日之辍焉。教授陈君端甫过余而请曰：公之于士也，有以安其居，又有以足其食，顾亡一言以淑之可乎？余谢曰：此师儒之事也。予何言？虽然昔尝闻之孔氏矣，岂不曰"古之学者为己"乎。自汉以经术求士，士为青紫而明经，唐以辞艺取士，士为科目而业文，其去圣人之意远矣。今之学者，其果为己而学欤？其亦犹汉唐之士有所利而学也。如果为己而学，则理不可以不穷，性不可以不尽，不至乎圣贤之域弗止也。若其有所利而学，则苟能操觚①吮墨，媒爵秩②而贸轩裳③，斯足矣。驵贾④其心弗顾也，夷虏⑤其行弗耻也。此学者邪正之岐⑥途也。请以是淑吾士可乎？端甫曰：敬闻命矣。抑后世之言学者，其有得于孔氏之指欤？曰：后世之言学者，其不缪于圣人鲜矣。独尝于唐之阳子⑦、近世之石子⑧、尹子⑨有取焉。阳子曰：学者，学为忠孝也。石子曰：学者，学为仁义也。尹子曰：学者，学为人也。是三言者，庶几圣门之遗意乎。方唐之世，士习之陋甚矣！阳子一旦倡斯言于太学，如天球之音、威凤之鸣，学者竦然洗心而易听，归觐⑩其亲者，踵相蹑⑪焉。理义之感人如此。然则石子之言，其有异于阳子欤？曰：亡⑫以异也。仁者，孝之原。义者，忠之干。曰仁义则忠孝在其中矣。然则尹子之言，其有异于二子欤？曰：

① 操觚：执简，谓写作。
② 爵秩：爵禄。
③ 轩裳：车服，这里指官位、爵禄。
④ 驵（zǎng）贾：马贩子，泛指市侩。贾，指商人。
⑤ 夷虏：泛指落后地区的人。又有作"脂韦"。
⑥ 岐：同"歧"。
⑦ 阳子：指唐代阳城，字亢宗，曾任谏议大夫、道州（今湖南道县）刺史。
⑧ 石子：指北宋学者石介，与胡瑗、孙复合称为"宋初三先生"。
⑨ 尹子：指尹焞，字彦明，一字德充，北宋著名理学家程颐的高徒。
⑩ 归觐：归谒君王父母。
⑪ 踵相蹑：踵，脚后跟。蹑，踩踏。
⑫ 亡：无。

真德秀

亡以异也。夫人与天地并而为三才者也，必也兼五常，备万善。然后人之道立焉。其警世之深、为人之切，又进乎二子矣。敢问所以学为人者奈何？曰：耳目肤体，人之形也。仁、义、礼、智、信，人之性也。君臣、父子、昆弟①、夫妇、朋友，人之职也。必循其性而不悖，必尽其职而无愧，然后其形可践也。孟子曰：人之异乎禽兽者几希。庶民去之，君子存之。又曰：无恻隐之心，非人也；无羞恶之心，非人也；无辞逊之心，非人也；无是非之心，非人也。夫天之生斯人也，与物亦甚异矣。而孟子以为几希，何哉？盖所贵乎人者，以其有是心也。是心不存则人之形虽具，而人之理已亡矣。人之理亡，则其与物何别哉？故均是人也，尽其道之极者，圣人所以参天地也。违其理之常者，凡民之所以为禽犊也。圣愚之分，其端甚微，而其末甚远，岂不大可惧耶？予故曰：尹子之言，其警世之深，为人之切，又进乎二子也。吾党之士，苟无意于圣贤之学则已，傥有志焉，则反躬内省于人道之当然者，有一毫之未至，必将皇皇然②如渴之欲饮、馁之欲食也。凛凛然③如负针芒而蹈茨棘④也。吾子幸以为然，则愿以告夫同志者，俾知太守之期乎士，不在于徼人爵⑤、取世资，而在乎敬身而成德也。端甫瞿然⑥曰：公之淑吾士者厚矣。璆请揭其言于学，以为士之则。

（真德秀著：《真西山先生集》第一册，商务印书馆 1937 年版，第 49-50 页。）

081

评析

宋代人眼中的学者标准是怎样的呢？他们继承孔子关于"为己之学"的

---

① 昆弟：兄弟。
② 皇皇然：惶恐的样子。皇，通"惶"。
③ 凛凛然：恐惧、畏惧的样子。又有作"凛凛焉"。
④ 茨棘：蒺藜与荆棘。比喻困难的处境。
⑤ 徼：求。人爵：爵禄，指人所授予的爵位。
⑥ 瞿然：惊视。

说法，认为学者应该穷理尽性，不断向圣人的境界与目标靠近。真德秀肯定了唐代阳城、宋代石介、尹焞对学者的界定，认为学者要能够做到仁义、忠孝，能够认识并践履所以为人的道理。具体而言，人要能够做到持守仁义礼智信的本性，能够认真履行在君臣、父子、夫妇、朋友等日常人伦关系中的责任和义务，能够保全身体，无愧于他人和自己。同时，人之所以能够与动物区别开来，还在于人有仁心、有判断力，有恻隐、羞恶、辞逊之心，能够辨别是非。正是因为人拥有理性、有道德，才能立于天地之间。真德秀明确学者学以为人的道理，目的是提醒当时的士人不要为外在的名位和俸禄而迷失了对自身的要求，即应敬德、修身，进而"敬身而成德"。

魏了翁

魏了翁（1178—1237），字华父，号鹤山，邛州蒲江（今属四川）人。南宋著名理学家、教育家，曾与真德秀齐名。宝庆二年（1226），魏了翁贬居靖州（今湖南怀化）鹤山，筑鹤山书院，教授生徒，弘扬道学，湖湘江浙之士，千里负笈求学者甚多。主要著作有《鹤山集》《九经要义》《古今考》《师友雅言》等。

靖州鹤山书院记

某泰禧间尝任王朝，会国有大事，议不合，补郡去，筑室于先庐之北，曰鹤山书院，聚书求友，朝益暮习，将以质其所未信。聘命三至，辞不敢进。其后刺部守藩，粗更民事，先帝察其可用，即正岁大朝，驰驿而召之。居数年，又以罪戾①徙湖北之靖，山囚濑絷②，不通于中州，益得以静虑澄神、循念曩愆③。寓馆之东曰纯福坡，五老峰位其左，飞山属其右，而侍郎山巍立其前。冈峦错峙，风气融结，乃屏剔菑翳④，为室而居之，安土乐天，忘其己之迁也。乃即故乡之名，榜以鹤山书院。背夏涉秋，水木芙蓉更隐迭见，老梅楎⑤杉，灌木丛篠，又将寻岁寒之盟。某息游其间，往辄移晷⑥，而乐极生感，咏余兴叹。或靳⑦之曰：优哉游哉，聊以卒岁。吾为子喜，而子戚诸？曰：不然也。君譬则天也，疾风迅雷，甚雨⑧必变，天之怒而逸焉，是不敬也；君譬则亲也，挞之流血，起敬起孝，亲之过而恝⑨焉，则愈疏也。或曰：

有一不慊，则儳^①焉若无所容，而亦庶几有以自靖^②自献矣。曰：恶！是何言也！阴阳五行，播生万物。山川之产，天地之产也。身体发肤，一气而分。人子之身，父母之身也。是故穷天下之物，无可以称天德；终孝子之身，不足以报亲恩。而余也猥繇^③寒远，被遇^④两朝，幸位从臣之末。夫使谏行而泽下，事称而意隐，斯亦报国之常分耳。顾无能丝发之盖，乃蹈浚恒^⑤之戒，自贻过涉^⑥之咎，只以病朝廷、羞当世之士，而尚以自靖自献为足乎？昔之人，量而后入，信而后谏，原筮^⑦而后比也，众允而后晋也。夫然，故上无怨而下远罪也。而余也亦尝审于所发乎？过位必色，过阙必下，路马必式，怀乎十目之所视，所以广敬也；斋戒沐浴，书思对命，习容观玉声，赫乎上帝之有临，所以蓄诚也。自明善诚身，顺亲信友，无几微之或作，谨获上之道也；自本诸身、证诸民，以及于三王百世，天地鬼神，无毫发之不合，重发言之机也。夫然，故显谏而君不疑，尽言而人不忌，而余也又有一。于是乎有孝有德，以引以翼，嫌汲汲以求深也；讦谟定命，远犹辰告，恶数数以取疏也；衣锦绹衣^⑧，裳锦绹裳，虑皓皓以取污也；慎尔优游，勉尔遁思^⑨，忌悻悻^⑩以忘君也。而余亦未能自信于斯也。呜呼！栽者培之，倾者覆之，取之自彼，天何心焉？贤则亲之，无能则下之，致之自己，亲何心焉。故古今无未定之天，而亦无难事之亲。一或反是，则吾孔子之罪人耳矣！于是识其语于室以自儆^⑪。

（魏了翁撰，张京华校点：《渠阳集》，岳麓书社 2012 年版，第 59-60 页。）

---

① 儳（chàn）：苟且，不严肃。
② 自靖：各自谋行其志。
③ 繇：通"徭"。
④ 被遇：蒙受恩遇。
⑤ 浚恒：谓求之太过，超出恒常。
⑥ 过涉：谓过多地接触危难之事。
⑦ 筮（shì）：用蓍草占卦。
⑧ 衣锦绹（jiǒng）衣：锦衣外面再加上麻纱单罩衣，以掩盖华丽。比喻不炫耀于他人。
⑨ 遁思：迁移，离去。《诗·小雅·白驹》："慎尔优游，勉尔遁思。"
⑩ 悻悻：怨恨失意的样子。
⑪ 儆：使人警醒，不犯过错。

📑 评析

　　魏了翁因获罪于史弥远，被贬于靖州，谪居期间创办鹤山书院，并在此书院讲学长达五年，《宋史·儒林列传》载："了翁至靖，湖、湘、江、浙之士，不远千里负书从学。乃著《九经要义》百卷，订定精密，先儒所未有。"魏了翁推崇胡宏、张栻，并深受湖湘学派影响，他在湖湘这片沃土上，著书立说、教书育人，展现出独具特色的理学思想与教育理念。

　　如何处理君臣关系是古代士人在追求个人理想与人生抱负过程中必须要面对的重要议题，同时也是书院教育内容的重心所在。魏了翁在《靖州鹤山书院记》一文中对此进行了详尽阐释。魏了翁现身说法，谈论了自己的事君之道。魏了翁并不赞同那种将君比作天、比作亲，君可以随意处置臣子的做法；也不赞同臣子无须为君王的滥权负责，对君可以弃之不顾的功利做法。魏了翁认为事君之道，关键在于敬以修身，蓄以养诚，在事亲、顺友等人伦关系中明善尽性，使自身的德行得以彰显。这样在朝廷进言行事时，才能使君主信任不疑，其他僚属信任不妒。即使因种种不测而被贬或放逐，也不能以忘君释怀。魏了翁认为，没有不能侍奉的君主，也没有难以侍奉的双亲，关键在于士人、学者自身的涵养。

　　魏了翁教育众学子，应当否认君主"天""亲"的天然优势地位，并要求君臣各履其责、各担其任，此种教育理念相较于过去"视天下为一家""以天下为私有"之陈腐观念，具有深刻反思意义。

085

李祁，生卒年月不详，元代后期诗人，字一初，号希蘧翁、危行翁、望八老人、不二心老人，湖南茶陵人。据史料称，李祁曾授应奉翰林文字，后隐退永新山中，蛰居乡下三十余年。他能诗擅文，诗作收集在《云阳集》中。

永新县新学记

三代之学与军旅之事，未尝不相关也。是以天子将出征，必受成于学；出征执有罪反必释奠于学，以讯馘①告。盖学校乃人材之所自出，受成于是，所以资其才以成其功。及其反也，则以讯馘告焉。此天子之学然也。

而诸侯之学亦莫不皆然。鲁僖公之修泮宫②也，诗人作诗以颂之，而其言曰："既作泮宫，淮夷③来服。矫矫虎臣④，在泮献馘。"又曰："角弓其觩⑤，束矢其搜。戎车孔博，徒御无斁⑥。"又曰："既克淮夷，孔淑不逆。式固尔犹，淮夷卒获。"一诗之中，反复咏叹，率皆形容当时军容⑦武功之盛会，谓军旅之事无预⑧乎学校哉。

吾夫子由鲁司寇摄行⑨相事，夹谷⑩之会，却莱人于雍容谈笑之顷。三都⑪之堕，仲由实任其事，鲁师及齐师战，樊迟请三刻逾沟，齐师卒遁。而

① 讯馘（guó）：指古代战争中的俘虏和已毙之敌。讯，鞠讯所获生俘；馘，割取死敌左耳以计功。
② 泮宫：也作"頖宫"，指西周诸侯所设的学宫。
③ 淮夷：古代居于淮河流域的部族。
④ 矫矫：形容英勇威武。虎臣：比喻勇武之臣。
⑤ 角弓：用角装饰的弓。觩（qiú）：四库本作"觩"，古同"觓"，角上方弯曲的样子。
⑥ 无斁（yì）：不厌恶，不厌倦。
⑦ 容：一作"戎"，四库本作"容"。
⑧ 无预：无关联。
⑨ 摄行：代理行使职权。
⑩ 夹谷：古地名，春秋齐地。
⑪ 三都：春秋鲁三桓执政，皆建城拟于国都，季孙之费、孟孙之成、叔孙之郈，称三都。

冉有以用矛入其军。夫如是，则当时之为师弟者，其能否可见矣。曾谓儒者之道果无预乎军旅哉？

自后世三代之制既废，而文、武之教分。武臣目文士为迂阔可轻，文士指武人为粗戾可鄙，互相诋訾①，屹不相入。而有国家者亦或别立武学，而以前代之为名将帅者祀其中，是盖知其末而不知其本者也，知其二而不知其一者也。千数百年之间，习视为常而莫有能推明其故者，是可叹也已。

永新文学之士繇②前代及今，于江西为盛。学校废弛③，自兵兴以来则然。既而新安俞公领兵符来镇是邦，修城池、缮器械，武备既饬，乃尚文事。遂与州尹田公谋，谓："学校不可以久废，宜先治其易者。"乃首葺兴文阁而新之。明年，有事礼殿，严饰像设④，及从事诸贤。辟两庑移置戟门，使殿庭廓然有容。棂星门则改创于泮池之外，缭以宫墙，轩豁炳焕⑤，木石之材，工役之费，悉出于己。既成，而州尹田公率僚属来请为记。

嗟乎！学校之无预乎军旅也，久矣。儒者之不事乎军旅也，尚⑥矣。盖自吾夫子之答卫君有曰："俎豆之事，则尝闻之；军旅之事，未之学也。"繇是而后之昧昧⑦者，遂以为军旅之事实非儒者之所能。而儒者亦或假斯言以掩其所不能。此固近世之通患也。

今俞公之为是役也，不以守职为拘，不以侵官⑧为嫌，举积年学校之弊而新其规，巍巍圣容，秩秩笾豆，朔望奠谒，进升讲筵，讨论乎古今，肄习乎礼乐。非唯使韦布⑨诸生得以从容涵泳⑩乎教育之下，而介胄⑪之士亦得以

---

① 诋訾：诋毁。
② 繇（yóu）：同"由"。
③ 废弛：荒废懈怠，败坏。
④ 设：一作"容"，四库本作"设"。
⑤ 轩豁：敞亮。炳焕：鲜明华丽。
⑥ 尚：古，久远。
⑦ 昧昧：模糊不清。
⑧ 侵官：侵犯他人的职守。
⑨ 韦布：韦带布衣。古指未仕者或平民的寒素服装。
⑩ 泳：一作"咏"，四库本作"泳"。
⑪ 介胄：甲胄之士，指武士。

踊跃歆①慕于观感之余，时习而日新，岁改而月化。将见学校之政与军旅为一。异时人才之盛由是而出者，文足以经国而理民，武足以折冲②而御侮，则三代之制可以渐复，其权舆③顾不在是欤？

予以年耄时乖，昔也不幸，而见学校之久废，今也幸而复见学校之重新。喜俞公之志有成，而尤重田公之有请也，故为记之。

俞公名茂，字子懋。其为是役也，部将王海实助力役，而幕下士金汝霖实董之。田公名盛，字秀实。割己俸，收置簠簋牺象罍④爵之器，琴瑟钟磬箫鼓柷敔⑤之乐，以备祀事。同知王公达、判官刘庸、幕官胡澄，咸赞襄之，是皆宜书。是为记。

（李祁撰，王毅辑校：《云阳集》，岳麓书社 2009 年版，第 99–101 页。）

📑 评析

选文观点鲜明而新颖，讨论学校与军事之间的关系。李祁认为，早在夏商周三代，学校与军事之间的关系就非常密切，主要表现在天子、诸侯出征或归来都必到学校去祭告，而伴随天子、诸侯出征的王公贵族大多曾接受过学校的教育。李祁还发现古代诵咏学校的诗歌常常涉及军事。他以孔夫子及其弟子为例，论证儒者的军事才能也非同寻常，儒学与军事有着密切的联系。李祁感叹后来儒学与军事逐渐分离，文武悬隔开来，文人与武士互相轻视，这导致国家在危难之时，往往军事人才难求，而文武兼备的人才更是凤毛麟角。所以当有同僚尚武又兴学时，李祁便极力表彰。

---

① 歆：一作"致"，四库本作"歆"。
② 折冲：克敌制胜。
③ 权舆：萌芽、新生。
④ 罍：引用版本为"垒"，讹。此处应为容器，故改。
⑤ 柷敔（zhùyǔ）：乐器名。奏乐开始时击柷，终止时敲敔。

李东阳

李东阳（1447—1516），字宾之，号西涯，谥文正，明代政治家、文学家。湖南茶陵人，李祁五世从孙。李东阳不仅为明代著名宰相，还是重要的文学领袖。《明史》上记载："宰相李东阳主文柄，天下翕然宗之。"他创立并领导的茶陵派主导全国文坛长达半个世纪，对于推动湖湘文化的发展具有里程碑意义。李东阳一生著书宏富，文章典雅流丽，主编《大明会典》《宪宗实录》等，著有《怀麓堂集》《怀麓堂续稿》《燕对录》等。

重建岳麓书院记

东阳昔省墓长沙，尝渡湘江，登岳麓，访宋人所谓书院者，得断碑遗址于榛莽间，慨晦翁、南轩两先生之余风遗泽，未有以复也，顾有寺存焉耳。越二十余年，通判陈君捐俸治材。为中门，为左右庑，甃石①数级，上为讲堂，又上为崇道祠，以祀两先生，复名之曰岳麓书院。构亭其巅，名之曰极高明。又买田若干亩，以成陈志。比王君来知府事，帅僚属师生行舍菜②礼。诸所未及，如开道路、广旁舍、储置经史、延师领教，皆次第举行，而同知某佐其事。

盖兹院自宋初郡守朱洞始建。真宗时，李允则请藏书，国子监簿周式教授其间，乃请赐额，遂与应天、白鹿、石鼓并称为四大书院。及南渡，毁于兵，安抚刘公珙复建。孝宗时，两先生实会讲焉。光宗时，晦翁为安抚，更建于兹地，学者多至千人，田至五十顷，庙舍至百余间。今殿故在，遗址废田为僧卒势家所据，历三百余年而兹院始复其旧。于是王君遣使属记于予，亦陈昔所尝请者也。

---

① 甃（zhòu）石：砌石、垒石为壁。
② 舍菜：即"释菜"，古代学子入学礼仪。

惟古者学校遍天下，其教与学者，皆圣贤之道，故能以一德同俗。及世衰政弛，道晦不明，上择官以教，下择师以学，穷什一之力而后得，世之少治而多乱，奚惑哉！今学有恒制，师有定员，第玩常愒①，久不能无望乎什一之外，如书院者。故士或起于乡塾，则此为培养之地；或籍于郡学，则借游息以广见闻。使斯道之在天下，体用一源，显微无间者，随厥穷达皆可为。成己成物之用，乃可以言学。不然虽学于此，犹学于彼，无益也。

且南轩得衡山胡氏言仁之旨，观所为书院记，亦拳拳以为是辞。晦翁之学，固有大于彼，然亦资而有之。后之学者，曾不逮其万一，而不百倍其功，恶可哉！由南轩以企晦翁，又等而上之，以希所谓古之人者，庶几为兹院重，以为山川之光。若其程格条绪，则存乎教与学，吾于吾大夫士望之矣。

（李东阳撰，周寅宾、钱振民校点：《李东阳集》卷三，岳麓书社 2008年版，第 993—994 页。）

📝 评析

元至正二十八年（1368），岳麓书院毁于兵燹。明前期因国家大力推行官学，导致书院教育在洪武至天顺年间沉寂长达百年，作为昔日理学重镇的岳麓书院亦只剩碎瓦颓垣，而隐没于荒榛断梗间。直至成化、弘治年间，书院教育逐渐复兴。成化五年（1469），长沙知府钱澍重建书院，弘治七年（1494）通判陈钢重修书院。时隔两年，知府王琠重修岳麓书院，并请李东阳为之作《重建岳麓书院记》。

在此文中，李东阳认为古代学校中的"教与学"的主要内容是"圣贤之道"，目的是"一德同俗"，无论是历代的庠序之制，还是宋以来的书院制度，莫不如此。同时，官员的主要职责除了处理当地政务、维护当地治安，更重要的是推行教化，"上择官以教，下择师以学"。李东阳对"教与学"的

---

① 愒（kài）：荒废。《左传·昭公元年》："玩岁而愒日。"

界定也说明了古代教学的内容、意义应比现在所言教学更广泛。针对当时人才不兴之状，李东阳为书院教育提出针对性建议，"故士或起于乡塾，则于此为培养之地；或籍于郡学，则借游息以广见闻。使斯道之在天下，体用一源，显微无间者，随厥穷达皆可为。成己成物之用，乃可以言学"。书院应当成为联系乡村、郡县之间的主要教育组织机构，一方面有利于乡塾之士的成长与培养，另一方面凭借其与郡学的联系，学子能在游学中增长见闻。

今日"游学"已成风尚，岳麓书院亦成为众多学子频频造访之所，那么如何唤起古时读书人"游学"之神髓，展现书院"使斯道之在天下"的"教学"之旨，则成为新时代书院赓续文脉、使命维新的应有之义。

衡山县重建文定书院记

衡岳之阴，宋胡文定公之书院在焉。历胜国以来，颓圮殆尽，而遗址尚存。弘治丁巳，监察御史郑君惟桓，按视其地，图所以兴复之者。会财于官，役力于民，合计定制。中为堂祀公，配以少子宏所谓五峰先生者，而房庑庖库之类皆备。又掘地得旧祭器若干，葺而完之。岁春秋修祀事，又将聚其乡之学者居之。郑君请予记。

按：文定公本崇安人，哲宗时举进士，为太常博士，提举湖南学事。高宗时，拜中书舍人，以疾求去，留兼侍读，专讲《春秋》，后以宝文阁学士致仕。盖公初患居当兵冲，徙于荆，再徙于衡，优游十五年以卒。五峰以荫补官，家居不调，晚辞召命，创楼著书者二十余年，视公尤久。此书院之所由建也。

公之学，以尊王贱伯①为本，安国圉②夷为用。当金强宋屈之时，朝野靡然③，附和议者为识时，论雪耻者为生事。而公引经议政，正色直言，所以警君心而裨治道者至矣。身既不用，其所为传，卓然成一家言，至我国朝遂列诸学宫，用诸场屋，为不刊之典④。使公用于一时，亦孰若传于后之为远哉！若五峰虽未见于用，而出处明决，未尝枉己以干禄，深得乎家学之正矣。古者乡先生没，必祭于社；而圣贤道在万世，则天下祀之。盖视其功德小大以为久近，有不可得而诬者。公今从祀孔子庙庭，天子之所亲视，儒臣之所分祼⑤，天下学者之所尊祀也。况其所居之地，非游宦流寓之可比，不特举而祀之，其可哉！且及门之士，私淑之人，如孔氏之有颜、孟，皆有配享从食之列。况公作述之善，有若五峰者出而成之，征诸南轩之授受⑥，考亭之论议，又若是著也，而可以无配乎哉！

书院之作，乃古庠序之遗制。宋之初，学校未立，故盛行于时。今虽建学置师遍于天下，无俟乎其他，而前贤往迹，风教之所关，亦不容废，如兹院者是也。夫祭者，学之所有事也，而其所为学，岂独粢盛、俎篚、仪文、度数之间哉？衡之学者，读公之书，学公之学，固将睹羹墙⑦于庙貌⑧，思景行⑨于高山，虽欲自画于道，而亦有不容已者矣。湖南之地，春陵则有濂溪，岳麓则有南轩，兹院相距不数百里，遗风流泽相望而不绝。东阳世家长沙，盖尝登岳麓吊其所谓书院者，闻文定之风而有感焉，因为

① 伯：同"霸"。
② 圉（yǔ）：防御。
③ 靡然：顺靡。
④ 不刊之典：指不能更改或磨灭的钦定典制。
⑤ 祼（guàn）：古代酌酒灌地以祭。
⑥ 授受：交付和接受。
⑦ 羹墙：《后汉书·李固传》上载，"昔尧殂之后，舜仰慕三年。坐则见尧于墙，食则睹尧于羹"。后以"羹墙"表示追念前辈或仰慕圣贤。
⑧ 庙貌：《诗·周颂·清庙序》郑玄笺，"庙之言貌也，死者精神不可得而见，但以生时之居，立宫室象貌为之耳"。因称庙宇及神像为庙貌。
⑨ 景行：高尚的德行。

记之以成贤有司之志云。

（李东阳撰，周寅宾、钱振民校点：《李东阳集》卷三，岳麓书社 2008
年版，第 991-993 页。）

📑 评析

南宋绍兴年间，胡安国父子至南岳定居，并于紫云峰下筑文定书堂。胡
安国逝世后，其子胡宏、胡寅亦在此地著书、讲学达二十余年。明弘治八年
（1495），监察御史郑惟垣重建，更名为文定书院，李东阳为之作《衡山县重
建文定书院记》。

在此记中，李东阳从学问宗旨"公之学，以尊王贱伯为本，安国围夷为
用"，政治主张"当金强宋屈之时，朝野靡然，附和议者为识时，论雪耻者
为生事。而公引经议政，正色直言，所以警君心而裨治道者至矣"，学问成
就"公作述之善，有若五峰者出而成之，征诸南轩之授受，考亭之论议，又
若是著也，而可以无配乎哉"三个方面，论述胡安国应当"天下祀之"。在
李东阳看来，祭祀先贤是书院教育的重要环节，榜样示范具有重要的教育意
义，"而前贤往迹，风教之所关，亦不容废，如兹院者是也"。真正的学者，
应当通过阅读先贤的著作，学习他们的学问，领会其中的精神与气象，从而
在心中树立起高山景行的典范。

一个地域的教育和文化之所以能够不断发展，关键在人。就湖湘文化而
言，在宋代出现了一个高峰，其间胡安国、胡宏父子承继理学传统，其学术
和品行积淀了湖湘文化精神，激励了一代又一代的湖湘学子。我们一方面要
领会教育家的思想与精神；另一方面，通过湖湘学子的叙述也能看到这些教
育家对后人的影响。教育就是这样形成的，来自先贤的榜样力量，沁人心脾，
无声无息，却又长久而深远。当代的湖湘学子，知其源流与心气，亦有所
振乎？

蒋信

蒋信（1483—1559），字卿实，号道林，湖南常德人。蒋信尝从学王守仁于龙场驿，后又从学湛若水，倡扬心学。晚年厌弃官场，回到故乡，在城东开办桃冈精舍，收授生徒，讲学授业，以至武陵文风一时大盛。《明史》称"湖南学者宗其教，称之曰'正学先生'"。蒋信一生注重教育，他的教育理念于今天而言仍具有积极的意义。有《蒋道林文粹》，为其门人姚学闵所编。

立斋说

人何以立？曰：立身。身何以立？曰：立德。德何以立？曰：立心。立心，其立德矣；立德，其立身矣。曰：立一也，而身而德而心，曷谓焉？畅于四肢，发于事业，立身之谓矣；溥博渊泉，而时出之，立德之谓矣；中立而不倚，立心之谓矣：故夫三者一也。曰：语心而中立不倚，不沦于禅寂①乎？曰：禅寂者，求照于无物之地，掩其鉴而语照者也，内外二也。中立不倚，即物而照而鉴，常炯炯尔也，内外一也。是故动而无动，精一其至矣。致其精一，立心其至矣。曰：业举②者，日不免乎纷鹜而旁扰也，奈之何其进是也？曰：业举，照也。尘其鉴，其能照乎？故夫中立也者，时而业举焉，时而应酬焉，而鉴常不失其为鉴也。德业合一也，体用合一也，内外合一也，斯其为立心乎！曰：今之业举，匪鉴而能照者有之矣。曰：然，此望十一于千百者也。虽然，可以为立心乎？其业之精也，可以为道艺乎？故业与心，二业斯敝矣，而况于病心乎！此以立心，彼以病心，顾出此而入彼，匪智孰甚焉！是故读孟氏之文，其气浩然矣。孟氏固曰，先立乎其大者也。立乎其

---

① 禅寂：佛教语。释家以寂灭为宗旨，故谓思虑寂静为禅寂。
② 业举：谓为科举应试而学习。

大，而其浩然者在我矣，独发于文词乎哉！

陈子秉正业举，而有志于立，爰①书此以贻之。

蒋
信

（蒋信撰，刘晓林校点：《道林先生文粹》，岳麓书社 2010 年版，第 117 页。）

📝 评析

蒋信曾先后师从王阳明与湛若水，王、湛分别为姚江心学与江门心学的代表人物，这使蒋信在学术、教育、政治主张中具有深厚的心学思想。

在《立斋说》一文中，蒋信主要探讨了"德业"与"举业"之间的关系问题。蒋信首先从"心"出发，认为"立心""立德""立身"三者为一。当然，此三者并非等同关系，而是呈现递进关系：心为德、身之根本，德、身为一心之发用。沿着心、德、身脉络而下，蒋信将"业举"纳入其中，认为内外应当合一，道德修养与外在事功并不矛盾，学者应当实现"德业合一"，佛、道二氏正是因为不能明悟"德""业"皆为一心所涵摄，才教人出离生死，堕入虚空。

蒋信"德业合一"教育理念的核心价值在于，不可拘泥于内外之一端，而是主张道德修养与学识才智不可偏废，在今天，教育的目的同样不是要培养出只会考试的机器，"推动人的全面发展是教育的时代使命"。新时代下，我们应当看见、尊重、挖掘人的多样性与丰富性，实现"五育并举"，即通过德育、智育、体育、美育、劳动教育五种教育方式协同作用，充分开发人的潜能，推动人的全面发展。

095

---

① 爰：于是。

王夫之

王夫之（1619—1692），又称王船山，字而农，号姜斋，湖南衡阳人，明末清初著名的思想家。明崇祯年间，王夫之求学岳麓书院，师从吴道行，崇祯十一年（1638）肄业。吴道行教以湖湘家学，传授朱张之道，较早地影响了王夫之的思想，促使王夫之湖湘学统中济世救民基本脉络的形成。王夫之晚年居南岳衡山下的石船山，著书立说，教学不辍，鞠躬尽瘁。王夫之一生著述甚丰，其中以《读通鉴论》《宋论》为其代表之作。晚清重臣曾国藩极为推崇王夫之及其著作，曾下令于金陵大批刊刻《船山遗书》，使王夫之的著作得以广为流传。近代湖湘文化的代表人物胡林翼、谭嗣同、黄兴、毛泽东等皆深受船山思想熏陶。

知性论

言性者皆曰吾知性也。折之曰性弗然也，犹将曰，性胡不然也？故必正告之曰，尔所言性者非性也。今吾勿问其性，且问其知。知实而不知名，知名而不知实，皆不知也。言性者于此而必穷。目击而遇之，有其成象而不能为之名，如是者于体非芒①然也，而不给于用。无以名之，斯无以用之也。习闻而识之，谓有名之必有实，而究不能得其实。如是者执名以起用，而芒然于其体，虽有用，固异体之用，非其用也。夫二者则有辨矣。知实而不知名，弗求名焉，则用将终绌。问以审之，学以证之，思以反求之，则实在而终得乎名，体定而终伸其用。此夫妇之知能所以可成乎忠孝也。知名而不知实，以为既知之矣，则终始于名，而惝恍②以测其影。斯问而益疑，学而益僻，思而益甚其狂惑，以其名加诸迥异之体，枝辞日兴，愈离其本。此异同

---

① 芒：清同治十年（1871）罗汝怀编印《湖南文征》版本作"茫"，喻昏昧无知。
② 惝恍：原作为"惝怳"，"怳"为"恍"的异体字，故改。

之辨说所以成乎淫邪也。

　　夫言性者，则皆有名之可执，有用之可见，而终不知何者之为性。盖不知何如之为知，而以知名当之，名则奚不可施哉？谓山鸡为凤，山鸡不能辞，凤不能竞也。谓死鼠为璞，死鼠不知却，玉不能争也。故浮屠、老子、庄周、列御寇、告不害、荀卿、扬雄、荀悦、韩愈、王守仁各取一物以为性，而自诧曰知，彼亦有所挟者存也。苟悬其名，惟人之置之矣。名之所加，亦必有实矣。山鸡非凤，而非无山鸡。死鼠非璞，而非无死鼠。以作用为性，夫人之因应①，非无作用也。以杳冥之精为性，人之于杳冥，非无精也。以未始有有无为性，无有无无之始，非无化机也。以恶为性，人固非无恶，恶固非无自生也。以善恶混为性，欻然②而动，非无混者也。以三品为性，要其终而言之，三品者非无所自成也。以无善无恶为性，人之昭昭灵灵者，非无此不属善不属恶者也。情有之，才有之，气有之，质有之，心有之，孰得谓其皆诬，然而皆非性也。故其不知性也，非见有性而不知何以名之也。惟与性形影绝，梦想不至，但闻其名，随取一物而当之也。于是浮屠之遁词③曰有三性。苟随取一物以当性之名，岂徒三哉！世万其人，人万其心，皆可指射以当性之名，不同之极致，算数之所穷而皆性矣。故可直折之曰，其所云性者非性，其所自谓知者非知。犹之乎谓云为天，闻笋菹而煮箦④以食也。

　　（王夫之撰，船山全书编辑委员会编：《船山全书》卷十五，岳麓书社2011年版，第83-85页。）

📑 评析

　　何谓人性？这是教育者教书育人首先应该明了的问题。王夫之审视并批

---

① 因应：犹顺应，谓因其所遇而应之，有随机应变之意。
② 欻（xū）然：忽然。
③ 遁词：因为故意躲闪或掩饰错误，或者理屈词穷、不愿以真意告诉他人时，用来搪塞的话。
④ 箦（zé）：用竹织成的床垫。

评了历史上的种种人性说，如性恶说、性三品说、性善恶混说，以及佛教的三性说。王夫之认为，要认清人之性，就必须了解它不同于情、才、气、质、心，性有名有实，有体有用，但名实、体用并非性本身。在《张子正蒙注·诚明篇》中，王夫之提出："盖性者，生之理也。均是人也，则此与生俱来之理，未尝或异。"王夫之一方面强调"性者生理也"这一观点，赋予性与天道之间必然的联系；另一方面强调性"日生则日成也"，肯定性的变化和发展，肯定教育和学习在人的心理发展中的作用。另外，王夫之还主张习与性成论，他说："习与性成者，习成而性与成也。"他非常重视生活环境和教育对人的影响。

一个人的成长，除了依赖先天条件，还深受生活环境与教育的影响。两者共同作用于人的成长过程，形塑着我们的思维、个性和行为。我们在家庭、学校以及更为复杂的社会环境中成长，这些外部环境向我们传递着丰富的信息，它们塑造着我们的世界观、人生观和价值观，使我们逐渐形成对世界的独特看法。同样，通过教育，我们不仅学习了知识，更为重要的是，我们的思维能力、判断力和创新精神得到了培育。通过教育，我们不仅学会了如何发现问题、分析问题、解决问题，也逐渐形成自己的认知方式和思想观念。可见，王夫之强调环境、教育对人的作用，这在当今仍有借鉴意义。

《耐园家训》跋

吾家自骁骑公从邳①上来宅于衡，十四世矣。废兴凡几而仅延世泽，吾子孙当知其故：醇谨也，勤敏也。乃所以能然者何也？自少峰公而上，家教

---

① 邳：地名，在今江苏。

之严，不但吾宗父老能言之，凡内外姻表交游邻里，皆能言之。至于先子，仁慈天笃，始于吾兄弟冠昏以后，夏楚①不施，诃斥不数数焉。然以夫之之身沐庭训者言之，或有荡闲之过，先子不许见，不敢以口辨者至两三句，必仲父牧石翁引导，长跪庭前，牧石翁反复责谕，述少峰公之遗训，流涕满面，夫之亦闵默②泣服，而后得蒙温语相戒。夫之之受鸿造于先子者如此，然且忠孝衰于死生之际，学问惘于性命之藏，白首无成，死萤不耀。则夫为父兄者，以善柔便佞教其子弟，为子弟者，以谐臣媚子望其父兄，求世之永也，岌岌乎危矣哉。吾伯兄律己严，而慈仁有加于先子，夫之尝请益焉。然夫之自不能言物行恒，迪威如之吉，又安能不自疾愧邪？伯兄之立身立教，大率皆藏密反本为用，愚者弗知尔。晏子曰："唯礼可以已乱。"旨深哉！伯兄睦修家训，导子孙以可行，酌古今而立画一之规，礼意于是存焉。为吾子孙者读而绎之，遵而行之，察其所必然而喻其莫敢不然，何遽不雷霆加于顶、冰雪浃于背乎？礼之本无他，爱与敬而已矣。亲亲者，爱至矣，而何以益之？以敬。夫子曰："子也者，亲之后也，敢不敬与！"为父兄者，不以谐臣媚子自居，而陷子弟于便佞善柔之损，敬之至也。尊以礼莅卑，卑以礼事尊。《易》曰："家人嗃嗃③，未失也。妇子嘻嘻，失家节也。"节也者，礼也。奉伯兄之训，父兄立德威以敬其子弟，子弟凛祗④载以敬其父兄，嗃嗃乎礼行其间，庶几哉，可以嗣先，可以启后。不然，吾所不忍言也。伯兄倾背，从子敬刊其训以传于后，非徒尚其拜稽仪文之节也，有精意存焉。夫之蔽之一言曰严，非夫之之私言也。《易》曰："家人有严君焉，父母之谓也。"鬼神临之，吉凶随之，尚慎之哉！柔兆摄提格之岁，律中蕤宾⑤，中浣榖旦⑥，

---

① 夏楚：泛指用棍棒等进行体罚。
② 闵默：忧郁不语。闵，同"悯"。
③ 嗃（hè）嗃：严酷貌。《易·家人》："家人嗃嗃，悔厉，吉。"
④ 凛祗："凛"通"懔"。恭敬而戒惧的样子。
⑤ 蕤宾：音乐术语，十二律中的第七律。
⑥ 榖旦：晴朗美好的日子。

季弟夫之跋。

（王夫之撰，船山全书编辑委员会编：《船山全书》卷十五，岳麓书社
2011年版，第139-140页。）

📑 评析

本篇中，王夫之以自家为例，深入阐述了家庭教育中礼的重要性。以礼
为教的好处在于，能够使家庭上下尊卑有序、各尽其能，做父亲的有父亲的
威严，做兄长的有兄长的职责，最终目的是和睦宗族姻亲。值得注意的是，
王夫之强调真正的以礼为教需融入爱与敬的理念。

血缘亲情之爱，本是天然的，无须多言，敬而爱之，则是一种高智慧的
爱。王夫之进一步指出，如果仅仅满足于天然之爱，将埋下不祥之因，造成
严重的后果，使家庭陷入岌岌可危的境地。

王夫之这一"以敬助爱、以礼治家"的家庭教育思想发人深省。"以敬
助爱"强调家庭成员之间相互尊重对方的感受与诉求，耐心倾听彼此的意见
和想法，以此使亲情之爱和而不流，家庭关系融洽亲密。现代式的"以礼治
家"应当摒弃尊卑之意，在相互尊重的前提下遵守家庭的礼仪与规矩，饮
食、待客、孝亲、尊长等都为家庭礼仪的应有之义。在遵循家庭礼节的过程
中，家庭成员之间的凝聚力、向心力、责任感不断提升，进一步加强家庭内
部的团结和协作。"家庭是社会的基本细胞，是人生的第一所学校。不论时
代发生多大变化，不论生活格局发生多大变化，我们都要重视家庭建设，注
重家庭、注重家教、注重家风。"王夫之所强调的"以敬助爱、以礼治家"
对培育良好家教、家风具有深刻的启发意义。

周在炽 周在炽，生卒年不详，字而昌，号平山，湖南宁乡人，清乾隆二十七年（1762）举人，曾任乾州厅训导。乾隆三十二年（1767），周在炽担任玉山书院山长，并请知县马乾怡将玉山书院更名为玉潭书院。编撰《玉潭书院志》十卷，有《新修宁乡县玉潭书院志》《平山堂咏史乐府》《平山堂诗集》等著作传世。

玉潭书院条约

予以荒陋抗颜授徒，自审学行全无所似，兹既叼我明府①马公之币请，及邑绅士之交推，奖借过隆，猥克讲座，所有条约例合揭白。顾白鹿、岳麓科条备矣，奚俟赘言，谨就其关于士习中于学术者约为五条，宣陈利弊，劝戒具在，冀与诸生讲习，因以自励焉。

一曰规矩宜守。虽有美玉，不受雕琢不能成器；虽有嘉木，不受绳尺不能成材。学者质分虽高，不范驰驱，不遵规矩，终非载道之器，况既应当事之选，观艺院之光，尤须各守箴规，互相劘切②，无负栽培之雅意。古人先器识而后文艺，盖谓器识本也，文艺末也。今或以立雪③为迂，吟风为玩，反以嘲讦为快，辞沈为高，以诋诃④为清谈，以轻儇⑤为特达，甚且不自反己，辄欲先人，喜列庐前，耻居王后，遇高朋而巧妒，嫌我殿以与讹，既悖而狂，器识已薄，虽能文亦无足取，矧不必尽能文哉？夫金既跃冶，难语陶

---

① 明府：汉魏以来，对太守牧尹，皆称府君、明府君，省称明府。
② 劘（mó）切：切磋。
③ 立雪：恭敬地向老师求教的诚意。
④ 诋诃：诋毁，呵责，指责。
⑤ 轻儇：轻佻，不庄重。

镕①；驹既偾辕②，何堪重载。徒然取憎于师表，见薄于同侪，名实俱堕，正复何益。炽自成童，即荷前任各抚军擢入城南、岳麓，前后五六年。窃见同人之中，臧否不齐，如前所云，往往而有。卒之优者见赏于宗工，出为名臣，处为名士；劣者终于废弃，自即于败类，而无所底，可胜道哉？诸生诚能以驯谨③为法，以荡越为戒，筋骸既束，器宇自开，识者卜其远到，眼前桃李，他年栋梁，其厚望正未有艾也。

一曰课业宜勤。镜不重磨，则尘封而翳聚；剑不淬砺④，则芒顿而锋顽。董仲舒三年下帷，刘光伯十年闭户，盖言勤也。诗书勤乃有，不勤腹空虚，古人岂欺我哉？书院汇萃群英，四方咸至，担簦⑤负笈，载粮运薪，给送应需，所为何事？若弗矢心发奋，何以集益程功⑥。今或不以为造就之地，而以为声气之场，居恒则舍业而嬉，临课则巧图而获，浮而不实，浪以沽名，父兄之属望奚为，当事之甄陶⑦何意，所谓非徒无益也。或者遂谓书院不可以图功。不知木集千株必有翘楚⑧，人集百夫必有长才，果能降心参访，刻意观摩，择善而从，择不善而改，皆有师资之益，较之孤陋寡闻，其功何啻十倍？徐文远阅书于肆，博览五经；阳亢宗窃读院书，足不出户；王充游洛阳，遍阅市肆书，孰谓城市嚣尘必不可以理业哉？须知不勤职业，即山窗僻馆，一师一弟，惰慢自甘，亦复毫无长进，则又何说也。夫居有常业，课有常期，一课自有一课之功，一日须求一日之益，有志图进，岂能为发奋者限哉！

一曰经学宜通。潢潦⑨无源，朝满夕除；木槿⑩旋荣，朝艳夕萎。文章不

---

① 陶镕：陶铸熔炼，喻培养造就。
② 偾辕：覆车，喻覆败。
③ 驯谨：和顺谨慎。
④ 淬砺：淬火磨砺。
⑤ 簦：古代有柄的笠，像现在的雨伞。
⑥ 程功：衡量功绩，计算完成的工作量。
⑦ 甄陶：化育，培养造就。
⑧ 翘楚：比喻杰出的人才或事物。
⑨ 潢潦：地上流淌的雨水。
⑩ 木槿：落叶乔木，夏秋开花，其色红、白、紫皆有，极为鲜艳，朝开暮敛，好景不长。

本六经，终为无根之学。昌黎云："文章岂不贵，经训乃菑畬①。"斯言谅矣。古人朝读书百篇，晚年学《易》，韦编三绝，圣贤尚尔勤苦，我辈何人，敢希逸获方。今乡会两闱②，二场专用经艺，岁科两试，次艺即用经文，学者童而习之，长而讲贯，宜其必有获也。乃自操觚，学制义遂号成材，束高阁而不温，泥本经以应试；甚且本经亦昧，仅拟标题；标题亦疏，尚资访问。回思幼读之书，岂果无用之物？所谓衣中之珠不知探取，而向途人乞浆者也。夫六经烟海，以云贯串，诚有皓首莫穷其业者，且无刘杳、沈约之记性；即云全读，或亦难言张端公记书四柜，背诵《仪礼》；如此者，盖亦寡矣。所可怪者，子弟仅有记性，不令读经，幼年已读之经，长而废弃，无论精义未窥，即字诂句解或亦未暇，岂古今人必不相及哉！果能多阅汉、唐、宋、元、明诸儒之书，其识必广，其义必明，虽不能尽举其辞，尽会其趣，而于是经之纲领条目必有卓然不爽者。康成③之室，婢亦谈诗；伏胜④之家，女能授句，其所濡染者且然也，有志于经者，亦何惮而不为哉？

一曰古学宜讲。古赋者，古诗之流；律诗者，八股之祖。自以制义为制科，遂岐古学为两径。前二十年间乡里俗儒，此道多半不讲，有皓首不知叶韵⑤者，甚且以诗古为制义蟊贼⑥，戒子弟毋学，恐荒举业，以致少年英俊半汨没于烂熟讲章、庸腐时文之中，腹如悬罄⑦，眼如针孔，叹班固之无传，骇杜陵之可杀，贻笑方家，此亦教者之过也。昌黎云："人不通古今，马牛而襟裾⑧。"东坡云："儿童拍掌笑何事，笑人空腹谈诗书。"韩、苏两公共视

---

① 菑畬（zī shē）：耕稼为民生之本，以喻事物的根本。
② 闱：科举时代称试院。
③ 康成：东汉著名经学家，姓郑，名玄，字康成。
④ 伏胜：又称伏生，西汉济南（今山东邹平）人，秦汉之际的经学大师，专治《尚书》。
⑤ 叶韵：南北朝时，学者因按当时语音读《诗经》，韵多不和，便以为作品中某些字需临时改读某音，称为叶韵。后人并以此应用于其他古代韵文。此风至宋代而大盛。明陈第始建立"时有古今，地有南北，字有更革，音有转移"的历史语言观，认为所谓叶韵的音是古代本音，读古音就能谐韵，不应随意改读。
⑥ 蟊贼：吃禾苗的两种害虫，比喻危害国家或人民的人。
⑦ 悬罄：形容空无所有，极贫乏。
⑧ 襟裾：詈词。谓禽兽而穿着人的衣服。

寡学为如人哉。今之学者，既自别于农工商贾，居然为读书人，试思诸经而外，汉、魏、六朝、唐、宋、元、明之书何啻数百种，制义而外，诗、赋、歌、词、序、记、传、铭、诏、诰、疏、引、启、发之类何啻数十种，平心扪腹，所读何书，所长何种，正恐可约略数也。古称博极群书无所不读，方为通儒，今乃以尺寸之编，将以此了读书之名而终其身，其自待不已薄哉！已往莫追，来者可奋。陈伯玉年十七八尚未知书，后乃专精经籍，无不该览；皇甫士安年二十不好学，后乃席坦受书，博综典籍。后生可畏，果尔浣肠惊梦，吾恶能测其所至哉。幸勿河汉①予言，请即操瓢从事可也。

一曰时文宜工。去阶梯以求升，绝瓶绠②以求汲，鲜克有济，劳而罔功。时文为士子进身之阶，舍是以求伸，亦若是矣。夫唐宋之文古矣，然当其时，昌黎以为志乎古者希，则唐之时文可知也。宋时穆修、柳开始倡为古文，欧、苏、王、曾诸公继之，数公之外，其为时文又可知也。有明以帖括取士，时文乃有专号，士之怀才以祈伸于知己者，孰不由此哉？夫时文者，大都取合于世，不捵于时，斯为工耳。高明沉潜各有所长，浓淡清奇不拘一格；大而鲸鱼碧海，小而翡翠兰苕；或李白桃红，漫山春丽；或梅寒竹瘦，冻岭冬枯；凫颈短而鹤颈长，物惟其称；冬衣裘而夏衣葛，时有其宜。如其胶柱③刻舟，何以兼取并蓄，断乎不可也。顾为文则亦有道焉，理与气是也。参之书理，审其脉络，然后赴其节族，运以机杼④，敷以伟词，有书、有笔、有情、有文，自然投之所向，无不如意。胸有成竹，目无全牛，视悬虿如车轮，鲜有发而不贯者矣。虽然，抑又难焉，腹俭则辞不能骋，笔窘则意不能达；岛寒郊瘦，未免太癯⑤；脑满肠肥，未免太腻。粗则弩张剑拔，杂则蝉噪蛙鸣，怪则牛鬼蛇神，妄则筱骖卉犬，钩之无当也。而揆厥本原，总不外读书与养气。周、程、张、朱之书无理不阐，王、唐、归、胡之轨无法不善。本正、

---

① 河汉：比喻言论迂阔，不切实际。

② 绠：汲水用的绳子。

③ 胶柱：胶住瑟上的弦柱，以致不能调节音的高低。比喻固执拘泥，不知变通。

④ 机杼：比喻诗文创作中的新巧构思和布局。

⑤ 癯：瘦。

嘉之端整，杂隆、万之绮丽，而极以天、崇之矫杰，斯为美矣。是说也，有志未逮，愿与诸生共励焉。

（赵所生、薛正兴主编：《中国历代书院志》第四册，江苏教育出版社1995年版，第541-544页。）

📝 评析

周在炽担任玉潭书院山长时，增删书院旧志，"裁其支冗，补其缺略，正讹定谬，务合体裁，征事考言，务祈传信"，以成《新修宁乡县玉潭书院志》，制《玉潭书院条约》，以勉励、教化学子。

《玉潭书院条约》共五条，除"课业宜勤"属通识之论外，其他几条皆有可圈可点之处。首先，周在炽认为一个书院的读书人应该遵守规矩，规矩是束形骸、开器识的基础，只有谦虚谨慎、戒慎恐惧，才能有所成就，此为"规矩宜守"。其次，周在炽认为经学是学问的基础，是读书人得以安身立命的"衣中之珠"，他主张通过阅读汉、唐、宋、元、明诸儒之书来扩充见识、拓宽视野，从而触类旁通地领会经学的精义，此为"经学宜通"。在此基础上，周在炽进一步强调，为学不能仅仅满足于科举制艺之文，而应该广泛地涉猎汉、魏、六朝、唐、宋、元、明之书，熟悉并会运用诗、赋、歌、词、序、记、传、铭、诏、诰、疏、引、启、发等各种文体，此为"古学宜讲"。同时，周在炽并非一味强调学习古文，他认为书院学子也应通晓时文写作，此为"时文宜工"。这就进一步明确了书院教学的目的，即培养真正意义上的读书人，从而勉励学子成为真正意义上的通儒。

周在炽强调知识的广博性，主张积累学问、增长见闻、贯通古今，并培育终身学习的能力。周在炽所秉持的教育理念与当今我们所倡导的通识教育有着诸多相通之处，我们可以从中汲取灵感，进一步推动通识教育的深入发展。

李文炤

李文炤（1672—1735），字元朗，号恒斋，湖南善化（今长沙）人，清代经学家。少年敏而好学，年十四岁时被人誉为神童。清康熙五十二年（1713）举人，授谷城教谕，以疾推辞不就。康熙五十六年（1717）任岳麓书院山长，与同邑熊超，宁乡张鸣珂、邵阳车无咎、王元复等友善，相与切磋问难，潜心程朱理学，使湖湘理学兴盛一时。李文炤一生著述宏富，有《周礼集传》《家礼拾遗》《春秋集传》《中庸讲义》《恒斋文集》等存世。

岳麓书院学规
（节选）

一、古语有之：其为人而多暇日者，必庸人也。况既以读书为业，则当惟日不足以竞分寸之阴，岂可作无益以害有益乎。或有名为读书，縻①廩粟而耽棋牌者，即不敢留。至于剧钱②群饮，精令③挥拳，牵引朋淫，暗工刀笔④，亦皆禁止。盖鄙性拘方⑤不能曲徇⑥也。

一、《诗》有之：朋友攸摄，摄以威仪。无有不敬而能和者，倘或同群之中谑浪⑦笑傲，即嫌隙之所由生也。甚至拍肩执袂⑧，以为投契，一言不合，怒气相加，岂复望其共相切磋，各长其仪乎。有蹈此弊者，亦不敢留。

---

① 縻（mí）：捆，拴。
② 剧钱：即敛钱，凑钱的意思。
③ 精令：猜令。
④ 刀笔：刀、笔皆古代书写工具，合而称主办文案的官吏。然刀笔吏后世成为讼师的别称，谓其笔如刀利，可以伤人。
⑤ 拘方：拘泥刻板。
⑥ 曲徇：顺从，曲从。
⑦ 谑浪：戏谑放荡。
⑧ 执袂：拉住衣袖。形容分别时依恋不舍，亦借指送行者。

君子爱人以德，幸垂谅①焉。

一、每日于讲堂讲经书一通。夫既对圣贤之言，则不敢亵慢②，务宜各顶冠束带，端坐辨难。有不明处，反复推详。或炤所不晓者，即烦札记以待四方高明者，共相质证，不可蓄疑于胸中也。

一、每月各作三会。学内者，书二篇，经一篇，有余力，作性理论一篇。学外者，书二篇，有余力，作小学论一篇。炤止凭臆见丹黄③，倘或未当，即携原卷相商。以求至是，更不等第其高下。伊川先生云："学校礼义相先之地，而月使之争殊，非教养之道。"至哉言乎。

一、四书为六经之精华，乃读书之本务。宜将朱子《集注》逐字玩味，然后参之以《或问》，证之以《语类》，有甚不能通者，乃看各家之讲书可也。次则性理为宗，其《太极》《通书》《西铭》已有成说矣。至于《正蒙》尤多奥僻④，尝不揣愚陋，为之集解，然未敢出以示人也。诸君倘有疑处，即与之以相商焉。其程朱语录、文集，自为诵习可也。

一、圣门立教，务在身通六籍，所传六经是也。今之举业，各有专经，固难兼习，然亦当博洽而旁通之，不可画地自限。乃若于六经之内，摘其堂皇冠冕之语，汰其规切忌讳之句，自矜通儒，皆蒙师俗士之见，不可仍也。试观御纂《周易折衷》，何字何句不细心玩索，以天纵圣学而且如此，况吾辈乎。至于《周礼》，虽不列于学宫，然实周公致太平之成法，亦尝集先儒之说为传，有相质证者，不敢隐焉。

一、学者欲通世务，必需看史。然史书汗牛充栋⑤，不可遍观，但以《纲目》为断。至于作文，当规仿古文，宜取贾、韩、欧、曾数家文字，熟读自得其用。制艺的以归唐大家为宗，虽大士之奇离，陶庵之雄浑，皆苍头技击之师，非龙虎鸟蛇之阵也。论诗专以少陵为则，而后可及于诸家，先律

---

① 垂谅：见谅，赐予谅解。
② 亵慢：举止不庄重。
③ 丹黄：旧时点校书籍用朱笔书写，遇误字，涂以雌黄，故称点校文字的丹砂和雌黄为丹黄。
④ 奥僻：古奥冷僻。
⑤ 汗牛充栋：形容书籍存放很多。用牛运输书籍，牛累得出汗；书堆满屋子，顶到栋梁。

体，后古风，先五言，后七言，庶可循次渐进于风雅之林矣。

一、《书》言："知之非艰，行之惟艰。"猩猩能言，不离走兽；鹦鹉能言，不离飞鸟。为士而徒以诗文自负，何以自别于凡民乎？故学问思辩，必以力行为归也。力行之事多端，惟《白鹿洞揭示》及蓝田《吕氏乡约》得其要领，他日当纂集而剞劂①之，以公同好云。

（李文炤撰，赵载光校点：《李文炤集》，岳麓书社 2012 年版，第 65-67 页。）

评析

李文炤于康熙五十六年（1717）任岳麓书院山长，同年即作《岳麓书院学规》，以教书院学子。

此学规的核心内容，大要有如下几点：一是所有的读书人，都应珍惜光阴，不可让光阴等闲流逝，"况既以读书为业，则当惟日不足以竞分寸之阴，岂可作无益以害有益乎"。二是同学、朋友相处，不可轻浮，应"摄以威仪"，自尊自爱。三是勤讲经书，端坐辨难，"有不明处，反复推详。或炤所不晓者，即烦札记以待四方高明者，共相质证，不可蓄疑于胸中也"。四是强调对"四书""五经"的学习，重视文史结合，义理与考据并重，力求使其博洽旁通。五是学问思辩，都应以力行为目的，"为士而徒以诗文自负，何以自别于凡民乎？故学问思辩，必以力行为归也"。

自南宋淳祐时期，朱熹《白鹿洞书院揭示》逐渐成为全国各地学校、书院的通行学规，下至明、清两代，朱子学规已成教条，时过境迁，规中很多内容已不再适应新的时代状况。李文炤新作的《岳麓书院学规》，主要针对生徒学习中所存在的问题，道理说得不多，但十分具体，易为生徒理解和接受，具有很强的针对性和实用性。此学规不仅展现出岳麓书院独特的教学特征，同时也对湖湘辩难求真、文史并举、汉宋兼采的学风具有深远影响。

① 剞劂：雕板，刻印。

王文清

　　王文清（1688—1779），字廷鉴，号九溪，湖南宁乡人，清代经学家、教育家。于乾隆十三年（1748）和乾隆二十九年（1764）两次出任岳麓书院山长，其间，手定《岳麓书院学规》，颁布《读经六法》《读史六法》，协助地方官重修院舍、开拓学圃、配备更夫护院防盗等。王文清重要的贡献是注重书院教学，倡导经学，门下有成就的学生多达400余人。著作有《考古源流》《周礼会要》《典制大文考》《历代诗汇》《考古略》等。

读书法九则

　　一、读书要专。将身收在书房中，将心收在腔子里，所谓专心致志也。

　　一、读书要简。用心太劳，则神疲而不能久。朱子所谓合看两件，且看一件；合读四百字，且读二百字，可见贪多不得。

　　一、读书要极熟。熟则与我心相入，即已读者冷如冰，未读者热如火，还要把冷的再读。

　　一、读书要立志。誓愿必坚，局面必大，度量必宽，不可作小小收场、草草结果之想。

　　一、读书要看书。得解须从圣贤赤心中领略真脉，又于有字处悟到无字处，又于博中说约，或章中寻一句，或句中寻一字，才得担斤两之处，才有把捉拿手。

　　一、读书要养精神。一切戕贼①身心之事猛力扫除，以全副精神赴之，必势如破竹②矣。

　　一、读书最要穷经。六经是无底之海，奇文妙理，日索日出，万变不穷。

---

①　戕贼：伤害，残害。
②　势如破竹：形势就像劈竹子。形容节节胜利，毫无阻碍。

学者当以此为水源木本，不可畏难。

一、读书要看《史鉴》。上下千古既可发其议论，亦可长经济之才。

一、读书要下笔不俗。董思伯所谓不废辞却不用陈腐辞，不越理却不谈皮肤理，不异格却不立卑琐格是也。

已①上诸条皆先贤及前辈所传，文清约摘于此，以公同志云。

（赵所生、薛正兴主编：《中国历代书院志》第四册，江苏教育出版社1995年版，第540-541页。）

评析

王文清曾两任岳麓书院山长，极重书院学子读书之法，曾于乾隆十三年（1748）作《读经六法》《读史六法》两篇，并刊于岳麓书院讲堂，至今保存完整。后又于乾隆二十五年（1760）在宁乡玉潭书院作《读书法九则》，为众学子指点读书迷津。

在王文清看来，"读书"二字，涵盖了多重意蕴。就态度而言，读书要专心致志，全身心投入；要立足长远，持之以恒。就方法而言，读书应精简，博而能约，温故而知新。就内容而言，应该经史博览并重。就效果而言，读书后要能作文，能做到下笔如有神；读书后要能应物处世，养气立精神，独立而不惑，能滋养生命，有圣贤气象。王文清山长所言读书的原则与方法，已不仅仅是"读书"二字，还赋予了读书丰富的内涵。以此读书九法作为指导，这也是王文清山长生徒众多、桃李芬芳的教学秘诀。

当今是资讯爆炸、信息便捷的时代，我们需要重新审视读书的意义，读书到底能够带来什么？王文清《读书法九则》给我们的回答是，读书以立志、读书以养神、读书使人专心、读书使人深刻。因此，读书不仅在于获取信息、知识，同时也在于修养人生、滋养人格、鼓励践行。

---

① 已：同"以"。

风俗论

案《汉书》谓：楚俗火耕水耨，食物常足。唐杜佑以为湘川之隩，人丰土辟。刘禹锡谓：无土山，无浊水，人禀是气，往往清慧而文。曹中曰：家闻礼义而化易孚，地足渔樵而人乐业。宋欧阳文忠亦云：山川之秀丽称衡湘，人居其间，得之为俊杰。我长沙为楚南首郡，则风俗之朴实而俊伟者，莫兹郡若矣。

顾积习至今日，竟有大异乎旧俗，尽椓①其淳风者，则非质之过而文之过，非不足之敝而有余之敝也。冠昏丧祭，三礼载之最详，《文公家礼》斟酌古今，尤为平易可守。今则襁褓巾帽，冠礼固不讲矣。昏礼不问男女，而先求声势，不择德行而专重赀财②，纳币③则侈陈锦绣，遣嫁则夸示妆奁，亲迎则宝马香车，高身大盖，竭岁月经营之力，博顷刻市童之怜，何其惑也。丧葬大事，往往舍戚言易，舍质言文，輁轴④未行木主在椟⑤，而歌舞于朝，鼓吹彻夜，酒肉醉饱乎宾客，旗帜高耸以招摇，题主动请命官，赞礼必须多士，苟不如是，则纷纷物议，谓以财帛俭其亲。每有亡者之身未寒，而存者之产已破，九泉得无心恸乎。此风俗之在礼节者也。

坟墓所以安亲体，非以利生人也。今则惑形家之说，图谋风水，有以计取之者，有以势夺之者，有以货利诱之者，有以夤夜⑥盗之者，甚至截他人祖宗之脉以葬其父母，且劈自己祖宗之冢而葬其新丧。以亲柩为富贵之资，借葬亲为垄断之策，殃连祸结，暴骸斫⑦棺，不亦忍乎。僧道师巫，左道也。

---

① 椓：毁坏，伤害。
② 赀财：钱财，财物。
③ 纳币：古代婚礼六礼之一。纳吉之后，择日具书，送聘礼至女家，女家受物复书，婚姻乃定。亦称文定，俗称过定。
④ 輁（gǒng）轴：古代支载棺木的工具。
⑤ 椟：木匣，木柜，小棺材。
⑥ 夤（yín）夜：深夜。
⑦ 斫（zhuó）：砍。

今则惑十王之说，贪种福之田，病则宰牲禳①祷，口称度厄②消灾，死则拜佛斋僧，求免锉③磨舂④火，违名教总归荒唐，此风俗之在营求者也。

衣服宫室饮食舆马，酬应交游士大夫，原有定分，今则遍身绮罗，画栋雕梁，饮食若流，高车驷马，呼卢⑤喝采，一掷千钱，以轻薄为声援，以拍肩为意气，取逋⑥索债者在门，沽酒治殽者在道，此风俗之在日用者也。

男子勤耕，女子勤织，分也。今则男不事耕耘而趋贸易，甚则游手好闲⑦，坐食荡产；女不勤纺绩而饰脂粉，甚则朝岳进香，遗簪堕珥。人离本业，逸则思淫，此风俗之在习业者也。

转移风俗者，士习也。而此地士风不一，彼老师宿儒，名山著述，言规行矩，守厥家声者，固有人在矣。其间不自爱鼎者，或教猱健讼，鞶带三襶⑧，或浮言动众，起信险肤，或不范驰驱而矜奇吊诡，或初闻亥豕而祸枣灾梨⑨，或匿丧投牒，遂忘罔极之恩，或更易姓名，甘心匪类之种，虽有典型不可救药，老夫灌灌，奈之何哉。凡此皆俗之失，则文而敝于有余者也。风俗如此，不将江河日下邪。曰非也。长沙古名郡，昔人谓其士恬于势利而好清修，又谓其俗多慷慨尚节概而耻为不义。学者勤于礼，耕者勤于力。是惟在莅兹土者，正本澄源，以身作则，彰善瘅恶⑩，树之风声，毅然挽颓波而返之淳俗焉，孰谓南风之化不复自吾邪。

（罗汝怀编纂：《湖南文征》卷三，岳麓书社 2008 年版，第 1674 页。）

---

① 禳（ráng）：祈祷消除灾殃。
② 度厄：旧时迷信，认为人有灾难，可以禳除逃过，谓之度厄。
③ 锉：折损。
④ 原作"舂"，为讹文，故改。
⑤ 呼卢：赌博。
⑥ 逋（bū）：拖欠。
⑦ 游手好闲：游荡懒散，不好劳动。
⑧ 襶：脱去，解下。
⑨ 亥豕："亥"和"豕"的篆文字形相似，容易混淆。后用以指书籍传写或刊印中文字因形近而误。祸枣灾梨：旧时印书，多用枣木、梨木雕版，因谓滥刻无用的书为"祸枣灾梨"。
⑩ 彰善瘅恶：分别善恶，以期褒贬。

📑 评析

　　风俗，一般而言，是指某一特定区域或特定人群在历史长河中沿袭下来的风气、礼节、习惯等多种社会现象的总和。中国传统的儒家士大夫总是以移风易俗作为自己的政治担当，他们时刻关注着风俗的变迁，面对风俗中种种侈靡、失礼的现状，他们一方面不免发出"江河日下"的感叹，另一方面又积极振作，力求能正本澄源、以身作则、抑恶扬善，以中流砥柱的形象立身，引领社会风气的变革。

　　王文清在《风俗论》一文中，对长沙风俗中优劣之处都有精彩的叙述和评点。文章先借《汉书》、杜佑、刘禹锡、曹中、欧阳修之言，回顾过去长沙风俗之朴实。之后，笔锋一转，从冠婚丧祭之仪礼，衣食住行之生活，社会分工三个方面，对长沙风俗悖乱、违反名教之现状展开批评，已不复"昔人谓其士恬于势利而好清修，又谓其俗多慷慨尚节概而耻为不义。学者勤于礼，耕者勤于力"之景象。接着，王文清深入剖析长沙礼俗不济之原因，并认为风俗的变迁，实则深受士人群体的影响。最后，王文清呼吁当地执政者以及士人群体，应当以礼修身，以礼为教，扭转颓势，恢复淳朴民俗。

　　风俗是一种重要的社会现象，从某种意义上说，反映了当地的价值取向、行为秩序，其形成与变迁受到多种因素影响。因此，我们应当正确区分风俗之中的"善与恶"，尊重地域特色的同时，融入当代价值观念，从而形成"良风美俗"，改善社会风气、推动社会进步。王文清所倡导的"以礼修身""以礼为教"为现代社会移风易俗提供了丰富的经验与启示。

113

学校论

"士先器识而后文艺。"盖器识高而后行诣①卓，行诣卓而后事业真。区区文艺，特其积厚之所流耳。长沙人文蔚起，王国多桢②，顾趋时务者往往鄙器识之说为迂，其为文艺亦菲薄先正，花样求新，揆厥由来，则功名利禄之念有以误之也。苟可以博功名、取利禄，则不惮破瓴为圜，袭石为玉，父兄以是教子弟，以是学司铎③者，亦以是应课督故事，狂澜之倒砥于何日乎。夫器识莫贵乎远大，而艺文必根于义理。古之君子，独行畏影，独寝畏衾，敦孝友、饱仁义，淡泊明志，宁静致远，处也有守，出也有为。蔼蔼吉人，惟天子使，勒旐④常铭彝鼎，社稷倚之，俎豆奉之，视彼借诗书以博富贵、肥身家，甚则怜市童、泣妻妾者，其器识之贤、不肖为何如也。文章根柢六经，廿二史次之，经学通则经术有本，史学熟则议论有征，乃今之学者，舍此而远求诸子、旁索百家，下至拾其唾余，袭其面目，掠其一枝半叶并诸子百家之意指而又失之。呜呼！离器识于文艺已末矣，况文艺中又失其所为文艺乎。求器识于文艺已浅矣，况文艺中又益坏其所为器识乎。是必有养士之泽，有造士之方，有取士之规，有用士之实。厚其廪禄，俾无入门交谪⑤之忧，斯从善也易，养之之泽也。立其闲检，使有名教自守之乐，斯越畔无惥，造之之方也。尚真修不尚虚誉，尚实学不尚浮文，取之之规也，坐可言，起可行，文可经，武可纬，否则乘轩⑥之鹤，削棘之猴，无所用之，用之之实也。夫如是，以言教之，以身率之，优而柔之，厌而饫之，驯而化之，后起

① 行诣：指行为事迹。
② 桢：古代打土墙时所立的木柱，泛指支柱。
③ 司铎：谓掌管文教的人。相传古代宣布教化的人摇木铎以聚众，故称。
④ 旐：同"旗"。
⑤ 交谪：互相埋怨。
⑥ 乘轩：乘坐大夫的车子。

多英，南风有不日竞者哉。

（罗汝怀编纂：《湖南文征》卷三，岳麓书社 2008 年版，第 1675 页。）

📑 评析

　　本篇所论学校教育，主旨非常明确，即着力培养儒家士大夫的器局和见识。王文清主张"器识高而后行诣卓，行诣卓而后事业真"，认为器识高远、行为卓越，才能成就事业。他批评了当时重文艺、轻器识培养的教育现状，"趋时务者往往鄙器识之说为迂，其为文艺亦菲薄先正，花样求新，揆厥由来，则功名利禄之念有以误之也"，并认为文艺也根源于义理，器识的培养正在于能够见理分明。王文清强调要使学者具有远见卓识，仍然要根柢经史，"经学通则经术有本，史学熟则议论有征"。如何养士之器识？王文清也提出了四条主张：一是厚其廪禄，使人无经济之忧患；二是以名教约束检点士人行为，使人没有过失；三是提倡真正的道德修养，使人不追逐浮名虚誉；四是提倡实学，使人不崇尚浮文。

　　值得一提的是，作为湖湘文化代表人物的毛泽东，同样以"器识为先"，并将之运用于政治实践。他曾说："所谓政治器识，应该包括观察事物的敏锐眼光，判断时事的深刻洞见，处理人际关系的练达胸襟，以及知行合一的行动能力，等等。"王文清以教育立论，毛泽东从政治出发，他们皆认为，不可空有理论知识，亦应当重视器识之培养，且以"器识为先"。

徐世佐

徐世佐（1714—1796），字辅卿，晚号遁斋，湖南湘阴人。雍正十三年（1735）举人，曾官天津长芦盐场大使，署通判，后因谪戍新疆，被桐华书院聘为主讲。有《遁斋文集》二十卷、《山居集》八卷、《客游集》八卷等。

士气论

廉耻者，天下之大纲也；风俗者，廉耻之本也。风俗厚则士知廉耻，士知廉耻则天下治。所谓"卧赤子四海之上而安，置遗腹朝委裘而不乱者"，此也。风俗坏则士无廉耻，士无廉耻则天下乱。虽有聪明强武之君，所谓"抱火厝之积薪之下，而寝处其上者"，此也。是故圣王以君子治小人，不以小人制君子，以君子治小人则风俗厚，以小人制君子则风俗坏。风俗坏则士无廉耻，子而人尽可父，臣而人尽可君，妻而人尽可夫，天下大乱不止，此必然而无疑者。东汉之衰，宦官用事，天下嫉之，其势益横，士不胜愤忿而与之争，人主以宦官为腹心爪牙以制天下，至以天子之权佐宦官之势而攻天下之士，尽杀之，其始宦官畏士，其后宦官制士，其始天子用宦官以制士，其后宦官用天子以杀士，祸变既深风俗遂坏。予每见潘岳①、王俭②、任昉③之徒所为状序志铭，序述当时士大夫至于弑君篡国之际，栩栩称其佐命之功，岂非不知其非，而以为美而慕之者与，盖士之气节折于凶人之威，而廉耻败于戮辱之余，风流波荡而不可止，良可叹也。唐自甘露之变，北司煽虐南衙，

---

① 潘岳：西晋文学家。
② 王俭：南朝齐文学家、目录学家。
③ 任昉：南朝梁文学家。

俯首士类，凋残群小，满朝礼义凌夷，廉耻不立，所谓"人之云亡，邦国殄瘁①"者，延暨昭哀至于五代，其祸惨矣。唐庄宗宠幸优伶，出入宫掖，侮弄搢绅②，群臣嫉愤，莫敢出气，或相附托以希恩。倖当此之时，士之廉耻犹有存焉者乎。天下之祸多矣，原其所本，多由于此。苏子瞻③曰"人之寿命在元气，国之长短在风俗"，是故圣王惜风俗如护元气。

（罗汝怀编纂：《湖南文征》卷三，岳麓书社 2008 年版，第 1689 页。）

📑 评析

徐世佐在《士气论》一文中，将士气与风俗、廉耻联系起来，"风俗厚则士知廉耻，士知廉耻则天下治。所谓'卧赤子四海之上而安，置遗腹朝委裘而不乱者'，此也。风俗坏则士无廉耻，士无廉耻则天下乱"。社会风俗淳厚，士人便会自觉知晓廉耻之重，进而天下得治。可见，徐世佐将廉耻当作士气之关键，认为士人不可沉沦于风流波荡之间，而应以身为范，重振士气，树立廉耻心，以化社会之风俗。

明士人廉耻之心，可谓儒家一贯的主张。孔子曰："行己有耻，使于四方，不辱君命，可谓士矣。"《孟子》言："人不可以无耻，无耻之耻，无耻矣。"宋儒罗从彦曾说："朝廷有教化，则士人有廉耻；士人有廉耻，则天下有风俗。"明清之际，顾炎武更将"礼义廉耻"当作"国之四维"，认为"士大夫之无耻，是谓国耻"。可见，在儒家看来，知廉耻是士阶层自律的主要表现，也是一国风俗之体现。廉耻立，风俗易，天下和。

徐世佐所言之"耻"与个人之荣辱、国家之兴衰、生民之休戚密切相关，其最终指向在于天下国家。在今天，儒家所强调的"耻感"文化仍具有深远的启示意义，我们应取其精华，弃其糟粕，选择性地吸收，创造性地运用，以更好地践行社会主义核心价值观。

117

---

① 殄瘁：困穷、困苦。
② 搢绅：即"缙绅"，古代官宦或儒者的代称。
③ 苏子瞻：指宋代文学家苏轼。

汤昭弼

汤昭弼，字梦岩，湖南益阳人，国子监生。有《阴符经解》《南湖古文》《南湖诗文集》等著作。其中，《南湖古文》为其七十二岁高龄时自订，刻于战乱之中。此书共计三卷，涵盖论辩、序传、记跋、志铭等各类文体。其后附有《南湖读易》一篇，前有自序及《读易七条》，并有解二篇。

示诸生

古之学者学为人，今之学者学为文，而文又不根于道也。富贵利达之见，中于父兄师友之心。士当束发受书，已为烂臭时文所误。与言古作，不知有魏晋，有唐宋，况两汉乎！况周秦乎！吾尝深求古人之文矣，明白如日星之丽天，厚重如山河之奠地，璀璨如禹鼎商盘，恬淡如布帛菽粟，冲容大雅、郁郁彬彬①，当其得诸心而应诸手，弸中②而彪外也。有至道，即有至文，理固然耳。欧公谓晋无文章，惟陶渊明《归去来辞》一篇。东坡谓唐无文章，惟韩愈《送李愿归盘谷》一篇。予谓以文章论一代，何止一人，又何止一篇邪？如欲垂世立教，实可羽翼经传，气足而理亦足者。一代作手不过数篇、十数篇而已。昔黄山谷③教人尝读《原道》，昌黎④此文有体有用，大儒修己治人之方。于是乎在后之学者，则虽病其言仁而不言体，言诚意而不言致知，文虽可师于道，终有未备者是则是矣。然韩子，生当汉儒以后、宋儒以前，无师承，无将伯⑤，起衰卫道，杰然标仁义之旨，辟佛老之非，此其文为何

① 郁郁彬彬：文质兼备的样子。
② 弸（péng）中：指才德充实于内。
③ 黄山谷：指黄庭坚。
④ 昌黎：指韩愈。
⑤ 将伯：称别人对自己的帮助或向人求助。

如文，道为何如道邪？吾于古人文章无偏好，亦无不好。性命之文，取以正心；经济之文，取以淑世①；廊庙典册之文，取以壮大观而辅元气；山林风月之文，取以祛俗虑而畅幽情。盖文可取，取其文，道可取，尤取其道，无成心也。若谓魏晋唐宋之文，必无周秦，必无两汉，彼董子②之醇，后人何以只取正谊、明道数语，韩子之醇，当日何无《太极》《西铭》等作乎。甚矣！文之佳者不可多得，而载道之文之佳者尤为不可多得耳。世之有志为文者，尚汲汲乎，知所以学道哉。抑朱子有言，韩退之因文求道，落第二义。盖求道本不为文，而为文必须求道。韩子之文其埽③六朝，而上追两汉者，夫岂不以其道邪？嗟夫！为文且不可离道，则其所以为人之故。诸生固可不待予言矣。

（罗汝怀编纂：《湖南文征》卷六，岳麓书社 2008 年版，第 3248 页。）

📑 评析

本篇着重论述为人、为文与为道的关系，侧重点在文道关系。首先，汤昭弼针对当时文章为时文腐化、随富贵利达之俗流的现实，提出"求道本不为文，而为文必须求道"的主张，认为文章重在道理，而轻于辞藻，文章之所以能够流传于世，是因为其中的内在价值与意义。其次，他对历代文章持开放包容之态度，认为每篇文章皆有其独特的价值与意义，"吾于古人文章无偏好，亦无不好。性命之文，取以正心；经济之文，取以淑世；廊庙典册之文，取以壮大观而辅元气；山林风月之文，取以祛俗虑而畅幽情。盖文可取，取其文，道可取，尤取其道，无成心也"。文章是时代大势与个人思想的共同产物，文章论述主题多样，道德性命、经世济民、廊庙典册、山林风月皆可，但最为重要的是领悟其中所传达的道理，故学子作文应以"道"为

---

① 淑世：济世。
② 董子：指董仲舒。
③ 埽（sào）：古同"扫"。

重点。最后，汤昭弼强调文章与做人是紧密相连的，"为文且不可离道，则其所以为人之故"。文章是汤昭弼思想、品德、修养的深刻反映，因此，只有提升修养，增长见闻，凝练思想，才能创作出更多优秀的文章。

汤昭弼所写《示诸生》，与柳宗元《报袁君陈秀才避师名书》《答韦中立论师道书》《报崔黯秀才论为文书》诸文思想一贯，皆持"以文求道""文道合一"之教育宗旨，我们可前后参照阅读，体会其中精义相通之处。

胡达源（1777—1841），字清甫，号云阁，湖南益阳人。他幼承家学，曾从游岳麓书院山长罗典门下长达十年，清嘉庆二十四年（1819）进士。道光八年（1828），胡达源以国子监司业，出任贵州学政。他一生熟谙经史，学宗宋儒，出于对年轻人规诫教育的目的，著有《弟子箴言》十六卷。

《弟子箴言》序

匠者之有规矩，不易之法也；儒者之有教令，不易之理也。浸灌乎仁义中正之理，以范乎准绳规矩之中，要必自弟子始。程子曰："人之幼也，心知未有所主，则当以格言至论日陈于前，使皆盈耳充腹。若固有之后，虽有谗说摇惑，不能入也。"然则教弟子者，岂可以不豫①哉？

达源方六岁，先祖襟江公教之读书，于古人嘉言善行，随时指授，辄有所感触于心。稍长，侍家大人律臣公讲席，督策益严。凡掖之使进于善，杜之使远于恶者，引据古今，旁通互证，津津焉不倦于口。弱冠游岳麓，受业于罗慎斋夫子凡十年。通籍②后，益得闻绪论于大人长者之前。盖其提撕③警觉，莫不精微洞透，劝戒炳然，此达源所夙夜秉承，而不敢放逸怠惰以自暴弃者也。

顾尝窃念生平志向有定，庶几循序而渐进焉者，既已备承父师之教，独不思推衍绪余，为弟子诲乎？况弟子浑然之天性甚易漓，宽然之岁月甚易逝乎？于是撮举旧闻，往复告语，引伸之以畅其义，曲喻之以达其情。或援经

---

① 豫：通"预"，预先，事先。
② 通籍：做官。"籍"是二尺长的竹片，上写姓名、年龄、身份等，挂在官门外，以备出入时查对。"通籍"谓记名于门籍，可以进出官门，因此后来便称做官为"通籍"。
③ 提撕：教导，提醒。

以明得失之幾，或证史以立是非之鉴。辞归明显，意寓箴规。其所以奖劝而儆惕①者，盖亦略具于此。乃汇辑而类分之，次为十六卷。士莫先于奋志气，而学问则择执之功；莫切于正身心，而言语则荣辱之主。修其彝伦族党之谊，谨其直谅便佞之闲，严其礼教范围之防，辨其义利公私之界。谦让节俭，善之修也。骄惰奢侈，恶之戒也。德备而才全，体明而用适。故以扩才识、裕经济终焉。

夫今日之弟子，异日之成材也。栋梁宜广厦之施，舟楫致大川之用，即其所以表见于世，卓然共称为天下之材。抑知天地山泽之气，旁礴郁积，发为英奇。大匠工师，复正之以绳墨②，范之以规矩，而后栋梁之施始著，舟楫之用始彰。材之成就，夫岂易易也哉！吾故曰：教弟子者，不可以不豫也。

呜呼！导之则从，禁之则止，孰不乐其弟子之贤，而虑其弟子之恶哉？矧吾拳拳之意，所责望于弟子者，尤远且大乎！弟子苟鉴于是而知勉焉，奋发果毅，笃实践履，毋好奇，毋自是，毋畏难苟安。以圣贤为必可学，以道德为必可行，时敏日新，无少间断，其有不臻于德崇而业广者鲜矣。则是编也，岂非弟子成材之助哉？

道光十五年乙未正月丁卯，云阁胡达源序于京都寓斋之闻妙香轩。

（胡达源撰，胡渐逵校点：《胡达源集》，岳麓书社 2009 年版，第 3—4 页。）

📝 评析

胡达源深知成就人才之艰辛，"材之成就，夫岂易易也哉！吾故曰：教弟子者，不可以不豫也"。基于这一理念，他强调对人才的培养要从小抓起，故重视家庭教育，并撰有《弟子箴言》一书。书中所阐大抵是儒家学习之

---

① 儆惕：戒惧的样子。
② 绳墨：比喻规矩或法度。

道，胡达源引经据典、援经化史，不胜其烦，酣畅淋漓讲授其义。此书融汇先儒诸说，谆谆教导，语重心长。现特选此书之序，旨在以此为门径，观书大要，窥见胡达源家庭教育的思想精髓。

《弟子箴言》书中有纲目十六条：奋志气、勤学问、正身心、慎言语、笃伦纪、睦族邻、亲君子、远小人、明礼教、辨义利、崇谦让、尚节俭、儆骄惰、戒奢侈、扩才识、裕经济。在此序中，胡达源解释了纲目安排之顺序与宗旨："士莫先于奋志气，而学问则择执之功，莫切于正身心，而言语则荣辱之主。修其彝伦族党之谊，谨其直谅便佞之闲，严其礼教范围之防，辨其义利公私之界。谦让节俭，善之修也。骄惰奢侈，恶之戒也。德备而才全，体明而用适。故以扩才识、裕经济终焉。"可谓用心良苦，考虑颇周。在此序中，胡达源以亲身经历总结了为学从教的经验教训，认为培养弟子，应该及早有效地干预、引导、训诫，树立规矩典范，阐明教育之理，使其学有所宗，立有所依。胡达源反复强调，为学的目标就是"以圣贤为必可学，以道德为必可行"，在为学的过程中应时敏日新，无少间断，这样子弟才能学有所成。

"家庭是社会的基本细胞，是人生的第一所学校。不论时代发生多大变化，不论生活格局发生多大变化，我们都要重视家庭建设，注重家庭、注重家教、注重家风，紧密结合培育和弘扬社会主义核心价值观，发扬光大中华民族传统家庭美德。"《弟子箴言》所蕴含的"立志正心""亲君远小""儆骄戒奢"等治家之道，对当今的家庭教育、社会道德建设仍有重要启示意义。

陶澍

陶澍（1779—1839），字子霖，号云汀，湖南安化人。早年就读于长沙岳麓书院，嘉庆进士，官至两江总督，兼江苏巡抚、两淮盐政。任内督办海运，剔除盐政积弊，兴修水利，设义仓以救荒年。积劳成疾，病逝于两江督署，赠太子太保衔，谥文毅。陶澍是清代经世学派的重要代表，后转为洋务派，力主通经致用。同时，他注重人才培养，兴办教育，培养了一批经世致用之才，左宗棠、胡林翼等均受陶澍较大影响。著有《印心石屋文抄》《蜀辅日记》等。

苏州紫阳、正谊两书院条示

为条示晓谕以资劝学事。

照得书院之设，所以辅翼学校，兴育贤材也。吴会人文渊薮①，茂才佳士之所集。本部院亲临甄别，紫阳、正谊二书院，多至一千三四百人，实系美不胜收。查旧例：紫阳内课四十名，外课八十名。正谊内课二十五名，外课五十名。未免人多额少。今与两司及府、县监院诸君酌议：于紫阳加内课十名，外课二十名。正谊加内课十五名，外课三十名。俾多士得资向学。惟是课额既加，功修宜密。循名责实，始有真儒。兹将为学之要，摘叙大凡，条列于左②：

一、为学必先立志。志者，气之帅。学问、事业皆从此出。而尤以"刻苦"二字，为入门着脚之方。若处不能究意于编摩③，出安能尽心于职事？穷不能忘情于鲜美，达必至极欲于纷华。至于偶试高等，幸获高第，辄沾沾

---

① 渊薮（sǒu）：喻人或事物聚集之地。

② 左：后面。

③ 编摩：编集。

自诩，尤为所见之鄙，决非大器。须看王沂公①状元试三场，而志不在温饱；范文正公画粥以食，而秀才时便以天下为己任，是何等气象！

一、为学必须植品。士为四民之首，本极尊贵。然或士名而有商贾行，士名而有工匠气，已属自趋卑下。甚至钻营结纳，作弊行私，干公事而贼乡里，为士类所不齿者，其始皆由于不知立品也。夫虚骄②之气，流为诈伪，故品不可以不真。放旷之余，渐成佻达③，故品不可以不正。极而言之，如挟兔册④以猎功名，剿陈文以掩耳目，皆品之不高者。故曰："行己有耻，可以为士。"能知耻，始能植品。

一、为文宜先宗经。制义代圣贤立言，必须义理融熟，始能言之有物。每见时士涉猎说部数册，杂史几本，即诩自称名士，及询以四书五经，往往不知所出。舍本务末，苟以炫俗，毋怪乎其文之不佳也。颜之推云："文章原本六经。"韩昌黎云："约六经之旨以成文。"操觚者安可不知？

一、读书宜亲友。学问之道，严师为难，以友辅仁。自制艺以及诗古文词，皆不可无渊源，不可无根据。乃士习之坏，聚处一堂，或显为标榜，或阴相诋毁，或征逐游嬉，言不及义，无裨学业，大损身心，不可不戒。须知清明生于严惮⑤，持守本于切磋。不特执经问业，同于三事；即监院为诸生先达，亦不敢不敬。充此以事贤友仁，何患学业不进？

以上各条，皆先正庸言。本部院特为揭出，与诸生共勉之，以仰副圣朝育士之意。蒸蒸日上，有厚望焉。

（陶澍撰，陈蒲清主编：《陶澍全集》第六册，岳麓书社 2010 年版，第 309-310 页。）

---

① 王沂公：王曾，字孝先，青州益都（今山东青州）人。王曾少年孤苦，善为文辞，曾言："平生之志不在温饱。"
② 虚骄：盲目自傲。
③ 佻达：轻薄放荡，轻浮。
④ 兔册：同"兔园册"，泛指浅近的书籍。
⑤ 严惮：畏惧，害怕。

📝 评析

紫阳书院，祀朱熹，清康熙赐额故称此名；正谊书院，取名"正谊"，意在"培养士气，端正人心"。道光年间，陶澍先后任江苏巡抚、两江总督，曾为两院作《苏州紫阳、正谊两书院条示》，列为学大要，以劝勉后学。

条示所列四条，分别为"为学必先立志""为学必须植品""为文宜先宗经""读书宜亲友"。"立志"当以天下为任，尤当刻苦践行；"宗经"当以六经为根柢，夯实基础，融会贯通；"亲友"当勤加问学，时时切磋，此三条历来为湖湘学者所重。而"植品"一条，又可谓抓住了传统儒学品德教育的重点。在陶澍看来，接受儒学教育、立志进入士阶层的学者，本身就应具备高贵的品性。儒士不可有商贾气，重利忘义；不可有工匠气，目光短浅。欲培养品性，就必须追求真诚，不可虚伪；必须追求正义，不可欺罔；必须追求高洁，不可低俗。陶澍还强调，要培养学者的羞耻心，应做到"行己有耻"，"能知耻，始能植品"。实际上，"行己有耻"，意味着人应坚持道德自律，做人应当有所为有所不为，所指向的是为人处世的底线。这是一种不可为强权、富贵所动摇的"气节"，有此"气节"方为"植品"。同时，弘扬知耻精神，亦是当今社会重视建设道德自觉、涵养高尚情操的有效途径。

惜阴书舍章程

金陵省城博山园新增惜阴书舍，酌定章程，以垂久远。议立条规于左：

一、研经究史，为致用之具，高文典册，乃华国①之资。功令虽以时文取士，然钟山、尊经两书院，按月再课，遇科场之年，且致三课实已详备。

----

① 华国：光耀国家。

溯金陵鸡笼山故事，经、史、文三学并立。今兹增设惜阴书舍，专为激励翘秀①，趋实慕古，故仿鸡笼遗意，分经、史、词章三门，命题课士。制举之业仍归两书院，俾免重复。

一、金陵古之名邦，近年科目繁盛，时艺自属当家；而经史专家，词章名手，或尚隐而不彰。今惜阴书舍专为实学而设。应由两书院山长、监院，各就院中肄业诸生，将其能攻经文者保送。其有在书院而尚未著名，及素未在书院与举人本不与书院课者，自信钻研有素，一体听其报名投考，听候督院示期甄别，齐集扃试②，取定甲乙，送入书舍。

一、学问本贵专门，而经史尤重家法。汉廷以经术用人，而四百年间兼通五籍者曾不数见。诵《诗》三百，《鲁论》叹其多；一门七业，《晋史》夸其盛。江都原天人之故，只据《公羊》；眉山应八面之敌，惟熟《汉书》。今兹增设惜阴书舍，原以显成人之材，造有志之士。无论经史词章，果精一艺，已足知名，不必矜博骛广，致践虚骄。经则《诗》《书》分认，史则班、马各宗，词章亦骈、散攸分，文、笔互判，但有所长，悉听自占。

一、经史专藉讨寻，尤资触发。旁搜远绍③，昌黎所以为学者宗也。今增设惜阴书舍，每月一课，课期不与两书院相重。除开课日齐致书舍外，余课皆领卷归家，各就所占之题，检寻推究，五日缴卷，候阅取榜示。

一、领卷、缴卷诸生，远至督辕④，颇虞旷功，自应设立监院。然专设监院，恐滋浮费，应即以钟山、尊经两监院轮次兼管，每年准销纸朱银十二两。

一、书舍屡课后，诸生潜心推究，自必日进月益。应由督院定期开出名单，饬监院预行传知，至期齐集，听候扃试一次，以验暗修。凡遇扃试之期，不准领卷出外，不给烛，不收投考。其竟日供给，由监院预备。每桌连茶点

① 翘秀：杰出的人才，出类拔萃的人。
② 扃（jiōng）试：谓科举时代考生各闭一室应答试题。
③ 旁搜远绍：广泛搜集，远承古人。
④ 督辕：清代总督官署前两侧的辕门，因以称总督官署。

准销银一两四钱。

一、学重专家，而勇有兼人。诸生如果积修深至，资力逾恒，或能兼通经史，并擅翰藻①，认做全卷但能入式邀取，悉与另列优等，以旌异材。花红书籍优奖，较常加倍。

一、两书院诸生，既有膏火，书舍无庸赘设。每课入式之卷，超等第一名，给优奖银四两。二、三名，各给银三两。四、五名，各给银二两。六名以下至末，皆给银一两。不列等免给。统于下届领卷日，由督院巡捕面交，各生免滋浮费。

一、每次课卷，监院饬发诸生，阅后仍汇齐，由山长选择。其文理较优者，送督署礼房缮誊清稿，以便督院随时鉴定。可为程式者，谕令梓人吴太、吴和住院刊刻成集，以彰古学。每年额给刻刷纸板工费银一百二十两。管理碑板书籍，以专责成，庶免散失以垂永久。

一、每课所出试题，督院礼房另立书本登记某任年月课题，以免重复。其考试缮榜书册各事，礼房承办，每年酌给纸笔费银十两，按季支领。

以上各条，系初定章程。一切未能悉备，俟后随时酌增可也。时道光十九年四月前任两江督盐使者长沙陶澍识。

（陶澍撰，陈浦清主编：《陶澍全集》第六册，岳麓书社 2010 年版，第 323—324 页。）

📑 **评析**

清道光十八年（1838），时任两江总督的陶澍仿诂经精舍、学海堂例于南京江宁创办惜阴书舍，并于清道光十九年（1839）四月写下《惜阴书舍章程》，以奖掖后进、培养人才。

从此章程可以看出，陶澍教育思想具有以下特点。首先，惜阴书舍与当

---

① 翰藻：文采，辞藻。

时的钟山、尊经书院培养科举人才不同，它致力于培养研究经史、注重文学的实学之才；在选择生源上，一方面接受两书院培养的优秀学生，另一方面也接受投考的自得之士。其次，惜阴书舍重视专门人才，无论是经史，还是辞章，只要精通一艺者，就足以出名。这是当时十分务实的培养人才的方式。再次，惜阴书舍重自学，给学生充裕的潜心推究的时间。最后，惜阴书舍重视物质与精神相结合的奖励，章程中对教育教学的经费预算与开支均有详细的说明，这也正表明书舍强调实学的一面。

湖湘学者自宋代湖湘学派起，便不尚空谈义理，而积极倡导"入世"理念，坚守"实学"之道，重视"学以致用"的实践精神，主张"知行统一""学行并用"，陶澍所建惜阴书舍，是湖湘教育精神的深刻展现。

唐鉴

唐鉴（1778—1861），字栗生，号镜海。湖南善化（今长沙）人。嘉庆进士，改翰林院庶吉士，后历任检讨、御史、府、道、藩等官，道光二十年（1840），内召为太常寺卿。唐鉴服膺程朱之学，是当时义理学派的巨擘之一，蜚声京门。致仕南归后，主讲金陵书院，当时许多知名学者都曾问学于他。他对曾国藩一生行事、修身、做学问都有深刻的影响。著有《唐确慎公集》《朱子年谱考异》《国朝学案小识》《畿辅水利备览》等。

兴立义学示

为兴学立教以善民成俗事照得：性以习成，学莫先于蒙养；塾居闾右，教莫切于乡师。凡有血气心知，孰不欲多识文字？而以生涯困乏，又何暇从事简编？有心者所贵为之义举也。夫家塾、党庠，实有关于教化，民风、士俗，须借润于诗书。现在所属各乡村、墟镇，童稚多嬉，弦歌未作，急宜兴立义学①以养童蒙，为此示仰各处绅民人等知悉。子弟之贤，父兄所愿，乡党之谊，礼教为先。平郡好义者多，则立学洵②为急务，本府无能为役，而劝学欲效愚衷，用拟条规四则，诸绅民共寓目焉可也。特示。

一、古者，童子八岁入小学，虽庶人亦然。所以淑其性情，使知礼义也。惟庶人中，或耕种，或贸易，贫窭③之家安能立塾延师？则赖绅耆④之好义者，起而振兴之，择乡村中之庙宇、寺观，以及大族公祠，通融一、二间可容师徒者，作为书屋即可举行。

---

① 义学：旧时一种免费学校，资金来源为地方公益金或私人筹资。

② 洵：诚然，确实。

③ 贫窭（jù）：贫穷。

④ 绅耆（qí）：旧称地方上的绅士和年老有声望的人。

一、义学既无须兴建书屋，则所筹画专在塾师束脩①。塾师即本乡村中生监及童生之有品者，公为聘延，每年束脩、薪水以二三十金为约。则设一义学，捐资多不过四五百金，少即二三百金亦可，乡村有余之家出数千文或一二十千文，而泽惠得以及人，义声永昭千古，岂非一时快举哉！捐有成数，即典买田地，公定殷实公正之人管理，以每年所得租谷为塾师束脩之资，羡余仍增置田产，积累之久，一学即可分为两学矣。

一、大村墟即许左近小村墟附入。每处或设一学、二学，量所捐多寡为之。每一学设一师，学生以十五人为限，多则恐教有不及，管束亦必不周。

一、平郡绅耆，义举甚多，而义学尤为地方切要之事，既可以训迪童蒙，亦可以成就寒畯②。乐善有心，想绅耆必奋勇争先也。如各属有倡率举行者，本府即先给花红以作其气，并首捐银三十或二十以相与共成之。俗美化成，惟诸绅耆是望。

（唐鉴撰，李健美校点：《唐鉴集》，岳麓书社 2010 年版，第 117-118 页。）

评析

唐鉴热心兴建义学，《兴立义学示》是他针对义学所制定的规章制度，以确保义学的顺利运作。篇中对乡村义学学址选定、经费来源、规模控制都有详细的说明，其中值得注意的是，唐鉴十分强调义学建设的意义。在他看来，兴学立教，是化民成俗的善举。尤其是对乡村僻壤中的儿童施以蒙养教育，是有关教化的大事。能够兴起一乡教化之风的，往往是地方上的绅士和年老有声望的人，他们一方面可以出资兴办义学，另一方面因本身的社会声望而能够成为蒙养教育的师长。可见，唐鉴十分注重调动当地的教育资源来

---

① 束脩：指学生致送老师的酬金。
② 寒畯：同"寒俊"，指贫穷而有才的读书人。

兴办教育。

在清代，义学与书院皆为教育的重要组成部分，不过义学办学规模不及书院之宏大，甚至"无须兴建书屋"；就教学目标而言，书院着意培养治国经世之才，而义学主要教授小学，从童子日常行为规范入手，重视童蒙教育。但是，义学对进一步推动平民教育产生了重要作用，其尤其重视边疆之地与穷困之所儿童的教育，为平民通过读书参加科举取士提供了更大的可能性。前文辑录，多为湖湘名人创建书院的篇章，而本书收录唐鉴的义学文章，可让读者一览书院教育之外的"基础教育"模式。

义学示谕

为出示晓谕事照得：读书必始于龆龄①，就传每资于塾学。穷檐子弟，亦皆有俊杰之才；比户熙攘②，安得无蒙养之地？况金陵一大都会，商贾往来，闾阎③辐辏④，未必皆能家设一塾，户各一师。束脩不备，必将付之游嬉；管教无人，更恐习为恶少。本司与合城僚友，筹设义塾八处，各该居民、铺户，所有十五以上幼童，均可各就所近赴塾读书。其塾师先生束脩、薪水，以及塾中桌凳，俱已代为设备，每塾学生以二十人为度，每日卯正⑤入塾，酉正⑥回家，自明春新正灯节后起馆，至腊月十五日散馆。凡尔童稚，岂无可以造就之资？其在父兄，莫不欲有诗书之教。合行出示晓谕，仰左近居民、

---

① 龆（tiáo）龄：七八岁，童年时代。
② 熙攘：引用版本作"熙穰"，讹，故改。
③ 闾阎：里巷内外的门。后多借指平民百姓。
④ 辐辏：形容人或物聚集像车辐集中于车毂一样。也作"辐凑"。
⑤ 卯正：早晨六点。
⑥ 酉正：下午六点。

铺户知悉，如有欲入义塾者，即公具红禀①，将学生姓名、年貌开载明白，于本司出门时拦舆呈递，以免官人阻隔。特谕。

义塾条约六则

一、学生始入塾，先生率领拜谒圣人，行四拜礼。礼毕，学生旅拜②先生，亦行四拜礼。每月朔望亦然。每日学生入塾，向先生一揖，晚归，向先生一揖。

一、先生卯正入塾，学生必须齐到。酉正回家，学生必随先生齐出。倘或家中有事，必向先生请假，先生必问明事由，定以时刻，不准无故逃学。先生或一、二月偶因有事一、半日不到馆，亦即具片报明，以免学生旷放③。

一、学生在塾读书，将来小成大成，本司等皆有后望，即先生想同此意也。其学生点读以及做破、承、起、讲，均须由先生分立功课。清晨点书，早饭后温书、习字、讲书，能做破、承、起、讲者，做破、承、起、讲。下午点诗，或读古文、时文，随时教以礼仪揖让，以长幼为次序，出话不准高声，行坐不准搀越④，奉先生之命唯谨，即佳弟子也，亦先生之善教也。

一、蒙以养正，读书不可不审也。四书五经外，如《孝经》《小学》，最为蒙童切要之书，读之即知作人之道，由此而大成，必为忠臣、孝子，次之亦不失为善士，为好人，此在养之以预也。至初发蒙之幼孩，先取顺口则、小儿语、好人歌、三字经、千字文皆可，取其易于成诵，亦不失为蒙养之初教也。

一、学生在塾，有不听先生约束，轻则训饬⑤，重则责挞，如屡教之不

---

① 红禀：明清时门生见老师所用的名帖。
② 旅拜：同行拜手礼。
③ 旷放：旷达不羁。
④ 搀越：越出本分。
⑤ 训饬：教训诫勉。

改，即告知本司等察看，传其父兄，再加督责，督责不悛①，逐之可也。

一、塾虽小学，而出身之根基实始于此。将来一有成就，其受恩于先生者，中心藏之矣。则先生之教，此学生断无不尽心之理。即本司等非敢遽言培植，而冀其有成，则与各书院无异也。

（唐鉴撰，李健美校点：《唐鉴集》，岳麓书社 2010 年版，第 122-123 页。）

📑 评析

如果说《兴立义学示》主要是就义学如何顺利运行所作的规定，那么《义学示谕》便是对义学具体的教育内容作出的规定。

篇中大要有五。其一，尊师敬师。朔望拜谒先圣先师，早晚礼拜先生，这是当时对儿童入学的基本要求。其二，教学定时，且有规矩，学生宜严格遵守。其三，儿童早晚学习内容宜循序渐进，在方式方法以及内容的组合上都应予以考虑，同时还应将礼仪教育贯穿其中。其四，具体的读本，幼童宜以《孝经》《小学》为主，也可读朗朗上口、易记易诵的《三字经》《千字文》等。其五，惩戒相结合。值得注意的是，唐鉴对儿童学礼相当重视，礼为中国古代童蒙教育的共识，篇中强调的师生之礼，以及对儿童行为之礼的要求，均可圈可点。

"中国有礼仪之大，故称夏；有服章之美，谓之华。"中国素有礼仪之邦的美誉。但当今社会一些人在仪容仪表、言谈举止、待人处事等方面缺乏相应的修炼，道德修养不高。而"礼仪是宣示价值观、教化人民的有效方式"，礼仪教育有助于提升大众的文明素养，唐鉴对儿童教育中礼仪规范的重视，对我们当代施行礼仪文化教育富有借鉴意义。

---

① 不悛：不悔改。

《续理学正宗》序

师道立，则善人多；善人多，则天下治。师道之不立，至今日亦已极矣，可胜慨哉！夫词章以相焜耀①，故训以相谇②争，假陆袭王以相迷罔，窃功盗名以相欺诳，言者若是，行者若是，学者若是，教者亦居然有师、有弟子、有渊源、有授受③、有门庭、有径路矣，何莫非师之谓乎？然而此俗师也，此背道之师也。师道至此，尚可问哉！俗师之教也，使人趋于鄙、习于陋、局于小、安于卑，智者入于纤巧，能者逞其偏私。其究也，脂韦④其体，模棱其用。背道之师之教也，使人旷其志、游其心、梏其性、荡其情，恍惚焉以为真，梦幻焉以为神。其究也，决裂藩篱⑤，倜弃规矩。此二师之弊，岂浅鲜哉！夫是以沉锢于学者之心愈深愈悖，读六经而显昧于六经，读《论》《孟》而动违于《论》《孟》，读《学》《庸》而大刺谬于《学》《庸》。浮慕浅尝者，固懵懵焉不知理道为何事；高谈雄辩者，更断断⑥焉任其所自为，而不顾其得罪于贤圣，醉生梦死，岂不大可悲耶？

然则，如之何而可也？则非周、程、张、朱其人者出，无以指迷途而登之坦道，拯胥溺⑦而授之深衣⑧。然而此必不可得之事也，则有周、程、张、朱之书在，有周、程、张、朱之学在。今夫孔子犹天也，可仰而不可攀也；颜、曾、思、孟犹日月星辰也，可仰而不可攀也。周、程、张、朱则露雷风雨也，可闻其遗响而振兴也，可沾其余润而灌溉也，可追溯其春夏秋冬之气象而得其全体大用也。天之教由露雷风雨而宣，孔子之教由周、程、张、朱

---

① 焜耀：光彩照人。

② 谇：责问。

③ 授受：给予和接受。

④ 脂韦：油脂和软皮，比喻阿谀或圆滑。

⑤ 藩篱：比喻事物的界限，障碍。

⑥ 断（yín）断：争辩貌。

⑦ 胥溺：相继沉没。

⑧ 深衣：古代上衣、下裳相连缀的一种服装。为古代诸侯、大夫、士家居常穿的衣服，也是庶人的常礼服。

而明也，是乃断断然者。六经之训由来多矣，而自有周、程、张、朱而后，微言奥旨①可得而见。《论》《孟》《学》《庸》之传亦已旧矣，而自有周、程、张、朱而后，大本大原可考而知。天而无露雷风雨不成其为天，人而无周、程、张、朱不肖其为人。柘城窦先生因而忧之，于是有《理学正宗》之辑，所以示孔孟之统纪不坠，而使学者知所指归，不至纷于歧二，溺于流俗也。余始读而喜焉，继又读而惧焉。喜者谓孔孟之道虽屡历世变而有传人，惧者谓传人不数见，而元明之许、薛仅见也。阅后思之，抑又幸焉。幸许、薛之后有余干胡先生、泰和罗先生，生当新会、新建之间，痛惩其迷溺，力破其矫诬，虽狂澜大肆，而正学卒未尝挠。国朝稼书、杨园两先生，起而昌之，扫荡群嚣，统归一是，其行至卓，其辨至严，谓非许、薛、胡、罗之后劲，周、程、张、朱之继绪乎？吾友丹溪何君闻吾言而然之，手四先生之集，庄诵焉，深思焉，精选其所以发明程朱者，辑为续录。其于窦先生忧道之心、为学者择师之深意，同一兢兢焉，而不容已者欤？

嗟夫！师道之不立，学术之所以乖也；学术之不正，世道之所以日漓也。有心斯世者，必自培植人材始；培植人材者，必自讲求学术始。使此书得行于世，而又有主持教化者，鼓舞而利导之，安见庠序、学校之风不可复反于隆古耶？此余所为殷殷焉，重有望于同志者矣。

（唐鉴撰，李健美校点：《唐鉴集》，岳麓书社 2010 年版，第 35-37 页。）

📝 评析

此篇中论及两类教师的危害，一种是俗师之教，世故圆滑、模棱两可，没有真才实学，带出的学生鄙陋、狭隘、卑下。同时，这样的俗师，能使聪明人陷于纤巧，使能干之人逞意气之私。还有一种是背经离道的老师之教，放弃规矩、打破藩篱，易使学生旷志游心、梏性荡情，陷入浑浑噩噩的境地

---

① 微言：精深微妙的言辞。奥旨：深奥的含义。

而不能自拔。唐鉴认为之所以出现这两类教师，是因为四书、六经之道不明。而从孔孟之教，到宋代新儒家周敦颐、程颢、程颐、张载、朱熹以后，经学、道学的主旨鲜明，值得发扬光大。唐鉴历数元明清几代理学大家，指出师道、学术与世道之间的密切关系，指出培养人才、振兴学术的重要性，明确了择师应择有道之师。此篇还可从另一侧面看出，湖湘学术、学统是以弘扬理学为宗旨的。

贺长龄

贺长龄（1785—1848），字耦庚，号西涯，晚号耐庵，湖南善化（今长沙）人。嘉庆十一年（1806）入岳麓书院从罗典受业。次年"举本省乡试第一"。嘉庆十三年（1808）联捷成进士，入词馆。散馆后授翰林院编修。他仕途辗转，在任几十载，所施惠政颇多。同时，他创建书院，兴修府志，其中他主修的《遵义府志》被梁启超推为"天下府志第一"。编有《皇朝经世文编》，有《耐庵诗文集》传世。

及幼堂记

育婴有堂矣，曷又有及幼也，曰：离于襁褓①而未及乎成人也，襁褓则一任之人矣，成人则自任之矣。今也既不一任之人，而又不能自任，则父母任之矣。乃或虽有父母而力不克任，甚或并其父母而无之，而父母斯民者，又漠焉而不为之所，则将谁任哉！此及幼堂所由建也。不曰慈幼而曰及幼，何也？曰：犹之吾子也。爱子者匪徒养之而已，必将为终身之计焉，而此一时也，知识日以开，嗜欲日以萌，是天人之交也，是成败之关也。或授之读焉，将俾之识字也，或习之艺焉，将俾之食力也，此堂中之所以有教习也。

或曰：教习之设，虑其闲而生事耳，虑其一无事事，异时无以资身耳，庸必如爱子者期望之厚哉？然而屠狗②牧豕之流，鬻脔贩缯之辈，古今英雄豪杰，何必不自兹途出也，所虑者先绝其命耳。即不遽绝而无以资之，则亦终为乞丐窃盗之归耳。吾亦承天之意而续之而资之已耳，余则听其自为谋焉矣。父母犹不能保其子，而能必之他人之子哉！限以十七岁出堂，何也？曰：势有所穷也，前者不出，则继者不来也，然而吾尤望来者之善继之也，故述

---

① 襁褓：借指婴幼儿。
② 屠狗：宰狗。后亦泛指出身低微者，或位卑的豪杰之士。

建堂之意以谂①之，其详则具于芎圃观察所为章程中矣。

（贺长龄撰，雷树德校点：《贺长龄集》，岳麓书社 2010 年版，第 472-473 页。）

📑 评析

　　贺长龄于道光十六年（1836）任贵州巡抚。任职期间，积极兴办书院、义学，同时设立尚节堂、及幼堂，将教育视线投至妇女、儿童。

　　在《及幼堂记》一文中，贺长龄用朴素的言辞表达了及幼堂的宗旨，体现了其仁爱而务实的教育精神。他首先表明创办及幼堂的必要性，"乃或虽有父母而力不克任，甚或并其父母而无之，而父母斯民者，又漠焉而不为之所，则将谁任哉！此及幼堂所由建也"。当父母不能承担抚养、教育子女的责任时，社会应当对其予以关照，及幼堂因此而建。在及幼堂中，"或授之读焉，将俾之识字也，或习之艺焉，将俾之食力也，此堂中之所以有教习也"。聘请老师教他们读书认字、学习技艺，使其十七岁时能自食其力，可以独立生活。可见，及幼堂的创办，并不是单纯地抚养幼子长大，而是为他们谋划未来，为他们的终身成长打下基础。贺长龄称其为"及幼堂"而非"慈幼堂"的原因在于，要将所有及幼堂的孩子当作自己的孩子，这是贺长龄对儒家"仁爱"思想的进一步发挥与实践。贺长龄的社会福利教育思想具有鲜明的儒家特色。

　　实际上，及幼堂由唐鉴首创，融教育与保育为一体。而贺长龄与唐鉴交好多年，理念相通，亦创及幼堂以教养幼子。义学、尚节堂、及幼堂等教学机构的创办，展现出清中期湖湘儒者将教育目光投向社会更广大的群体，并试图使教育惠及天下之人的努力，此为湖湘学派"传道济民"教育理念的接续与发展。

139

---

① 谂：规谏。

《重刻四书说约》序

古无所谓读书讲学也，各事其事，以即乎心之所安而已。皋陶曰："亦言其人有德，乃言曰载采采。"盖其时无性命之说，惟行事而得其心之所安，斯谓之德，故称其德必指事以实之，未有离事言必者也。古者君即为师，朝野一体，其名则民也，其实皆弟子也。而其所以为教，不过使之自力于农桑树畜以遂其生，孝友、睦姻、任恤以厚其俗。故其时道一风同，无文字之繁而奸伪不生，无他歧之惑而心志自静，人人游于道之中，而忘乎其为道，犹鱼之在水而忘乎其为水也。

逮周之衰，君失其道，举世贸贸①焉莫如所从，天惧斯道之遂泯，而人将失其所以为人也，于是笃生孔子以为人极，而君师之统分矣。何者？君以政教者也。事从政出，君所职之政，皆民所自力之事，政统于一，故异学无自而萌；事丽于实，故空言不得而托。师以言教者也，言从事出，圣人不得已而有言，皆人生一日不可缺之事。然而身不任其事，则言之而不能行，政不于此出，又无以禁人之异言，自春秋时，各家之说已不胜其纷纷矣，此世道一大升降也。然自孔子删定六经，群言尽息，数千年来一遵吾夫子之教而莫之敢异者，则以言必指夫事，事必轨于道，道必本夫天，虽一时未之能行，而有王者起，必来取法，是天意所留以系万古之纲常者。

历观前世，其一时政事风俗，有合于吾夫子之所言，则其国必兴，合之多则盛，合之少则衰。虽极昏乱之世，而但有一二端之合，则其国犹不遽亡。是以政教者在一时，而以言教者在万世也。天不能常生尧舜文武，而特生一孔子，以明尧舜文武之道于万世，是尧舜文武，常接踵②于天下也，读书讲学之功岂不远且大哉？四子书，圣人之言之精者也，实则人人心中之所欲言，

---

① 贸贸：昏庸糊涂。
② 接踵：接触到前面人的足跟。意谓相继、相从、连续不断或紧接着。

而人人不能言，圣人言之，而人人仍莫之喻。盖自有宋诸大儒讲明以后，陵夷①迄于明世，而学益多歧矣，于是忠节鹿先生②慨然兴曰："呜呼！是失其本心也，离心言事则无体，是形名法术之流弊也；离事言心则无用，是清净寂灭之余毒也，岂圣人立言之本意哉？"

于是以书证心，凡书中所言之事，皆吾心中所有之理也；以心证事，凡心之所不安，皆事之所不顺也，于是返而证之此心。凡书中之所已言者，循之而行，则理得事顺，而于心无弗安也。即凡书中之所未言者，而借此事以例他事，就一理以衡众理，顺之则心安，反是则未有能安焉者也。而后知圣人之书，乃天理民彝之记载，字字句句无不可见圣人之心。圣人之心，无事之不体，即天地之心也；天地之心，无物之不普，即人人之心也。溯厥由来，印以见在，即事即心，即心即道，约莫约于此矣；而实无所不有，取之左右逢其源，且若日见其新，溥博渊泉而时出，此圣门一贯之旨也。质诸前后圣而无不合，放之南北海而无不准，此心同此理同也，特借先生一申之耳。此天意也，或乃高视圣人而卑视己身，夫不观先生之为人乎？读其书而不识其人，又安识圣人？则虽穷年诵习，亦书自书、我自我耳，其不为天之所弃者几希！

141

（贺长龄撰，雷树德校点：《贺长龄集》，岳麓书社 2010 年版，第 492-494 页。）

评析

此篇所论中国古代教育史及其特点，具有典范意义。在周代及其以前，君主即师，万民皆弟子，所教授的内容均是与生活、生存密切相关的农桑树畜之事，社会生活的教育也无非孝友、睦姻、任恤。生活与教育水乳交融，教育与学者心安理得、得心应手。随着社会的进步、文化的发展，君师合一

---

① 陵夷：由盛到衰。衰颓，衰落。
② 忠节鹿先生：指鹿善继，字伯顺，号乾岳，河北定兴人。万历癸丑进士。授户部主事，谥忠节。

的局面打破了，君师的分工开始出现，君以政教，所职政事；师以言教，言从事出。孔子所施行的儒家教化因为带着兴学救世的强烈使命感而影响了两千多年的社会进程。在这里，贺长龄深刻理解了教育的功能，认为读书讲学之功，远且大，教育关系到国家的生死存亡、兴衰成败。"四书"就是记载了孔孟等圣人言行的教科书，贺长龄提出了阅读、学习"四书"的方法：一是以书证心，就是不断领悟书中所言之事，其言都是心中之理、应遵之道的体现。二是以心证事，就是将书中所讲之道理，广泛地运用于日常生活，遵循、践履、反省、自得。贺长龄认为，读"四书"的最终目的是要改变气质，一是体悟圣人之所以为圣人的精神气质、学问境界；二是能够改变自身气质，力求达到圣人的精神境界与道德修养。

贺熙龄

贺熙龄（1788—1846），字光甫，号庶农，贺长龄之弟，湖南善化（今长沙）人。嘉庆十九年（1814）进士，历任河南、湖北、山东、四川等地。持冠后，主讲长沙城南书院，并于岳麓书院倡立湘水校经堂。著有《寒香馆文钞》《寒香馆诗钞》。

训士文

使者视学此邦，职在教士，思欲有所造就成全，上以备国家有用之才，下以树乡里庶民之望。惟是习俗易染，或恐学者蹈常袭故①，溺于所闻，重负朝廷兴贤育才及使者教导激励之意。爰②条列大端，与诸士共相遵守，其各励前修，勉旃③毋怠。

一曰正心术。万事皆本于心，心正则无不正。一命之士苟存心于爱物，于人必有所济；苟存心于利己，于人亦必有所害。究之利于人者，未有不利于己也；害于人者，亦未有不害于己也。尝见有俊逸之士，笔吐珠玑，胸藏荆棘，彼或自工其掩著，人已如见其肺肝，卒至沦弃终身，甚且身受奇祸，徒贻父母之辱，终为小人之归，其恶可恨，其愚亦可哀也。至于拂意之来，事所时有。一朝之忿，祸及宗亲。惟懔④孔子之四未能，而此身安有可宽之日；懔孟子之三自反，而天下无不可恕之人。谦让可以保身，和平乃能养德。君子之所以异于人者，以其存心，故为多士首勖⑤之。

一曰端学术。古人之学，学所以为人而已。圣贤之千言万语，垂世立教

---

① 蹈常袭故：墨守成规，沿用旧法。指照老规矩办事。
② 爰：于是。
③ 勉旃（zhān）：努力，多于劝勉时用之。旃，语助词。
④ 懔：畏惧。
⑤ 勖（xù）：勉励。

者，无非望人各正其性情，各敦其伦理。自学术不明，乃以讲业授经，徒为掇拾词章、弋取科第之具，身心事业一概置之弗问，口诵诗书，心同阛阓①，谈理义者笑为道学，守防检者目为迂拘，文章适以佐其浮夸，科第益以长其骄傲。此非学之过也，学而不知所以学之过也。先儒有云：不读无益之书，不作无益之文。自经史而外，如朱子之《小学》《近思录》等书，皆切近精实，尤宜服习。诸士读圣贤书，能逐字逐句向自己身心一一体贴，必有如程子之读《论语》，有不知手之舞之、足之蹈之者；如吕伯恭②之读《躬自厚章》，平生忿懥③涣然冰释者；如许鲁斋④之读《小学》，奉之如神明者。读一书即获一书之益，如此方为真读书，方为真读书之人。处则树乡党之型，出则系四海之望，而况以其心得发之为文，理足则词充，积厚则流光，即以之取科第而无难矣。多士其勖之哉！

一曰正文体。昔昌黎之论文也，曰："宜师古圣贤人，师其意不师其辞。"又曰："文无难易，惟其是尔。"又曰："其皆醇也而后肆焉。"旨哉言乎！况制艺代圣贤立言，非研究精微，则无以发挥道妙；非躬行心得，则不能吻合真诠。我朝《钦定四书文》，类皆根极理要，原本经术，体气浑厚，词旨深醇，洵足荟群圣义蕴之精，立百代文章之准矣。后之学者或舍坦途而趋歧径，以穿插凌躐⑤为诀法，以横出主意为新奇，以堆垛涂饰为典雅，以空疏纠缠为曲折。间有矫其弊者，又流而为卤莽⑥灭裂，先正典型，大家风范渐不可睹。使者姿质鲁钝，早弋科名，然往者为诸生时，与诸兄萧寺⑦键关⑧，一编相对，于此道颇尝究心。释褐⑨十余年来，复蒙友朋不弃，负笈从

---

① 阛阓：街市，民间。
② 吕伯恭：指南宋理学家吕祖谦。
③ 忿懥（zhì）：发怒。
④ 许鲁斋：指宋元之际理学家许衡。
⑤ 凌躐：超出寻常顺序。
⑥ 卤莽：同"鲁莽"。
⑦ 萧寺：佛寺。
⑧ 键关：闭门。
⑨ 释褐：脱去平民衣服。喻始任官职。

游，点窜指陈，宵分不倦，尝窃谓为文不过理气法三者。理则周程张朱之理也，法则王唐归瞿之法也，气则秦汉唐宋古文大家之气也。而又细审题脉，自运心灵，手具炉锤，吐弃糟粕，如是以为文，自然扬之高华，按之沈实①，荣世以此，传世亦以此，无二道也，无二致也。至于策以觇②人之根柢，论以觇人之识见，诗赋以验人之性情，要皆有理气法三者存焉。文章一道，浅言之则为艺，深言之则圣贤传授之精，古今斯文之统，皆于是乎寄。诸士其无以小就自安也哉！

（贺熙龄撰，雷树德校点：《贺熙龄集》，岳麓书社 2010 年版，第 4-6 页。）

评析

　　贺熙龄此篇训导士人的文章主要强调了以下三点。其一，为人须正心。作为士人，必须有一颗济人爱物之心，而不可有利己害人之心。要学会控制愤怒等不良情绪，多自省、常宽恕，谦让保身、平和养德、心安理得、存心养性，这是其养心、正心的思想。其二，为学须学所以为人。修养身心的事业始终应该放在学问之首。贺熙龄提出，读一书就须获一书之益，如此方为真读书，方为真读书之人。这就需要将读书与做人紧密结合起来。为人处世必须能够树立一方榜样，能够代表一国传统，这才是真正的士人典范。其三，为文须理气法正。为文须载道，此道就是宋明以来的理学传统；为文亦有法，法就是王唐归瞿之文法；为文须运气，气则秦汉唐宋古文大家之气也。贺熙龄的训导均来自自身的实践，基于学理，故切实明白，足可动人。

①　沈实：即"沉实"。
②　觇（chān）：看，偷偷地查看。

贺熙龄

训文优生

士为四民之首，而优生又为诸士之首，既经各学老师保举，可见平日是孝友端方，读书力学之士，本来是一乡之望。天下士子都能够如此敦品立行，民风未有不淳，民生亦未有不安的。何者？民风总随士习为转移。为士子者尚且荡检逾闲，不知自爱，则平常百姓必曰读书人尚且如此，我们亦何妨为之。大家相率效尤①，必至于士习民风都不可问。所以读书人为百姓之表率，而优生尤为诸生之表率，一切修身、齐家，举止言动，俱要可以为他人之则效，能够乡党之间皆熏其德而善良，方不愧为士之道。

凡有济于人之事，不必定要做官方能做的，即平时居家随时随事可以自见，所以古人云："一命之士，苟存心于爱物，于人必有所济；而一命之士，苟存心于利己，于人亦必有所害。"这些道理总要在读书时细细讲究。读书之法，古圣贤千言万语，原是教人以做人的道理。于今的人尽把读书一事看做取科名之事，所以读书都不真切，侥幸一科一第，便以为读书之事已毕，而自己身心全置之不理。所以有能文之士擢取巍科②，身居显宦，而其身心愈不可问。所以汤文正公云："国家得一坏心术的进士，不如得一安分的良民。"而心术之邪正，全在读书时分别义利关头。

读古圣先儒之书，总要逐字逐句，向自己身心体验一番，方能得读书之益。吕东莱读"躬自厚而薄责于人"一章，平生忿懥之心涣然冰释。谢上蔡先生别程子十年，问他近日所学如何，他说十年来只去得一"矜"字，如此读书方是。切问近思则躬行心得，发之于文自然理明辞达。你们大家能够经明行修，尤期加倍用功；砥行立名，总要慎终如始，到底不懈。古人云："保初节易，保晚节难。"总要诸生互相砥砺，相与有成，以期无负我这一番

---

① 效尤：仿效坏的行为。
② 巍科：高第。古代称科举考试名次在前者。

谆谆厚望之意，是所至幸。

（贺熙龄撰，雷树德校点：《贺熙龄集》，岳麓书社 2010 年版，第 84-85 页。）

📋 评析

在此篇中，贺熙龄首先对优生的社会角色进行定位，他认为士人自古以来就承担着为百姓做表率、移风易俗的社会责任，而优生又为众士之首，更为诸生之典范，其举止言动皆应影响他人。其次，贺熙龄认为优生读书应当明晰"义利"之辨，读书不为科举，而以天下苍生为念，仁心爱物，经世济民，不做膏粱子弟，贪污个人名利富贵。最后，贺熙龄赞扬古人读书之法，"读古圣先儒之书，总要逐字逐句，向自己身心体验一番，方能得读书之益"。读书不仅要过脑，更要日日体会、反复琢磨，并将之落到实处，使文章言之有物，理明辞达。可见，在贺熙龄看来，优生乃至整个士人群体，其读书的真正目的不是做官，而是修身养性、砥砺品行，力图做一个纯粹的人，做一个对社会和国家都有益的人。

读书以济天下万民，这是传统儒家士大夫共同之理想，此理想激励着他们修身、齐家、治国、平天下。当代人读书治学，也应志存高远，读懂"读书为天下人"的时代内涵，为实现中华民族伟大复兴的中国梦而奋斗。

魏源

魏源（1794—1857），原名远达，字默深，湖南邵阳人。清代启蒙思想家、史学家、文学家，近代中国"睁眼看世界"的先行者之一。道光二年（1822）举人，道光二十五年（1845）始成进士，官至高邮知州。魏源认为论学应以"经世致用"为宗旨，强调"变古愈尽，便民愈甚"，倡导学习西方先进科学技术，倡办民用企业，主张"师夷之长技以制夷"。著作有《书古微》《诗古微》《老子本义》《圣武记》《海国图志》《元史新编》等。

默觚上·学篇一
（节选）

　　学之言觉也，以先觉觉后觉，故莘野①以畎亩乐尧、舜君民之道；学之言效也，以后人师前人，故傅岩②以稽古陈恭默思道之君。觉伊尹之所觉，是为尊德性；学傅说之所学，是为道问学。自周以前，言学者莫先于伊、傅二圣，君子观其会通焉。

　　古人言学，惟对勘③于君子小人，未有勘及禽兽者。惟孟子始言人禽几希之界，又于鸡鸣善利分舜、跖④之界。始知一念之中，有屡舜而屡跖者，有俄人而俄禽者；一日之中，有人多而禽少者，有跖多而舜少者；日在歧途两界之中。去禽而人，由常人而善人，而贤人，而圣人，而人道始尽。乌乎，严矣哉！

① 莘野：指隐居之所。
② 傅岩：相传商代贤士傅说为奴隶时版筑于此，故称。
③ 对勘：对照比较。
④ 舜、跖（zhí）：虞舜和盗跖，指圣人与恶人。

古人言学，惟自勘于旦昼，未有勘及梦寐者。惟孟子始言夜气平旦之养，好恶与人几希。始知梦寐者，旦昼之影，梦寐无可用力，用力在旦昼，而功效则必于清夜时验之。故曰："昼观诸妻子，夜卜诸梦寐。"梦觉一则昼夜一，昼夜一而生死一矣。乌乎，密矣哉！

何谓大人之学格本末之物？曰：意之所构，一念一虑皆物焉；心之所构，四端五性皆物焉；身之所构，五事五伦皆物焉；家国天下所构，万几百虑皆物焉。夫孰非理耶性耶，上帝所以降衷耶？图诸意，而省察皆格焉；图诸心，而体验皆格焉；图诸身，而阅历讲求皆格焉；图诸家、国、天下，而学问思辨、识大识小皆格焉。夫孰非择善耶，明善耶，先王所以复性耶？常人不著不察之伦物，异端不伦不物之著察，合之而圣学出焉。日进无疆，宥密①皇皇，是为宅心②之王。

（魏源撰，魏源全集编辑委员会编：《魏源全集》第十三册，岳麓书社2011年版，第3-6页。）

149

📑 评析

魏源的教育思想，多集中于《默觚》一书中，"默"取魏源"默深"之字，"觚"为古时书写之木简。此书写于道光十五至十九年（1835—1839），包括"学篇""治篇"两部分，共计三十篇。本书辑录魏源教育之道的文章，皆选于此书。

魏源在《默觚·学篇》开篇便立定为学大旨。魏源在探讨学问之道时，提出了"觉伊尹之所觉，是为尊德性；学傅说之所学，是为道问学"这一观点，这是理学命题"志伊尹之所志，学颜子之所学"的深化与开拓，明确地

---

① 宥密：谓存心仁厚宁静。
② 宅心：放在心上，用心。

表达了魏源经世致用的为学目标,强调了学者治学应当以建设国家、造福万民为要。那么,如何才能做到学有所成、学有所得呢?在魏源看来,不仅需要仔细分辨君子与小人的差别,也要分辨人与动物的不同,更要明晰白昼与黑夜修养功夫的关系,力图达到至善的修养境界。而要达到这一境界,学者学习的内容就显得尤为重要,而学者学习的内容,也就是格物的内容。"何谓大人之学格本末之物?曰:意之所构,一念一虑皆物焉;心之所构,四端五性皆物焉;身之所构,五事五伦皆物焉;家国天下所构,万几百虑皆物焉。"物可谓包罗万象。凡正心、诚意、修身、齐家、治国、平天下之事,均需用心体察,唯经在万物中翻滚成长,方能开经邦济世之功。

魏源以经世致用为目标的学习宗旨,是对湖湘文化注重实学、传道济民思想的继承,一扫当时乾嘉以来皓首穷经、囿于书斋之积弊,发近代谋求富强进步、务实革新、学习西方之先声。

默觚上·学篇二
(节选)

敏者与鲁者共学,敏不获而鲁反获之;敏者日鲁,鲁者日敏。岂天人之相易耶?曰:是天人之参也。溺心于邪,久必有鬼凭之;潜心于道,久必有神相之。管子曰:"思之思之,又重思之;思之不通,鬼神将告之。"非鬼神之力也,精诚之极也。道家之言曰:"千周灿彬彬兮,万遍将可睹。神明或告人兮,灵魂忽自悟。"技可进乎道,艺可通乎神;中人可易为上智,凡夫可以祈天永命;造化自我立焉。"用志不分,乃凝于神",己之灵爽,天地之灵爽也。"俯焉日有孜孜,毙而后已",何微之不入?何坚之不劚①?何心光

---

① 劚:切削。

之不发乎？是故人能与造化相通，则可自造自化。《诗》云："天之牖民，如埙如篪，如璋如珪，如取如携。"

圣贤志士，未有不夙兴者也。清明在躬，志气如神，求道则易悟，为事则易成。故相士、相家、相国之道，观其寝兴之蚤晏①而决矣。《诔鼎之铭》曰："昧爽丕显，后世犹怠。"康王晏朝，《关雎》讽焉；宣王晏起，《庭燎》刺焉；虫蚋同梦，《齐风》警焉。是以"夙夜匪懈"，大夫之孝也；"夙兴夜寐"，士之孝也；"夙夜浚明有家"，大夫之职也；"朝而受业"，士之职也；"鸡初鸣，咸盥漱栉縰"，人子事亲之职也。尧民日出而作，舜徒鸡鸣而起，夜气于是乎澄焉，平旦之气于是乎复焉。人生于寅，凡草木滋长，皆于昧爽之际，亦知吾心之机于斯生息，于斯长养乎？旦而憧扰②，与长寐同，旦而牿亡③，与昼寝同。《诗》曰："女曰鸡鸣，士曰昧旦。"

（魏源撰，魏源全集编辑委员会编：《魏源全集》第十三卷，岳麓书社2011年版，第7-8页。）

📑 评析

教育家一般都会充分信任人的自我教育能力。在魏源看来，人无论是凡夫俗子，还是中等之智者，都具备自造自化的能力。"技可进乎道，艺可通乎神；中人可易为上智，凡夫可以祈天永命；造化自我立焉。"而这种自我创造、自我更新的能力，实际上来自日积月累的勤奋。勤奋，如同磨刀石，磨炼其意志，增长其智慧，使其日益坚韧、睿达。只有那些夙兴夜寐、孜孜不息的人，才能在生活中激流勇进，不断突破自身，成就自我。魏源进一步指出，圣人、贤人、志士之所以能够在历史长河中留下深刻的印记，为世人所铭记，是因为他们具备了知其过、改其过的能力。这种能力使他们面对挫

---

① 蚤晏：早晚。
② 憧扰：纷乱不安。
③ 牿亡：受遏制而消亡。

魏源

151

败与磨难时，能够总结经验得失，积极改正，从而不断提升自我、挑战自我，最终实现自我超越。

现代社会，自我教育注重对受教育者自我认知能力、自我反思能力、自我体验能力以及自我塑造能力的开拓，魏源对人自造自化的肯认、勤奋的强调、改过的看重，使他的自我教育思想与现代式自我教育体系有进一步对话的可能。

默觚上·学篇四
（节选）

常人畏学道，畏其与形逆也。逆身之偷①而使重，逆目之冶而使暗，逆口之荡而使默，逆肝肾之横佚而使平，逆心之机械而使朴，无事不与形逆，矫之，强之，拂之，阏②之，其不终败者几希矣。语有之："惩忿如摧山，窒欲如填壑。"乌有终日摧山填壑而可长久者乎？君子之学，不主逆而主复。复目于心，不期暗而自不冶矣；复口于心，不期默而自不欺矣；复肝肾于心，不期惩窒而自节矣；复形于心，不期重而自重矣；复外驰之心于内，不期诚而自不伪矣。"帝谓文王，无然畔援③，无然歆羡④，诞先登于岸。"先登于岸者，先立其大之谓也。"小心翼翼，昭事上帝"，有以立于歆羡畔援之先，夫是故口、耳、百体无不顺正以从其令，夫何逆之有？《诗》曰："不识不知，顺帝之则。"

① 偷：苟且，怠惰。
② 阏（è）：壅塞。
③ 畔援：亦作"畔换""叛换"，指跋扈、专横、暴戾。
④ 歆羡：爱慕，羡慕。

"《诗》三百,一言以蔽之,曰:思无邪。"曷可以能令思无邪?说之者曰:"发乎情,止乎礼义。"乌乎!情与礼义,果一而二,二而一耶?何以能发能收,自制其枢耶?吾读国风,始二南①终豳②,而知圣人治情之政焉;读大、小雅,文王、周公之诗,而知圣人反情于性③之学焉;读大、小雅,文王、周公之诗,而知圣人尽性至命之学焉。乌乎!尽性至命之学,不可以语中人明矣;反情复性之学,不可语中人以下又明矣。是以天祖之颂,止以格鬼神,诏元后,不用之公卿诸侯焉;大、小雅乐章,用于两君相见之燕享,不用之士庶人焉。其通用于乡党邦国而化天下者,惟"二南"《豳风》,而无算乐肄业及于国风。然则发情止礼义者,惟士庶人是治,非王侯大人性命本原之学明矣。洛邑明堂既成,周公会千有七百国诸侯进见于清庙,然后与升歌而弦文武,诸侯莫不玉色金声,汲然渊其志,和其情,愀然④若复见文武之身焉。性与天道,贯幽明礼乐于一原,此岂可求之乡党士庶人哉?古之学者,歌诗三百,弦诗三百,舞诗三百,未有离礼乐以为诗者。礼乐而崩丧矣,诵其词,通其诂训,论其世,逆其志,果遂能反情复性,同功于古之诗教乎?善哉,管子之言学也!曰:"止怒莫若诗,去忧莫若乐,节乐莫若礼,守礼莫若敬,守敬莫若静。外敬内静,能反其性,性将大定。"后世之学诗理性情者,舍是曷以焉!《诗》曰"萧萧马鸣,悠悠旆旌",动中有静也;"风雨潇潇⑤,鸡鸣胶胶",幽暗不忘其敬也。

153

(魏源撰,魏源全集编辑委员会编:《魏源全集》第十三卷,岳麓书社2011年版,第12-13页。)

---

① 二南:指《周南》《召南》。
② 豳:指《豳风》。
③ 反情于性:据下文应为"反情复性"。
④ 愀(qiǎo)然:神色严肃。
⑤ "潇潇"原作"萧萧",据刻本改。

📝 评析

　　选文主要表现了魏源两方面的教育思想。一是魏源主张教育应该顺应受教育者的身心特点及个性，而不应一味采取压制、遏制的"逆反"之法。魏源认为只有把握受教育者的特点，充分认识教育规律，先立其大，才能收到令人满意的教育效果。魏源的这一教育思想与传统的以训诫为主的教育思想有些差异：训诫教育往往强调主体对规范的遵守与服从；而魏源的"君子之学，不主逆而主复"，则更加注重受教育者本身的个性与诉求，尊重受教育者的主体地位，挖掘其自身价值。魏源这一教育思想，与当今"以人为本"的学生观有契合之处。二是魏源着重阐释了他所理解的诗教的作用与功能。自古以来，《诗经》就被赋予调养身心、教化百姓的功能。"温柔敦厚，诗教也。"诗教能够使学者正确认识心、性、情之间的关系，与此同时，"未有离礼乐以为诗者"，礼教又是诗教的保障，它们最终都指向对人的道德教化和真善美人格的塑造。更进一步，魏源还详细分析了诗教应注意层次性，主张针对不同的受教育者的社会地位和智力水平，实施差异化的教学策略。魏源以诗养情，使之发乎中节，最终达到塑造人格之效，魏源这一教育思想，为当今深挖《诗经》文本的现代意义，提供了有益启示。

默觚上·学篇五
（节选）

　　人知地以上皆天，不知一身内外皆天也。"天聪明自我民聪明，天明威自我民明威。"人之心即天地之心，诚使物交物引之际，回光反顾，而天命有不赫然方寸者乎？"无曰高高在上，陟降厥士，日监在兹"，故圣人之言敬也，皆敬天也，"昭事上帝"，顾諟①明命也。"文王陟降，在帝左右"，"帝谓文王"，"丘之祷久"，临在上，质在旁，一秩叙，一命讨，一尔室屋漏，何在而非天？羑里②明夷，匡人、桓魋、南子、王孙贾，何一造次颠沛而非天？故观天心者于复，"有不善未尝不知，知之未尝复行也"；观人心者于独，独知独觉之地，人所不睹闻，天地之所睹闻也。至隐至微，莫见莫显。《诗》曰："昊天曰明，及尔出王；昊天曰旦，及尔游衍。"

圣人之瞰天下，犹空谷之于万物也，沈寥③之气满乎中，而鞳鞳④之声应乎外。是故"君子居其室，出其言善，则千里之外应之；出其言不善，则千里之外违之"，居室之于千里，千里之于居室，犹空谷之于万物也。地本阴窍于山川，口耳人之窍，空谷天地之窍，山泽其小谷与！天地其大谷与！曾子曰："实之与实，若胶之与漆；虚之与实，若空谷之睹白日。"人之心其白日乎！人知心在身中，不知身在心中也。"万物皆备于我矣"，是以神动则气动，气动则声动，以神召气，以母召子，不疾而速，不呼而至。大哉神乎！一念而赫日，一言而雷霆，一举动而气满大宅。《诗》曰："命之不易，无遏尔躬。"知天人之不二者，可与言性命矣。

人赖日月之光以生，抑知身自有其光明与生俱生乎？灵光如日，心也；神光如月，目也。光明聚则生，散则死；寤则昼，寐则夜；全则哲，昧则愚。火非此不明，水非此不清，金非此不莹，木石非此，火则不生成。故光明者，人身之元神也。神聚于心而发于目，心照于万事，目照于万物。目不能容一尘，而心能容多垢乎？诚能心不受垢如目之不受尘者，于道几矣。回光反照，则为独知独觉；彻悟心源，万物备我，则为大知大觉；自非光明全复，乌能"与天地合德，与日月合明"哉！《诗》曰："我心匪鉴，不可以茹。"又曰：

---

① 諟（shì）：出自《尚书》"先王顾諟天之明命"之句。
② 羑（yǒu）里：古城名，亦作"牖里"
③ 沈寥：清朗空旷貌。
④ 鞳鞳（tāngtà）：同"镗鞳"，钟鼓声。

"君子万年，介尔昭明。"

（魏源撰，魏源全集编辑委员会编：《魏源全集》第十三卷，岳麓书社2011年版，第13-14页。）

📝 评析

"天人合一"是中国哲学中的一个重要命题。这一思想主张，人源自天地之灵气，人之心就是天地之心，人的身体和心灵都与天地同源而能融成一体，从而达到"仁者，以天地万物为一体"的境界。体验到天人不二、天人合一，才能领会身在心中、心在身中、身心和谐一体的愉悦。

魏源所论以上三则，均是在论述如何看待、处理人与天的关系。在他看来，天人本就一体，无有所隔，"人知地以上皆天，不知一身内外皆天也"，天人为一，实不容有二，人之心即为天地之心。唯有当"知天人之不二者，可与言性命矣"，才能摸到门径，广修性命之道，勇猛精进。最终将"性命"融于天地之间，使自身达到"与天地合德，与日月合明"的宇宙境界。

今天，"天人合一"的思想依然能够给受教育者以无穷的力量。"天人合一"倡导人应融于天地之中，人心当以天地为壮怀，这样便能够不断激励我们：一方面，看淡生老病死给个体所带来的痛苦与烦扰，重视内心的修炼与成长，从小我中挣脱出来，立志做一个"大写的人"。另一方面，尊重自然、顺应自然、保护自然，"天人合一"力主人与天地的和谐统一、共同生长，人与自然是"生命共同体"，如此才能生生不息，永续发展。

默觚下·治篇一
（节选）

　　人有恒言曰"才情"，才生于情，未有无情而有才者也。慈母情爱赤子，自有能鞠赤子之才；手足情卫头目，自有能捍头目之才。无情于民物而能才济民物，自古至今未之有也。小人于国、于君、于民，皆漠然无情，故其心思智力不以济物而专以伤物，是鸷禽之爪牙，蜂虿①之芒刺也。才乎，才乎！《诗》曰："凡民有丧，匍匐救之。"

　　人有恒言曰"学问"，未有学而不资于问者也。土非土不高，水非水不流，人非人不济，马非马不走。绝世之资，必不如专门之夙习②也；独得之见，必不如众议之参同③也。巧者不过习者之门，合四十九人之智，智于尧、禹，岂惟自视欿然④哉？道固无尽藏，人固无尽益也。是以《鹿鸣》得食而相呼，《伐木》同声而求友。

　　（魏源撰，魏源全集编辑委员会编：《魏源全集》第十三卷，岳麓书社2011年版，第32页。）

📑 评析

　　此篇虽短，但教育意蕴深刻。其一，在"情"与"才"二者的关系问题上，魏源认为，"才生于情，未有无情而有才者也""无情于民物而能才济民物，自古至今未之有也"，个体才华、能力，当以情感为支撑，此情应为"知周乎万物，而道济天下"之情，唯有将一身才智用于周身所系之人、物，

---

① 虿（chài）：蛇、蝎类毒虫的古称。
② 夙习：谓积习，素所熟习。
③ 参同：共同参加。
④ 欿（kǎn）然：想要得到的意思。《孟子·尽心上》有"如其自视欿然，则过人远矣"，引申为不自满。

方为最终落实。其二，魏源强调"学"与"问"应当紧密结合，"未有学而不资于问者也"，知识的获取途径多元，学也并非埋首苦读、目不窥园，其同样来自人与人之间的交往与互动。这种交往互动既可以是面对面的请教、交流，也可以是间接的学习与借鉴。通过向不同的人学习、请益，人们可以拓宽视野，丰富知识，提升自我。

魏源"才""情"并举、"学""问"互动的教育思想，对当今教育仍具有重要意义。"对新时代中国青年来说，热爱祖国是立身之本、成才之基。"新时代，中国青年应当胸怀忧国忧民之心、爱国爱民之情，将个体之才能与国家、民族之复兴相结合，这是广大青年承担时代赋予的重任的内在需求，也是他们成长为优秀人才的必由之路。同时，随着社会的不断发展，人与人之间的联系与互动越发紧密，资讯的接受渠道越来越多元，在这个过程中，学习不仅是一种个体行为，更是一种社会活动。以"学"发问、以"问"致学，在人与人不断切磋中，我们接受、吸收不同的观点、文化和经验，从而丰富自身知识体系，在"学""问"互动中不断进步，成长提高。

默觚下·治篇十
（节选）

人各有能有不能。孔融名节重一世，而敌遇袁、吕，每战辄衄①；张昭謇谔②于东吴，而曹兵南下，惟劝迎降；石星直节震明代，及任本兵，日本之役惟调停贿款；故知承平直谅之士，难尽责以临危应变之才也。有守不必有为，有为不皆有守。使责陈汤、桑维翰、赵普、刘铤以廉介，责李勣、韦孝宽以忠义，共可觊乎？太师皇父，中兴名将，荡平淮夷，媲美方、召。而

---

① 衄：损伤，挫败。
② 謇谔：正直敢言。

幽王之世，"择三有事"，"以居徂向"，"不慭①遗一老，俾守我王"，是犹上官桀力战敢深入而不可托孤寄命也。是以明王任忠亮于台辅，付赳武于干城，易地则皆败。《诗》曰："人知其一，莫知其他。"

专以才取人，必致取利口；专以德取人，必致取乡愿②。虽然，利口有二，乡愿亦有二：有不可大受而可小知之利口，君子在上，可驱策用之；若夫辩足以饰非炫听，智足以舞文树党，警敏强记，口若河悬，如张汤、荀勖、朱异、吕惠卿者，不可一日近，而究谁能不近之？有不可临大节而可佐承平之乡愿，孔光、冯道、范质，平时不失为贤相；若夫深中厚貌，以小忠小信结主知，以曲谨小廉拒物议，欺世盗誉，静言庸违，明主亦倾任而不疑，如庞萌、林甫、杞、桧者，不可一日容，而究谁能不容之？乌乎！世有君子，能远无才之小人，未必能远有才之小人也；能识毗阳之小人，未必能识毗阴之小人也。天生尤物，足以移人，尧、舜畏之，仲尼恶之，而欲烛神奸于后世之中主，不其难哉！《诗》曰："荏苒柔木，君子树之。往来行言，心焉数之。"《书》曰："何畏乎巧言令色孔壬。"

159

（魏源撰，魏源全集编辑委员会编：《魏源全集》第十三卷，岳麓书社2011年版，第54-55页。）

📝 评析

全面而深入地了解个体，是教育工作的基石。现实的人性，更是教育者因材施教的基础。魏源开篇即指出，"人各有能有不能"，认为人的才能表现在多方面，即不同的人才能可能不一，即使同一个人的品行、才能也如同手指般长短不一。"专以才取人，必致取利口；专以德取人，必致取乡愿"，因此在选拔、培养人才时，我们应该清醒地认识到，无论是偏重考察才能，还是注重道德品质，都存在各自的优劣，都很难认清真正的人性。

---

① 不慭（yìn）：不愿。
② 乡愿：指乡中貌似谨厚，而实与流俗合污的伪善者。

　　魏源强调对人进行全方位、多维度的考察，这对于今天的教育工作颇具启发意义。教育者在选贤与能的过程中，首先需要审视自身的好恶，认识到自身的局限性，努力克服偏见，提高专业素养，增强辨别能力，以公正、客观的态度看待、评价受教育者；同时，应当长时间、多层次、深入考察受教育者的道德品质、行为习惯、特长优势，甚至成长环境，努力发现不同个体之间的差异，洞悉人性微妙。在此过程中，不断调整、优化培养方案，做到因情而变，针对性、有效性并重，使教育更加贴近受教育者的实际需求。唯有如此，方能收到良好的教育效果，须知"教育应让每一个孩子发光"。

汤鹏

汤鹏（1801—1844），字海秋，自号浮邱子，湖南益阳人。清代著名思想家、文学家。他自幼聪敏好学，曾从欧阳厚均于岳麓书院学习，道光二年（1822）举人，次年中进士。初官礼部主事，后被选入军机章京，历任浙江、贵州、山东等地，后因意气蹈厉，触怒皇室亲贵，罢回户部。汤鹏一生著述甚多，有《浮邱子》《七经营补疏》《明林》《海秋制艺》《海秋诗集》《止信笔初稿》等。

原傅

浮邱子曰：储贰①，天下之根本也。师傅，储贰之根本也。道学，师傅之根本也。凡为师傅，容止欲饬以安，性行欲淳以善，睹记欲赡以详，指归欲壹以颛②，圣狂贤否欲划以明，操舍存亡欲厉以断，上下古近欲条以举，成败利顿欲恳以中，此之谓道学实。道学实，然后足以敩③。于是敩之质，俾勿浇④；敩之文，俾勿陋；敩之行，俾勿阤⑤；敩之言，俾勿暗；敩之慈祥，俾勿苟；敩之谨愿，俾勿轶；敩之谦冲，俾勿骄；敩之精致，俾勿缺；敩之俶傥⑥，俾勿隘；敩之润泽，俾勿楛；敩之智慧，俾勿蠢；敩之强毅，俾勿葸⑦。虽然，敩之而有不入，利用诚。于是窥其昧蔼⑧，则诚之；窥其燕

---

① 储贰：亦作"储二"。储副，太子。
② 颛：同"专"。
③ 敩（xiào）：教导。
④ 浇：浮薄，浅薄。
⑤ 阤（yǐ）：倾斜的样子。
⑥ 俶傥：同"倜傥"，豪爽洒脱。
⑦ 葸（xǐ）：害怕，畏惧。
⑧ 昧蔼：（ài）隐蔽。

婿①，则诫之；窥其蹲夷踞肆②，则诫之；窥其纷轮构扇③，则诫之；窥其昵意于佳侠④也，则诫之；窥其纵情于夸诩⑤也，则诫之；窥其悦耳于阿谀也，则诫之；窥其就材于仆遬⑥也，则诫之；窥其存心于孅啬⑦也，则诫之；窥其刻骨于惨戚⑧也，则诫之；窥其苟简⑨不中礼义也，则诫之；窥其满谰⑩不主忠信也，则诫之；窥其郁悼⑪不顺性命也，则诫之；窥其划戾⑫不循名分也，则诫之。

昔者舜命夔曰："教胄子，直而温，宽而庈⑬，刚而无虐，简而无傲。"且夫曲不若直，塞不若宽，柔不若刚，烦不若简，此夔之所以教也。然而直不足于温，宽不足于栗，刚必流于虐，简必流于傲，此夔之所以诫也。教不至，不可以申辅导；诫不至，不可以塞蔽亏。虽然，教、诫备至矣，能化乎？能成乎？凡化不可以骤，成不可以小。

化不可以骤云何？为姿性驽下者然尔。成不可以小云何？为姿性俊上⑭者然尔。凡姿性驽下者，积之诚以通之，积之勤修以齐之，积之年齿⑮岁月以深之，积之艰巨以惩艾⑯之、磨耆⑰之，积之耳提目触以精神之，积之悔悟而迁思回虑以醒之，积之从容渐渍以庶几其自得之。凡姿性俊上者，树之文

162

---

① 燕婿：同"燕惰"，亦作"燕嬉"。形容仪容闲散不整。

② 蹲夷：踞坐。古代看作野蛮、无礼的举动。踞肆：傲慢，放肆无礼。

③ 纷轮：亦作"纷纶"。杂乱众多。构扇：亦作"构煽"。挑拨煽动。

④ 佳侠：犹佳丽，美人。

⑤ 夸诩：夸耀。

⑥ 仆遬（sù）：亦作"朴樕"。一种矮小的杂树。比喻凡庸，多针对才能而言。

⑦ 孅（xiān）啬：即"纤啬"，悭吝。

⑧ 惨戚：悲伤凄切。

⑨ 苟简：草率而简略。

⑩ 满谰：欺骗，欺诈。

⑪ 郁悼：抑郁忧伤。

⑫ 划（chán）戾：违背。

⑬ 庈：应为"栗"。出自《尚书》。

⑭ 俊上：引用版本作"隽上"，有讹。俊上即优异、上乘之意，与下文的"驽下"相对。

⑮ 年齿：年龄。

⑯ 惩艾：谓吸取过去教训，以前失为戒。亦作"惩乂"。

⑰ 磨耆：磨炼。

物以广之，树之品节以娴之，树之德以笃实辉光之，树之材能伎艺以左宜右有之，树之天地民物以兼包并该之，树之天人王霸毫厘杪忽①之辨以毋敢恣心而自为之，树之本末始终以无所不一致之。孔子曰："中人以上，可以语上也；中人以下，不可以语上也。"此言凡教人者，必因其材而笃，而况于储贰乎？是故骤化则梗，徐化则悟；小成则贤，大成则圣。

虽然，能化能成，则师傅之事也。能择则礼，用师傅者之事也。周之昌也，文王实使太公望傅太子发，而望实有勋劳于周。秦之蹐②也，始皇实使赵高教胡亥书，而高实为毒于秦。是故一莸③一薰，厥臭攸分；一泾一渭，厥流攸遂。毋使己意度其然，而以古意度其然。毋使私议誉其可，而以公议誉其可。毋使虚声居其特，而以宿望居其特。毋使肤末预其选，而以惇大预其选。故曰：道学，师傅之根本也；师傅，储贰之根本也。储贰，天下之根本也。

（汤鹏撰，刘志靖、王子羲、石彦陶等校点：《汤鹏集》第一卷，岳麓书社 2011 年版，第 267-269 页。）

📑 评析

在此篇中，汤鹏主要论师道，并围绕道、师、储贰展开论述，他认为三者关系为"储贰，天下之根本也。师傅，储贰之根本也。道学，师傅之根本也"。师傅一职极为重要。汤鹏认为师傅应承接道学，当具备有度之容止、淳厚之品行、广博之学识、专一之志向、明晰之是非、果断之操守、贯通之历史观、中庸之成败观，此皆为道学之内容。唯有道学充实，方能胜任教化之职。在教学过程中，师傅应当使储贰心性质朴、修养高雅、行为稳健、语言流畅、谦虚谨慎、思维缜密、气质洒脱、头脑智慧、意志坚毅，努力克服其怠惰慵懒、不守礼仪、挑拨离间、纵情夸耀、阿谀奉承、自甘堕落、悭吝

---

① 杪（miǎo）忽：杪，原指树的末梢。极小的量度单位。形容甚少，甚微。
② 蹐：灭亡。
③ 莸：古书上指一种有臭味的草。

小气、尖酸刻薄等不良的习气。汤鹏强调，教学不可急于求成，成长亦非一蹴而就，应当视学生资质采取不同的教学方法，因材施教，循序渐进方能"小成则贤，大成则圣"。

汤鹏此篇关于师傅的论述，读者可联系贾谊的《新书·傅职》来理解。贾谊同样强调师傅应当以身作则，培养其德行、规范其行为、教授其知识、锻造其能力，同时避免太子出现德行有失、行为不轨、言语不逊、知识不进等问题。足见教师一职责任之重大。"三寸粉笔，三尺讲台系国运；一颗丹心，一生秉烛铸民魂。"当今，众多教育工作者亦应当深刻理解并承担起自身职责，扎根中国大地，助力民族复兴。

原教下

浮邱子曰：天下之故出于人材，天下之人材出于教，天下之教出于学，天下之学出于师。

春秋衰，而仲尼作，与其徒叙六艺之文、阐百王之道。于是春秋无人材而仲尼之门有人材。七国横，而子舆作，与其徒惇孝弟、明仁义，庳①管晏、斥仪秦，于是七国无人材而子舆之门有人材。《礼》曰："善歌者使人继其声，善教者使人继其志。"是故考师之体，醇乎其醇者，以仲尼、子舆为断；考师之用，有功于人材，有功于天下者，以仲尼模范春秋、子舆模范七国为断。考仲尼、子舆所以模范春秋、七国者，以杂霸游说之非、内圣外王之是为断。

且夫内圣外王，此古今大脉落②也，此圣贤大纲领也，此天地大辅相也，此民物大倚杖也。然而寥寥千古，独一仲尼、子舆能知之而能言之，虽不自

---

① 庳（bì）：低下，此处用作动词。
② 脉落：也作"落脉"，脉络的意思。

其身行之，而固能行之。是故子贡师仲尼，则曰："夫子之得邦家者，所谓立之斯立，道之斯行，绥之斯来，动之斯和。其生也荣，其死也哀，如之何其可及也？"公孙丑师子舆，则子舆告之曰："以齐王，犹反手也。"夫其师弟所铺陈者皆内圣外王之典则，所许与者皆内圣外王之明效大验，故凡天下畔内圣外王者，无所骋焉；岂惟无所骋？又去其故而就其新焉。凡天下疑内圣外王者，有所考焉。岂惟有所考？又终身谨懔而勿忘焉。

《诗》曰："高山仰止，景行行止。"其惟仲尼、子舆克当此而无憾者乎！其他则吾所不敢请也。是何也？由仲尼而上，则大颠、绿图、赤松子、尹涛、西王国、贷子相之徒为帝王之师，而其事荒忽而不传，恶知其内圣邪、外王邪？由子舆而下，则荀卿、董仲舒、扬雄、王通、韩愈之徒为当时之师，而其旨枝离而不中，恶知其果于内圣邪、外王邪？其又有不荀、董、扬、王、韩若者，则自汉已降，师儒大都出于训故，于是抱残守阙、沿讹袭缪，恶知内圣外王是何义类邪？自隋、唐已降，师儒大都出于词章，于是夸多斗奇、争妍负宠，恶知内圣外王是何名称邪？其又有欲掩跨荀、董、扬、王、韩，进而复于仲尼、子舆之意者，则自宋已降，师儒大都出于语录，于是濂、洛、关、闽辟其端；而蒙古、朱明之代，凡有志者喁喁①然而竟其委。夫辟其端者，其道学之功良伟也。而惜乎竟其委者，其语录之习太甚也，匪不粗知内圣外王之义类、之名称，而不实于底里、不详于节次者踵相接也。

到于今更左矣。考其师儒，大都出于四对八比②。考其四对八比，大都出于剽窃、摹拟。于是童而习之，长而毋事其他焉。蠢者悴心力而为之，智者易为而满其量焉。群徒而风气之，各挟短具充长驾焉。草茅而逸居之，扬于王庭，而毋有其有焉。是何也？上以四对八比取天下之人，既而以古之忠勋望天下之人之心，则且责剽窃、摹拟者为献可替否之公辅，则且责剽窃、摹拟者为修内攘外之封疆，则且责剽窃、摹拟者为左右后先之有司、百执事，则何体、何用、何本、何末之有焉？下以四对八比供上之求，既而梯荣显、

① 喁喁：仰望期待。
② 四对：指旧体诗文中的四种对仗。八比：八股文的别称。

工艳夺，则且移其剽窃、摹拟于官爵、利禄、权势、气炎，则且移其剽窃、摹拟于簿书、期会①、声音、笑貌，则且移其剽窃、摹拟于金玉锦绣、饮食耆好、田园、第宅、舆马、婢妾，则何性、何情、何胆、何肝之有焉？悲夫！体用本末，既以舛驰；性情胆肝，又以叵测之人也。方其文恬武熙，雍容妥贴，国有令誉，家有厚藏，是则四对八比之庸福而已矣；逮乎天怒人怨，糜烂焦灼，国有归咎，家有交谪，是则剽窃、摹拟之败局而已矣。悲夫！享庸福而有余，支败局而不足者，试提其耳，而告以内圣外王之义类、之名称、之底里、之节次，则岂不惶遽而大惑也邪？

悲夫！为君而不彻于内圣外王之学，尧、舜、禹、汤不取也；为臣而不彻于内圣外王之学，稷、契、周、邵不取也；为师儒而不彻于内圣外王之学，仲尼、子舆不取也。登山不于岱，观水不于海，则不特。疗饥不以菽粟，御寒不以布帛，则不恒。不特、不恒，不可以该。是故特之甚、恒之甚、该之甚，则莫如心仲尼、子舆之心，学内圣外王之学。《诗》曰："日就月将，学有缉熙于光明。"如之何其惶遽大惑也？

悲夫！言内圣外王则惶遽大惑也者，是不得为师儒也矣；不得为师儒也者，是不得为天下之人材也矣；不得为天下之人材也者，是不得为元后、元老之藻鉴也矣；不得为元后、元老之藻鉴也者，是不得为子孙、黎民之福也矣；不得为子孙、黎民之福也者，是不得不来水潦、旱干、兵戈、疾疫之惨也矣；不得不来水潦、旱干、兵戈、疾疫之惨也者，是不得不为天地、山川、上下神祇之罪人也矣。

悲夫！师儒而罪人之，揆其致此之由，则又岂惟内圣外王是惑云尔？抑自大道榛塞②，而浸淫积渐以至于今日。师不出于学，而出于位；不出于教，而出于恩；不出于宿昔，而出于邂逅；不出于洁白，而出于贿赂；不出于心悦诚服，而出于号召；不出于担簦负笈以从，而出于辗转攀傅③；不出于析

① 期会：约期聚集。
② 榛塞：阻塞。
③ 攀傅：同"攀附"，附着东西往上爬，比喻投靠有权势的人，以求升官发财或得到某种好处。

疑辨难，而出于阿其所好；不出于老成耆艾，而出于年少而据要津之人。《诗》曰："乃如之人兮，逝不古处。"夫不古处者，而侈然号为师，则岂非师其所师，而非吾之所谓师乎哉？是何也？方巾阔步，而不见性，是谓边幅之师；柔声软态，而不中度，是谓描画之师；乱修曲出，而不由礼，是谓昏夜之师；纵情滥与，而不底实，是谓道涂之师；天人出入离合不严，是谓蟊贼之师；古今成败利钝不熟，是谓聋瞆之师；心无理体，主持文教，是谓枵①中之师；肩无担荷，弁冕官僚，是谓汗颜之师。

且夫异人而同情，一唱而百和，凡今风尚皆然，而师弟其最也。师以传弟，弟复为师，譬如鸟生雏，雏复生鸟；树根生子，子复生根。展转相生，眷属不绝；展转相效，风气不绝。于是天下无不边幅、描画、昏夜、道涂、蟊贼、聋瞆、枵中、汗颜之师。《礼》曰："君子耻服其服而无其容，耻有其容而无其辞。"是故侈然号为师者，不亦可耻之甚矣乎？

且夫可耻之甚者，则必有可忧之甚者；可忧之甚者，则必有无可如何之甚者。奚以明其然也？天下之师非其师，则必有草茅下士志气浮动，闻道德则疑其伪，趋功利则乐其便之忧；则必有后生小子无所考德问业，而自智其愚、自文其陋之忧；则必有少年新进矜材驰辨，丧心诡行，亟图跨越，以骇群从之忧；则必有五群六友祖其私见以扇无知，鼓其虚焰以喝当时之忧；则必有礼义廉耻衰于谄谀之忧，则必有忠信孝悌第工文饰以卖名声之忧；则必有朝濡暮染，中材而落下流之忧；则必有树耳目以知杂事，树爪牙以偿宿怨，树腹心以成拙举之忧；则必有蠹士习以及官常、蠹官常以及民风、蠹民风以及国脉之忧。

是故师儒之际，天下清浊治乱必由之。且夫清浊治乱则又有等衰焉。汉之天下坏于甘陵，明之天下坏于东林。凡有师儒，则有朋党；有朋党，则有清议；有清议，则有时望②；有时望，则有当路之忌；有当路之忌，则有挤坠破坏。此甘陵、东林所以为天下毒也。今也无儒实，而有师门、恩门；无

---

① 枵：空虚。
② 时望：指当时有威信有声望的人。

朋党，而有鬼蜮①；无清议，而有和同；无时望，而有柄藉；无当路之忌，而有攀龙鳞、附凤翼之乐；无挤坠破坏，而有消沮闭藏、粉饰蠹蚀之巧。此又出于甘陵、东林之下，可为流涕太息而不能已者矣。

《诗》曰："人之云亡，邦国殄瘁。"且夫人亡而能存之，此师儒之事也。人存然后有国，师存然后有人，道存然后有师，性存然后有道。是故君子不可以不知道，不可以不尽性。子思曰："天命之谓性，率性之谓道，修道之谓教。"又曰："唯天下至诚为能尽其性。能尽其性，则能尽人之性；能尽人之性，则能尽物之性；能尽物之性，则可以赞天地之化育；可以赞天地之化育，则可以与天地参矣。"此知道之谓也，此尽性之谓也。

且夫不尽性而语道，犹不琢玉而欲成器也。不知道而好为人师，犹夜行而不以烛也。是故君子以天地人物为己职，以《诗》《书》《礼》《乐》《易》《春秋》为己脉，以末流之运为己忧，以扶世翼教、磨礱变化为己乐。毋齐其有，俾可与为善者同之；毋已其辨，俾议吾道、桡吾徒者惮之；毋倡其疑，俾有证乎古、有得乎心者先之；毋小其成，俾天下国家无所往而不得其当者广之。

是故君子毅而遂、蔼而深、智而察、信而谌②，渗漉③若时雨，铿鍧④若雷电，勤学不知老，诲人不知倦。有单词片语以诲之，有比物连类以诲之，有深思密理以诲之，有正义直指以诲之，有快心披写以诲之，有苦心郁勃以诲之，有顺意敷陈以诲之，有逆意钩摘⑤以诲之，有举其体段以诲之，有循其次第以诲之，有搜其原起以诲之，有料其究竟以诲之，有启其关楗以诲之，有塞其榛梗⑥以诲之，有束其绳墨以诲之，有化其畛域以诲之，有嘉其勤恳以诲之，有俟其愤悱以诲之，有导其精进以诲之，有涤其污染以诲之。此二十诲者，匪直标声气以实门墙云尔，乃所愿则铸人材于师儒之力也；则亲戚

---

① 鬼蜮：害人的鬼和怪物，比喻阴险的人。
② 谌：真诚，忠诚。
③ 渗漉：液体向下流，比喻恩泽下施。
④ 铿鍧（hōng）：形容声音洪亮。
⑤ 钩摘：勾录摘取。
⑥ 榛梗：谓隔阂、嫌怨。

君臣上下虽乱，而门墙之内自治也；则且出其所造之智、仁、勇、艺，理天下国家于弟靡波流之会，而补天地人物之缺陷于帖耳寒心之秋也。是何也？所造之智，则讨古今、通天人之智也；所造之仁，则庇民物、等覆载之仁也；所造之勇，则夷患难、振侮辱之勇也；所造之艺，则正制度、详品节之艺也。

《诗》曰："肆成人有德，小子有造。古之人无致，誉髦斯士。"是故我能无致，然后士皆有造，可以门墙内之好智、好仁、好勇、好艺者，振斯代、斯人之不智、不仁、不勇、不艺者，而生其新；可以门墙内之必智、必仁、必勇、必艺者，操斯代、斯人之或智、或仁、或勇、或艺者，而致其定；可以门墙内之大智、大仁、大勇、大艺者，进斯代、斯人之小智、小仁、小勇、小艺者，而广其益；可以门墙内之纯智、纯仁、纯勇、纯艺者，废斯代、斯人之杂智、杂仁、杂勇、杂艺者，而塞其害。

《诗》曰："彼都人士，狐裘黄黄。其容不改，出言有章。行归于周，万民所望。"是故师圣，然后弟贤；师圣弟贤，然后人材有所出；人材有所出，然后礼、乐、兵、刑有所措；礼、乐、兵、刑有所措，然后远至迩安；远至迩安，然后大君忻芬欢艻；大君忻芬欢艻，然后寿命固，福禄长；寿命固，福禄长，然后能纪功乎当时，流誉乎无穷；能纪功乎当时，流誉乎无穷，然后俾有天下国家者尽美尽善；俾有天下国家者尽美尽善，然后毫发亡憾于内圣外王之学。

《书》曰："若金，用汝作砺；若济巨川，用汝作舟楫；若岁大旱，用汝作霖雨。"此高宗所以命傅说也。而考说之所以进戒于王者，曰道，曰德，曰教，曰学。夫道、德、教、学，乃砺、楫、霖雨之资，是则君子之本志矣乎？是则师儒之能事矣乎？

（汤鹏撰，刘志靖、王子义、石彦陶等校点：《汤鹏集》第一卷，岳麓书社2011年版，第316—321页。）

📝 评析

汤鹏在《原教》上篇中分析了儒教、道教、佛教、基督教以及伊斯兰教在中国的传播及影响，发出了振兴儒教的呼声。在《原教》下篇中，汤鹏强调了教学及教师在培养人才、振兴国家中的重要地位，明确提出"天下之故出于人材，天下之人材出于教，天下之教出于学，天下之学出于师"这一观点。

在此篇中，汤鹏首先从儒家的理想"内圣外王"说起，他认为千百年来，唯有孔、孟二人能够继承此道。在其看来，后世师儒无法兴继的主要原因在于他们无法明晓内圣外王之义：孔孟前人，"其事荒忽而不传，恶知其内圣邪、外王邪"；孟子以下，儒者或"其旨枝离而不中，恶知其果于内圣邪、外王邪"又或"出于训故，于是抱残守阙、沿讹袭缪，恶知内圣外王是何义类邪"；更有师儒"出于词章，于是夸多斗奇、争妍负宠，恶知内圣外王是何名称邪"；其间虽有儒者欲光复此道，但可惜他们过于沉迷于语录，只略知"内圣外王"之义，而未精深其中。正因如此，儒者沉溺于八股，更无一丝先贤气象，世间出现种种贪图名利富贵之俗师——边幅、描画、昏夜、道涂、蟊贼、聋瞶、枵中、汗颜之师。天下之师非其师，由此带来的后果则是士气不振、趋功逐利、道德沦丧，毒害国家与社会。因此，汤鹏呼吁必须重视师儒的作用，并选择真正的师儒来引导、教育年轻人。他认为真正的师儒应该具备深厚的学问、高尚的品德、严谨的治学态度、强烈的治国安邦之志愿，能够引导学生走向正道，成为有用之才，他还详细列举了二十条教人之法。

总之，汤鹏重师、重教，认为师道教育在国家治理中扮演着至关重要的角色。"百年大计，教育为本；教育大计，教师为本"，师之责、教之重，不可不察也。

罗泽南

罗泽南（1808—1856），字仲岳，号罗山，湖南湘乡（今属双峰）人。其天资聪颖，博闻强记，6岁从学，"过目成诵，日可千余言"。19岁应童子试，不第罢归，自此开始长达数十年的课馆授徒生活。罗泽南宗程朱理学，同时又吸纳经世实学以发展程朱理学。他将理学思想运用到军事实践，曾国藩曾言：湘军之兴，威震海内，创诸罗忠节公。罗泽南一生治学颇丰，著作有《西铭讲义》《周易附说》《人极衍义》《姚江学辨》《读孟子札记》《皇舆要览》等。

学问

人欲行道，必先存理；人欲存理，必先扩识；人欲扩识，必先立志。其所谓立志者何？曰："学圣人也。"今人一言圣学，动辄惊疑，先自安于卑陋，于身之所固有者置之而不求，于身之所不有者反汲汲以求之。不思太极之真妙，合而成人。生知安行，虽为吾所不逮，而其所以得于天之理者，究未尝于圣人有异。程子曰："学者当为天地立心，为万物立命，为往圣继绝学，为万世开太平。"① 此何如远大之任也哉！自顾何人，竟自小其性之若是耶？此其弊在于志之不大，而其端又在于知之不明。盖择善者固执之基，思辨者笃行之本。孔子以生知之圣，尚欲好古以求矧，吾辈昏柔之质也哉，欲陟远也，必知其道之所经，而后行之不差也。欲观物也，必恃其目之能明，而后辨之不谬也。六经，先儒之书，载义理之精微，发性道之蕴奥，诚为万古之长炬。惟究其理之所当然，复辨其理之所以然。凡仁之所以为仁，义之所以为义，礼之所以为礼，智之所以为智，信之所以为信，无不因前圣之所言以验夫吾心之所有。天人之界，审之分明；善恶之幾，析之毫发，始可以

---

① 此句出自张载，原句为"为天地立心，为生民立命，为往圣继绝学，为万世开太平"。

入德而不惑矣。见理未真，而曰："吾欲存理，吾欲祛欲。"是何异由京师而不知其路，察秋毫而已盲其目也哉？识之不可不充者，以此虽然穷理矣，理固未易言循；知性矣，性固未易言尽。知之而不行之，所知尚为空言，究与吾身无补。古之圣贤必以居敬之功为要者，心之出入无时，莫知其向，瞬息之间，不加提撕，天理遂因是而日亡也；一念之微，不加审慎，人欲遂因是而日滋也。惟能敬以直内，则静时存养，动之所本者已立；动时省察，静之所存者不虚。圣学之功，未有不由于此者。夫立志者，《大学》之知止也；扩识者，《大学》之格致也；存理者，《大学》之诚意、正心、修身也。志大则不安于小成，识扩则不惑于歧途，理存则不杂于物欲，由是而齐家、而治国、而平天下，是亦何有也哉？学者不可不知之也。

（罗泽南撰，符静校点：《罗泽南集》，岳麓书社 2010 年版，第 51—52 页。）

📑 评析

在此篇中，罗泽南主谈如何成就"圣学"。第一，学者当先立志，其志不可小，应"学圣人也"。罗泽南曾协助曾国藩编练湘军，而曾国藩三十岁即立志"学做圣人"，此宏愿对罗氏当有影响。罗泽南强调，后人虽未能如圣人般生而知之，但藏于自身天赋之理与圣人别无二致，"而其所以得于天之理者，究未尝于圣人有异"，故应努力奋进，不可荒废。第二，学者应当多读书以发明义理，"六经，先儒之书，载义理之精微，发性道之蕴奥，诚为万古之长炬"，反复研读六经及先贤之书，深究背后之理，与古人智慧相互印证，领略仁、义、礼、智、信之真谛。第三，学者应当时刻警醒以存有此理，不可让私欲杂念侵蚀内心，"惟能敬以直内，则静时存养，动之所本者已立；动时省察，静之所存者不虚"。保持恭敬，静时涵养此心，动时保证行为正确。此三点，源于《大学》：立志为"知止"，读书明理为"格物致知"，持敬养理为"诚意、正心、修身"。学者只有立志高远、见识卓绝，才能行以致远，最终达齐家、治国、平天下之功。

湖湘教育首重立志教育，自周敦颐开始，即谈"学为圣人"，此理念遂为后来湖湘学者共同追求之目标，宋代胡安国、胡宏、张栻接续，清代曾国藩、罗泽南发扬。由宋至清，立志教育内容或因时代变化而有所差异，但相同的是，湖湘学人从未将立志困于己身，从经世济民到拯救中国，无一不展现出他们以天下苍生为念之宏志。

与谭砚农书

人之为学，必先立志。志不立，虽以至易为之事，逡巡①畏缩，废然②而无所成。志一立，虽以至难为之事，鼓舞而不可御。夫所谓立志者，志为圣人而已矣。今人安于卑陋，与之言为圣人，莫不大惊小怪，谓此岂吾辈所能胜，不知圣人者亦只尽夫一身之所当为也，亦只全乎人之所以为人也。孝如大舜，孝之至也，于子道未尝有所加也。忠如周公，忠之至也，于臣道未尝有所益也。虽其生知安行，非寻常所可骤及，然加以困勉之力，亦可渐臻于远大。盖人禀天地之理以成性，其理足以应万事而无所亏；禀天地之气以成形，其气足以配道义而无所馁。苟锐其奋往之志，一日用力于仁。至重也，吾自任之；至远也，吾自致之。又何事之不可成，何境之不可臻哉？孟子曰："自暴者，不可与有言也；自弃者，不可与有为也。"其自暴自弃③，亦因乎志之不立耳。夫志立矣，而其用功之道，又不可不讲穷理者，所以离梦而就觉也。格物致知，必期本末之兼明。居敬者，所以祛欲而全天也。存心养性，必务动静之交修。不居敬，则无以立穷理之本；不穷理，则无以明居敬之功。

---

① 逡巡：因为有所顾虑而徘徊不前。
② 废然：沮丧失望的样子。
③ 自暴自弃：自暴，犹言自害；自弃，不求上进。指不求上进，甘心落后。

不本末兼明，则其所知者不全；不动静交修，则其所守者必偏。是以程子之九条，朱子之补传，曾子之戒欺求慊①，子思之存养省察，无不切切言之，以为圣学之准绳，吾人之步趋②也。至日用伦常，各有当行之道。今人学之不进者，动谓以事累之，不知事之所在即为道之所在。事为我所当为，是合依理行之，则处己接物，无非学问工夫，天下无事外之道。欲存心而厌事，必坐禅入定而后可也。圣贤之学，岂如是哉？砚农以颖悟之资，兼禀和顺之气，进德修业，固所不难。特思从容涵泳则有余，果敢精进则不足，致知力行有未及。猛力向前者，伏冀竖起脊梁，站定脚跟，斩钉截铁，向圣贤路上做去。矢必为之志，加进修之功，志之所在，气必从之，异日之所造，岂有限量乎哉？来书闻黎公讲经济之学，不胜为之欣羡。但不知所讲者，何如耳？治国平天下，必先格致、诚正、修齐，始为有本之学。若徒诵于口耳，而不先以躬行，是无源之水，必不能放乎四海；无根之木，必不能荣其枝叶也。近日士人创立名士派、经济派名色③，争辟门户④，吾尝论及之曰："名士不本于性天，终为六朝之放诞。经济不原于道德，即是五伯⑤之杂图。"砚农有志乎此，是必依大本大原上做去，始为有用之学，徒讲求钱谷兵刑，抑末耳。

174

（罗泽南撰，符静校点：《罗泽南集》，岳麓书社 2010 年版，第 91-92 页。）

📑 评析

立志圣贤之学，这是理学家提出的教育目标之一。罗泽南所论立志的重要性，在任何时代都值得我们借鉴。值得注意的是，罗泽南强调应在日用伦

① 慊（qiè）：满足，满意。
② 步趋：事情进行的程序和步调。
③ 名色：名目。
④ 门户：派别，宗派。
⑤ 伯：古同"霸"，古代诸侯联盟的首领。

常中理会道理。针对当时学者常常将"学之不进"归因于"以事累之"的状况，罗泽南指出，"事之所在"，即"道之所在"，主张在事中去体会道理，在事中明确"我所当为"的意义，在待人、接物、处己等方面中明道、行道。罗泽南所论，虽均不脱理学之窠臼，但其笃定坚信道德性命之言，今人读来，仍不失教育警励的意义。

曾国藩

曾国藩（1811—1872），初名子城，字伯涵，号涤生，湖南湘乡白杨坪（今属双峰）人。清洋务派和湘军首领，晚清散文"湘乡派"创立人。晚清"中兴四大名臣"之一，官至两江总督、直隶总督、武英殿大学士，封一等毅勇侯，谥文正。曾国藩在京期间，结交穆彰阿、倭仁、唐鉴等人，以理学为正宗，以至后来成为"理学名儒"。就教育而言，曾国藩的主要贡献表现在新式学堂、公费留学、家庭教育等方面。

《五箴》并序

少不自立，荏苒①遂洎②今兹。盖古人学成之年，而吾碌碌尚如斯也，不其戚矣！继是以往，人事日纷，德慧日损，下流之赴，抑又可知。夫疢疾③所以益智，逸豫④所以亡身，仆以中才而履安顺，将欲刻苦而自振拔，谅哉其难之欤！作《五箴》以自创云。

立志箴

煌煌先哲，彼不犹人。藐焉小子，亦父母之身。聪明福禄，予我者厚哉！弃天而佚，是及凶灾。积悔累千，其终也已。往者不可追，请从今始。荷道以躬，舆之以言。一息尚存，永矢弗谖⑤。

---

① 荏苒：时间在不知不觉中渐渐过去。
② 洎（jì）：到，及。
③ 疢（chèn）疾：忧患。
④ 逸豫：闲适安乐。
⑤ 永矢弗谖：发誓永远不要忘记。

居敬箴

天地定位，二五胚胎。鼎焉作配，实曰三才。俨恪①斋明，以凝女②命。女之不庄，伐生戕③性。谁人可慢？何事可弛？弛事者无成，慢人者反尔。纵彼不反，亦长吾骄。人则下女，天罚昭昭。

主静箴

斋宿日观，天鸡一鸣。万籁俱息，但闻钟声。后有毒蛇，前有猛虎。神定不慑，谁敢予侮？岂伊避人，日对三军。我虑则一，彼纷不纷。驰骛④半生，曾不自主。今其老矣，殆扰扰以终古。

谨言箴

巧语悦人，自扰其身。闲言送日，亦搅女神。解人⑤不夸，夸者不解。道听途说，智笑愚骇。骇者终明，谓女贾欺。笑者鄙女，虽矢犹疑。尤悔既丛，铭以自攻。铭而复蹈，嗟女既耄。

有恒箴

自吾识字，百历及兹。廿有八载，则无一知。曩者所忻⑥，阅时而鄙。故者既抛，新者旋徙。德业之不常，日为物迁。尔之再食，曾未闻或愆。黍黍之增，久乃盈斗。天君司命，敢告马走。

（曾国藩撰：《曾国藩全集》第十四卷，岳麓书社 2011 年版，第 176-177 页。）

---

① 俨恪：庄严恭敬。
② 女：同"汝"。
③ 戕：伤害。
④ 驰骛：奔走趋赴。
⑤ 解人：见事高明，通解理趣的人。
⑥ 忻：同"欣"。

📝 评析

曾国藩，力倡洋务运动，平定太平天国运动，被敕封一等勇毅侯，获"文正"谥号，可谓功勋卓著、成就非凡。可是发迹之前的他，出身乡野，起点低微，连考七次，才终中秀才，于是，曾国藩感慨"盖古人学成之年，而吾碌碌尚如斯也"。面对如此困境，他毫不气馁，并以坚韧不拔之毅力，"仆以中才而履安顺，将欲刻苦而自振拔"，超脱过去，终成一代名臣。曾国藩的成功之路，离不开自我之信念、激励、努力、奋进。《五箴》一篇，正是曾国藩用以自我警醒的箴言，不失为学者自我教育的好篇目，值得深入研读。

此篇要点有五。一是立志。父母、上天赐予我们生命，应当倍加珍惜，不可损害人之为人的尊严，应立志做圣贤，"凡成大事者，皆有超凡之志"。二是居敬。常怀恭敬之心，身边便无可以轻慢之人，手中便无可以放松之事。三是主静。"静而后能安，安而后能虑，虑而后能得"，精神专注安定，思虑主一不杂，才能更好地应事接物。四是谨言。用花言巧语取悦别人，终究害己；终日闲言碎语，徒耗精神；传播流言蜚语，自毁形象。因此，谨言是修养心性的必要功夫。五是有恒。无论是学业还是德业，均需日日常新，持之以恒。

"立志""居敬""主静""谨言""有恒"，曾国藩坚持"五箴"，数十年如一日，不肯懈怠，终在风雨飘摇的晚清时期，成就一番伟业。而在今天这个充满挑战和机遇的时代里，我们也应当坚定理想、保持敬畏、保持专注、自律慎言、持之以恒，这样才能在平凡的人生中成就非凡的自己。

君子慎独论

尝谓独也者，君子与小人共焉者也。小人以其为独而生一念之妄，积妄生肆，而欺人之事成。君子懔其为独而生一念之诚，积诚为慎，而自慊①之功密。其间离合幾微之端，可得而论矣。

盖《大学》自格致以后，前言往行，既资其扩充；日用细故，亦深其阅历。心之际乎事者，已能剖晰②乎公私；心之丽③于理者，又足精研其得失。则夫善之当为，不善之宜去，早画然④其灼见矣。而彼小人者，乃不能实有所见，而行其所知。于是一善当前，幸人之莫我察也，则趋焉而不决。一不善当前，幸人之莫或伺也，则去之而不力。幽独之中，情伪斯出，所谓欺也。惟夫君子者，惧一善之不力，则冥冥者有堕行；一不善之不去，则涓涓者无已时。屋漏而懔如帝天⑤，方寸而坚如金石。独知之地，慎之又慎。此圣经之要领，而后贤所切究者也。

自世儒以格致为外求，而专力于知善知恶，则慎独之旨晦。自世儒以独体为内照，而反昧乎即事即理，则慎独之旨愈晦。要之，明宜先乎诚，非格致则慎亦失当。心必丽于实，非事物则独将失守。此入德之方，不可不辨者也。

（曾国藩撰：《曾国藩全集》第十四卷，岳麓书社 2011 年版，第 138-139 页。）

---

① 自慊：自足，自快。
② 剖晰：剖析。
③ 丽：附着。
④ 画然：分明的样子。
⑤ 帝天：上天。

📑 评析

慎独，是中国传统道德哲学的重要概念，出自《礼记·中庸》："天命之谓性，率性之谓道，修道之谓教。道也者，不可须臾离也；可离非道也。是故君子戒慎乎其所不睹，恐惧乎其所不闻。莫见乎隐，莫显乎微，故君子慎其独也。"

《中庸》认为，天道、性命一以贯之，同出一源，人应当涵养性命、体察天道。然而，当个体置身于幽暗隐微之所时，往往容易懈怠自身，反而使人欲放荡流行。故特提慎独之道，意在告诫人们在独自活动、无人监督的情况下，仍然需要保持高度自觉，按照一定的道德规范行事，不做有违道德信念、做人原则之事。慎独是个人进行道德修养的重要方法，也是评定一个人道德水准的关键性环节。

曾国藩继承并发展儒家传统慎独思想。他指出，君子与小人在独处时，表现大异：小人独处时心生妄念，君子独处时至诚专一。曾国藩批评腐儒或执着于外而不返于内，或致力内求而忽视外部事理，以致慎独之旨晦暗不明。因此，曾国藩主张内外不遗，在察心识理、格物致知中，体会慎独之道。

总之，曾国藩将慎独视为养成君子型人格的途径之一，通过发扬主体自觉、自律，强调人心与天道物理相契，最终达到超越自我、完善人格的目标。这于今日国人之道德修养、身心教育，仍具有启发意义。

课程十二条

一、敬。整齐严肃，无时不惧。无事时心在腔子里，应事时专一不杂。清明在躬，如日之升。

二、静坐。每日不拘何时，静坐四刻，体验来复之仁心。正位凝命，如鼎之镇。

三、早起。黎明即起，醒后勿沾恋①。

四、读书不二。一书未完，不看他书。东翻西阅，徒徇②外为人。

五、读史。丙申年购《廿三史》，大人曰："尔借钱买书，吾不惜极力为尔弥缝，尔能圈点一遍，则不负我矣。"嗣后每日圈点十叶③，间断不孝。

六、谨言。刻刻留心，第一工夫。

七、养气。气藏丹田。无不可对人言之事。

八、保身。十月二十二日奉大人手谕曰："节劳，节欲，节饮食。"时时当作养病。

九、日知所亡④。每日读书记录心得语，有求深意是徇人⑤。

十、月无忘所能。每月作诗文数首，以验积理之多寡，养气之盛否。不可一味耽著，最易溺心丧志。

十一、作字。饭后写字半时。凡笔墨应酬，当作自己课程。凡事不待明日，愈积愈难清。

十二、夜不出门。旷功疲神，切戒切戒。

（曾国藩撰：《曾国藩全集》第十四卷，岳麓书社 2011 年版，第 377-378 页。）

📑 评析

曾国藩在道光二十二年（1842）为自己制订了严格的修身计划，即《课

---

① 沾恋：牵念留恋。
② 徇：又有版本作"务"。
③ 叶：同"页"。
④ 亡：同"无"。
⑤ 徇人：依从他人，曲从他人。

程十二条》。

曾国藩所列的十二条课程，包括"敬""静坐""早起""读书不二""读史""谨言""养气""保身""日知所亡""月无忘所能""作字""夜不出门"。这折射出曾国藩这一浸润于传统儒家文化中的读书人对课程的理解：培养良好的生活习惯是课程；修身养性、节制欲望是课程；阅读文史、写字作文，当然也是课程。值得一提的是，曾国藩的《课程十二条》与《岳麓书院学规》有相似之处，皆将道德修养与诗词文史作为学习之目。下列之，可与之对读：

"时常省问父母；朔望恭谒圣贤；气习各矫偏处；举止整齐严肃；服食宜从俭素；外事毫不可干；行坐必依齿序；痛戒讦短毁长；损友必须拒绝；不可闲谈废时；日讲经书三起；日看纲目数页；通晓时务物理；参读古文诗赋；读书必须过笔；会课按刻蚤完；夜读仍戒晏起；疑误定要力争。"

传统课程的内涵十分丰富。做一名中国式的读书人，花一辈子的精力来修人生这一门大课，是非常重要的事情。曾国藩的《课程十二条》对于反思读书功利化，以及偏重智识教育而忽视品德塑造和审美提升的教育方式具有启发意义。

箴言六则规澄侯

清

《记》曰："清明在躬。"吾人身心之间，须有一种清气。使子弟饮其和，乡党熏其德，庶几积善可以致祥。饮酒太多，则气必昏浊；说话太多，则神必躁扰。弟于此二弊，皆不能免。欲葆清气，首贵饮酒有节，次贵说话不苟。

俭

凡多欲者不能俭，好动者不能俭。多欲如好衣、好食、好声色、好书画古玩之类，皆可浪费破家。弟向无癖嗜之好，而颇有好动之弊。今日思作某事，明日思访某客，所费日增而不觉。此后讲求俭约，首戒好动。不轻出门，不轻举事。不特不作无益之事，即修理桥梁、道路、寺观、善堂，亦不可轻作。举动多则私费大矣。其次则仆从宜少，所谓食之者寡也。其次则送情宜减，所谓用之者舒也。否则今日不俭，异日必多欠债。既负累于亲友，亦贻累①于子孙。

明

三达德之首曰智，智即明也。古来豪杰，动称英雄。英即明也。明有二端：人见其近，吾见其远，曰高明；人见其粗，吾见其细，曰精明。高明者，譬如室中所见有限，登楼则所见远矣，登山则所见更远矣。精明者，譬如至微之物，以显微镜照之，则加大一倍、十倍、百倍矣。又如粗糙之米，再舂则粗糠全去，三舂、四舂则精白绝伦矣。高明由于天分，精明由于学问。吾兄弟忝居大家，天分均不甚高明，专赖学问以求精明。好问若买显微之镜，好学若舂上熟之米。总须心中极明，而后口中可断。能明而断谓之英断，不明而断谓之武断。武断自己之事，为害犹浅；武断他人之事，招怨实深。惟谦退而不肯轻断，最足养福。

慎

古人曰钦、曰敬、曰谦、曰谨、曰虔恭、曰祗惧，皆慎字之义也。慎者，有所畏惮之谓也。居心不循天理，则畏天怒；作事不顺人情，则畏人言。少贱则畏父师，畏官长。老年则畏后生之窃议。高位则畏僚属之指摘②。凡人方寸有所畏惮，则过必不大，鬼神必从而原之。若嬉游、斗牌等事而毫无忌惮，坏邻党之风气，作子孙之榜样，其所损者大矣。

---

① 贻累：连累，牵累。
② 指摘：挑出错误，加以批评。

恕

圣门好言仁，仁即恕也。曰富，曰贵，曰成，曰荣，曰誉，曰顺，此数者，我之所喜，人亦皆喜之。曰贫，曰贱，曰败，曰辱，曰毁，曰逆，此数者，我之所恶，人亦皆恶之。吾辈有声势之家，一言可以荣人，一言可以辱人。荣人，则得名、得利、得光耀。人尚未必感我，何也？谓我有势，帮人不难也。辱人则受刑、受罚、受苦恼。人必恨我次骨①，何也？谓我倚势，欺人太甚也。吾兄弟须从恕字痛下工夫，随在皆设身以处地。我要步步站得稳，须知他人也要站得稳，所谓立也。我要处处行得通，须知他人也要行得通，所谓达也。今日我处顺境，预想他日也有处逆境之时。今日我以盛气凌人，预想他日人亦以盛气凌我之身，或凌我之子孙。常以恕字自惕，常留余地处人，则荆棘少矣。

静

静则生明，动则多咎，自然之理也。家长好动，子弟必纷纷扰扰。朝生一策，暮设一计，虽严禁之而不能止。欲求一家之安静，先求一身之清静。静有二道：一曰不入是非之场，二曰不入势利之场。乡里之词讼曲直，于我何干？我若强为剖断，始则赔酒饭，后则惹怨恨。官场之得失升沉，于我何涉？我若稍为干预，小则招物议，大则挂弹章②。不若一概不管，可以敛后辈之躁气，即可保此身之清福。

（曾国藩撰：《曾国藩全集》第十四卷，岳麓书社 2011 年版，第 472-474 页。）

---

① 次骨：入骨，形容程度深。
② 弹章：弹劾官吏的奏章。

📑 评析

在曾国藩的家书中，致于其弟的书信占据相当大的篇幅。《箴言六则规澄侯》写于同治七年（1868）十月，曾国藩时任直隶总督，其弟曾国潢来南京探访，并小住一月有余，临行前，曾国藩特作此篇。

这篇文章所论之事、所言之理，有针对弟弟当时存在的一些不良习性而发的警言：因"饮酒太多，则气必昏浊；说话太多，则神必躁扰"而劝其"清"；因"今日思作某事，明日思访某客"而劝其"俭"；因"天分均不甚高明"而劝其"明"。亦有为提防后世子孙之不肖所作之警言：不可"毫无忌惮，坏邻党之风气"而曰"慎"；要"随在皆设身以处地"而曰"恕"；敛"后辈之躁气，即可保此身之清福"而曰"静"。他提出的"清""俭""明""慎""恕""静"六则，既借助儒家经典说理，又结合社会、人心阐释，加之贴合受教育者实际情况，语言浅显易懂，让人容易接受；说理透彻明白，使人受益无穷，可谓因材施教的典范之作。

曾国藩的家庭教育理念和方法，是他留给后世的宝贵遗产之一。他的悉心教导，使自己的子女出类拔萃，其他四位弟弟的后代亦能恪守曾氏家规、传承曾氏家教、浸润曾氏家风，从而造就了中国历史上独一无二、历经十代而不衰的曾氏家族。从《箴言六则规澄侯》一文中我们可以看到，曾国藩遵循人的成长规律，教人追求崇高理想并因材施教，此种理念对于今天的家庭教育有着重要借鉴意义。

谕纪泽纪鸿

每日以慎独、主敬、求仁、习劳四课相勉。

一曰慎独则心安。自修之道，莫难于养心。心既知有善知有恶，而不能实用其力，以为善去恶，则谓之自欺。方寸之自欺与否，盖他人所不及知，而己独知之。故《大学》之"诚意"章，两言慎独。果能好善如好好色，恶恶如恶恶臭，力去人欲，以存天理，则《大学》之所谓自慊，《中庸》之所谓戒慎恐惧，皆能切实行之。即曾子之所谓自反而缩，孟子之所谓仰不愧、俯不怍，所谓养心莫善于寡欲，皆不外乎是。故能慎独，则内省不疚，可以对天地质鬼神，断无行有不慊于心则馁之时。人无一内愧之事，则天君泰然，此心常快足宽平，是人生第一自强之道，第一寻乐之方，守身之先务也。

二曰主敬则身强。敬之一字，孔门持以教人，春秋士大夫亦常言之，至程朱则千言万语不离此旨。内而专静纯一，外而整齐严肃，敬之工夫也；出门如见大宾，使民如承大祭，敬之气象也；修己以安百姓，笃恭而天下平，敬之效验也。程子谓上下一于恭敬，则天地自位，万物自育，气无不和，四灵毕至。聪明睿智，皆由此出。以此事天飨帝，盖谓敬则无美不备也。吾谓敬字切近之效，尤在能固人肌肤之会、筋骸之束。庄敬日强，安肆日偷，皆自然之征应，虽有衰年病躯，一遇坛庙祭献之时、战阵危急之际，亦不觉神为之悚、气为之振，斯足知敬能使人身强矣。若人无众寡，事无大小，一一恭敬，不敢懈慢，则身体之强健，又何疑乎？

三曰求仁则人悦。凡人之生，皆得天地之理以成性，得天地之气以成形，我与民物，其大本乃同出一源。若但知私己，而不知仁民爱物，是于大本一源之道已悖而失之矣。至于尊官厚禄，高居人上，则有拯民溺救民饥之责。读书学古，粗知大义，即有觉后知、觉后觉之责。若但知自了，而不知教养庶汇，是于天之所以厚我者辜负甚大矣。

孔门教人，莫大于求仁，而其最切者，莫要于欲立立人、欲达达人数语。

立者自立不惧，如富人百物有余，不假外求；达者四达不悖，如贵人登高一呼，群山四应。人孰不欲己立己达，若能推以立人达人，则与物同春矣。后世论求仁者，莫精于张子之《西铭》。彼其视民胞物与，宏济群伦，皆事天者性分当然之事。必如此，乃可谓之人；不如此，则曰悖德，曰贼。诚如其说，则虽尽立天下之人，尽达天下之人，而曾无善劳之足言，人有不悦而归之者乎？

四曰习劳则神钦。凡人之情，莫不好逸而恶劳，无论贵贱智愚老少，皆贪于逸而惮于劳，古今之所同也。人一日所着之衣、所进之食，与一日所行之事、所用之力相称，则旁人韪①之，鬼神许之，以为彼自食其力也。若农夫织妇终岁勤动，以成数石之粟、数尺之布，而富贵之家终岁逸乐，不营一业，而食必珍羞，衣必锦绣，酣豢②高眠，一呼百诺，此天下最不平之事，鬼神所不许也，其能久乎？

古之圣君贤相，若汤之昧旦③丕显，文王日昃④不遑，周公夜以继日、坐以待旦，盖无时不以勤劳自励。《无逸》一篇，推之于勤则寿考，逸则夭亡，历历不爽。为一身计，则必操习技艺，磨炼筋骨，困知勉行，操心危虑，而后可以增智慧而长才识。为天下计，则必己饥己溺，一夫不获，引为余辜。大禹之周乘四载，过门不入，墨子之摩顶放踵⑤，以利天下，皆极俭以奉身，而极勤以救民，故荀子好称大禹、墨翟之行，以其勤劳也。

军兴以来，每见人有一材一技，能耐艰苦者，无不见用于人，见称于时。其绝无材技、不惯作劳者，皆唾弃于时，饥冻就毙。故勤则寿，逸则夭，勤则有材而见用，逸则无能而见弃，勤则博济斯民，而神祇钦仰，逸则无补于人，而神鬼不歆。是以君子欲为人神所凭依，莫大于习劳也。

余衰年多病，目疾日深，万难挽回，汝及诸侄辈身体强壮者少，古之君

---

① 韪：认为是对的。
② 酣豢：谓沉醉于某种情境。
③ 昧旦：天将明未明之时，破晓。
④ 日昃：太阳偏西，下午二时左右。
⑤ 摩顶放踵：磨秃了头顶，走破了脚跟。形容不辞辛劳，舍己为人。

子修己治家，必能心安身强而后有振兴之象，必使人悦神钦而后有骈集之祥。今书此四条，老年用自儆惕，以补昔岁之愆；并令二子各自勖勉，每夜以此四条相课，每月终以此四条相稽，仍寄诸侄共守，以期有成焉。

（曾国藩撰：《曾国藩全集》第二十一卷，岳麓书社 2011 年版，第 546-548 页。）

📑 评析

此篇作于同治九年（1870）十一月，是曾国藩过完六十总岁诞辰不久，写给曾纪泽、曾纪鸿的信件。曾国藩以其一生之所积，总结出修身之四律，望教导、勉励子孙后学。

此四条分别为"一曰慎独则心安""二曰主敬则身强""三曰求仁则人悦""四曰习劳则神钦"。行"慎独"之道，则"仰不愧于天，俯不怍于人"，使心光明；主"敬"之道，则心怀敬畏、主一于道、不慢不急，以使身强；求"仁"之道，为儒家"己欲立而立人、己欲达而达人"之发扬，天下万物，各得其正，皆为儒者分内之事，故行仁则可使人悦之；习"劳"之道，则将精神振作、身心修养置于操习技艺、日常劳作之间，立主在辛勤劳作中磨炼筋骨、增强意志、增长智慧、提升才识。习"劳"之道在曾国藩教育思想中独具特色，它不仅是对朱子《小学》中修身明理之继承，也是对曾国藩军旅生涯的深刻总结。

此四条环环相扣，不可荒废，"古之君子修己治家，必能心安身强而后有振兴之象，必使人悦神钦而后有骈集之祥"。唯经如此，方可成就君子之道。

劝学篇示直隶士子

人才随士风为转移，信乎？曰：是，不尽然，然大较莫能外也。前史称燕赵慷慨悲歌，敢于急人之难，盖有豪侠之风。余观直隶先正，若杨忠愍、赵忠毅、鹿忠节、孙征君诸贤，其后所诣各殊，其初皆于豪侠为近。即今日士林，亦多刚而不挠，质而好义，犹有豪侠之遗。才质本于士风，殆不诬与？

豪侠之质，可与入圣人之道者，约有数端。侠者薄视财利，弃万金而不眄①，而圣贤则富贵不处，贫贱不去，痛恶夫墦②间之食、龙断之登③。虽精粗不同，而轻财好义之迹则略近矣。侠者忘己济物，不惜苦志脱人于厄，而圣贤以博济为怀。邹鲁之汲汲皇皇，与夫禹之犹己溺，稷之犹己饥，伊尹之犹己推之沟中，曾无少异。彼其能力救穷交者，即其可以进援天下者也。侠者轻死重气，圣贤罕言及此。然孔曰成仁，孟曰取义，坚确不移之操，亦未尝不与之相类。昔人讥太史公好称任侠，以余观此数者，乃不悖于圣贤之道。然则豪侠之徒，未可深贬，而直隶之士，其为学当较易于他省，乌可以不致力乎哉？

致力如何？为学之术有四：曰义理，曰考据，曰辞章，曰经济。义理者，在孔门为德行之科，今世目为宋学者也。考据者，在孔门为文学之科，今世目为汉学者也。辞章者，在孔门为言语之科，从古艺文及今世制义诗赋皆是也。经济者，在孔门为政事之科，前代典礼、政书及当世掌故皆是也。

人之才智，上哲少而中下多，有生又不过数十寒暑，势不能求此四术遍观而尽取之。是以君子贵慎其所择，而先其所急。择其切于吾身心不可造次离者，则莫急于义理之学。凡人身所自具者，有耳、目、口、体、心思；日接于吾前者，有父子、兄弟、夫妇；稍远者，有君臣，有朋友。为义理之学者，盖将使耳、目、口、体、心思，各敬其职，而五伦各尽其分，又将推以

189

---

① 眄（miàn）：斜着眼睛看。
② 墦：坟墓。
③ 龙断之登：谓谋利求财。龙，通"垄"。

及物，使凡民皆有以善其身，而无憾于伦纪。夫使举世皆无憾于伦纪，虽唐虞之盛有不能逮，苟通义理之学，而经济该乎其中矣。程朱诸子遗书具在，曷尝舍末而言本、遗新民而专事明德？观其雅言，推阐反复而不厌者，大抵不外立志以植基，居敬以养德，穷理以致知，克己以力行，成物以致用。义理与经济初无两术之可分，特其施功之序，详于体而略于用耳。

今与直隶多士约：以义理之学为先，以立志为本，取乡先达杨、赵、鹿、孙数君子者为之表。彼能艰苦困饿，坚忍以成业，而吾何为不能？彼能置穷通、荣辱、祸福、死生于度外，而吾何为不能？彼能以功绩称当时，教泽牖后世，而吾何为不能？洗除旧日暗昧①卑污之见，矫然直趋广大光明之域；视人世之浮荣微利，若蝇蚋之触于目而不留；不忧所如不耦，而忧节概之少贬；不耻冻馁在室，而耻德不被于生民。志之所向，金石为开，谁能御之？志既定矣，然后取程朱所谓居敬穷理、力行成物云者，精研而实体之。然后求先儒所谓考据者，使吾之所见，证诸古制而不谬；然后求所谓辞章者，使吾之所获，达诸笔札而不差，择一术以坚持，而他术固未敢竟废也。其或多士之中，质性所近，师友所渐，有偏于考据之学，有偏于辞章之学，亦不必遽易前辙，即二途皆可入圣人之道。其文经史百家，其业学问思辨，其事始于修身，终于济世，百川异派，何必同哉？同达于海而已矣。

若夫风气无常，随人事而变迁。有一二人好学，则数辈皆思力追先哲，有一二人好仁，则数辈皆思康济斯民。倡者启其绪，和者衍其波；倡者可传诸同志，和者又可祖诸无穷；倡者如有本之泉放乎川渎，和者如支河沟浍交汇旁流。先觉后觉，互相劝诱，譬之大水小水，互相灌注。以直隶之士风，诚得有志者导夫先路，不过数年，必有体用兼备之才，彬蔚②而四出，泉涌而云兴。

余忝官斯土，自愧学无本原，不足仪型③多士。嘉此邦有刚方质实之资，乡贤多坚苦卓绝之行，粗述旧闻，以勖群士；亦冀通才硕彦，告我昌言，上下交相

---

① 暗昧：昏暗不明，愚昧。
② 彬蔚：文采美盛。
③ 仪型：楷模，典范。

劝勉，仰希古昔与人为善、取人为善之轨，于化民成俗之道，或不无小补云。己巳。

（曾国藩撰：《曾国藩全集》第十四卷，岳麓书社 2011 年版，第 486-488 页。）

📝 评析

曾国藩于同治七年（1868）就任直隶总督，上任伊始，便改革莲池书院教学模式、转变教育学风，试图以湖湘学术、教育之精髓，扭转疲敝、低落的直隶文教，为北方学术的复兴注入新的动力。此文作于同治八年（1869）七月，鲜明地显现出曾国藩的湖湘教育理念。

此篇首先肯定燕赵大地之士风，"盖有豪侠之风""刚而不摇，质而好义，犹有豪侠之遗"。此豪侠之风与圣人之道可以相通，而身为直隶学子，深受豪侠之风的浸润，可以此精神为感召，跨入圣学之道。

在此基础之上，曾国藩提炼了古代儒者"为学之术"的四个方面——义理、考据、辞章、经济，以求光复直隶学风。这一概括也反映了曾国藩学术、教育思想的特点。曾国藩的学术思想表现出汉宋兼采的特点，一方面倡导理学的"义理之学"，注重对道德性命之理的理解与挖掘；另一方面注重汉学的"考据"，主张质之古制，以求其允。反映在教育思想方面，曾国藩强调优先穷究义理之学，主张"立志以植基，居敬以养德，穷理以致知，克己以力行，成物以致用"；主张义理之学与经济之学相互促进；强调辞章之学与考据之学均可根据自身兴趣而修习。

曾国藩"学分四科"具有深刻的教育意义。"义理""经济"是对湖湘教育思想的继承与发展，"体用双彰""经世济民"，向来为胡宏、张栻、魏源等湖湘先贤所重；而"义理"与"考据""辞章"，则展现出曾国藩兼容汉宋、开放包容的为学精神与教育之法。

左宗棠

左宗棠（1812—1885），字季高，一字朴存，号湘上农人，湖南湘阴人，著名湘军将领，洋务派首领。左宗棠早年三试礼部不第，曾求学于城南学院、湘水校经堂，讲学于渌江书院。结交贺熙龄、胡林翼、林则徐、曾国藩等人，被陶澍激赏，官至东阁大学士、军机大臣，封二等恪靖侯。他一生经历了平定太平天国运动、掀起洋务运动等重要历史事件。著作有《左文襄公全集》。

与癸叟侄

癸叟侄览之：

郭意翁来，询悉二十四日嘉礼告成，凡百顺吉，我为欣然。

尔今已冠，且授室矣，当立志学作好人，苦心读书，以荷世业。吾与尔父渐老矣，尔于诸子中年稍长，姿性近于善良，故我之望尔成立尤切，为家门计，亦所以为尔计也，尔其敬听之。

读书非为科名计，然非科名不能自养，则其为科名而读书，亦人情也。但既读圣贤书，必先求识字。所谓识字者，非仅如近世汉学云云也。识得一字即行一字，方是善学。终日读书，而所行不逮一村农野夫，乃能言之鹦鹉耳。纵能掇巍科、跻通显，于世何益？于家何益？非惟无益，且有害也。冯钝吟①云："子弟得一文人，不如得一长者；得一贵仕，不如得一良农。"文人得一时之浮名，长者培数世之元气；贵仕不及三世，良农可及百年。务实学之君子必敦实行，此等字识得数个足矣。科名亦有定数，能文章者得之，不能文章者亦得之；有道德者得之，无行谊者亦得之。均可得也，则盍期蓄

---

① 冯钝吟：名班，字定远，号钝吟老人。江苏常熟人，明末诸生，入清未仕。为人落拓佯狂，不合时俗，能诗文，善书，尤其精于小楷。著有《钝吟全集》。

道德而能文章乎？此志当立。

尔气质颇近于温良，此可爱也，然丈夫事业非刚莫济。所谓刚者，非气矜之谓、色厉之谓，任人所不能任，为人所不能为，忍人所不能忍。志向一定，并力赴之，无少夹杂，无稍游移，必有所就。以柔德而成者，吾见罕矣，盍勉诸！

家世寒素，科名不过乡举，生产不及一顷，故子弟多朴拙之风，少华靡佻达之习，世泽之赖以稍存者此也。近颇连姻官族，数年以后，所往来者恐多贵游气习。子弟脚跟不定，往往欣厌失所，外诱乘之矣。唯能真读书则趋向正、识力定，可无忧耳，盍慎诸！

一国有一国之习气，一乡有一乡之习气，一家有一家之习气。有可法者，有足为戒者。心识其是非，而去其疵以成其醇，则为一国一乡之善士，一家不可少之人矣。

家庭之间，以和顺为贵。严急烦细者，肃杀之气，非长养气也。和而有节，顺而不失其贞，其庶乎？

用财有道，自奉宁过于俭，待人宁过于厚，寻常酬应则酌于施报可也。济人之道，先其亲者，后其疏者；先其急者，次其缓者。待工作力役之人，宜从厚偿其劳，悯其微也。广惠之道，亦远怨之道也。

人生读书得力只有数年。十六以前知识未开，二十五六以后人事渐杂，此数年中放过，则无成矣，勉之！

新妇名家子，性行之淑可知。妃匹①之际，爱之如兄弟，而敬之如宾，联之以情，接之以礼，长久之道也。始之以狎昵②者其末必暌③，待之以傲慢者其交不固。知义与顺之理，得肃与雍之意，室家之福永矣。妇女之志向习气皆随其夫为转移，所谓"一床无两人"也。身出于正而后能教之以正，此正可自验其得失，毋遽以相责也。孟子曰："身不行，道不行于妻子。"

---

① 妃匹：指婚配之事。
② 狎昵：指过于亲近而态度不庄重。
③ 暌：背离，分离。

193

胡云阁先生乃吾父执友，曾共麓山研席者数年。咏芝与吾齐年生，相好者二十余年，吾之立身行事，咏老知之最详，其重我非它人比也。尔今婿其妹，仍不可当钧敌之礼，无论年长以倍，且两世朋旧之分重于姻娅①也，尊之曰先生可矣。

尔婚时，吾未在家。日间文书纷至，不及作字，暇间为此寄尔。自附于古人醮②子之义，不知尔亦谓然否，如以为然，或所见各别，可一一疏陈之，以觇所诣也。

正月二十七夜四鼓季父字

（左宗棠撰，刘泱泱、岑生平等校点：《左宗棠全集》第十三卷，岳麓书社 2009 年版，第 6-8 页。）

评析

《与癸叟侄》写于咸丰六年（1856）正月，是左宗棠写给侄儿（二哥左宗植之子）的一封家书。他期望侄儿能够坚守耕读传统，塑造优秀品行，成为同辈中的楷模，自觉承担起家族责任。

左宗棠在此篇中的家庭教育思想可圈可点，具体包括以下几点：一是论述了科举、读书与做人之间的关系。左宗棠认为，读书识字的目的在于更好地做人，一个人光会读书识字，而其品行如果连一个村野之夫都不如，则并非真正的读书人。能中科举的人，如果道德文章不能与其身份相称，也不能算作真正会读书的人。二是为学任事应该刚毅坚强，"任人所不能任，为人所不能为，忍人所不能忍"，做一个立志坚定、坚韧不拔之人，必能成就一番事业。三是妥善处理婚姻家庭中的种种关系。家庭以和顺为本，立足要长远，要用心处理好夫妻、姻亲之间的种种复杂关系，身正才能教之以正，示

① 姻娅：亲家和连襟，泛指姻亲。
② 醮（jiào）：古代婚娶时用酒祭神的仪式。

之以正，志向要高远，心胸要开阔。

左宗棠认为家族和睦有序与每一个成员同气连枝，命运与共。"一国有一国之习气，一乡有一乡之习气，一家有一家之习气。有可法者，有足为戒者。心识其是非，而去其疵以成其醇，则为一国一乡之善士，一家不可少之人矣。"因此，他重视对家族内每个子弟的教育与培养，增强家族的凝聚力和向心力，塑造出优良的家风。当今中国，"家庭的前途命运同国家和民族的前途命运紧密相连"，左宗棠的家庭教育思想，值得我们关注。

与孝威孝宽

孝威、宽知之：

我于廿八日开船，是夜泊三汊矶。廿九日泊湘阴县城外，三十日即过湖抵岳州。南风甚正，舟行顺速，可毋念也。

我此次北行，非其素志。尔等虽小，当亦略知一二。世局如何，家事如何，均不必为尔等言之。惟刻难忘者，尔等近年读书无甚进境，气质毫未变化，恐日复一日，将求为寻常子弟不可得，空负我一片期望之心耳。夜间思及，辄不成眠，今复为尔等言之。尔等能领受与否，我不能强，然固不能已于言也。

读书要目到、口到、心到。尔读书不看清字画偏旁，不辨明句读，不记清首尾，是目不到也。喉、舌、唇、牙、齿五音并不清晰伶俐，蒙笼①含糊，听不明白，或多几字，或少几字，只图混过就是，是口不到也。经传精义奥旨初学固不能通，至于大略粗解原易明白，稍肯用心体会，一字求一字下落，一句求一句道理，一事求一事原委，虚字审其神气，实字测其义理，自然渐

---

① 蒙笼：朦胧。

有所悟。一时思索不得，即请先生解说；一时尚未融释，即将上下文或别章别部义理相近者反复推寻，务期了然于心，了然于口，始可放手。总要将此心运在字里行间，时复思绎①，乃为心到。今尔等读书总是混过日子，身在案前，耳目不知用到何处，心中胡思乱想，全无收敛归着之时。悠悠忽忽，日复一日，好似读书是答应人家工夫，是欺哄人家、掩饰人家耳目的勾当。昨日所不知不能者，今日仍是不知不能；去年所不知不能者，今年仍是不知不能。孝威今年十五，孝宽今年十四，转眼就长大成人矣。从前所知所能者，究竟能比乡村子弟之佳者否？试自忖之。

读书作人，先要立志。想古来圣贤豪杰是我者般年纪时是何气象？是何学问？是何才干？我现在那②一件可以比他？想父母送我读书、延师训课是何志愿？是何意思？我哪一件可以对父母？看同时一辈人，父母常背后夸赞者是何好样？斥詈③者是何坏样？好样要学，坏样断不可学。心中要想个明白，立定主意，念念要学好，事事要学好。自己坏样一概猛省猛改，断不许少有回护，断不可因循苟且，务期与古时圣贤豪杰少小时志气一般，方可慰父母之心，免被他人耻笑。

志患不立，尤患不坚。偶然听一段好话，听一件好事，亦知歆动羡慕，当时亦说我要与他一样。不过几日几时，此念就不知如何销歇去了，此是尔志不坚，还由不能立志之故。如果一心向上，有何事业不能做成？

陶桓公有云："大禹惜寸阴，吾辈当惜分阴。"古人用心之勤如此。韩文公云："业精于勤而荒于嬉。"凡事皆然，不仅读书。而读书更要勤苦，何也？百工技艺及医学、农学，均是一件事，道理尚易通晓。至吾儒读书，天地民物，莫非己任。宇宙古今事理，均须融澈于心，然后施为有本。人生读书之日最是难得，尔等有成与否，就在此数年上见分晓。若仍如从前悠忽过日，再数年依然故我，还能冒读书名色、充读书人否？思之，思之。

---

① 思绎：思索寻求。
② 那：即"哪"。
③ 詈（lì）：骂。

孝威气质轻浮，心思不能沉下，年逾成童而童心未化，视听言动，无非一种轻扬浮躁之气。屡经谕责，毫不知改。孝宽气质昏惰，外蠢内傲，又贪嬉戏，毫无一点好处可取①，开卷便昏昏欲睡，全不提醒振作。一至偷闲顽耍②，便觉分外精神。年已十四，而诗文不知何物，字画又丑劣不堪。见人好处不知自愧，真不知将来作何等人物。我在家时常训督，未见悛改③。今我出门，想起尔等顽钝不成材料光景，心中片刻不能放下。尔等如有人心，想尔父此段苦心，亦知自愧自恨，求痛改前非以慰我否？

亲朋中子弟佳者颇少，我不在家，尔等在塾读书，不必应酬交接。外受傅训，入奉母仪可也。

读书用功，最要专一，无间断。今年以我北行之故，亲朋子侄来家送我；先生又以送考耽误工课，闻二月初三、四始能上馆，所谓"一年之计在于春"者，又去月余矣。若夏秋有科考，则忙忙碌碌又过一年，如何是好？今特谕尔：自二月初一日起，将每日工课按月各写一小本寄京一次，便我查阅。如先生是日未在馆，亦即注明，使我知之。屋前街道、屋后菜园，不准擅出行走。如奉母命出外，亦须速出速归。出必告，反必面，断不可任意往来。

同学之友，如果诚实发愤，无妄言妄动，固宜引为同类。倘或不然，则同斋割席④，勿与亲昵为要。

家中书籍勿轻易借人，恐有损失。如必须借看者，每借去，则粘一条于书架，注明某日某人借去某书，以便随时向取。

庚申正月三十日

（左宗棠撰，刘泱泱、岑生平等校点：《左宗棠全集》第十三卷，岳麓书社 2009 年版，第 9-11 页。）

---

① "可取"二字据家书手迹补。
② "耍"原作"恖"，据句意改。
③ 悛改：悔改。
④ 割席：三国时管宁跟华歆同学，读书时两人合坐一张席，后来管宁鄙视华歆的人品，把席割开分坐。后世指跟朋友绝交。

📝 评析

《与孝威孝宽》作于咸丰十年（1860），其时左宗棠为平复太平军之乱，由湖南赶赴安徽、江西，在途经岳阳之际，为孝威、孝宽二子特书此信。

首先，左宗棠要求二子深入领会朱熹的读书方法——"读书三到"。"目到"指的是读书应当字字过目、精读细审，如果"尔读书不看清字画偏旁，不辨明句读，不记清首尾，是目不到也"；"口到"意即读字要字正腔圆、朗朗上口，如果"喉、舌、唇、牙、齿五音并不清晰伶俐，蒙笼含糊，听不明白，或多几字，或少几字，只图混过就是，是口不到也"；"心到"旨在时时思考，深入书中义理，体会圣人精义，"一字求一字下落，一句求一句道理，一事求一事原委，虚字审其神气，实字测其义理，自然渐有所悟"。

其次，左宗棠用通俗浅显的语言教导儿子应该怎样立志，立何等志，"务期与古时圣贤豪杰少小时志气一般，方可慰父母之心，免被他人耻笑"。

最后，左宗棠反复申明了读书应持之以恒，"志患不立，尤患不坚"；应慎重交友，"诚实发愤，无妄言妄动"；应爱惜书籍，"家中书籍勿轻易借人，恐有损失"。

此信情真意切、不厌其烦，左宗棠的爱子之心可见一斑。左宗棠所强调的，读书有则、立志为先、持之以恒、谨慎交友、珍爱书籍，皆为正理，应当借鉴。不过，文中直指两儿的昏惰之处，措辞易伤少年自尊，似不足取。这也告诫我们，父母在具体的教育实践中，也应当考虑孩子的心理承受能力，采用更为温和、积极的方式。

胡林翼

胡林翼（1812—1861），字贶生，号润芝，湖南益阳人，湘军重要首领，与曾国藩并称"曾胡"，晚清中兴名臣之一。胡林翼在政治、军事方面功绩显著，晚年重视教育，主讲城南书院，并于益阳创办箴言书院。他著有《读史兵略》，奏稿、诗文等辑为《胡文忠公遗集》。

致叔华侄

侄读书以不得其法来问于余，读书如攻贼，非可侥幸得果者也。多读乃是根本之图。六经无论矣，余如《老》《庄》，如《史记》，如前后《汉书》，如《通鉴》，如韩、柳、欧、苏等集，均为不可不读之书。多读则气盛言宜，下笔作文，便仿佛有神助。否则干枯拙塞，勉强成篇，亦索索①无生气，不足登于大雅堂也。

每作一文，首须打定一主意，然后正反旁侧，随笔而书，使有众星以拱北辰之概。次须联想，联想者，因此而写及彼事也。其中关键，至为重要。譬如因笔而思及造笔者为何人？笔之进步如何？又思及笔与纸墨有何关系？与人之文思又有何关系？照此联想，则文必畅达，而无格格不吐之弊。总之，有主意则文不散漫，能联想则文不拙滞。而又多读以运用其思想，则于为文之道，亦庶几近矣！

抑有欲为吾侄告者，读书须勤，然亦须有分寸。吾侄身体本不甚健硕，若再焚膏继晷②、孜孜矻矻③，则损害其身，殊非浅鲜。身体一弱，则虽有志进取，而亦苦于精力不继，读亦不能记忆，有何益哉！

---

① 索索：空虚、空乏。
② 焚膏继晷：形容夜以继日地勤奋学习、工作等。
③ 孜孜矻（kū）矻：勤勉不懈。

余年未老，而已觉衰弱。曩时读书不慎，亦为一因。故甚望吾侄之勿再蹈余覆辙焉。

（胡林翼撰，胡渐逵、胡遂、邓立勋校点：《胡林翼集》第二卷，岳麓书社 2008 年版，第 1005 页。）

评析

胡林翼长年游宦在外，鲜有与家人团聚的时光，因此他留下了大量珍贵的家书。这些家书不仅传达了他对双亲的孝思和对子侄的期望，更展现出其对修身治学、为人处世、人才选拔、居官用兵的深刻思考。胡林翼书《致叔华侄》，以教其侄读书、作文之法。

在此篇中，胡林翼认为多读是增长见识与书写文章的根本途径与方法，"多读乃是根本之图。六经无论矣，余如《老》《庄》，如《史记》，如前后《汉书》，如《通鉴》，如韩、柳、欧、苏等集，均为不可不读之书"。只有博览群书，积累雄厚，才能胸有成竹，下笔万言。

谈到为文之法时，胡林翼认为，一方面要主意坚定明确，不可涣散，这样才能做到主旨鲜明；另一方面要善于联想，这样才能丰富提纲，畅达无阻。

胡林翼还提到读书应注意分寸，不能一味苦读而伤害了身体。身体强健是读书的坚实基础。

胡林翼的读书经验值得我们借鉴，即多读以充实思想是写好文章的基石，明确主题是文章集中不漫的准绳，善于联想是文章流畅无碍的要领，身体强健是读书作文的保障。

郭嵩焘

郭嵩焘（1818—1891），字伯琛，号筠仙，世称知养先生，湖南湘阴人，清末外交家。郭嵩焘生长于商贾诗书之家，自幼随父读书，十八岁入湘阴仰高书院，次年入岳麓书院，深受湖湘文化的熏陶，并结识曾国藩、左宗棠、刘蓉等人。咸丰二年（1852）为曾国藩幕僚，多次率湘军筹集粮饷，援治内乱。光绪二年（1876），郭嵩焘就任中国首届驻英国公使。两年后，又受命兼任驻法国大臣。归国后，郭嵩焘虽蛰居乡野，仍关心国计民生。其生前思想集中见于《养知书屋遗集》《礼记质疑》《中庸章句质疑》《使西纪程》等著作。

论士

《周官》① "六职"，无士之名。四民之有士，肇始管子②。管子尽一国之民，各勤所职，趋事赴功，因而别异之，无使有厖杂③焉。此管子之权也。古无有以士名者。自公卿、大夫之子，下及庶人，皆入学。至于成人，而学之成不成固已定矣。其能为士者，与其耕者、工者，各以所能自养。其有禄于朝，则有上士、中士、下士之等，其次则任为府史。制行尤高，其志尤隐。舜④、伊尹⑤之耕，傅说⑥之工，吕尚⑦之屠且渔，胶鬲⑧、管夷吾、孙叔

---

① 《周官》：即周礼，与《仪礼》《礼记》并称"三礼"，儒家十三经之一，内容包含天地春夏秋冬等六官，主要记载周制官位职能。
② 管子：姬姓，管氏，名夷吾，字仲，颍上人，春秋初期著名政治家。
③ 厖（máng）杂：庞大复杂。
④ 舜：虞舜，上古帝王。
⑤ 伊尹：商代初年重臣。
⑥ 傅说：商代著名政治家、思想家。
⑦ 吕尚：姜子牙，商末周初军事家、政治家。
⑧ 胶鬲：商周之际政治家。

敖①之贾，皆任为士者也。至汉犹然。路温舒②、卜式③、王尊④牧羊，公孙弘⑤、承宫⑥牧豕，兒宽⑦为都养，朱买臣⑧艾薪，匡衡⑨佣作，卫飒⑩、侯瑾⑪、郑均⑫并为佣，梁鸿⑬、任春⑭、刘茂⑮以精力致养，严光⑯耕钓，台佟⑰、韩康⑱卖药，第五访⑲佣耕，王君公⑳侩牛，徐稚㉑耕稼，申屠蟠㉒为漆工。或历仕至公相，或怀道守节，有隐见之分，而皆不辞贱役，所资以为养然也。

唐世尚文，人争以文自异，而士重。宋儒讲明性理之学，托名愈高，而士愈重。于是士之数视农、工、商三者常相倍焉。人亦相与异视之，为之名曰：重士。其所谓士，正《周官》所谓闲民也。士愈多，人才愈乏，风俗愈偷。故夫士者，国之蠹也。然且不能自养，而资人以养，于国家奚赖焉！然自士之名立，遂有峨冠博带，从容雅步，终其身为士者。讫于战国，遂以养士之名倾天下。后世之云重士者，皆用其名以倾天下者也，而士之实

① 孙叔敖：春秋时期楚国令尹。
② 路温舒：西汉司法官，代表作《尚德缓刑书》。
③ 卜式：西汉大臣。
④ 王尊：西汉大臣。
⑤ 公孙弘：西汉丞相。
⑥ 承宫：东汉经学家。
⑦ 兒宽：西汉政治家、经学家。
⑧ 朱买臣：西汉大臣。
⑨ 匡衡：西汉丞相，经学家。
⑩ 卫飒：东汉官员。
⑪ 侯瑾：东汉文学家，代表作有《矫世论》《应宾难》。
⑫ 郑均：东汉官员，为官清廉故世称"白衣尚书"。
⑬ 梁鸿：东汉隐士、士人。
⑭ 任春：东汉大臣。
⑮ 刘茂：西汉官员。
⑯ 严光：东汉著名隐士。
⑰ 台佟：东汉隐士。
⑱ 韩康：东汉名士。
⑲ 第五访：东汉官员。
⑳ 王君公：东汉官员。
㉑ 徐稚（zhì）：东汉名士。
㉒ 申屠蟠：东汉经学家。

乃终隐矣。

（郭嵩焘撰，梁小进主编：《郭嵩焘全集》第十四册，岳麓书社 2012 年版，第 279-280 页。）

📝 评析

　　此篇是郭嵩焘于光绪八年（1882）九月初一参加"诣船山祠行礼"之后所作，直接批判了当世的"俗儒之见"。郭嵩焘是清末湖湘经世派的重要人物，其身为习儒之人，却撰文批判士人，攻讦托士之名谋生民之利的"闲民"，也就是文章中所说的"士"，旨在呼吁国家发展工农商等行业，以促进社会分工平衡，发展社会生产力，实现国家富强的目标。郭嵩焘认为，士农工商的分野开始于管子，而重士这一风气在唐宋形成。实际上，郭嵩焘对中古以前脑力劳动与体力劳动的分野是认可的，因为他所列举的伊尹、吕尚、孙叔敖等士人，虽以脑力劳动见长，但"皆不辞贱役"，是有实业所在的。而唐宋以来的士人依托世俗对他们的重视，从容雅步，却不能自养，人数相倍于农工商三者，实在不能不说是国家的蠹虫。在清末国家危亡的背景下，郭嵩焘立足国学，而兼容西学，撰文疾呼，渴望有才贤士经世致用，学以致用，以积极践履、追求实业的态度看待传统社会分工，批判重士风气造成的官僚冗余，真知灼见可谓领先时代久矣。

与曾国藩书二则①

致曾国藩（节选）

《二程遗书》读既竟，遂读何书？澄侯、温甫②以何业？两弟质性匪常③，当不似弟之旷玩。去年在京时，即知彼日之不可再，人生多是过后悔耳。陆行至新化，无有书籍，与黄学博借《大学衍义》《五代史》一读，心气屡痛，不可用以纪时日而已。

霞兄自七月中寄去两书，遂无从致问，亦前得其书二，嗣④亦无复来告，道湘乡问之，无知其详者，未知此归能一见否也。前书约共赴都，恐不必能如约。弟亦思明秋先意城而行，其遂能与否，亦惟所适而已。

复曾国藩（节选）

204

西清⑤家叔归，奉赐书，惟承感泣。伏承以去秋先慈⑥之丧，颁悬挽幛⑦，又赐之联语，以光耀先灵而勉谕不孝等，伏读感怆，如何可言。重以大故之频，仍过颁厚赙⑧，以周其阙乏，俾终先人之事，所谓念故人之贫而自忘其身之约者与。

寄示三疏⑨，博大精纯，体用兼具，海内之人莫不传诵日讲。十四条治平之望，明良之会⑩方阶于是，而议格不行，所关殆非浅小。然台端⑪声望隆

---

① 题名为编者所取。
② 澄侯、温甫：澄侯指曾国藩胞弟曾国潢，温甫指曾国藩胞弟曾国华。
③ 匪常：非同寻常。
④ 嗣：从此以后。
⑤ 西清：字研斋，西林觉罗氏，清代官员。
⑥ 先慈：指亡母。
⑦ 挽幛：悼念逝者的礼幛，悬挂于逝者灵堂，上有哀辞。
⑧ 厚赙（fù）：丰厚的助丧财物。
⑨ 三疏：指曾国藩向道光皇帝上奏的三封奏疏。
⑩ 明良之会：指贤明之君与忠良之臣相遇，出自《尚书·虞书·益稷》"元首明哉，股肱良哉，庶事康哉"。
⑪ 台端：敬辞，指对方。

隆，圣明所知，天下士夫所共瞻属，正当蓄道储略，深求当世之要，究观事物之宜，以待事权之至，不宜悻悻①于一言之陈，以馁其志，急而与之，深言中听，以惊疑之。贾生见沮于绛、灌②，讵非时为之乎？

陈作梅③前有来书，云方侧身门墙，以希尺寸之益。此君志趣清远，体性纯实，宜若可与有成，而辱身裂名，逌造物者之深忌？寻思其故，莫可究识。嵩焘负罪取戾，戕及其亲。作梅酷毒其身，遂恐忧能伤人，不复可长世矣。

……

嵩焘今岁滥主昭潭讲席，自秋以前，家居之日为多。贱躯数经患难，日以羸惫，而家人及儿子辈疾病相寻，不知所遭之何境也。闻今岁复举一女，生育亦繁矣。纪泽④颖悟日生，想已渐知文事。前蒙赐寄刘氏家传、墓铭及《孟子要略》各三分，西清家叔、赵振卿各据其一，其一以致霞兄，遂无一存，人便犹望惠寄一分为祷。毒苦余生，无状足述，专肃陈谢。伏惟道躬万福、潭属以次安善。不宣。

（郭嵩焘撰，梁小进主编：《郭嵩焘全集》第十三册，岳麓书社 2012 年版，第 10-11，17-18 页。）

评析

以上两篇是郭嵩焘给好友曾国藩写的书信。第一则书信作于道光二十六年（1846），思念友人的情感表现真挚。从文中可看出，郭嵩焘酷爱研读哲学、史学著作，孜孜不倦，勤勉好问。其读书之法可给现代学人启示：学史明理、学史增信、学史崇德、学史力行。学习历史，在过往实践中汲取经验，

① 悻悻：愤怒的样子。

② 贾生见沮于绛、灌：引贾谊遭人诽谤，官场失意的典故。绛、灌指西汉诸侯周勃与灌婴。

③ 陈作梅：字夔原，清代官员。

④ 纪泽：曾纪泽，曾国藩次子，清代著名外交官，与郭嵩焘并称“郭曾”。

提升自身理性认知。学习哲学，应以优秀的方法论和世界观指导行为，以辩证的眼光认识世界和改造世界。

第二则书信作于道光三十年（1850），主要交代了郭嵩焘居母丧及其与西清、陈作梅等人的往来，而书信核心部分聚焦在郭嵩焘对曾国藩三封奏疏的点评上。曾国藩秉承着不屈不挠、匡扶大厦的爱国精神，从军事、工业、任贤、教育等多个角度屡屡上疏进言，虽多次遇挫，但始终不改其志，其爱国救民的热忱之心，修齐治平的圣贤哲思被天下广为传颂。

郭嵩焘点评的精彩之处在于"体用兼具"一词，这也是全文哲思的集中展现。郭嵩焘作为湖湘学者的代表人物，其对"体用"的关注与湖湘先贤一脉相承。早在北宋，湖湘学者胡安国便主张儒家学说须"明体而致用"，胡寅进一步提出"体用不二"，胡宏提出"体用合一"，主张明道体而后经世致用。郭嵩焘评曾氏奏疏"体用兼具"，即认同其观点具学理深度，且不乏实践性、操作性，突出读书治学的实用精神，看重知识改造世界的能力。"空谈误国，实干兴邦"，这一理念也如醍醐灌顶一般，时刻提醒我们实事求是，从实际出发，以具备建设性、实践性的思路和方法论开拓创新。

郭崑焘

郭崑焘（1823—1882），原名先梓，字仲毅，自号意诚，晚号樗叟，湖南湘阴人，郭嵩焘之弟。幼颖异，年十九，肆业岳麓书院，与江忠源、罗泽南、刘蓉等友善。道光二十四年（1844）中举人。会试两次下第，遂绝意科举，咸丰间参湘抚张亮基、骆秉章等幕府，参讨洪、杨之役，叙功赏国子监助教衔，又以协赞军事，官内阁中书。郭崑焘文辞简古，著有《云卧山庄诗集》《云卧山庄文集》《说文经字正谊》等。

论读书五则示儿辈

读书当沉潜涵泳，探索义理。读书之时，口在是，眼在是，心即在是。虽不能如古人之默识，亦宜低声徐诵，使神闲心定以求有得。若大声狂吟，则头昂心散，必且躁率扰乱，不复能深入矣。

读书当自首至尾，次第读去，彻始彻终，使全书了然于心，庶为有益。若一部之中，随意抽取一本，一本之中又随意翻阅数叶，但记一二故实，而于作者之精神脉络茫乎未有所会，虽终日读书，仍与未读无异。此世儒通病，最宜深戒。

读书忌鲁莽、忌作辍，未有鲁莽而不作辍者。古今书籍，汗牛充栋，安能一时而尽读之？但就所应读者，循序渐进，铢积寸累①，果能一一融会，即已终身受用不尽。若此书甫读，忽又思及彼书；此卷甫读，忽又思及下卷。急遽苟且以求速毕，猝不能毕，便生烦扰，烦扰之久，必成疲倦，于是未读者究不及读，而已读者转致抛荒，此学者之大病也。

---

① 铢积寸累：由细微而累积。比喻积少成多。

读书要优游①餍饫②，昔人所谓"如膏泽之浸、江海之润，涣然冰释，怡然理顺"，固非可恃一二日之功以希捷获也。书有未熟者，更读之又重读之；义有未明者，更思之又重思之。常使此心从容暇豫③，充然有余，然后可期无不熟之书，无不明之义。一涉急躁，便归无成。譬之行路然，或日可百里，或日仅数十里，乃足力之不可强者。以数十里之足力而强欲百里，必且汗流气喘，僵卧道旁，明日虽欲数十里而亦不能矣。何如不尽其足力，日日安行，即千里万里终可冀有到时耶！先辈有云："要有恒，何必三更睡五更起；最无益，只怕一日曝十日寒。"数语当深味之。

读书非徒工词章，取科第而已，将以穷理尽性、志圣贤之道，而免为流俗之归也。变化气质，是儒者第一层工夫。一念是则思所以成之，一念非则思所以遏之，一行善则思所以充之，一行过则思所以改之。处处闲存，时时省察，然后为真读书人，然后可以穷不失义，达不离道。圣门诸贤首推颜子，而孔子称其好学。第曰："不迁怒，不贰过。"然则学者可以知所从事矣。若既知悔悟而仍安于悠忽，今日所悔，明日复蹈之；明日所悔，后日又蹈之，即令工词章、取科第，足以夸世俗，而不足以对圣贤，不得谓之真读书之士也。

（郭嵩焘撰，王建、陈瑞芳、邓李志校点：《郭嵩焘集》，岳麓书社 2011 年版，第 199-200 页。）

📑 **评析**

郭嵩焘晚年著有《云卧山庄家训》两卷，包括《论居官十五则示儿子庆藩》《论书十六则示儿子庆藩》《示儿子庆藩帖》《论读书五则示儿辈》等文

---

① 优游：生活得十分闲适。
② 餍饫（yù）：博览。
③ 暇豫：悠闲逸乐。

章。纵谈诗书、居官、做人之道，展现出郭嵩焘对子女成长的全面关注和严谨教育态度。

此篇文章，郭嵩焘总结读书五要，以教子侄。其一，读书应沉潜涵泳，口、眼、心都应集中于书；大声狂吟，只会使人心浮气躁，当低声徐诵，心境宁静。其二，读书要彻头彻尾、自始至终地领悟其精神脉络，方可有得，如若随意翻看，浅尝辄止，只是徒误时间，此为很多读书人易犯之通病，应引以为戒。其三，读书应循序渐进，不断积累，不可三心二意，随意中断，此为读书之大忌。其四，读书要不断温故知新，反复体会、用心感悟书中道理，戒骄戒躁，量力而行，切忌一曝十寒。其五，读书非应对科考、追求名利，而应志在圣贤之道，穷理尽性，变化气质，不可随波逐流，沉沦奢靡享乐。

近代二百年间，湖湘人才辈出，此中离不开好家训、好家风之熏陶，父母以身作则、言传身教，子女效法学习，代代流传。"家是最小国，国是千万家"，家风是国风的基础，而湖湘群体的家风以"立志""自律""勤俭"等为核心内容，对当代家庭教育仍有借鉴意义。

论居官十五则示儿子庆藩

清、慎、勤，自古相传官箴也。然非主之以明，则清以自守，而假威福以恣贪饕①者，无从觉察而禁制之也；慎以处事，而因迟疑以成积压者，无从洞达而断决之也；勤以办事，而值繁难以滋纷扰者，无能昭晰②而次第之也。或以清之故而流为刻薄，以慎之故而归于畏缩，以勤之故而多所纰缪③。

---

① 贪饕（tāo）：贪得无厌。
② 昭晰：清楚，明白。
③ 纰缪：差错，谬误。

不明之蔽，势将与不清、不慎、不勤者殊涂①而同归，而美名既居，厥咎莫执，后来补救之难，或较甚焉，此不可不辨！惟诚可以生明，惟明可以广才。盖有诚心则必有真意，有真见则必有实力，力所至而识充焉，识所通而才出焉。天下之安于无才者，必其未尝诚于任事者也。

人人以退让为贤，朝廷之设官，何为任事者？当官之责，斯世之所赖也。同僚之嫉忌，亦往往由此起焉。君子守道而已。道当任则任之，不以难自沮，亦不以能为其难自矜；当让则让之，不以能自炫，亦非以曲晦其能自藏。先贤有言："廓然而大公，物来而顺应。"从古无避患之豪杰，亦无敛怨之圣贤。

一有自私自利之心，则国计民生之相待，愧负者多矣。君子之居官，上顾吾君，下顾吾民，中亦顾吾身。所谓顾吾身者，非第善保宠、荣利禄而已。其视吾身为朝廷所倚任，间阎②所依赖，即不得薄待其身，以堕于一切苟且之行。自肥者，自污者也；自满者，自损者也。循吏③不为身家计，而身家常泰；墨吏④专为身家计，而身家常倾。君子于此可以知所择矣。

世俗宦场有三反。有益于公之举，往往规避处分，瞻顾而不敢为，及自营其私，则虽干大典、冒严谴，亦毅然为之而不惧。丁役、书吏倚之为腹心，言必听，计必从，而于友朋、绅士之言，未启口已格格不能相入，甚或仇雠视之。除一蠹、惩一匪，即托为好生之说，百端开脱，曲法保全，至良民之株连拖累、颠沛流离，乃漠然不以少动于心。官箴之弛，习尚之偷，此最其不可解者。必去此三反，始可与言吏治。

"出门如见大宾，使民如承大祭。""己所不欲，勿施于人。"此数语当服膺弗失。谐谑⑤者，嫌隙所隐伏；径遂⑥者，怨谤所从生。惟主敬行恕，为能

---

① 涂：通"途"。
② 间阎：借指平民。
③ 循吏：守法循理的官吏。
④ 墨吏：贪官污吏。
⑤ 谐谑：语言滑稽而略带戏弄。
⑥ 径遂：径直，干脆。

善处上下之交，随所往而无不宜。

勤能补拙，俭可养廉，二者各相济而交相成。勤以任事，则神不外驰，而世俗之纷华莫能相扰矣；俭以持身，则心常淡定，而暇逸之征逐非所耽矣。惟勤，然后可俭；惟俭，然后能勤。廉，上者充之，可以有为；次者循之，亦不失为有守。

便佞机巧，语言足以悦人，使令足以如意。然信之太深，则必受其累而不觉，虽赴几应变，有时不能不用此辈。要须以我用之，而不可以我从之。胡文忠公①有言："使贪使诈，终必为贪诈所使。"此理确乎不易。知其为贪诈而使之且犹不可，况不知其贪诈而但喜其便佞机巧哉？朴拙木讷，平居若无可取，而缓急可恃，始终不渝，独常在此等人，不可不察也。至于以朴讷②行其巧诈，世亦多有之，是又在察言观行，静以审之矣。

知府为亲民之官，而其于民也，视州县稍隔，有察吏之责，而其于吏也，视司道稍近。民间词讼受成于州县，乡里愚民于州县且不得，直遑敢更冀其他？凡控诉到府，非甚冤，抑必其刁健喜讼者也，意图拖累者也，故上控之案不可以轻提。州县受节制于府，而其上有本道，有两司，有督抚，知府之是非不能取，必于督抚、司道，则州县之事之也，不过虚奉以尊，而未必有严惮之存。为知府者，当自处以道。先有以服人之心，尝用手书交相劝勉，虚衷以接之，积诚以感之，上下一心，即政平而讼理矣。故知府之任，率州县以宣布德化、教养士民，推其心、尽其职，是为知府之鹄。

今天下衙门无不有陋规。陋规非义也，而相沿日久，习为故常，虽有贤者，莫能禁革。盖亦有不必革者在焉，缘情度义，以权义利之宜。有甚害者，却之，必勿存诡随流俗之见；无甚害者，仍之，亦不居裁革陋规之名。常使己得其安，人无所嫉。

欲治百姓，当先治书吏；欲治书吏，当先治仆从；欲治仆从，当先自治其身心。

---

① 胡文忠公：指胡林翼。
② 朴讷：朴实而不善言辞。

天下之弊不胜防，而仆从书役为尤甚。事事而信之，彼固得售其技；事事而疑之，彼又将反其道以相尝。故与相反，则适堕其术中，故为人上者，不可轻喜易怒，不可预存成见。平心静气，惟理之衡，使人无从窥测，则亦无从尝试。日日察弊而弊转深，正坐急于祛蔽，而不能自澄其源耳。

属吏①之劣所当惩也，属吏之苦亦所当恤也。不惩其劣，无以伸国宪、苏民困；不恤其苦，无以昭公道、协人情。

人能面折吾过，其中必非漫无所见。一日居官，则前后左右皆私我、畏我、有求于我之人，虽诱之使言，尚恐不能尽言，若稍露訑訑②之色，谁复肯以直言进者？不闻其过，身之忧也；言莫予违，政之忧也。

凡有才者，每易视天下事，因以易视天下人，此才之蔽也。虽有圣贤，不能无一端之误；虽有愚鲁，不能无一隙之明。大舜察迩言，孔子"三人行，必有我师"，不轻量天下士，此其所以为圣人欤？

"言忠信，行笃敬，虽蛮貊之邦行矣；言不忠信，行不笃敬，虽州里行乎哉？"此数语通天地、亘古今，莫之能违也。凡上下之交、朋友之交，以及中外之交，毋欺饰绐③骗以图目前之取容，毋敷衍含糊以贻将来之口实。守定忠信、笃敬，审幾因势以应之，则有以自立而事无不济。

庆藩筮仕浙江，行有日矣。因就老夫阅历所见，拉杂书之。果能取吾言，一一身体而力行，则亦为良吏有余矣。勉之哉！

（郭嵩焘撰，王建、陈瑞芳、邓李志校点：《郭嵩焘集》，岳麓书社2011年版，第203-206页。）

📑 评析

儿子为官上任，父亲告诫为官之道，这是具有中国特色的家庭教育与职

---

① 属吏：下属的官吏。
② 訑訑（yí）：扬扬自得、沾沾自喜的样子。
③ 绐：古同"诒"，欺骗，欺诈。

业教育。为官之道，清、慎、勤。此三者，需建立在诚明的基础上。当官之责，在于勇于任事，当任则任，不故作矜持。为官常念国计民生，不自私自利，珍视自身，不做苟且之事。为官应做有益之事，不自营其私；为官应听得进友朋的箴言；为官应体恤百姓疾苦。为官应主敬行恕。勤、俭是为官自守之法宝。为官须察言观行，识别便佞机巧与朴拙木讷之人。为官须明确自己的地位及职责，尽职尽责。对于相沿成习的陋规，也须缘情制义，不可一律裁革。自治身心，才能治人。为官不可轻喜易怒，不可预存成见。治下须惩戒与体恤相结合。为官要能听得进劝诫、进过之言。为官须放眼识量天下的人才。为官要守定忠信、笃敬。

新时代下，面对新的机遇与挑战，我们要做到忠诚、担当、有为，信念坚定、心系人民，为官切忌"昏、懒、庸、贪"。郭嵩焘所论"居官十五则"与新时代为官之道亦有相通之处，当择精而取。

郭崙焘（1827—1882），字叔和，一字志城，湖南湘阴人。诸生，官贵州候补道。相较于郭嵩焘、郭崐焘而言，郭崙焘事迹不显，著作传世较少，有清光绪十年（1884）家刻本《萝华山馆遗集》五卷传世，所涉内容包括游诗、传略、文序、书信等。

致黎旭楼

凡求师之道，其要旨约有三端：一曰心境通明。人断无未尝学问而遽受人子弟之托，所虑者，识解凡庸，于所已知者不能引伸，于所未知者不知考究。惟通明之士则因材施教，必有其渐进之方；因文考义，亦决无蓄疑之失。无论平时品行如何，但自顾宾师至重，声名所关，自然学规尊严，不敢轻言妄动。此一端也。一曰心思恳挚。子弟之成败专恃乎师，功效之有无必引为责。果尽一分真心，著一分实力，巽语、法语交尽其妙，而诱之必从。验，则喜慰于怀；不验，则隐微之中彷徨而不能自适。如是，断未有不收尺寸之益者。孙公说法，顽石点头，非言效灵，缘诚动物也。此一端也。一曰语言爽利。指途示津必防其误，嗫嚅①其词，含糊其义，小子何述焉？故深者引之使浅，隐者达之使显，旁参曲证，务使了然。童蒙求我，宛隔云雾，日暄风散，妙在舌端。如一隅之举冀其反三，片词之宣责其知二，而吾言未彻，彼且茫然，弹不成声，知音自鲜，矧能奢望孺子哉！此又一端也。前书来，谓彭君学业不居贵境诸人之下，则通明一端无复可疑。况稚子从游，年甫十一，小驹初调，固不烦王良全力也。至其品行性情，君已信之甚笃，心思恳挚，又何待言？鄙人所孜孜以求者，独在其善于讲而勤于讲。三端中之一，

---

① 嗫嚅：想说而又吞吞吐吐不敢说出来。

君书惜未及之，因泛论求师之大凡而仍以相质。去岁，九儿略无进境，失之东隅①必图收之桑榆②，一切望为我主之。鄙人非苛求，要须具体而微耳。前两纸意有未尽，敢再布腹心③，彭君却不可因予哓哓④转存介介⑤。

（郭嵩焘撰，王建、陈瑞芳、邓李志校点：《郭嵩焘集》，岳麓书社 2011 年版，第 107 页。）

📑 评析

　　郭嵩焘在此篇中对为人师者提出了三点要求。一是心境通明。郭嵩焘所言心境通明的教师，就是学问渊博、见解不凡的人，这样的教师才能因材施教，循序渐进地引导学生，并根据文章内容探究其中义理，为学生答疑解惑、指点迷津。二是心思恳挚。教师对学生有爱心，能尽真心、著实力，热爱、专注教育，尽心尽责，不断调整、完善自身的教育方法，这样教学效果才能显著。三是语言爽利。教师用语应该毫不含糊，讲解浅显易懂、清楚明白、循循善诱，经过教师的讲解，学生可举一反三、触类旁通。

　　郭嵩焘所阐释的三点要求，不仅对教师的专业水平提出更高的标准，更直接关乎学生受教育的质量与成效。在其看来，唯有满足以上三点特质的教师，才能真正做到教书育人、引领未来。同时，这些要求也为教师群体指明了努力的方向，激励教师不断提高自我，成为更加卓越的教育工作者。新时代下，"扎实的知识功底、过硬的教学能力、勤勉的教学态度、科学的教学方法是教师的基本素质。其中知识是根本基础"。培养高素质、专业化的教师团队，是当今教育目标的重点所在。

① 失之东隅：东隅，日出的地方。比喻某个时候遭到损失或失败。
② 收之桑榆：谓事犹未晚，尚可补救。
③ 腹心：至诚之心。
④ 哓哓：吵嚷，唠叨。
⑤ 介介：形容有所感触而不能忘怀。

陈宝箴

陈宝箴（1831—1900），号右铭，江西义宁（今修水）人，咸丰辛亥举人，官至湖南巡抚，清末维新派。1895年到戊戌变法期间，陈宝箴任湖南巡抚，他以"变法开新"为己任，与同僚一道推新政，先后设矿务、电信、轮船及制造公司，创立南学会、算学堂、时务学堂，支持谭嗣同等刊行《湘学报》，使湖南维新风气大开。

南学会开讲第一期讲义

今日官绅倡设学会，诸君子来与斯会者，必皆有志于学者也。古三代时，自士农工商至于妇人、女子，莫不有学。逮至春秋、战国，古制渐湮，民愚而世乱，故孟子曰："上无礼，下无学，贼民，兴丧无日矣。"孔、孟以救世之心，行教学之事，弟子三千人，后车数十乘，聚于一堂之上，相与讲习讨论，以补学校之阙。《论语》首先言学，继之以"有朋自远方来"，盖不学则无以开智慧、明义理，独学无友则孤陋寡闻。今日学会之设，意盖本此。

顾为学必先立志，天下事有有志而不成，未有无志而能成者。志何以立？必先有耻。孟子曰："不耻不若人，何若人有？"就一身论，耻为小人，则必志在君子；耻为庸人，则必志在圣贤豪杰。就天下国家论，耻其君不如尧、舜、汤、文，其国不如唐、虞、商、周，则必志在禹、皋、伊、旦。"知耻近乎勇"，即立志之谓。然非仅空言有志而已，非学不足以副其志。

志有大小、邪正之辨，公私、义利之分，而学即因之。孔子曰："古之学者为己，今之学者为人。"程子曰："古之仕者为人，今之仕者为己。"故为学真为己，而后仕能为人；否则，自其为学时，即存一务外欺人、苟窃禄位之心，出而仕宦，亦无非自私自利，安望其济人利物、忧国忘家乎？学问之道无穷，其始必先辨志。志在一家，则躬耕服贾①以养其父母、庇其妻孥，为一家不可少之人。志在天下世治，则致君泽民、立制兴化，世乱则削平寇难、抚定四海，为天下不可少之人。若夫言行可永为师法，制作可垂为楷模，立德、立功、立言皆足不朽，则万世不可少之人也。

有此志，即当讲此学。今且不论古人，即如湖南曾文正、胡文忠、左文襄、罗忠节诸公，其初亦庠序中秀才耳，因有范文正以天下为己任之志，自其为学时，即不同流俗。文正公为翰林，其时方尚考据、词章，始亦随众为之，及见唐悫慎公讲明体用之学，乃翻然②改图。胡文忠壮岁折节读书，军中病困，犹日令人讲《四子书》，辑《读史兵略》，以资考镜。左文襄讲求经济，手绘舆地图，至十数易稿。罗忠节讲义理学，躬行实践，率其弟子出戡③祸乱，功在天下。此皆乡先生之可师可法，足以感发志气者。

今日在高位者，不独湖南无此等人，即中国亦尚未闻有此等人。坐视四邻交侵，浸以削弱，应付皆穷，屡至丧师辱国，以天下数万里之大、四万万之众，不得与欧洲诸国比，岂非吾辈之大耻乎？虽然，当耻我不如人，不当嫉人胜我。今湘人见游历洋人，则群起噪逐之，抛掷瓦石殴辱之，甚欲戕其人而火其居。不思我政教不如彼，人材不如彼，富强不如彼，令行禁止不如彼，不能与彼争胜于疆场之间，而欺一二旅人于堂室之内，变故既起，徒以上贻君父之忧，下为地方之祸，不更可耻之甚哉！

夫善战者，师敌之长以制之。今且不较彼己之长短，不论彼之所以得，而先明我之所以失。盖中国自康、乾以来，承平日久，士大夫不务为实学，徒以虚美相高，竞尚考据、词章之习，争新斗巧，以博虚誉。下焉者又为八比、试律、小楷、卷折所困，不知天壤间更有何事，更有何学。既有讲义理者，又或徒骛道学之名，其矫情饰貌以欺世者，固无论矣；既研穷心性、辨

---

① 服贾：经商。

② 翻然：形容改变得快而彻底。

③ 戡（kān）：平定。

晰毫芒①，亦徒口头语耳，求其实能明体以达用者，千百中无一二焉。

习俗移人，贤者不免。人材消乏，以驯至于今日之中国。学之不讲，其害必中于家国天下。孔子曰："是吾忧也。"岂不信哉！岂不伤哉！今幸朝廷振兴学术，诏开经济特科，以期造就人材，共为济时之彦。诸君既有志于学，正宜及时自奋，与同志诸人共相讲习，切磋琢磨，损弃②故技，以求振国匡时、济世安人之要道，使湖南间气所钟，英贤辈出，不让咸同③盛时，乃真为知耻有志之士矣。

抑更有说者，学之一字，乃四民公共之事，所以开民智也。大小、邪正，视其所志，学成而用之亦然。故同此一智，在君子，则为德慧术智；在小人，则为机械变诈。公私义利之间而已。谚云："兵、贼同一刀。"为贼、为兵，非刀之咎也。为君子、为小人，非学之咎也。故运用在乎心，实存乎志，立志自知耻始，为学在正志始。

使者少而失学，只此老生常谈，请为学会诸君立鹄焉，即谓为使者开宗明义第一篇也可。

（汪叔子、张求会编：《陈宝箴集》下册，中华书局 2005 年版，第 1930-1932 页。）

📝 **评析**

南学会是中国戊戌变法时期成立于湖南讲求新学的团体。由谭嗣同、唐才常等人发起，得到湖南巡抚陈宝箴等开明官吏的支持。南学会设立的宗旨在于"盖不学则无以开智慧、明义理，独学无友则孤陋寡闻。今日学会之设，意盖本此"，意即开智慧、明义理，为学生提供一个讲习讨论的场所。

---

① 毫芒：毫毛的细尖。
② 损弃：毁弃，抛弃。
③ 咸同：清代年号咸丰与同治的并称。

南学会第一次开讲，主讲共五人，分别为皮锡瑞、黄遵宪、谭嗣同、乔树枬、陈宝箴。陈宝箴讲演题为"论为学必先立志"。

陈宝箴认为，为学首先要立志，立志首在知耻。一个学者，首先应有羞耻心、自尊心，才能不甘堕落，才能立志做圣贤豪杰、做君子，做一个对国家和社会有用的人才。但立志并非空谈，当有所学以明乎其志，而志之大小，又决定所学规模：志向若在一家，则应致力于农耕、商贸，以养父母、庇妻孥，成为家中砥柱；志向若在天下世治，则应致力于辅佐君王、泽被百姓、建立制度、兴办教化，世乱之时，则应削平寇难、抚定四海，成为天下肱骨；志向若在万世，则当立德、立功、立言，成为万世不朽。西学东渐时，陈宝箴劝诫湖湘众学子，不应嫉妒他人所长，当常耻自身不足，反躬自省，努力奋进，要以曾国藩、胡林翼、左宗棠、罗泽南诸公为立志榜样，与志同道合的伙伴一同研讨学问，彼此切磋琢磨，注重实学，摒弃浮夸之风，寻求振兴国家、安定社会之道。

百年前，陈宝箴此次讲演所明之志，当为挽救国家于危难、振国匡时之志，而今天学人仍需立志，其志当为强国建设、民族复兴之志，"广大青年要肩负历史使命，坚定前进信心，立大志、明大德、成大才、担大任，努力成为堪当民族复兴重任的时代新人，让青春在为祖国、为民族、为人民、为人类的不懈奋斗中绽放绚丽之花"。

219

王闿运

王闿运（1833—1916），字壬秋，又字壬父，号湘绮，世称湘绮先生。湖南湘潭人，咸丰举人，晚清经学家、文学家。他曾任肃顺家庭教师，后入曾国藩幕府，主讲成都尊经书院、长沙思贤讲舍、衡阳船山书院、南昌高等学堂。王闿运主盟湖湘文坛，门生众多，在教育事业上颇有成就。著有《湘绮楼诗文集》《湘绮楼日记》等。

读书之要

夫学贵有本，古尚专经，初事寻撦①，徒惊浩博，是以务研一经，以穷其奥。唐以文多者为大经，文少者为小经，限年卒业，立之程课。解列六艺之名，而视性之所近。今亦宜就己所好以求师说。师说存者，如郑君《诗》《礼》，何公《春秋》，皆具有本末，成为家学。其已绝复明者，若李鼎祚《周易集解》，孙星衍《尚书疏证》，亦能抱残守阙，上绍渊源。但求一经，群经自贯；旁通曲证，温故知新。恃源而往，靡不济矣。

古今学术约有三途：一曰儒林，经师之所传习也；二曰文苑，学士之所极思也；三曰道学，儒生之所推致也。文苑之中复分三等：长记述者谓之良史，精论述者谓之诸子，工词赋者谓之才人。史以识为先，源出《尚书》。子以理为骨，源出《论语》。词赋似小，其源在《诗》。《诗》者，正得失，动天地，吟咏性情，达于事变。观夫京、都之赋②，该习朝章；枚、傅③之篇，隐维民俗。今馆阁作赋，赋岂易言？诚能因流讨源，举隅④知反，则山川形势，家

---

① 撦（zhǐ）：拾取。

② 京、都之赋：东汉班固曾作《两都赋》，张衡作《二京赋》，左思作《三都赋》。

③ 枚、傅：枚指西汉辞赋家枚乘，傅指东汉辞赋家傅毅。

④ 举隅：举一端为例。意在使人由此一端而推知其他。语出《论语·述而》："举一隅不以三隅反，则不复也。"

国盛衰，政俗污隆，物产丰匮，如指诸掌，各究其由。故曰"登高能赋，可以为大夫"也。况赋者兼通训诂，尤近《雅》①《文》②，而子云叹其雕虫③，宜德祖讥其老妄矣。夫赋无空疏之作，世鲜通博之家。但患为之不精，何至远而遂泥？于此留意，是为政也。

（王闿运撰，马积高主编：《湘绮楼诗文集》卷一，岳麓书社 2008 年版，第 267-268 页。）

📝 评析

　　如何学习古代经典？王闿运的建议是根据自身兴趣，专研一经，而后旁通群经，方法是"旁通曲证，温故知新"。王闿运对古今学术及其源流的论述也见解独到。篇中着重分析了文范的定义、分类及其对于文人的要求，认为史者长于记述，强调见识，源于《尚书》；诸子百家擅长论述，追求真理，源出《论语》；擅长词赋的才子，吟咏性情，源自《诗经》。篇中重点强调了文学的重要地位和作用，认为文学能够反映社会生活、国家盛衰、山川形势、民俗风情。能文者既须通晓国家政治与社会制度、风俗人情，也须熟稔辞章训诂、文风文法。这既是学者通经致用的学习方式，也是为政者需要深入学习的主要方面。

　　"在历史长河中，中华民族形成了伟大民族精神和优秀传统文化，这是中华民族生生不息、长盛不衰的文化基因，也是实现中华民族伟大复兴的精神力量，要结合新的实际发扬光大。"以儒家十三经为核心的古代经典构成了中华优秀传统文化的主要内容，学习古代经典是对伟大创造精神、伟大奋

①　《雅》：即《尔雅》。
②　《文》：即《说文解字》。
③　雕虫：语出汉扬雄《法言·吾子》。"或问：'吾子少而好赋？'曰：'然。童子雕虫篆刻。'俄而曰：'壮夫不为也。'"按，"虫"指虫书，"刻"指刻符，各为一种字体。后以"雕虫篆刻"喻辞章小技。

斗精神、伟大团结精神、伟大梦想精神的温故而知新，读《周易》教人洁静精微，读《尚书》教人疏通知远，读《诗经》培养人温柔敦厚之性，读《礼记》培养恭俭庄敬的谦谦君子，读《春秋》三传，教人触类旁通、属辞比事，兼学古代乐制，教人广博易良。传统经典陶养心性，淬炼精神的益处毋庸置疑，在当下全民阅读，传承弘扬中华优秀传统文化等方针的指引下，青年学子多读经典，读好经典，于个人、社会、国家都是大有裨益的。

吴獬

吴獬（1841—1918），字凤笙，湖南临湘人。吴獬一生醉心于教育事业，从教五十余载。先后到临湘蒓湖书院、岳州金鹗书院、湖北通城青阳书院、衡阳石鼓书院、衡山研经书院、长沙岳麓书院、湖南高等师范以及南京三江高等师范等处讲学，以其高尚的品德和渊博的知识，教诲弟子，影响遍及东南诸省。吴獬在各书院讲学时，敢于创新，不守一家之说；敢于对名家作品进行评论，努力推进民主进步思想；著有《一法通》《不易心堂集》等。

国文浅说

国文，向来论者有浓、淡、平、奇等派。如规矩分明者，所谓平也；如飞腾变幻者，所谓奇也；如清刚圆润者，所谓淡也；如博丽崇闳①者，所谓浓也。各有独到之处，不可相非。然论其入门之路，则不可躐等。先从平与淡者着手，则渐能扩充。若遽好奇与浓，往往并失其故步。故今为最易、最简之法，试行一学期。所谓弓调而后求劲，马服而后求良者，或亦自卑自迩之方乎。

一、吾辈作文，常苦篇法窘迫②，气势平直。此病在笔，当用曲字治之。欲先用布局之法，大约每篇分为四五段。无论长短，必择反正清爽、宾主秩然者。四五篇，讲之既明，复熟读之，当不至窘于步骤，陷于堆砌矣。

二、作文又苦不密。不密之病有二：一在未就题中分出条理，说来易致夹杂不清；一在未向题中想出情节，说来易致惝恍③不的。此病在意，当用密字治之。大约必择文中明定数条之式，得四五篇讲之读之，当可除复沓支

① 崇闳（hóng）：高大宏伟。
② 窘迫：处境困急。
③ 惝恍：模糊不清，恍惚。

离之病。

三、作文明通畅茂之后，又苦不雄。不雄者，其病在气，宜读谢叠山①所谓放胆之文。今精择四五篇详解而熟读之，必能挥洒自如，无讷讷②不吐之苦矣。

四、文意开拓，文笔周到，文气又豪宕纵横，又苦不隽。不隽者，其病在雄③。雄者，以说为说也；隽者，以不说为说也。非到曲、密二字已通之后，不可言雄，否则常流为粗暴；非到已通雄字之后，不可言隽，否则常流为纤仄④。昔人论文，有所谓含毫邈然者，有所谓开径别行者，有所谓不食人间烟火者，皆言隽之妙也。至前三类十余篇熟后，精择此类数篇熟之。前人论文章高手，他人只能三五句，我独能以数十句畅发之，所谓雄也；又他人须数十句，我独能以三五句透彻之，所谓隽也。如此画家逸品，非特在能品上，并在神品上矣，庶几可与道古矣。

夫作文非难，读之难耳。前人有谓读十篇，不如作一篇。谓多作则机栝⑤熟。此谬言也。愚则谓作十篇，不如读一篇。文家所以得力，全在讲与读中。诸君如不遐弃，请试用鄙言，用力少而收效多，或者旋至而立效乎。

（吴獬著，何培金编：《吴獬集》，湖南人民出版社 2009 年版，第 181-182 页。）

📑 评析

本篇着重分析了作文之法，其观点颇为独到。吴獬主张作文之前应多读多讲，在此基础上再多练。讲读的范文或篇目大抵有这样几类：一类是布局

---

① 谢叠山：名枋得，字君直，号叠山，信州弋阳（今属江西）人，与文天祥同科中进士。
② 讷（nè）讷：形容说话迟钝。
③ "雄"原作"趣"，文意不合，校注者据文意改。
④ 纤仄：亦作"纤侧"。谓文辞纤巧，文风不正。
⑤ 机栝（kuò）：同"机括"，比喻治事的权柄或事物的关键。

谋篇齐整之作，讲读此类作品，能够对文章的展开做到胸有成竹；二是议论描述细密之作，讲读此类作品，可以除去重复啰唆、支离模糊之弊端；三是气势雄伟之作，讲读此类作品，能使文章挥洒自如，如行云流水般畅达；四是隽永之作，讲读此类作品，能使文章意味深长、言简意赅。吴獬之所以强调模仿学习，意在通过学习，使文意开拓，文笔周到，文气跌宕，文思隽永。

公恳抚驾整顿通省书院禀稿

具呈：翰林院庶吉士熊希龄、户部主事黄膺、翰林院庶吉士戴展诚、前广西知县吴獬、候选训导戴德诚等，为通省书院积弊太深，由于山长无人，恳请遵旨力加整顿，以作育人才事。

窃本年正月初六日，钦奉谕旨"特开经济特科岁举，并饬各省督抚、学政将各书院、各学堂切实经理，随时督饬院长、教习详细训迪，精益求精"；五月初五日，复奉谕旨"乡、会试及生童岁科各试，原用四书文者一律改试策论"；十五日，复奉谕旨"京师创设大学堂，总教习综司功课，尤须选择学贯中西之士奏请选派。等因钦此"在案。仰见朝廷变法，首在兴学；兴学之本，先重师范。湖南通省书院不下百余，而岳麓、城南、求忠尤为通省士子所观摩之区，既非一府一县私立之书院，凡属湘人皆有与闻之责、议事之权。绅等目击时艰，深维积弊，谨将应加整顿之事胪陈①大概，以备采择。

一、定教法。现在科举初变，风气初开，民间兴学毫无条理，所延山长仅传一家之言，适开攻击之的，由于在上者无教法章程以树之则也！拟请宪台延聘纯正博学、兼通中西之儒编立教法，应读何书、应习何学，均有次序，师弟授受，均本乎此，庶杜门户之争，亦示共由之路。如能由宪台奏请朝廷

---

① 胪陈：逐一陈述。

颁示分门教法条规，将来乡、会考试题目即不离夫教法之中，就其所学觇其所用，则天下一道同风，矢诸正鹄，士子不至纷纭旁骛，流入异端矣。

二、端师范。学术之衰，由于无师从。前书院大半虚文，往往回籍绅士视为养老之资，或假师位以要结官长，招摇纳贿，其积弊殆有五焉：一论资格，则非科甲清贵不能当山长，而科甲皆从八股出身，不知经史，奚明时务？二分畛域①，则非本地士绅不能当山长，倘聘他省之人，束脩或重于是，觊觎②排挤，无所不至；三山长不住院，则学生无所问难，院规无所整肃，士习由此败坏；四山长不敦品，前院歌童，后庭女乐，效法马融，遂忘鹿洞，品行如此，何堪师表？五山长由私荐，一有书院缺出，则阴求贵要，为之先容，甚有暗托同党公禀荐举，而由官吏批准者，无耻如此，乌能为师？以上诸弊，各处皆然。拟请宪台札饬各属书院自此次改章后，务延明正通达之士，不得以庸陋者充数，师严而后道尊，人才自可奋兴矣。

三、裁干脩③。湖南从前各处书院山长，半由省垣荐人前往，而所荐者又非其人，于是该州县官绅设一调停之法，每年愿认送干脩一百金或二百金，由书院经费中拨出，以为省中荐人之费。现在永州濂溪书院、衡州石鼓书院尚是如此，其他可知。近日已奉明诏饬查各书院膏火费款项，拟请宪台札饬各府、厅、州、县一律裁去干脩作为正款，以节浮费。

四、定期限。外府、州、县延聘山长，往往到馆迟延，或到馆一二月，即将全年课题于两月中命学生作完，该山长自谓事毕，乃向州、县官需索束脩以谋回里。其孜孜为利，不顾廉耻，乃至如此。嗣后，拟请宪台厘定期限。凡山长住院以十个月为度，不得视书院为传舍，致负朝廷殷殷教育之至意。

五、勤功课。近来各处书院山长大半不欲住院，每月仅出课题了事，而学生课卷又多不寓目，往往托亲友门生代为点窜，虽属师课，无非条子人情，甚至以喜怒为取舍，大乖公道，何以服人？且为山长者，在察各学生性之所

---

① 畛域：界限，范围。
② 觊觎：非分的希望或企图。
③ 干脩：旧时指官吏、职员等因特殊关系，不工作而领取薪金。

近而教之，仅阅课卷，与官署中阅卷幕友何异？亦奚容多设山长也？拟请宪台厘定各书院课程，虽不能照学堂章程中西并学，亦须令学生每日必呈答记一条，山长评阅榜堂，以示鼓励而昭实学。

六、严监院。各书院因山长之不住院，而学生太多，乃立斋长名色①以领袖之。斋长既与学生相等，无人敬畏，安能约束？以至书院积弊丛生，赌博嬉游，在所不免。且斋长不公正者，往往肆其谗说，鼓惑山长。学生终年不见山长之面，虽有衷曲，莫能往诉，甚有酿成争端、殴斗者。嗣后拟请宪台札饬本地教官为监院，或以绅士充当，限令住院，申明条规，如学堂管堂之法，庶可裁去斋长，免滋流弊。

七、速变通。时局日急，只有兴学育才为救危之法。现在朝廷既饬学政，院试即试策论，则整顿书院尤刻不容缓。此省先变，则较他省先占便利；此府先变，则较彼府先占便利。然从前山长，多半守旧不通时务之人。若听其久踞皋比②，则坐废半年岁月；若一旦辞去，又觉不近人情。拟请仿江苏另延山长之法，将本年束脩全行致送，另筹款项延请博学主讲，以免旷时弛业，致误学生前程。其有能见几者，自知才力不及，不敢尸位素餐③，退避贤路，亦可不固留也。

以上七条，皆湘中当务之急。绅等无学无派，与人鲜争，兹为通省大局起见，特此冒昧上呈，伏乞宪台俯念湘人固陋之忱，仰体朝廷旁求之意，钦遵屡次谕旨，饬令各府、厅、州、县官绅，将所有书院切实整顿，以争先着而惠士林。理合具禀，为此公恳大公祖大人核实，批示施行，实为德便。上呈。

227

（吴獬著，何培金编：《吴獬集》，湖南人民出版社 2009 年版，第 317—319 页。）

---

① 名色：名目。
② 皋比：古人坐虎皮讲学。后以"皋比"代指讲席。
③ 尸位素餐：谓居位食禄而不尽职。

📑 评析

　　此文发表于 1898 年《湘报》第一百十一号。科举初变之时，湖湘学人的教育态度之开明，举措之务实，于此文可见一斑。此篇所列条目，均致力于从内部整顿书院：一是主张延请纯正博学、兼通中西之儒编立教法，指示应读何书、应习何学，在人心浮动之时，迅速地确立教学秩序，可以避免门户之争，显示共由之路；二是主张端师范，指出当时山长选拔和任用过程中存在的诸多弊病；三是裁减薪金，减少不必要的办学开支；四是定山长住院期限；五是主张整齐严肃、勤督功课；六是设立斋长严格监督机制；七是迅速更定人事，因时变通，以顺应改革。本文所举种种现象，说明吴獬对当时全省书院发展状况及其积弊均有深刻的了解。

　　国民教育的建设需要明确教学读书的主心骨，有统一的方向指引，正如选文所言，当时整顿教育的首要任务是编定教法，以科学、适宜的课本参考和学科方向为引导，避免因人心之躁动引起矛盾。如今，我国也有夯实"主渠道"、打通"主动脉"、赋能"主力军"、共谱"主旋律"的教育哲思，夯实课堂教学的主渠道，打通教育资源供给的多渠道，选拔德才兼备的教学主力军，弘扬立德树人、五育融合的主旋律。当今国民教育在教育机制和育人思想上同样彰显着具备中国特色和时代特色的主心骨、大方向。不论古今，在推进教育发展的过程中，教师始终是攻坚克难的先锋队，因此，师风师德、优良传统、专业技能、职业素养的培养和巩固同样是教育改革不可忽视的关键点。

王先谦

王先谦（1842—1918），字益吾，因宅名葵园，学人称其为葵园先生，湖南长沙人，中国近代史学家、经学家、训诂学家、实业家等。1891年，王先谦任城南书院山长。1894年，又转任岳麓书院山长，主讲岳麓书院达十年之久。在任期间，王先谦组织学人集体从事古籍文献的编校刊印工作。他曾组织校刻《皇清经解续编》，编有《十一朝东华录》《汉书补注》《后汉书集解》《荀子集解》《庄子集解》《诗三家义集疏》《续古文辞类纂》等，著有《虚受堂文集》等。

科举论上

光绪丁酉、戊戌间，时文之敝极矣。群议变科举法，予亦题之，作《科举论上》。

一统之天下之士，以制艺①造之；列国之天下之士，不可以制艺造之。今之世论海内则一统，合环球为列国。然而设科校艺，儴②仍前政，用时文取士，而罔识变通，殆未抉其弊也。

自宋明以来，制御臣下之道既得，倒持末大之患不生。故上之计虑，惟在于民。考选之法，禁约③之方，视唐世而递加密，俾士人抟心奋志，求合有司，餍其宠荣，不生佚志，魁桀④俯首而趋入吾彀。椎愚⑤者，固知其无能为，君上息偃⑥于深宫，而常有鞭笞万里之势。然逮及末造，积弱势成，外

---

① 制艺：八股文。
② 儴（ráng）：依从，遵循。
③ 禁约：指禁止某些事物的条规。
④ 魁桀：指出众的人。
⑤ 椎愚：愚笨。
⑥ 息偃：安息，休息。

侮凭陵①，群熟视而无策。为下者，虽有忠义之气，手足如被桎梏，徒瞋目张胆，效死以殉，前事昭然可睹已。所以然者，知束缚其民之为利，而不暇计及其民不足用之为害，扭于一成，而不知变化，以至此也。

国朝因明之旧，乡、会试一场承用四书文，二、三场为经文、为策。二百数十年中，得人盛矣。民之服事国家，其收效与宋明无异也。而天子施德惠于民者，积厚而未有已。果无外惧，百世不易可也。道、咸之际，知有海国矣，情事未灼也。同、光以来，知列国所以驾吾上者，端绪可究矣，而势弗棘也。朝廷之上，振兴商务。封疆之吏，习勒海军。吾财弗外流，而势足自振。由其道而人才日出乎其间，虽不改制科无害也。自日本之役，国威不张，列邦劫持，财力殚竭，岌岌如不终日。我国家属望者，惟在人才。而所以造进之者，犹无异乎束缚其民之力，苟以救时活国为心，不待反复辨难，而决其不可矣。

然则试士当奈何？曰："宜以策论代。"难者曰："本朝康熙间，废制艺，用策论矣，未几而复旧。乾隆中，廷臣请改策论矣，而仍试制艺。子谓策论之视制艺，果有以相高乎？"曰："唯唯，否否！文之为道，所以化成天下，历千万祀不变也。而用于试士者，今有数端：经艺以存经学，试律以存诗学，试赋以存赋学，楷字以存书学。虽去深至者绝远，而不失为从入之途，此无论矣。独制艺自明至今，名其家者可偻指②，而陈言相因，无穷期也。幸而取科目，入仕途，唾弃如刍狗③；不则牵率因循，头童齿豁，弗能决舍。而远大之学业，或终身未能梦见。上之人睹通才辈出，不以为早达历练而成，而归其效于科目。至于深山困饿，把卷穷年，饮恨入地，不知几千万人，使生附志士之列，而死蒙鄙儒之称，谁之咎也？况今之时文，决裂横溃，其体已不能自立。昔人谓代圣贤立言者，去之弥远。吾为士人议废此者，专欲啬其精神，优其日力，多读有用之书而已。若夫策论，以存古文之学，则亦不

---

① 凭陵：侵扰。
② 偻指：屈指而数。
③ 刍狗：古代祭祀时用草扎成的狗，后用以喻微贱无用的事物或言论。

能废也，岂谓与制艺较优绌哉？"

难者曰："国家以制艺试，则人皆读四子书。四子书，士人立身之根柢也。子不且以废制艺者废四子书乎？"曰："奚为其然也？用四书之题目，易策论之体裁，如宋王安石创始之作，虽废犹不废也。充之子史，以博其趣；推之时务，以观其通。试不一题，本末赅贯，使上下其议论，而求才之道备焉。今也以时文为名，而杂家后世之言，纷然间出。几不辨其为何体，以彼较此，不犹愈乎？"

难者曰："是则然矣。然国朝文试屡变，先有性理论及表判矣。乾隆二十二年，去乡试表判，与会试俱用律诗。四十七年，移论二场改诗于一场文后，旋去论不用。今子以为宜用策论，策又三场所固有也，存者宜于复，重而去者不邻于妄议乎？"曰："性理之说，有穷者也；经、史、诸子、时务，无穷者也。论无穷之与有穷，固有间矣。三场策近考据之文，殿廷策取对扬之义，视散文为策，抑又不同。夫策论，统词耳。合订其章程，而审思其损益。有主者在，非吾敢议也。"

难者曰："光绪乙亥，合肥李公有请废制艺之疏。子时典试江西，为《乡试录序》，以为不必轻议。而今自背之邪？"曰："吾前固云云矣。所谓不必轻议者，非当时之急务也。当时之要，惟在商务、海军，事理至明，吾词非遁也。今万不得已而求转机于异日之人才，吾亦非谓策论即兴起人才之本也，思先避制艺之害而已。虽然，以李公当日言之，而吾不谓然也，又恶知吾言出，不有人焉尚以为不必然者邪？"

（王先谦撰，梅季校点：《王先谦诗文集》，岳麓书社 2008 年版，第 7-9 页。）

📑 评析

王先谦主张变科举，认为从全球视野来看，科举不再具备选拔经世致用之才的功能，科举制艺之时文已不能适应时代的发展。他主张以策论为主，以四书为根底，让诸子百家及时务贯通其中，以避免科举之害。

一国教育选拔策略是否合乎时宜，将在时间流逝中得以印证。人才的培养与选拔以聘名士、礼贤者为目标，因而务须尽可能洞悉考生各方面的才能。王先谦强调用策论考验考生治国理政的实才，以四书考察考生之心性品质、文化认同，最后考察其对时务的理解，为国选才，须选拔能够追随时代、德才兼备的实才。

科举论下

光绪戊戌夏，奉旨废制艺，试策论。已而康有为逆案事觉，新政复旧，作《科举论下》。

或曰："甚哉！论事之不可喜新也。以朝廷数百年之成法，遵奉之唯恐或失，一旦视若弁髦①，乃欲并制艺废之，乱党之设心亦巧矣！子非力攻乱党者乎？何立说之相似也？"予曰："是未可以概论也！夫康党立心背畔，议改制度，以炫乱天下耳目。其欲变衣冠，更宪法，断不可行者也。自我朝开国以来，官制非不时有损益，彼既裁冗职，复请设散卿，自相违覆，此大谬也。至于制艺，则豪俊有志之士，类不乐为。章句所困，而庸庸者因之束书不观，人才消耗，半由于此。又其体实已灭裂、群激而为废之之言，非乱党之创论，彼攘其说以自鸣焉尔。既奉旨废去之，天下之士喁喁然也。今以乱党倡言之故，而复其旧，则亦非吾辈所敢议矣。"

曰："子明制艺之害，而未明其益。闻天下之士之以废为乐，而未闻其

---

① 弁髦：弁，黑色布帽；髦，童子眉际垂发。古代男子行冠礼，先加缁布冠，次加皮弁，后加爵弁，三加后，即弃缁布冠不用，并剃去垂髦，理发为髻。因以"弁髦"喻弃置无用之物。

以为苦也。"予曰："制艺之益，予固言之矣。然必以人才兴起之益，专归之四子书与制艺，彼康有为之徒，皆习四子书由制艺出身者，又何说也？夫其心已悖乱，虽日诵其文而精其技，未见果有益也。且所谓苦其废者何？"

曰："以制艺试，贫士家有十千钱书，可以成名。易策论，虽什倍于此而不足供周览，其不便实甚。"予曰："子诚爱士！将欲其多读书以成才乎？抑徒悯其贫而不思诱进之道也？吾闻立政者，以育才为亟，不闻教学者以恤贫为先。子何论之卑也！"

曰："今科举已复旧矣，子言太切，吾惧子且得罪。"予曰："相时宜为张弛者，国家化成之妙也，抒至言以备采择者，臣民献纳之诚也。若子谀媚之词，则非吾所愿闻也。今天下所当究图者甚众，徒各执其咫闻隅见，胶固①于心胸，而莫能相发，此人才所以日乏而世运所以不振也。且制艺之宜更定，舒赫德、杨述曾言之于乾隆时，李相国言之于光绪初。朝廷虽不从，未尝加谴也。今之时，诚急于舒赫德、杨述曾、李相国言事之时矣。使子而在高位，视吾之言果有异于舒赫德、杨述曾、李相国之言邪？"

（王先谦撰，梅季校点：《王先谦诗文集》，岳麓书社 2008 年版，第 9-10 页。）

评析

此篇作于清末百日维新失败后，清廷再次启用科举制度，王先谦恐朝令夕改，以伤天下士人进取之志，故而作文重申废罢科举，主张以策论代之。此文对选拔制度的看法与《科举论上》一致，然而由于清廷态度反复，故文中一再强调政策稳定以及科举改革的必要性。此文观点鲜明，王先谦渴望为国育才的拳拳之心真挚可见。

国因才兴，政因才治，业因才盛，人才的培养关系国计民生、民族兴亡，

---

① 胶固：固陋，固执。

而人才的培养具有周期性，一国教育制度的实践也需要长期稳定的环境。因此，教育体制的改革需要稳中求进，以坚定的信心和决心，不断深化教育教学改革的方方面面。我国教育评价改革由"破五唯"到"立五维"，以健康积极的教育发展观、人才成长观和选人用人观为理论基础，使改革的标尺立足于教育评价的科学性、整体性、客观性、发展性，不折不扣地把改革任务落到实处，进而形成富有时代特征、彰显中国特色、体现世界水平的教育评价体系。

学堂论上

学堂者，西国教授工艺之地，与中国为中学之书院，名相似，实不相涉也。其师徒传习，无中学也。乃今混而一之，谓学堂即书院，讲工艺者，必为中学之人。此吾所大惑不解者也。

夫兼营者神绌，独至者心精，此理谁不知之？以学务之重大如此，虽有贤能大臣，创制尽美，亦当试办数年，以实验其离合通塞之故。顾贸焉请颁定章程，设立辖部，奉行诸臣，或不能无责与？昔贤论学，以深造自得为宗。今听讲日数科，上学日数次，闻铃而趋，执策而讽，不能深造，何由自得？《礼·大学》云："静而后能安，安而后能虑。"今堂既勤动，室又群居，语言纷纭，人气溷杂，不能静安，遑问其虑。近日章程愈变，小学堂不读经。诸学堂读经年限，非廿余岁不能毕。群经义理之钥不开，灵明之府皆锢，而欲中学不绝，其道末由。

"然则若何而可？"曰："是不难。辍讲于堂，返士于家。策论，旧改者也，姑仍之；学使，见设者也，更试之。则中学存矣。凡举常行之政，必有豫定之款。目前学堂经费，视初时何如；将来经费盈绌，视目前又将何如。

天下皆知之矣，岂部臣而不知？处必穷之势，而无转圜①之机，不可谓智；立群策之朝，而无大匡之志，不可谓贤。及今尽发其覆条举所宜，佥谋②于众，受裁于上，而留此烦费之余财，以备精求实业之用，庶几犹可为也。非然，于斯民何？如斯世何？"

（王先谦撰，梅季校点：《王先谦诗文集》，岳麓书社 2008 年版，第 15 页。）

评析

在王先谦看来，西方学堂与中国书院的教学形式与内容泾渭分明，不容混淆。当时在废科举的情形下，大多书院更名为学堂，王先谦对此忧心忡忡。他认为学堂多动，不符合中国学术讲究静中求自得的传统；学堂安排的课程复杂多变，严重侵占了学生研习传统学术的时间，势必造成中国传统学术的衰微。因此，他主张解散学堂，返士于家。

由此可以看出，王先谦教育思想具有保守的一面。教育活动本身是追求保守性和超越性的统一，所谓保守，指教育具有自身的结构，具有内在的稳定性和自身的逻辑性，不轻易随社会的变化而变化。从古至今，我国教育始终以立德树人为本，肩天下之任，为国育才。而超越性，作为王先谦并不重视的一面，则指向教育的自我更新和变革，我国笃志于 2035 年实现中国教育现代化，这一目标的实现离不开深化教育改革，诸如课程方案转化落地规划行动、健全课程实施监测体系、扩大精品课遴选规模等，这都是当代教育超越性追求的具体表现。

---

① 转圜：挽回。
② 佥谋：众人筹划。

学堂论下

学堂科目，自群经、国文外，历史、舆地①、算学、图画，中西共者也。各国语言文字，亟宜通者也。博物、物理、化学，不过启其新知而已。

"理化非制造根源与？"曰："是矣。然有学堂，而无工场，犹无学堂也。"

"遣学生出洋，非与？"曰："是矣。然有资送，而无督课，犹无学生也。夫吾国皇皇然，萃精于西学者，以求由富而强之道也。捐中土有限之金钱，供学生无穷之烦费，有毕业之名，无致用之实，直求贫耳。乌睹所谓富且强乎？"

说者曰："今湘中学堂有实业矣，湖北多工场矣。立政贵有远图，子毋责近效。"曰："宣统元年五月，《东方杂志》载光绪三十四年中国金银外泄者，合银二千四百余万两。《海关贸易册》载光绪二十八年至三十年，洋货入口值自三万一千余万两，遽增至三万四千余万两。三十年，土货出口值二万三千余万两，较入口短一万万两有奇。三十一年，洋货入口顿增至四万四千余万两。三十二、三十三两年，皆四万一千余万两。三十四年，三万九千四百五十余万两。此四年土货出口，仍止二万数千万两。中国兴办学堂工场已十数年，而财用外溢者逾多，所谓挽回抵制者安在？岂非以规制未善，故推行难通乎？"

善夫日本西园寺公望之言曰："吾国初从事西学，亦犹中国矣。后悟其非，幡然舍普通而就模范。精选人材，赴西国学堂亲承讲授。每科或四三人，虑弗相勖以往也。厚给其身家，惧始勤而终怠也。申严其黜罚，恶其见异而迁也。人占一科，不得中道更变，防其据为独得之秘也。每夕各述所听之讲于册，交邮政员按日寄本国毋间断。下令国中诸府县，豫设学堂，以待寄到

---

① 舆地：地理。

即讲。越三五年，行者毕业归国，居者已通五六十万人。互相讨论，则规矩可以生巧；自为结约，则交易可以得朋。学堂开，国家无丝毫之累；学堂成，国家享久远之益。《易》曰'能以美利利天下'，不言所利，其是之谓乎？"吾昔以此奉书张文襄①，而不见答也。噫！吾且奈之何哉？

（王先谦撰，梅季校点：《王先谦诗文集》，岳麓书社 2008 年版，第 16-17 页。）

📑 评析

此篇选文中，王先谦以务实的态度对中国学堂制度的建设，提出了几点建议：一是学堂为追求新知，应有学堂工场的支撑，这样才能保证理论与实践的密切结合；二是不能盲目派遣留学生，而应该有长久、细密的规划，否则，耗费巨大，收效甚微；三是应借鉴外国的经验，严格管理留学生，将其与本国的人才培养配套，学以致用，由点到面地培养人才。

王先谦的这些建议集中讨论了教学实践与留学管理，时至今日，审视中国当今的教育现状，仍有可资借鉴之处。经世致用、学用相长不仅是我国传统学术的精髓，也是教育者、学者的志向、境界所在，将理论与实践密切结合，坚持二者的辩证统一，在教书育人的实践过程中检验理论知识、创新教学理念，并以宏大的视角、长远的眼光审视我国未来教育实践可能存在的问题，才能引领国民教育的健康发展。而关于留学方面，"发挥作用""可堪大用"是如今留学政策的目标所在，王先谦同样在文中表达了类似的期待，留学事业的开拓者、留学生应弘扬百年留学的报国传统，以真知实干回馈国家和时代。

---

① 张文襄：指张之洞。

王之春（1842—1906），字爵棠、芍棠，号椒生，湖南清泉（治今衡阳）人，晚清著名学者，洋务派代表人物。王之春先后跟随曾国藩、李鸿章等人兴办洋务，从事外交，历任广东督粮道、广东按察使、湖北布政使、山西巡抚、安徽巡抚，出访俄、德、英、法后，向朝廷上书提倡新政。王之春一生勤于著述，有《国朝柔远记》《谈瀛录》《椒生奏议》等。

广学校

今之自命为通儒者，以洋务为不屑，鄙西学为可耻，有习其言语文字者，从而腹诽之，且从而唾骂之，甚至屏为名教之罪人。嘻，甚矣！夫所贵于儒者，贵其博古耳、通今耳，试问今之儒者通各国言语乎？通各国文字乎？即叩以各国之名，能通知乎？徒拘拘于制艺之末，而学问经济尽于是而已矣。方今海防孔亟①，而所谓熟悉洋务者，不过市侩之徒，正宜培养人材，攻彼之盾，即借彼之矛，谁谓西学可废哉？又况西学者，非仅西人之学也。名为西学，则儒者以非类为耻，知其本出于中国之学，则儒者当以不知为耻。即以文字论，古之制字者本三人，下行者为苍颉，从左至右而旁行者为佉卢②，从右至左而旁行者为沮诵③，泰西之字实本于佉卢也。天文历算，本盖天宣夜之术，《周髀经》《春秋·元命苞》等书言之详矣。《墨子》曰："化征易，若蛙为鹑。""五合水火土，离然铄金，腐水离木。""同重体合类，异二体不合不类。"此化学之祖也。"均发均县，轻重而发绝，不均也均，其绝也莫绝。"此重学④之祖也。"临鉴立景，二光夹一光。""足被下光，故成景于

---

① 孔亟：很紧急、很急迫。
② 佉卢：我国新疆最早的民族古文字之一。
③ 沮诵：相传为黄帝的四个史官之一。
④ 重学：即力学，物理学的一个分支。

上；首被上光，故成景于下。”“鉴者近中，则所鉴大，景亦大；远中，则所鉴小，景亦小。”此光学之祖也。《亢仓子》云：“蜕地之谓水，蜕水之谓气。”汽学之祖也。《礼经》言：“地载神气，神气风霆，风霆流形，百物露生。”电气之祖也。《关尹子》言：“石击石生光，雷电缘气以生，可以为之。”《淮南子》言：“黄埃青曾，赤丹白砦①元砥，历岁生澒②。其泉之埃上为云，阴阳相薄为雷，激扬为电。炼土生木，炼木生火，炼火生云，炼云生水，炼水反土。”中国之言电气详矣。至于圜一中同长、方柱隅四欢、圜规写殳③、方柱见股、重其前、弦其轱、法意规员三、神机阴开、剞劂④无迹、城守舟战之具、蛾傅羊玲⑤之篇，机器兵法皆有渊源。墨言理气，与管子、关尹子、列子、庄子互相出入。《韩非子》《吕氏春秋》备言墨翟之技，削鹊能飞、巧輗拙鸢，班班可考。泰西智士从而推衍其绪，而精理名言、奇技淫巧本不能出中国载籍之外。儒生于百家之书、历代之事未能博考，乍见异物，诧为新奇，亦可哂矣。

但西学规例极为详备，国中男女无论贵贱，自王子以至于庶人，至七八岁皆入学。在乡为乡学，每人七日内出学费一本纳（合中国钱三十文）。在城为城学，每人一月出学费一喜林（合中国银一钱七分）。如或不足，地方官捐补。其曰乡、曰城者，特就地而言之，其实即乡塾也。塾中分十余班，考勤惰以为升降，其不能超升首班者，不得出塾学艺。乡塾之上有郡学院，再上有实学院，再进为仕学院，然后入大学院。学分四科，曰经学、法学、智学、医学。经学者，第论其教中之事，各学所学，道其所道，无足羡也。法学者，考论古今政事利弊及出使、通商之事。智学者，讲求格物性理、各国言语文字之事。医学者，先考周身内外部位，次论经络表里功用，然后论病源、制药品，以至于胎产等事。更有技艺院、格物院，均学习汽机、电报、

① 砦（què）：大石。
② 澒（hòng）：汹涌，水流转的样子。
③ 殳（shū）：古代兵器。
④ 罽（jì）：毛织物。
⑤ 羊玲（líng）：攻城的战具。“玲”原文为“玲”，疑有讹，故改。

织造、采矿等事。又有算学、化学，考验极精。算学兼天文、地球、勾股测量之法，化学则格金石、植动、胎湿卵化之理。再有船政院、武学院、通商院、农政院、丹青院、律乐院、师道院、宣道院、女学院、训瞽院、训聋喑①院、训孤子院、养废疾院、训罪童院。余有文会、印书会。别有大书院数处，书籍甚富，任人进观。总之，造就人才，各因所长，无论何学必期实事求是，诚法之至善者也。

中国取士，止分文武两科，文科专尚时艺，钱谷、兵刑非所习也，武科虽以骑射技勇见长，究之《武经》，尚未识为何书，遑问韬钤②。前此发捻等匪跳梁，其建大功而荡群丑者，武科中人乎，抑非武科中人乎？然而武科正大可用也。方今战守之策，不外水师、火器两途，诚能于武科中设三等以考试之，一试以山川形势、进退之方，二试以算学、机器制造之能，三试以测量枪炮高低之度，其兼擅众长者不次超迁，其专工一艺者量材任事，选将之道将于是乎在。

近年来，我朝总理衙门派幼童出洋学习，万里从游，法至良意至苦矣。但童子何知，血气未定，性情心术愈染而愈失其本来，尽弃其学而学，恐尽变于夷者也。不如将西国有用之书，条分缕析③，译以华文，刊行各直省书院，每院特设一科，请精于泰西之天算、地球、船政、化学、医学及言语、文字、律例者为之教习，或即以出洋学习之学成返国者当之。其学徒则选十岁以上、廿岁以下，不得过长以致口音之难调，亦不得过稚以致气质之易染。又或于科岁两试所录文武俊秀，择其有志西学、年亦相当者，就其性之所近，专习一科，其理易通，其效更速，又况名列庠序，咸知自爱，既可以收当务之益，复不背于圣人之教，而诸生之数奇不偶者，又别开一途以博取功名，谁不乐于从事哉？至于在院膏火，宜仿龙门书院章程，官为筹备。肄业期满，历试上等者准赴京都同文馆或总理衙门考验。考验之后，或给以经费赴外国

① 喑（yīn）：失声。
② 韬钤：借指用兵谋略。
③ 条分缕析：形容分析得条理分明，极为严谨。

大书院学习三年，或派赴总理衙门及船政、机器等局当差，或充各国出使随员、翻译，庶几人材日广，风气日开，不独长西人之所长，何难驾西人而上之哉？

现京都设有同文馆，沪上设有广方言馆，近复创立中西书院，广其额至四百余人，分为两院。其法以疏通文字者为超等，以年齿稍长而读书多者为一等，其余各有差，凡三等。超等、一等以午前学西学，午后学中学；二等以午前学中学，午后学西学；三等以年较少，专习中学而缓西学，恐以西学分其心也。粤东与苏州新设有西塾，专教西语、西文、西算、设线、案报、测电诸学，设额虽少，可以渐推而渐广，为洋务培植人材，正未可量。鄙人闻之，因不禁喜色相告也。

（王之春撰，赵春晨、曾主陶、岑生平校点：《王之春集》第一卷，岳麓书社 2010 年版，第 466-469 页。）

📑 评析

西学东渐后，新时代的儒者应该成为怎样的人呢？在王之春看来，除了要将维护名教作为己任，更多的应是学习各国语言文字，接受并博考西方学术。结合西方教育制度的优点及长处，王之春认为中国固有的文武二科，尤其是武科应该积极吸收西学。在具体教育实施上，王之春认为不宜遣送年龄太小的学生出国留学，主张多翻译、介绍西方学术作品，他认为在学好中国传统文化的基础上，可根据学生兴趣专攻一门西学，对成绩优异者，在经费上予以资助。在培养西学人才方面，王之春主张因材施教，认为在学习内容和程度上应给予合适的指导。

成为怎样的儒者，如何处理中西学术的关系，是近代学者们聚讼纷纭的议题。人才的培养需要守正而创新，守正即巩固文化主体性，保持民族文化、精神之独立自主，即文中所言维护名教之事。创新则是取人之长，充实羽翼，以满足国民日益增长的物质和文化需求，即文中所言留学、翻译的任务。优秀的人才当通晓实务，以国文为本，维护中华民族固有的伦理体系，同时不忘秉持兼容并包、为我所用的态度。用如今的话一言蔽之："推陈出新，与时俱进。"

戒子孙

予七世祖船山公讳夫之，戒子孙云："勿作赘婿。勿以子女出继异姓及为僧道。勿嫁女受财，或丧子嫁妇，尤不可受一丝。勿听鬻术人改葬。勿为讼者证佐。勿为人作呈诉及作歇保。勿为乡团①之魁。勿作屠人、厨人及鬻酒食。勿挟火枪弓弩网猎禽兽。勿习拳勇、咒术。勿作师巫及鼓吹人。勿立坛祀山魈②跳神。能士者士，其次医，次则农工商贾，各惟其力与其时。"吾不敢望古人之风规，但得似③启祯④间稍有耻者足矣。凡此所戒，皆船山公所深鄙者。若饮博狂荡，自是不幸，而生此败类，无如之何。然其由来皆自不守此戒，丧其恻隐羞恶之心耳。

（王之春撰，赵春晨、曾主陶、岑生平校点：《王之春集》第二卷，岳麓书社2010年版，第846页。）

📑 评析

古人云："国之本在家。"告诫子孙，是家庭教育的重要部分。王之春在

---

① 乡团：乡兵、团练。
② 山魈（xiāo）：传说中山里的独脚鬼怪。
③ 得似：怎似，何如。
④ 启祯：明代天启和崇祯年号的并称。

此篇选文中引用了王夫子训诫子孙之语：一是信仰儒教，敬奉先祖，不入异姓，不入僧道；二是重婚嫁而不重资财，为求家庭长久和谐，上以侍宗庙，下以继后世；三是不迷信风水、巫术，以礼化俗；四是少讼，不惹是生非，安稳生活；五是在职业选择上，优先为士，择其力与时，医农工商均可。这些劝诫之语在今天看来，已有部分内容脱离了时代，但从中可见传统儒者在家庭建设方面的一些坚守。

中国教育传统认为，家事、国事、天下事，密不可分。家庭的和睦、家族的稳定与国家、民族的命运有着密不可分的联系。以中国传统文化为主体，传承中国家训的优良传统，将成人之道、孝悌忠信、慎终追远等传统家庭教化的内容与社会主义核心价值观融会贯通，培育文明乡风、良好家风、淳朴民风，可为巩固基层治理提供强大的精神推动力。

谭嗣同

谭嗣同（1865—1898），字复生，号壮飞，湖南浏阳人，清末维新派政治家、思想家。谭嗣同早年拜欧阳中鹄、涂启先为师，接受船山思想和乾嘉学派思想，这为其后推动维新变法提供了思想基础。他曾游历北京、上海、南京等地，接受了新思想。戊戌变法期间，结识梁启超，倾慕康有为的思想，后应陈宝箴邀请，赴长沙开展维新事业，如创办时务学堂、创办《湘报》、成立南学会等。1898年戊戌变法失败，谭嗣同被害。

上江标学院

为创立算学拟改书院旧章以崇实学事：窃以算数者，器象之权舆①；学校者，人材之根本；而穷变通久者，又张弛之微权②，转移之妙用。

中国自商高而后，以数学称者，代不乏人，至我朝大备。圣祖仁皇帝纂《数理精蕴》《仪象考成》诸书，穷极幽眇，崇尚西法，海内承学之士斐然向风，若宣城梅氏、大兴何氏、泰州陈氏、休宁戴氏诸儒，撰述流传，不一而足。道、咸之际，海禁大开，西人旅华者，挈其格致算术以相诱助，是时学者渐知西算为有用之学，特延西士广译西书，现在刊刻行世者不下百数十种。而京师之同文馆、上海之广方言馆、湖北之自强学堂，均以算学课士。且国子监原设算学肄业生，满、汉、蒙古，分年教授。北闱乡试，并定有算学举人专额。诚见强邻压处，虎视鹰瞵，中国既与通商，自不能不讲求艺数，以收利权，而固国本。

考西国学校课程，童子就傅，先授以几何、平三角术，以后由浅入深，循序精进，皆有一定不易之等级。故上自王公大臣，下逮兵农工贾，未有不

---

① 权舆：起始。
② 微权：谓权谋、机变。

通算者，即未有通算而不出自学堂者。盖以西国兴盛之本，虽在议院、公会之互相联络，互相贯通，而其格致、制造、测地、行海诸学，固无一不自测算而得。故无诸学无以致富强，无算学则诸学又靡所附丽。层台寸基，洪波纤受，势使然也。

伏思算本中国六艺之一，西人触类引申，充积至于极盛，神明化裁，国势益固。我中国地广人稠，岂可阏塞①其聪明，拘挛其手足，冥然罔觉，而不思讲求奋兴之理？无如推行未广，虚伪相承，官长既视为具文，子弟莫窥其堂奥，致使帖括②自恃之士，抵隙蹈瑕，不遗余力，人材败坏，良用杞忧！

湖南向称人物荟萃之邦，自曾、胡诸公戡平巨憝③，功伐烂然。然以去岁日人犯顺，战事方殷，赴援湘军亦复溃散，不可收拾。可知虚骄之气无所可施，而时事艰危，万非从前绥靖逆氛可比。为今日湖南计，非开矿无以裕商源，非制器无以饬军政，而开矿、制器等事，随在与算学相资，故兴算一节，非但当世之远模，抑亦湘省之亟务。

伏读闰月十三日上谕："令各直省将军、督抚擢用人材，其有奇材异能，精于天文、地舆、算法、格致、制造诸学者，胪列事实，专折保荐。"又内外臣工，先后陈请变法之奏凡十余上，其中升任顺天府府尹胡燏棻拟请将各直省书院归并裁改，创立各项学堂，奉旨交各省疆臣议奏。据此，则大势所趋，而学校一途似不能不略予更变。惟省会风气未开，无论骤易，耳目辄生疑阻，而经费未纾，万难作速集办，不若择一县之旧有者恢廓而整顿之，俟有成效，再行推广。一以便多士之观摩，一以省巨款之劝募，因势利导，莫善于此。

生等籍隶浏阳，闻见僻陋，窃以天下大计，经纬万端，机牙④百启，欲讲富强以刷国耻，则莫要于储才。欲崇道义以正人心，则莫先于立学。而储

---

① 阏塞：阻断，闭塞。
② 帖括：唐制，明经科以帖经试士。把经文贴去若干字，令应试者对答。后考生因帖经难记，乃总括经文编成歌诀，便于记诵，时称"帖括"。
③ 憝：恶人。
④ 机牙：比喻要害、关键。

才、立学诸端，总非蹈常习故者所能了事。

浏阳城乡书院，共有五座：县城则有南台，县东则有狮山、洞溪，县西则有浏西，县南则有文华等目。然历年以来，均以时文课士，学子肄业，除帖括以外，瞢①无讲求。近益俗尚颓废，兰艾杂处，纷至沓来，有如传舍。推求其故，虽积习使然，实由课非实学，业无专长，以至流弊滋多，至于此极！

夫书院者，原以辅学校所不逮，既不能培植士类，则书院几同虚设。縻费膏奖，原属无名；掷弃光阴，尤为可惜。查县城之南台书院，每岁掌教脩金、生童膏火及月课奖资等项，统需千余缗之谱。生等拟请将该书院永远肄算，径改为算学馆名目，其岁费千余缗之资，即改归授算经费。现在邑绅欧阳节吾中书中鹄、涂舜臣优贡启先，均不避劳怨，力主其议，并商请浏阳县知县唐令会同办理。而同县护湖广总督湖北巡抚谭敬甫中丞之子嗣同知府、山东登莱青道李勉林观察之子元恺知县自愿捐购西书，踊跃乐成，尤可概见。

惟事属创始，专绪纷繁。其通知时务者，自无异言，诚恐一二泥古拘儒，事体未明，横生谤议。若不呈请立案，虽一时兴办，终非永远万全之策。恭遇大宗师膺命视学湘省，专以实学课士，湘人士无不交口欣诵，争自濯磨。生等广益集思，不敢自安谫劣②，冀于算学一门，稍收实效，以上副甄镕庶品、垂惠来学之至意。

为此仰恳饬谕浏阳县知县立案，准将南台书院永远改为算学馆，并会同公正明白绅耆，细定章程，妥为办理。行见观感则效，萌芽长成，立格致之根源，为湘省之先导，其有造于士类者，诚莫大之惠也。

禀上，蒙特许。

（谭嗣同撰，何执编：《谭嗣同集》，岳麓书社2012年版，第196-198页。）

---

① 瞢：同"懵"。

② 谫（jiǎn）劣：浅薄低劣。

📋 评析

光绪二十一年（1895），中日签订《马关条约》，其时，谭嗣同正身处武昌，协助其父谭继洵处理赈灾事务。惊闻噩耗，谭嗣同悲愤交加，遂与唐才常、刘善涵等人共商变法之事。在其看来，变法以培养贤才为急要，而算学又为塑就人才之关键。与谭嗣同共兴算学的唐才常便言："惟算学一道，小可为日用寻常之便益，大可为机器制造之根源；即至水陆各战，尤恃以为测绘驾驶放炮准头诸法。中国之所以事事见侮外洋者，正坐全不讲求之故。"唐才常认为算学大事小情皆可用之，并将中国海战的失败归咎于算学不精。在此背景下，以谭嗣同为首之青年，筹划于浏阳开设算学馆。《上江标学院》便是写给时任湖南学政江标请求设立算学馆的请示之文。

首先，谭嗣同申明在学校开设算学的重要性，"窃以算数者，器象之权舆；学校者，人材之根本；而穷变通久者，又张弛之微权，转移之妙用"。其次，他又讲明中国崇尚算学之形势、西学对算学之重视、算学为六艺之分属、湖南今日之不济，以论证湖南开设算学馆的必要性。最后，谭嗣同就算学馆的选址、经费、后续建设等问题，加以论述，以表在湖南建立算学馆之决心。此文态度恳切，娓娓动人，其中足见以谭嗣同为首的湖湘学子的爱国情怀。

后来，在多方共同努力下，浏阳算学馆正式成立。谭嗣同写道："其明年，浏阳果大兴算学，考算学洋务，名必在他州县上，至推为一省之冠，省会人士，始自惭奋，向学风气，由是大开。"足见谭嗣同之振奋之情与憧憬之愿。谭嗣同立主算学，崇尚实学，是由湖湘文化经世致用的学风、国家危机的现实遭遇、西方思想技术不断涌入的历史潮流所共同作用的结果。浏阳算学馆的设立，为新学的传播和维新运动的开展奠定了良好基础，也逐步揭开湖南改良、变革文教之序幕。

247

论今日西学与中国古学

今日开学会是第二次。头次所讲，云中国艰危，曾土耳其之不若，真是古今奇变。然吾约计开辟以来，战国与今日遥遥相映，时局虽皆极危，却又是极盛之萌芽。何也？绝大素王之学术，开于孔子。而战国诸儒，各衍其一派，著书立说，遂使后来无论何种新学，何种新理，俱不能出其范围。盖儒家本是孔教中之一门，道大能博，有教无类。太史公序六家要旨，无所不包，的是我孔子立教本原。后世专以儒家为儒，其余有用之学，俱摈诸儒外，遂使吾儒之量反形狭隘，而周、秦诸子之蓬蓬勃勃，为孔门支派者，一概视为异端，以自诬其教主。殊不知当时学派，原称极盛：如商学，则有《管子》《盐铁论》之类；兵学，则有孙、吴、司马穰苴之类；农学，则有商鞅之类；工学，则有公输子之类；刑名学，则有邓析之类；任侠而兼格致，则有墨子之类；性理，则有庄、列、淮南之类；交涉，则有苏、张之类；法律，则有申、韩之类；辨学，则有公孙龙、惠施之类。盖举近来所谓新学新理者，无一不萌芽于是。以此见吾圣教之精微博大，为古今中外所不能越；又以见彼此不谋而合者，乃地球之公理，教主之公学问，必大通其隔阂，大破其藩篱，始能取而还之中国也。《传》有之："天子失官，学在四夷。"譬如祖宗遗产，子孙弃之，外人业之，迨其业之日新月盛，反诧异以为奇技淫巧，机钤①诡谲之秘术。呜呼！此可谓数典忘祖②者矣！

昔郯子夷人也，而孔子尚学之。古人有言曰："询于刍荛③。"又曰："谋及庶人。"又尝见飞轮而作车，见蜘蛛而作网。是圣人不论何人何物，惟知学以取其长而已。

---

① 机钤：机智，机谋。
② 数典忘祖：据《左传》记载，春秋时晋国大夫籍谈没有回答好周景王的提问而被周景王讽刺为"数典而忘其祖"。后比喻忘掉自己本来的情况或事物的本原。
③ 刍荛（ráo）：草野鄙陋之人。

然今日欲讲各种学问，宜从何处讲起？则天地其首务也。夫人生天地之中，不知天何以为天，地何以为地，且地是实物，尚可目见，天是空物，不可窥测。于不可窥测者，遂置之不讲，则人为万物之灵之谓何矣？

尝考《素问》曰："地在天中，大气举之。"《列子》曰："虹霓也，云雾也，风雨也，四时也，此积气之成乎天者也。"张子《正蒙》曰："夫天，气也，自地以上皆天。"可见天地交界，以地面为之，此天是气之明证。《列子》又曰："夫天地，空中之一细物。"是明知地为行星之一矣。至其为地圜地动之说，则亦确有明征。《大戴礼》曾子曰："如诚天圜而地方，则是四角之不掩也。"此地圜之铁案也。且《周髀算经》亦曰："地如覆盘。"盖仅举东半球言之。若合之西半球，则为圆形无疑。

西人谓亚美利加洲与亚细亚洲人足心相对，遂知为圆形。其说果何所凭？试于海面上观之，有海船来，始见其船之烟，既见其船之烟筒，至前始见其全船之身。是明明从下而上，而为圆形矣。又以日月食验之：日食，乃日行入月度，为月所掩，而成圆形，人人知之；若日在地下，月在天上，而成月食，假使地球不圆，则掩月之形必不圆矣。此又地圆之确证也。且地动之说，亦非始自西人。《易》曰："天地以顺动，故日月不过，四时不忒。"又曰："夫坤，至柔，而动也刚……承天而时行。"又曰："夫坤，其静也翕，其动也辟。"是地动之理，大《易》已详哉言之。又《易·乾凿度》："坤母运轴。"仓颉云："地日行一度，风轮扶之。"《尚书·考灵曜》："地恒动不止。"《春秋·元命苞》："地右转以迎天。"《河图·括地象》："地右动起于毕。"凡此诸说，不一而足。

但地既绕日而转，何以日不可以绕地而转？盖日为八星之中心，其体积大于地球者一百四十万倍；乌有大至一百四十万倍，而反绕一小星之理？且八星皆绕日而成一世界，又安能撇却地球以外诸星，而如最小之月之自绕星球乎？此所以知地球绕日而转，日断不能绕地球而转也。

诸君但先讲明此理，则知吾身所附丽之地球，本变动不居，而凡泥不变之说者为逆天矣。又以知吾身所处之地球，原天空中不大之物，则凡附丽斯球者,可作同里同闬同性命观,而不必惊疑骇异,夜郎吾国而禽兽他人矣。诸君勉乎哉!

(谭嗣同撰,何执编:《谭嗣同集》,岳麓书社 2012 年版,第 436-439 页。)

📝 评析

南学会,经由谭嗣同、熊希龄、唐才常等人的积极倡导,并在黄遵宪、陈宝箴等政府要员的鼎力相助下,于光绪二十四年(1898)二月在湖南孝廉堂成立。学会以"专以开浚知识,恢张能力,拓充公益为主义"和"以同心合力,振兴中国为务"为立会宗旨。

南学会主要通过组织演讲集会的方式讨论学术、议论时政。《论今日西学与中国古学》一文,为谭嗣同受陈宝箴之邀在南学会做讲演的讲义。谭嗣同此讲的核心议题在于中国传统学术与西学之间的关系。第一,他论证了中国古代学术原本是多元的,亦涵摄西学的诸多方面,今日言西学,实际上就是恢复中国古代学问的多样性,意在使学者认识西学与中国古学息息相通,并不冲突,"盖举近来所谓新学新理者,无一不萌芽于是。以此见吾圣教之精微博大,为古今中外所不能越;又以见彼此不谋而合者,乃地球之公理,教主之公学问,必大通其隔阂,大破其藩篱,始能取而还之中国也"。第二,谭嗣同汇通中西,从中国古学和西学的角度论证了地圆之理,表明认识天地万物是中西学术交流的共同目标,也是新时代重新认识自身所必备的知识。

谭嗣同为学之要、救国之方,重在汇通中西,认为中西文化"同出一理","又以见彼此不谋而合者,乃地球之公理,教主之公学问",故今之为学当取百家之长、融汇中西,不可不察也。

论学者不当骄人
（节选）

谭嗣同

　　记得第二次开会时，曾与诸君讲明地圆的道理。诸君既知地圆，便从此可破中外之见矣。

　　地既是圆的，试问何处是中？除非南北二极，可以说中，然南北极又非人所能到之地。我国处地球北温带限内，何故自命为中国，而轻人为外国乎？然而此亦不可厚非也。中者，据我所处之地而言。我既处于此国，即不得不以此国为中，而外此国者即为外。然则在美、法、英、德、日、俄各国之人，亦必以其国为中，非其国即为外。是中外亦通共之词，不得援此以骄人也。而我国不惟好以中国骄人，且又好以夷狄诋人，《春秋》之所谓夷狄中国，初非以地言，故进于中国则中国之，流于夷狄则夷狄之。惟视教化文明之进退何如耳。若以地言，则我湘楚固春秋之夷狄，而今何如也？

　　且我国之骄又不止此，动辄诋西人无伦常，此大不可。夫无伦常矣，安得有国？使无伦常而犹能至今日之治平强盛，则治国者又何必要伦常乎？惟其万不能少，是以西人最讲究伦常，且更精而更实。即如民主、君民共主，岂非伦常中之大公者乎？又如西人招民兵，有独子留养之例，又最重居丧之礼，岂得谓其无父子乎？西人自命为一夫一妻世界，绝无置妾之事，岂非夫妇一伦之至正者乎？何得动诋西人无伦常？即令伦常中之礼文小有不同，要不过是末节耳，不妨各安其风俗，无所用其诋也，无所用其骄也。况伦常者，人人当尽之分，纵令做到极处，亦不过是分内之事，并算不得甚么本事，何得持此以骄人乎？

　　……

　　鄙人今日所以反覆戒一骄字者，因为学会上所重的是"学人一骄便不能为学"，是以第一要去骄字。不骄方能师人之长，而自成其学，有学而国乃可以不亡矣。

今向人说学问可以保国，人往往以为迂腐而不敢信。我今试举一确凿凭据与诸君说之，此事中国翻译书所不载，我曾闻一德国人亲向我言。其事维何？即普、法交战之事也。师丹一役，法国国破君擒，已万无图存之理矣，使普国稍逞其兵力，法国必灭。而普终许其和者何也？则普相毕士马克①之识伟矣。当法国请和之际，普之诸将皆以为必不许，而毕士马克有许和意。诸将皆愤怒曰："我等背乡井，弃妻子，忘性命，出万死，不顾一生之计，国家费饷千万计，战死士卒十数万，始有今日，今日法国垂灭，公复舍而与之和，此何理也？"毕士马克曰："公等毋躁，且细权其利害。我且问公等，试思我德国人之学问，比法国人之学问何如？"则皆曰："不如也，且远不如也。"毕士马克曰："由此即可知法国之不可灭矣，大凡有学问之人必能制伏无学问之人，而无学问之人自然不能不受制，此世界上之公理也。即如乡间农夫，遇事必唯唯听命于读书人，无他，以有学问无学问之故也。我德国既自知学问不如法国，则不灭其国，两国犹有界限，我德国犹可防守；我虽不如，犹无大害。若径灭其国，则法、德两国浑而为一，无复防守之界限；以法国人之学问驾驭我德国人，我德国人之权将尽为法国人所夺，而我德国无噍类②矣。公等要灭法国不难，速与之和，趁早回国，讲究学问，且待学问可以胜法国人矣，然后兴兵灭之，未为晚也。"而法国遂赖以不亡。此法国以学问保国之凭据也。

鄙人深愿诸君都讲究学问，则我国亦必赖以不亡。所谓学问者，政治、法律、农、矿、工、商、医、兵、声、光、化、电、图、算皆是也。

（谭嗣同撰，何执编：《谭嗣同集》，岳麓书社 2012 年版，第 439—441 页。）

---

① 毕士马克：即俾斯麦，曾任普鲁士首相，有"铁血宰相"之称。
② 噍类：本指能吃东西的动物，后特指活人。

📑 评析

南学会上，谭嗣同有四次重要的演讲，分别为《论中国情形危急》《论今日西学与中国古学》《论学者不当骄人》《论全体学》。此篇为谭嗣同在南学会上所作的第三次讲演的讲演稿。

此文所涉关键问题有二。其一，破传统夷夏大防。谭嗣同认为，中国虽名为中国，但并非世界或地球的中心，《春秋》所讲"夷夏之辨"并非以"是否为地理之中心"而论，而是以文明教化之高低判分夷夏之别。在文化的判定上，谭嗣同并不认可洋务派固守华夏名教传统，贬斥西方文化为野蛮、邪教的观点，而是认为中国虽为礼仪之邦，但不能以文明教化自大。中国传统虽重伦常，但别国也一样重伦常，中国虽尊儒教，但不可因此而攻其他宗教。其二，证"学问可以保国"之说。谭嗣同以普法战争为例，指出普鲁士（今德国）之所以不灭法国，原因在于法国之学问远高于普鲁士。当法国战败，两国融合之时，"有学问之人必能制伏无学问之人"，即法国人便会驾驭普鲁士人，于是普鲁士退兵而未灭法国，以此为"学问保国之凭据也"。谭嗣同以此例劝诫众学子，应深研、广览"政治、法律、农、矿、工、商、医、兵、声、光、化、电、图、算"诸学问。

谭嗣同在此文中，一扫过去"中国中心论"之旧调，集中表达了他开放、兼容的文化观。"文明交流互鉴，是推动人类文明进步和世界和平发展的重要动力"，人类文明唯有在互动交流中，才能不断进步。就个人而言，学者不应骄人，不骄才能虚心向学，才能学他人他国之所长，才能自成其学，贡献社会与国家。

上欧阳中鹄
（节选）

夫子大人函丈：

……

京居既久，始知所愿皆虚，一无可冀。慨念横目，徒具深悲，平日所学，至此竟茫无可倚。夫道不行而怨人者，道之不至者也；道必倚人而行者，亦自必穷之势也。因自省悟，所愿皆虚者，实所学皆虚也。或言："圣人处今日，苟无尺寸柄，仍然无济。"是大不然！圣人作用，岂平常人能测？人为至灵，岂有人所做不到之事？何况其为圣人？因念人所以灵者，以心也。人力或做不到，心当无有做不到者。即如函丈办赈之时，天时人事，一无可恃，性急之人，无有不焦思极虑以为万无一成者，卒之竟平平淡淡，度此奇厄，虽天亦报之以丰熟之岁，岂有他哉？特函丈当初仁恕和平之一念为之也。当函丈焚香告天时，一心之力量早已传于空气，使质点大震荡，而入乎众人之脑气筋，虽多端阻挠，而终不能不皈依于座下，此即鬼神之情状与诚之实际也。嗣同信道不笃，妄欲易以杂霸之术，拚命①而行之，将以救然眉之急，使以此治天下，初必有奇效，久之，患气必将愈烈。何也？人心难静而易动者也。结冤甚易，解之甚难。静之以和平，天下自渐渐帖服；动之以操切，皆将诡诈流转，以心相战，由心达于外而劫运成矣。如两虎相斗，终于两毙而后已。以是益服函丈之坚忍果决，非浅心所能及也。自此猛悟，所学皆虚，了无实际，惟一心是实。心之力量虽天地不能比拟，虽天地之大可以由心成之、毁之、改造之，无不如意。即如射不能入石，此一定之理。理者何？即天也。然而至诚所感，可使饮羽②。是理为心所致，亦即天为心所致矣。大约人为至奇之物，直不可以常理论。古人言冬起雷，夏造冰，以为必无之事，

---

① 拚（pàn）命：拼命。
② 饮羽：箭深没羽，形容射箭的力量极强。

今西人则优为之。再阅万万年，所谓格致之学，真不知若何神奇矣。然不论神奇到何地步，总是心为之。若能了得心之本原，当下即可做出万万年后之神奇，较彼格致家惟知依理以求，节节而为之，费无穷岁月始得者，利钝何止霄壤？傅兰雅精于格致者也，近于格致亦少有微词，以其不能直见心之本原也。嗣同既悟心源，便欲以心度一切苦恼众生，以心挽劫者，不惟发愿救本国，并彼极强盛之西国与夫含生①之类，一切皆度之。心不公，则道力不进也。佛说出三界，三界又何能出？亦言其识与度而已。故凡欲为教主者，不可自说我是某国人，当自命为天人，俯视万国皆其国，皆其民也。立一法不惟利于本国，必无伤于各国，皆使有利；创一教不惟可行于本国，必合万国之公理，使贤愚皆可授法。以此居心，始可言仁，言恕，言诚，言絜矩②，言参天地、赞化育，以之感一二人，而一二人化，则以感天下，而劫运可挽也。虽穷为匹夫，又何伤也哉？重经上海，访傅兰雅，欲与讲明此理，适值其回国，惟获其所译《治心免病法》一卷，读之不觉奇喜。以为今之乱为开辟未有，则乱后之治亦必为开辟未有，可于此书卜之也。此书在美国已非甚新，近年宜更有长进。然已入佛家之小乘法，于吾儒诚之一字，亦甚能见到。由此长进不已，至万万年，大约一切众生无不成佛者。学者何可不力争上流，而甘让人诞先登岸耶？涂夫子思以化电诸学制枪炮，此书所言感应之理，皆由格致得来，是即化电之根原。各国苟能讲心学，一切杀人之具自皆弃置勿复道。此是必有之事，可为众生豫贺。然必由格致、政务入手，方不杂于曼秋太史专精诚之说，故曰：下学而上达也。持此以读《六经》，往往可得神解，独惜《易》学尚未昌明耳。《易》冒天下之道，大约各教之精微诞谬，《易》皆足以括之，故曰至赜③而不可恶。其精微处，船山《易传》多已发明；惟诞谬处，尚待旁通耳。今谨购《治心免病法》呈览。其所用字样，各就本教立名，于大义无涉，读者可随意改之，初无伤也。

255

---

① 含生：一切有生命者，多指人类。
② 絜（xié）矩：法度，规范。
③ 至赜（zé）：极深奥微妙。

……

所闻于今之人者，至不一矣，约而言之，凡三家：一曰学，二曰政，三曰教。夫学亦不一，当以格致为真际①。政亦不一，当以兴民权为真际。教则总括政与学而精言其理。至于教，则最难言之，中外各有所囿，莫折于衷。试即今日之事论之：教之真际，无过五伦。而今日君臣一伦，实黑暗否塞，无复人理。要皆秦始皇尊君卑臣，愚黔首之故智，后世帝王喜其利己，遂因循而加厉，行之千余年，至宋末，不料有入而代之者，即以其法还制其人，且以伦常字样制其身，并制其心，所谓田成子窃齐国，并其仁义圣智之法而窃之也。原夫生民之初，必无所谓君臣，各各不能相治，于是共举一人以为君。夫曰共举之，亦必可共废之。故君也者，为天下人办事者，非竭天下之身命膏血，供其骄奢淫纵者也。供一身之不足，又欲为子孙万世之计，而一切酷烈钳制之法乃繁然兴矣。而圣教不明，韩愈"臣罪当诛，天王圣明"之邪说，得以乘间而起，以深中于人心。一传而为胡安国之《春秋》，遂开有宋诸大儒之学派，而诸大儒亦卒不能出此牢笼，亦良可哀矣。故后世帝王极尊宋儒，取其有利于己也。王铁珊之祖，死节者也，尝与论死节之理曰："君臣以义合者也？人合者也。君亦一民也，苟非事与有连，民之与民，无相为死之理，则敢为一大言以断之曰'止有死事的道理，断无死君的道理'。死君者，是以宦官、宫妾自待也，所谓匹夫匹妇之谅也。况后世之君，皆以兵力强取之，非自然共戴者乎？又况有彼此种类之见，奴役天下者乎？"铁珊击节叹赏，称为圣贤之精微，并言刘夫子于古今君臣之际，亦尝慨乎言之。而同乡某或疑为不臣。噫！人心痼蔽，至于如此。焚书以愚黔首，不如即以《诗》《书》愚黔首。秦真钝人哉！

西人悯中国之死于愚也，则劝中国称天而治，庶无畸重畸轻之弊。因秘天为彼教所独有，转疑吾圣教之有缺，不知是皆吾所旧有也。三代以上，人与天亲。自君权日盛，民权日衰，遂乃绝地天通②，惟天子始得祀天，天下

---

① 真际：真谛。
② 绝地天通：意谓使天地各得其所，人于其间建立固定的纲纪秩序。

人望天子俨然一天，而天子亦遂挟一天以制天下。天下俱卑，天子孤立，当时之强侯因起而持其柄，然民之受制则仍如故也。孔子忧之，于是乎作《春秋》。《春秋》称天而治者也，故自天子、诸侯，皆得施其褒贬，而自立为素王。《春秋》授之公羊，故《公羊传》多微言。其于《尹氏》卒云："讥世卿也。"卿且不可世，又况于君乎？诸如此类，兴民权之说，不一而足。且其战例，亦往往与今之万国公法合。故《公羊春秋》，确为孔氏之真传。然其学不昌者，亦与君主之学相悖而已矣。孔子于《春秋》犹多隐晦，至于佛肸①、公山之召而欲往，则孔子之心见矣。而后儒于《佛肸》《公山》两章书几不能读，可知中国君臣一伦何尝明乎？孔子之学，衍为两大支：一由曾子，再传而至孟子，然后畅发民主之理，以竟孔子之志；一由子夏，再传而至庄子，遂痛诋君主，逃之人外，不为时君之民，虽三代之君悉受其菲薄，虽似矫激，实亦孔氏之真传也。持此识以论古，则唐、虞以后无可观之政，三代以下无可读之书。更以论国初三大儒，惟船山先生纯是兴民权之微旨；次则黄梨洲《明夷待访录》，亦具此义；顾亭林之学，殆无足观。

言进学之次第，则格致为下学之始基，次及于政务，次始可窥见教务之精微。以言其衰也，则教不行而政乱，政乱而学亡。故今之言政、言学，苟不言教，则等于无用。英人韦廉臣著《古教汇参》一书，博考古今中西之教凡数十。每教复各有门户，其中亦有精微者，亦有诞谬不可究诘者。然不论何教，皆有相同之公理二：一曰慈悲，吾儒所谓"仁"也。一曰灵魂，《易》所谓"精气为物，游魂为变"也。言慈悲而不言灵魂，止能教贤智而无以化愚顽；言灵魂而不极其诞谬，又不足以化异域之愚顽。吾儒鄙外教之诞谬，外教亦不喜吾儒之无其诞谬，二者必无相从之势也。惟佛教精微者极精微，诞谬者极诞谬。佛之精微，实与吾儒无异。偶观佛书，见其不可为典要，惟

---

① 佛肸（xī）：人名。春秋末年晋大夫范氏、中行氏的家臣，为中牟的县宰。

变所适，往往与船山之学宗旨密合，知必得力于此。

……

受业门人谭嗣同谨禀七月二十三日

（谭嗣同撰，何执编：《谭嗣同集》，岳麓书社 2012 年版，第 498—504 页。）

评析

光绪二十四年（1898），清政府正式颁布《定国是诏》。随后不久，谭嗣同抵达北京，并得到光绪帝召见，被授予四品卿衔，担任军机章京，参与新政。此篇选文作于光绪二十四年（1898）七月，是谭嗣同在维新期间写给老师欧阳中鹄的信件。

此篇选文浓缩了谭嗣同在《仁学》中阐述的教育主张。谭嗣同试图通过会通中西、验之自身而确立教育哲学。宋明理学的派别主要分为理学与心学；一方强调道问学，方法是格物致知；一方强调尊德性，方法是验诸本心。谭嗣同在结合西方心理学的基础上，倾向于强调心的作用及其功能，决心创立放之四海而皆准的道与教，以适用于世界各国。谭嗣同认为，当今之世，虽纷繁复杂，但归纳起来可大致分为学术、政治、教育三类。"凡三家：一曰学，二曰政，三曰教。夫学亦不一，当以格致为真际。政亦不一，当以兴民权为真际。教则总括政与学而精言其理。"其中，教育由总括格致学术与民权政治之理，在进学次第上，"则格致为下学之始基，次及于政务，次始可窥见教务之精微。以言其衰也，则教不行而政乱，政乱而学亡"。足见谭嗣同对教育之看重。在教育的具体指向上，谭嗣同认为，"教之真际，无过五伦"，他对君臣之伦的论述，值得我们关注，"故君也者，为天下人办事者，非竭天下之身命膏血，供其骄奢淫纵者也"。此一论断继承并发扬黄宗羲、王夫之对专制君主的批判，亦开近代中国民主之先声。

258

唐才常

唐才常（1867—1900），字黻丞，后改佛尘，湖南浏阳人，清末维新派领袖、政治活动家。他早年就读于长沙校经书院、岳麓书院及武昌两湖书院，肄业后回长沙与同乡谭嗣同投身维新变法运动，创办时务学堂、创办《湘报》，与谭嗣同、黄颖初并称"浏阳三杰"。戊戌变法失败后，唐才常流亡日本，回沪后创"自立会"，后因密谋发动自立军起义被害。著作收录在《唐才常集》中。

师统说
（节选）

唐才常丁孔子二千四百四十九年后，读其遗书，恨怆而涕下曰：何哉？血气尊亲之盛，太平雎麟①之化，古之人大言欺人，将穷冰洋，绵亿劫，不得觌兹会哉？乃瞿然曰：此无他故，其惟师统不张故。

或诧之曰：君统则有之，师统何为也？曰：不然，君统可以治一国，不能治天下；可以致小康，不能致大同。昔者尧、舜、禹、汤、文、武之为治也，几几致大同之盛者，以君统而兼师统也。孔子之祖述尧舜，宪章文武，而不居帝王之位者，天所以开万世师统之运也。《书》曰："天降下民，作之君，作之师。"是古者君、师并重之明证。《周礼》曰："联师儒。"又曰："师以道得民。"孟子曰："圣人，百世之师也。"夫曰"得民"，曰"百世"，非统而何？《春秋》拨乱世反之正，首即立一文家之记号，曰文王，曰大一统；其余则曰王者，曰新王。夫文王、王者、新王，皆孔子所以王万世也。故孔子曰："文王既没，文不在兹乎？"又曰："吾因行事而加乎王心。"孟子曰："《春秋》天子之事也。"董子曰："《春秋》应天作新王之事，时正黑

---

① 雎麟：《诗经》中有《关雎》和《麟之趾》。后喻指杰出的人。

统，王鲁尚黑。"则皆明以王者之事，属之孔子，若曰孔子于生民以来，自为正统焉耳。然春秋家则统以孔子为素王，或曰：素者空也，孔子不得天子之位，而空言以王之。或曰：王鲁尚黑，素者黑也。不知素王之素，乃质家言。《史记·殷本纪》明云：伊尹说汤以素王九皇之道。殷道尚质，故素王之义因之。如此则正与周道尚文之文家言而立一文王之记号相对待。盖文胜则救之以质，质胜则仍救之以文。文质两统，相为循环，而素王、文王之义尽之。要之，数千年后所以致全球于大同，登世界于极乐者，则终不越乎大一统之文家言。伟哉！质家治小康，文家治大同。质家显然改定之制度，为素王之法，二千年来阴用之而不觉；文家蔚然不尽之微言，为文王之法，二千年后扩充之而无涯。综其指归，则曰"元"，曰"大一统"。"大一统"何？统于师而已矣。

……

或曰：历代以来，尊之为圣、为王、为先师，教统不既张矣乎？曰：未也。不纪年则无统，不立统则无师，不系统于师则无中国。譬之风雪寒沍①，人重裘而我绤绤②，而欲吾身之无栗且僵也，不可得矣。或曰：既立师统，毋乃轻君统甚？曰：不然。孔子之教以天统君，君与师皆受治于天者也。当今之时，诚与天下更始，曰光绪若干年，即孔子降生若干年，推之内政外交皆用之。此虽虚文，而人人尸其教主尊其师统之心，当益牢固不可破，而国力之坚因之，君统之固亦因之。然后举一切政学，参以君师并重之精神，而生动力，而策公义，则政教沟通，谁敢叛其师、忘其君者矣？且宁惟君统固而已，血气尊亲之盛，太平雎麟之化，或庶行于大地哉！

（唐才常撰，王佩良校点：《唐才常集》，岳麓书社 2010 年版，第 286-288 页。）

---

① 沍（hù）：冻结。
② 绤绤（chìxì）：葛布的统称。细者曰绤，粗者曰绤。此处引申为穿葛服。《诗经·邶风·绿衣》中有"绤兮绤兮，凄其以风"。

评析

唐才常所立"师统"说，深入挖掘了师统的传统经典内涵，认为师统的确立能够起到沟通政教、实现天下大同的社会理想的作用。他的论说目的非常明确，一是树立孔子为儒教教主的形象，二是从伸张传统教化的角度抵御西方宗教思想的影响。同时，他分析了师统与君统之间的关系，认为君、师皆受制于天，重师统并不会轻君统。唐才常的这一教育思想是立足于国际视野得来的，弥足珍贵，要是有更深入的论证，必将让更多的人信服。

"夫天祐下民，而作之君，作之师：礼乐刑政，所以董正天下而君之也；仁义孝悌，所以率先天下而为之师也。"儒家学者认为，君主同时也是一国百姓之师。在中国古代，师统与君统具有密切的联系，以师统沟通政治的观点实然已有千年之渊源。纵观古今，我国始终保持着尊师重教、以礼化民的优良文化传统，传承这样的文化基因并发扬光大，是我国教育现代化建设的强大推动力，也是具有中国特色的中国教育在国际舞台上发光发热的独特魅力所在。

治新学先读古子书说

尘尘世界，桎梏于文法，昏瞀①于科目，沉冥于俗儒，如蛾趋焰，如蚁附膻②。其上者能笺注虫鱼③，批风抹月，人许、郑而家徐、庾；其下则抱兔

---

① 昏瞀（mào）：迷惘困惑。
② 附膻：比喻依附恶势力。
③ 虫鱼：指训诂考据之学。

园册子①，束湿②老师宿儒之言，以媒通显；或且睥睨③群伦，私尊敝帚。与之言西学，则曰异端；与之言周秦诸子，则亦曰异端。而试问彼之不异端而绳矩昌平者，糟粕而已，圈苙④而已。呜呼！孔教之晦，学派之孽，斯云剧矣。

夫孔子道大能博，有教无类，六经固改制垂世之书，即九流百家，罔弗本其绪余以鸣于世。故《汉书·艺文志》所称九家者流，皆七十子之流裔。虽纯驳不一，而上胚皇古，下孕来兹，厥功非浅。即今之言新学者，尚将微参橐籥⑤，证中西古学之源。彼沾沾守一先生之言者，则乌可以为学矣！虽然，今新学家言，樊然⑥淆矣，综其要指，不过曰格致也，富强也，公法律例也。若《管子》，若《墨子》，若《庄》《列》，若《淮南》，若《吕氏春秋》，其言格致富强，为近人张自牧《瀛海论》、薛福成《四国日记》所钩稽者，弗赘述，请言诸子大义，以为治新学者的。

管子前乎孔子，多《周官》《司马法》遗言，其云量民力则无不成，不强民以其所恶，则诈伪不生，不欺其民，则下亲其上。又云商无废利，民无游日，财无砥墆⑦，尤赅千百年保世经猷。《墨子》一书，开机器之先，悟重光之理，而宗旨尤在兼爱、尚同，矫叔世私竞之风，即宰我从井救人之仁。学儒者或过之，而西人乃师其意，以横溢五洲。夫胞与平权，本孔、孟公心，但一有等，一无等，遽以太平世之术，治据乱世，徒滋诟厉耳。《庄》《列》《淮南》，宗旨大同，其敝屣⑧其身，尘埃其世，近佛理，亦近格致家之论地球恒星及万物质点。盖皆孔门之微言，韩退之谓子夏弟子田子方，其徒流而为庄周是也。若夫西国律例家，即古之法家。《论语》"道之以政，齐之以

---

① 兔园册子：指浅近的书籍。
② 束湿：严饬。
③ 睥睨：斜着眼看，侧目而视，有厌恶或高傲之意。
④ 苙：畜圈。
⑤ 橐籥（tuóyuè）：古代冶炼用的鼓风器具，喻指本原。
⑥ 樊然：纷乱的样子。
⑦ 砥墆（dié）：阻滞壅积。
⑧ 敝屣（xǐ）：不足珍惜的东西。

刑"，盖据乱世之律例；"道之以德，齐之以礼"，盖太平世之律例。宰我不知律例之源，告哀公以使民战栗，遂伏申、韩之根。《史记》言韩非、李斯同受业荀子，杨倞谓荀子亦孔氏支流，此荀、李之变本加厉者也。西国公法家，即古之名家。孔子曰："必也正名乎！"故《春秋》为刑书，又为正名之书。礼者，刑之精华；刑者，礼之科条。及门诸子为名家学者，《礼》《春秋》而已矣。及秦任法律，则刻核寡恩，土苴生命，班固谓警①者为之，则钩钓②析乱，痛乎乃自有地球之大厄哉！

是故周、秦诸子，悉荄③滋孔氏，而孟子、公羊子衍太平之仁理，寻平权之坠绪，其嫡派也；墨子、庄、列精研天人之旨，曼衍④格物之词，其支派也；荀子开历代网罗钳束之术，其孽派也。故欲救今日民穷财尽、公私窳敝⑤之病，则必治之以管学；欲救今日士、农、工、商各怀私心之病，则必治之以墨学；欲救今日吏治废弛、弄文蚁法⑥之病，则必治之以申、韩之学；欲画五大洲大同之轨，进一千五百兆仁寿之民，则必治之以孟子、公羊之学。夫第以公法律例言，似不及格致富强之可以雄其国、智其民；然将来一统地球、掍合⑦政教者，必公法周、律例平也。而要以力破拘挛，冲决荀、李网罗为第一义，顾安得訇訇者而一振其聋聩也。

（唐才常撰，王佩良校点：《唐才常集》，岳麓书社 2010 年版，第 334-336 页。）

---

① 警（jiào）：同"嗷"，痛呼。
② 钩钓（gū）：铁质系纤绳的用具。
③ 荄（gāi）：草根。
④ 曼衍：分布，传播。
⑤ 窳（yǔ）敝：腐败，凋敝。
⑥ 蚁（wěi）法：枉法。
⑦ 掍（hùn）合：含混，混合。

📑 评析

此篇的主旨非常明确：欲学习西方新的学问，先学好中国传统的旧学问。唐才常立论非常简易明白，因为在中国传统学问的分野中，就包含了西方新学的种种内容。为解决现实中的种种困境，均可从传统经典以及诸子之书中寻找资源。今天，沉浸在各专门学术中的学者们，也同样发出要弄明白中国传统学问的强烈呼声。这种精神的需要，已不仅仅满足于从中国固有学问中探求、印证知识，还力求弄明白中国人之所以是中国人的文化冲动与精神追求。如果正如唐才常所言，那么我们教育的初始，就应该立足于了解、学习中国固有的传统文化。

教育建设、文化建设的思想方法在于"不忘本来、吸收外来、面向未来"。然而学问也须有先后，若想要学习其他民族之优良文化，则首先需要在文化传统上认识自己，三省吾身，并要认同我国历史与国民的文化根脉。国学内容有经史子集、九流十家，博大精深，包罗万象，外国文化也可在本国文化中找到相似之处。因而，欲求树大参天，首先要根深本固，对中华优秀传统文化、革命文化、社会主义先进文化的认同与学习，是如今教育教学的方向所在。

尊专

学问之道，不专不成，古今之通病，天地之达忧也。然经史词章，其质性聪颖者，偶涉藩篱，尚能貌袭其华以盗名欺世①，而许、郑如鲫，庾、鲍如林矣。惟泰西格致之学及一切公法律例专科，则断不能剽窃绪余，卤莽灭

① 盗名欺世：窃取名誉，欺骗世人。

裂，蕲为世用，故往往攻一艺终其身焉；且师弟相传，子孙世守，靡明靡晦，极巧研机。无他，专故也。

中国数十年来，同文、方言、武备等馆，次第举行，衿缨①杂拉，风雨鳞萃。而临变仓卒，不获一器一人之用者，士夫腹非之不已，而目笑之；目笑之不已，而纤掣之。一入其途，为世大诟，尚何专焉？

夫中士非独不专于新学，即其骛为文章之业，辄喜兼营并举，苟且涂饰，终其身鲜翔实者。惟括一门，虽穷乡僻壤，视为身心性命之窟，而摇其精而疲其神，骷髅于章句，傀儡于庠序，曰是固宜然。无他，上以是求，下以是应，不得不尔。嗟乎！诚反其道以求之实学，安知必让西人以独步也？

昔普国有尼姑喇赉赐者，愤普师之覆于拿破仑，遂入巴黎受业瑞士人包狸，穷其后膛枪之术，卒归普而多铸新枪以报法。此犹一人之专，尚能辅德为盟主；而况泰西恒合人人之专，以强其国力，保其国权者哉！夫冰洋之阻也，地心之热也，星球之远也，格致家尚欲锤幽涉险，凿地开天，以为环球瞠目咋舌之举，而后慊于心；而况耳目手足，得而经营者哉！

抑西人每诩智力胜古人者，非虚语也。如沟通红海之事，在周匡王时，有埃及国王法老尼谷，兴工十二月，死者十二万人。而近来法人勒塞拍斯②（即留瑟）。自咸丰十年兴工，至同治八年，卒沟通之。此五洲瞠目咋舌之举，而竟以专得之者也。今之视而愕者，辄曰西人巧甚，不知其巧非巧，其拙真巧耳。

至其为学之道，不矜捷获，不陵天聪。其扼要在以格致炼记性，而脑气既活，灵魂四通，轮轴机捩③，速于光电。古云"思之思之，神明通之"，殆憔悴嫥④壹，而灵魂以收其效之谓欤！是故西人之专，本于拙而巧不可阶；华人之不专，恃其智而愚不可药。虽然，上之人固不予以可专之业而尊之，

① 衿缨：衣冠楚楚的士大夫、读书人。
② 勒塞拍斯：即斐迪南·德·雷赛布，法国企业家，苏伊士运河开凿者。
③ 机捩（lì）：机器。
④ 嫥（zhuān）："专"的本字，专一。

而谁则掷其身于无用哉？

（唐才常撰，王佩良校点：《唐才常集》，岳麓书社2010年版，第338-339页。）

📝 评析

　　古人云："守少则固，力专则强。"此篇所论西学所用"专"，在于以拙为进阶，值得注意。唐才常在论述过程中十分巧妙地运用了例证法和对比法，因而使说理更令人折服。他比较了当时国人与西方学者的学习差异，实然是对学习方法的说解。做学问者业精于勤，而勤离不开专注，唯有熟读精思、笃学不倦，方是剥离浅显、登堂入室之道。诚儒家心传所言"惟精惟一，允执厥中"。

　　科学的学习方法离不开专心致志的态度，在中国教育走向世界、世界教育走进国门的过程中，不同风格、不同主义的文化良莠不齐。根据立德树人的方向指引，我们首先应当专注于中华优秀传统文化，专注于自我植根的文化基因，专注于眼前和当下，深入学习，把握精髓，通晓实务，使文化交流与文化创新饱含中国特色。

杨昌济

　　杨昌济（1871—1920），又名怀中，字华生，湖南长沙人，中国近代教育家。杨昌济早年曾就读于岳麓书院，并积极参与湖南的革新运动，加入南学会，在《湘报》上撰文，提出振兴农工之学的设想。1903年后的十年间，他在日本、英国留学，并去德国考察。这些经历让他接触了当时世界上哲学、教育学等方面的前沿研究。归国后，他相继任教于湖南省立第一师范、湖南高等师范专科学校等，关心毛泽东、蔡和森等一批进步青年的成长，促进新民学会成立，筹备创立湖南大学。1918年，应蔡元培之聘，任教于北大。杨昌济推动了湖湘文化的现代转换，提倡德智体美全面发展教育，著作有《达化斋日记》《论语类钞》等。

教育与政治

　　教育与政治有密切之关系，互相为因，互相为果。无善良之政治，则不能有善良之教育；抑可云无善良之教育，则不能有善良之政治。本论为同人之任教育者立言，故不具论行政者对于教育当执如何之政策，唯论施教者对于政治当取如何之态度。

　　中国人最重实际。古来大教育家无不先从事于政治，迨其终不得行其志，乃反而求之于教育之一途。孔子辙环天下①，原欲以政治上之活动，救当世之生灵；及其所如不合，老而退隐，乃始从事删述，设教杏坛，遂以沾溉②来叶，蔚为国教。后世如程、朱、陆、王，皆致身通显，然其道不见信于当时，仅得传于后世，失于政治而得于教育，屈于一时而伸于百世。仪封人曰："二三子何患于丧乎？天下之无道也久矣，天将以夫子为木铎。"宰我曰：

---

① 辙环天下：出自韩愈《进学解》，指乘车环游天下，形容孔子周游列国。
② 沾溉：沾濡浇灌。比喻恩典、德泽。

"以予观于夫子，贤于尧舜远矣。"法制拘于时势，教化通乎古今，教育与政治虽皆国家成立所必要乎，以何者自任，则唯其人之自择矣。

《易》曰："穷则变，变则通，通则久。"中国近年可谓大变矣，然其变方始，吾民尚未得变之利，而往往得变之害。盖所变者政法之粗迹，所未变者民族之精神。从政治上求变，变之自上者也；从教育上求变，变之自下者也。变之自上者效速而易迁；变之自下者效迟而可久。高以下为基，吾宁自教育始矣。

余读顾亭林《郡县论》而深有感焉。亭林盖奖不仕之节者也。今人承千年科举之余弊，风起云涌，群趋于政治之一途，而教育与实业，鲜有以全力注之者。分利者众而仕途末由澄清，岂细故哉？教育者，寂寞之事业，而实为神圣之天职，扶危定倾，端赖①乎此，有志者固不以彼而易此也。

政治所以维持现在，教育所以预备将来。人情多役于现在，而忽于将来，此教育人才之所以少也。不知现在不预备，则将来亦但如现在，毫无进步。管子云："十年之计树木，百年之计树人。"孟子曰："今之欲王者，犹七年之病求三年之艾也。苟为不蓄，终身不得。"现在之人才，可与图治乎，能应之者鲜矣。不能望之于现在之人才，乃欲望之于将来之俊彦，悠悠万事，无此为大，爱国者其知所从事矣。

今日之政局变幻极矣，教育者宜处于超然之地位，不宜干预政治。施教如孵卵然，必经历岁时而感化之力始著。校长、教员均不宜常有变动，若傍及政争，则地位断难稳固。日本政治结社，军人、教员皆所不许。教育事大，重责任者故不容分心于他事也。

分业为社会进化之一要件。余观英国大学生各有一定之职业，大抵习文科、理科者为教员，习医科者为医生，习法科者为律师，习神学科者为教士。而学校校长与教员，皆久于其任，有居一校至三四十年之久者，故能逐渐改良，著著进步。吾国从事教育者，多存五日京兆之见，固多由于政界之牵掣，

---

① 端赖：与"唯有"近似，意思为专门请求，有赖于。

亦由于当其任者无恒心与毅力也。惟绝意政治而委身于教育，庶专于其职，而可大可久之业由是而成。承蜩丈人①之言曰："虽天地之大，万物之多，唯吾蝉翼之知。""用志不分，乃疑于神"，学者傥有意乎？

福泽谕吉，日本之大师也，隐居教授，不乐仕进，友朋多取高位、柄大政，而视之淡如，创办庆应义塾于东京。值西南之役起，西乡隆盛以反抗政府被戮。方事之殷也，枪声隆隆震屋瓦，而福泽氏教授如常。其定识定力，有可为吾人之模范者。吉田松阴之诗曰："松下虽孤村，誓为神国干。"吾愿为有志教育之诸君子诵之。

吾国改建共和已二载矣，政争汹汹，仅免破裂，人心风俗不见涤荡振刷、焕然一新之气象，而转有道德腐败、一落千丈之势。盖承积敝之余，纲纪一堕，势难免此。欲图根本之革新，必先救人心之陷溺。国民苟无道德，虽有良法，末由收效。处此时势，惟在少数之善良分子，协力与多数之腐败分子奋斗，积诚立行，以回易世俗之耳目而转移其风气，故政治而外，吾辈正大有事在，欲救国家之危亡，舍从事国民之教育，别无他法。此吾所敢断言者也。

闻之历史家之言曰，国家之盛强，由于其国有健全之中等社会。中等社会受普通之教育，其家计足以独立，全国舆论之所自出也。古来民政之行，前有希腊，后有罗马，均以市民为国家之中坚。吾国专制既久，创建共和，于市民之教育，尤不可不以全力注之。国民有参政权，不可无参政之智识与道德。征之前次国会议员之选举，有识者为之寒心。非有改造人心之教育，养成健全之中等社会，则善良之政治终不可得而望，有志者所宜奋袂②而起也。

吾国社会道德之腐败，其由来甚远，盖数千年专制之结果也。中国经历多次之大革命，而政体未曾改良。明君贤相不世出，而昏庸贪暴者往往乘权柄政，故朝代相续，大乱迭生，而趋炎附势、贿赂成风，恶俗一成而不可变。

---

① 承蜩丈人：出自《庄子·达生》"丈人承蜩"之典故，主旨为做事用心，注意力集中。
② 奋袂：挥动衣袖，常用来形容奋发或激动的状态。

夫酿成此俗，既经许多之岁月，则欲转移之，亦岂一朝一夕之所能为功？顾亭林论历代风俗，慕东汉、北宋士风之盛，谓国俗有人提倡，可以一变至道，慨然有守先待后舍我其谁之志。力挽颓风，造端宏大。任教育者固不可无此抱负也。

（杨昌济著，王兴国编注：《杨昌济集》卷一，湖南教育出版社 2008 年版，第 41—44 页。）

📑 评析

此篇论述教育与政治的关系，不失为湖湘教育史上的名篇。政治推动自上而下的变革，追求立竿见影的效果，教育催生自下而上的变革，追求潜移默化的境界；政治追求活动的人生，教育从事的是"寂寞的事业"；政治所以维持现在，教育所以预备将来。基于教育与政治的不同特点，杨昌济明确指出，当时政局变幻莫测，教育者应处于超然的地位，不宜干预政治。这既是对晚清政局变化以来，教育者多参与政治的反思，也是对教育者责任的重新明确。同时，杨昌济虽主张教育者与当前的政治活动保持距离，但其教育的最终目的仍是为长远长久的政治服务，救人心、振风俗，"力挽颓风，造端宏大"。他认为欲救国家危亡，除了一心从事国民教育，别无他法。

"学校是立德树人的地方。树什么人？这很重要。爱国主义是中华民族的民族心、民族魂。"2024 年 3 月 18 日，习近平总书记赴长沙考察时，到访湖南第一师范学院这一杨昌济曾任教的地方。总书记始终牵挂国民教育，回忆起杨昌济、徐特立等优秀的教育家，总书记感慨地说，在我们国家积贫积弱的年代，就有一批爱国者主张要想国家强大就要办好教育。时至今日，政治与教育的双向积极作用依然可见，我国教育以立德树人为根本任务，而"德"便是报效祖国，服务社会，培养大德方可成就大业。我国教育的健康发展也有赖于党的领导。一棵棵教育花园中拔节的树苗，即将走出校园，迈向社会，以德智体美劳全面发展的社会主义建设者和接班人身份，服务国家与人民，为我国政治的建设与发展奉献自己的力量。

余归国后对于教育之所感
（节选）

余自弱冠①，即有志于教育。值世局大变，万国交通，国内人士，争倡变法自强之议，采用东西洋各国成法，创兴学校，以图教育之普及。余以为处此时势，非有世界之智识，不足以任指导社会之责，于是出洋求学，留于日本者六年，复至英国留居三年有余，又往德国留居九月。今春返国，于本省教育情形颇有所见闻，证以海外考察之所得，不能无所感触。今请一一述之，以与学界诸君子共相质证，庶亦研究教育者之乐闻也。

余观英国小学校教员，学识大抵优良。为校长者多为大学毕业之人，间有以大学毕业生而任小学教员者。师范生多在大学肄业，同时受教育上之训练于师范学校。盖其大学均有数百年之历史，自昔发达，学风流衍，组织完善，经济独立。如此之大学，在英国三岛有十数处，此其教员之学识所以优良也。湖南尚无可与东西洋比较之大学，而高等师范学校与高等工业学校，且有不设在湖南之说，各私立大学，均在缔造之始，既苦经费难继，教员亦难得其人，即学生亦难于合格。高等学校不发达，则中学校均绝其来源，此非教育前途之福也。查英国各地大学之历史，往往组合二三高等学校而成。二三年前余在英国泥北淀②时，曾与章行严③谈及学务，欲合湖南之高等师范

271

---

① 弱冠：古代男子二十岁行冠礼，表示已经成人，但体还未壮，所以称作弱冠，后泛指男子二十左右的年纪。
② 泥北淀：爱丁堡。
③ 章行严：章士钊，我国当代爱国主义者，政治活动家，是杨昌济留学爱丁堡大学时的同学。

学校、高等工业学校、明德高等商业学校、法政学校、医学校等，组成一湖南大学。一切组织均参考东西各国成法而定之，造端宏大，事非易举，然为开发国力、集中思想之计，此等计划不可少也。如德国、美国，均有大学多处，分布国境之内。日本国立大学虽仅有东京、京都、东北三处，然私立大学，如庆应义塾大学、早稻田大学、明治大学、法政大学、日本大学等，东京亦有数处；于国立大学之外，养成多数之人才，供社会各方面之用，此其国势之所以发展也。二年以内，政争剧烈，万事均未曾进行，遑论①教育，遑论高等教育！今者政局粗定，当局者有励精图治之心，窃愿勿以减政之故，并其可以增进国力者而亦减之也。此余之所感者一也。

……

然则今日果宜如晚清时代于学校课读经乎？是又有不可不论者。余前言民国之废读经，自有其教育上之理由，今请得而说明之。经文如《书经》《易经》，多古奥难解，不适于为教授之材料，一也；时势变迁，古义有难适用于今日者，二也。大学之文科固不妨博稽古典，至普通教育则当由明习经术之士，取经说之极精要者，编入国文教科书及修身教科书之中，而未可如前日之漫无抉择，全行记诵。此则余对于学校读经之意见也。如必欲以读经示尊孔之义，则专读《论语》或尚可行，因篇章不多，文义浅显，尚不致过重儿童之负担。然愚意终以为即《论语》中，亦有不必读者。余观英国人所译之《论语》，亦系选译，其内容相近者以类相从，略如朱子所编《近思录》、金仁山②所编《孟子要略》。窃以为学校教授《论语》，亦可作此法行之，不必照原有之篇章。其他各经可采择教授者甚多，如《诗经》之诗，有可选入国文读本者，《礼记》中之言礼意者，可作中国伦理教授之材料，无读经之名而有读经之实，在施教者加之意而已。西洋各国多信奉耶稣教义，《旧约全书》《新约全书》乃彼土所谓圣经也，英人以是教其子女，日课三段必成诵而后已。宗教之教授，固有大影响于人心，然自学校教育言之，又有

---

① 遑论：不必谈论。
② 金仁山：即金履祥，宋元之际思想家。

对于宗教取中立之态度之必要。盖国民教育，尽人所宜受，如学校施偏于某一派之宗教教授，则非此派者必不愿听受。故英国学校定章，不许施偏于某一派之宗教教授于公立学校。孔子之道，为凡人所莫能外，然若于学校强制读经，以是为尊崇孔子，则学生或以心理发达程度不及之故，莫测其高深，因厌弃读经之课程，遂并孔道而厌弃，则所关于人心世道者甚大，不可不深察也。此余之所感者二也。

……

国文之教授固宜重矣，然则其教授之方法必如何乃为适当乎？第一则学生所读之文章宜优美也。余观近日学校所用之国文教科书，其所采之材料，固多为有用之智识，然文章不佳，不足以养学生文学之趣味。余以为学校之国文读本，仍当选古今脍炙人口之名大家文读之，即经传之中，亦多有可采者。余前言《诗》三百篇中有可选入国文教科书者，如《左传》《公羊传》《孟子》，皆吾国第一等好文字，《史记》亦宜选读。余前在日本东京高等师范学校之时，入其文科英语部，其中亦有所谓高等汉文之功课，其所选为《国策》《史记》，颇与鄙见相合。近人或又谓学习文字，当由流溯源，宜自清朝之文选起。然余谓时人所作之文字，反不如《孟子》《史记》之易解。余尝亲试之矣。以前清时文字，教余之子女，彼等苦其难解，及教以《公羊传》及《史记》，则彼等甚喜读之。故施教之序不可紊也。日本高等师范学校国文之课，散文外教诗歌、戏曲，英国大学之英文学教授，散文外亦教诗歌、戏曲。西洋人之国文读本，以散文为主体，然亦间及于诗。诗歌可陶淑性情，为孔门教育之所最重。吾国学校之国文教授，亦不可不兼及于诗。如《古诗十九首》《唐诗三百首》之类，章节不长而意义易解，以之课学生，可以收感发兴起之效也。教授国文之时，宜注重于解释字义。曾涤生①言读古书以训诂为本，此成人治经之法，以施于学校之国文教授，尤为适切。字字解释明确，则读书时无误解之患，行文时无误用之患。余观湘省学校学生所

① 曾涤生：曾国藩，字伯涵，号涤生，清末洋务派和湘军首领。

作之文字，多有错落，盖亦急宜改良之一端也。曾涤生又言作诗文以声调为本，欲求作文之进步，宜熟读名大家之文。余观湘省学校，亦时有讲解太多、作文太多之弊。欲求文字优美，全在多读、精读、熟读，若讲读太少，则徒有空腹，毫无进步，虽日作百篇何益？徒苦学生，使搜索枯肠；又徒苦教员，使校阅如山之课卷耳。张香涛①《輶轩语》言戒早开笔为文，实洞见此理。余愿各学校当局者于此一加之意也。此余之所感者三也。

　　吾观英伦学制，虽未能十分统一，而苏格兰之学校系统颇呈画一之观。其学校仅分三级，第一小学校，第二中学校，第三则大学校也。小学校收容从满五岁起至满十四岁之儿童，而又分为四级：七岁以下为一级，略当中国之幼稚园；从七岁至十岁为一级，从十岁至十二岁为一级，略当中国之初、高两等小学，满十二岁者试验合格，即可升入中学校。其不入中学校者，则再留本校二年，以完成其义务教育。中学校约施教五年，毕业者即可升入大学。各小学校程度齐一，儿童升学，毫无不便之感。而小学校与中学校，中学校与大学校，又皆衔接一气，首尾相承，其办事之有秩序，实可使人敬服。还观湘省学校之状况，有大不合于吾人之理想者。幼稚园尚未多设，学龄以下之儿童，固不能受教育矣。而城乡所设立之小学，多分初等与高等为二。儿童之从初等小学毕业欲升入高等小学者，遂有迁地受业之繁。高等小学则因各初等小学程度不齐，所收儿童亦不免程度不齐，颇难于编制，困于教授。各中学之对于高等小学亦然。至各私立大学，则更自为风气，难言程度之相当。学校系统之混乱如此，非教育前途之福也。愚谓省城小学，当仿照苏格兰之制，分设于省城各方面适宜之地，合初等、高等为一，置之于一校长监督之下，使儿童从初入学至卒业，皆在同校，受始终一贯之教育。乡间居民散布，势不得不多设初等小学，且不能不多设单级小学，至省城居民稠密，固无分设初等小学与高等小学之必要矣。乡间高等小学之地，亦可附设初等小学于其中，截然分初等、高等为二物，固大无理由之事也。乡间之高等小

---

① 张香涛：张之洞，字孝达，号香涛，清末洋务派首领。

学，势不得不采寄宿制度，省城之高等小学，则可半采通学制度。现在乡间因经费支绌，初等小学固纷纷倒闭，高等小学尤绝无仅有，儿童之卒业于初等小学，欲继续其学习者，将何归哉？寄宿于乡间之高等小学，已为不便，必来省城，寄于省城之高等小学，其势甚难，因而废学者比比矣，此尤可悯念之事也。此余之所感者四也。

各学校所收之学生程度不齐，则由升学试验、入学试验之时，取录学生不以一定之程度为标准也。窃闻省城①学校之招考也，仍不免有父兄请托，瞻徇②情面之事。每逢学校招考，应试者必托人关说，以求收录。职是之故，学校收录学生亦不能如其程度。学生程度之不齐，此一原因也。彼父兄之欲送其子弟入学也，固自以为无他，即有请托，初无大碍于道德，与前清时代之科举关防严密者殊科。然相率为之，弊端即生于此。省城所设之中学及高等小学，本不足以尽收现在之学生，每逢学校招考人数众多，势不得不行竞争之试验。如其悉以程度为标准，则被摈斥者尚无异言，若偶有一二人程度不及，因请托而获取录，则人人将趋于请托之一途，以为舍此将无复有入学之希望。此则长夤缘③奔走之风，非所以示青年学子也。愚观英国学校执行试验，一秉至公，决无瞻徇情面之事，而为学生者及为学生之父兄者，亦皆自爱自重，不肯启口干人，学界中安之若素，似绝不萌此等思想者。于以叹英人普通道德程度颇高远，非吾人之所能及也。愚以为欲求学生程度之齐一，则入学试验不可不严；而欲求试验之严，则必自学生自爱不妄干求、而学校秉公不徇情面始。此说果行，则改良社会之端即肇于此。夫社会之道德堕落，正赖学校有以匡之，此事甚微，关系于人心风俗者实大。此则区区之愚，所深望于学界同志者也。夫高等小学与中学学生均须交纳学膳费，其竞争之激烈尚且如此，师范学校不收膳宿费，欲得入学者弥众，故师范学校入学试验，尤宜慎重将事。前闻某师范学校校长于入学试验之时，试验卷悉用弥封且榜

---

① 省城：原脱"城"字。
② 瞻徇：指照顾私情。
③ 夤缘：形容攀附，阿上钻营，拉拢关系。

于门，以戒止应试者之请托。熊秉三①之办时务学堂也，招考之时焚名条数百，当时以为美谈。得三数君于实行提倡，此风不难矫正也。此余之所感者五也。

夫学生之所以难于入学，不得不有事于请托者，学校设备之不足，有以致之也。而学校设备之不足，则实由于短少经费之故。财政紊乱，为教育不振之一大原因，此有目所共睹也。处今之世，自不得不以整理财政为先。财政果已整理乎，则全国学校之经费，自有一定之来源，学校教育乃可以著著进行而不至于倒退。此国家生存发达之至计，固非苟且补苴②之所能收效者矣。愚观英国小学校，无不受国库之补助，而地方自治机关，亦担任经费之一部，其款由地方居民担负，准其屋租之额而增减焉。此英国小学校经费之来源也。吾国幅员辽阔，教育部仅主持学务之大纲，于全国学校未能直接管理，而小学校之经费，至今尚未筹有的款，宜乎教育事业之毫无起色也。夫英国小学皆直接受国库之补助，而吾国教育部但直接经营大学校及高等学校，而以中等教育以下之学校委之于省。省教育司又但直接经营中等学校，而以小学教育委之于县。县则又欲但直接经营高等小学，而以初等小学委之于城、镇、乡。夫城、镇、乡但能担任初等小学经费之一部分，固不能全以委之。且高等小学与初等小学，本不宜截然分离，故若如今日之现状，则可云教育终无普及之望也。愚以为小学校经费之一部，当由国库补助，而地方居民亦有担任其地小学经费一部之义务。此义当使全国民知之。吾国人民不知国民教育之为重要，因不知担任小学经费为国民不可避之义务，不特不肯捐资兴学，且并其已集成之公款而吝惜之。殊不知不责之于人人而抽提其公款，犹是从权之道也。此余之所感者六也。

余论及学校经费而忽有触吾感慨之一事，则吾国人之经营事业，往往轻举妄动，全无思虑是也。教育为永久之事业，其收效甚迟，苟不能立数十年

---

① 熊秉三：熊希龄，字秉三。
② 补苴：原指补缀，引申为弥补缺陷。

之计划，则随立随倾，虽创办百学校何益？欲求学校之久存，必先求经费之确实，公立学校有然，即私立学校亦何莫不然。今之经营私立学校者，多仰给公家之津贴，若津贴有一动摇，则学校即不免于停办。愚以为此非长久之计也。凡欲经营事业，必先通盘筹画，自立于不败之地，而后可以所向有功。今不问经费之能继与否，而冒昧开办，是先处于必败之地也。欲其事业之有效，岂可得哉？英人为世界中自治力最为发达之民族。英伦诸有名之大公众学校，皆私人团体之所经营，而社会财力雄厚，又足以支持其费用，无待于公家之补助。即日本之私立大学，如早稻田大学、庆应义塾大学，皆有大实业家为其后援，故事业扩张日新无已。还观我国，不得不叹民力之凋残，使教育难于发达也。愚愿富厚之家，能慨捐巨资兴办学校，以为强国保种之图。而经营学校者脚踏实地，不行驾空之事，创办之时，不嫌规模之狭小，实力既足，乃徐图扩充，此一切事业之所以成功，固不独教育一端已也。欲图学校之蒸蒸日上，又必有人焉。以一身负其全体之责任，专心致志以从事于此，且必久于其任，始能收莫大之功。兼营多事者，固难期一事之有效，浅尝辄止者，尤无望其事之有成。愚观英人从事教育者，多专于一职，且久于一地。世人谓英人富于坚忍之风，于此可见之。此其事业之所以多成功也。余尝调查英国沠北淀市公立小学校长之年俸，从任职第二年起，每年增加百元，增至第五年而止，此亦足以见其奖励久任之心矣。德国国民学校教员有年功加俸之法，任职愈久者，增俸愈多。此吾国所宜效法也。此余之所感者七也。

欲求教授之有效，不可不注意于教材之统合。而欲求教材之统合，宜使一教员担任一学级而教授其所有之教科。愚观英国小学校教员，大抵一人担任一学级，同学级之修身、国文、历史、地理、理科、简易之图画、手工、唱歌、体操，均以同一之教员教授之。其特设专科教员，惟图画、手工、音乐、体操之深造者，及裁缝、割烹等家事科。一切教科，均由一人教授，此教材之所以能统合也。湘省乡间之单级小学，固为一教员之所担任，省城各初等小学、高等小学，则主任教员仅担修身、国文二科，此外或再兼一二门。而专科教员则甚多，体操、游戏、唱歌、图画，手工，均归专科教员之所担任，犹可言也。其至数学、历史、地理亦各有专科教员担任之，此则由于师范教育尚未发达，教员能兼教诸科者甚少之故，此不可不力求改良也。中等学校之各教科，以专科教员担任之，此固当然之事。然余观德国教员检定试验，欲为教员者，除教育学、伦理、论理、心理之外，必再受三种科学之试验，要以能在同一之学校，教授三门功课为合格，亦所以图教材之统合也。省城专科教员往往兼授数学校之功课，南北奔驰，消磨精力，而各校时间表，又往往互相冲突，编制甚难，不复能按照学理编排功课，此亦由于教员缺乏之故，亦大可注意之事也。至师范学校，亦有同一之缺点，如教育学、教育史、教授法、管理法、训育法乃同一科学之分部，应归一人担任，乃可以图其教材之联络。今或以数人分任之，此亦教授不统一之一现象也。日本东京高等师范学校之教育学教授，有兼任心理学者，有兼任论理者，盖亦略采德国教员兼授三门之意，此吾人所当参考也。此余之所感者八也。

英国学制于教员之老年生活，颇为注意。通例，男教员以六十五岁为退职之期，退职后仍可领老年金，使不致以失业而穷困，意至厚也。考其养老年金所自来，亦不尽出于国库。任教员者必年纳一定之金额于法定之机关，老后乃能享受此养老年金之权利。此固生命保险之变形，但政府特设机关以经理之，且含有强制之性质。为教员者每年之纳费甚微，而老年生活因有恃以无恐，亦无不乐于从事。有此一法，教员乃能委身于教育，以此为毕生之事业，而无后顾之忧。此吾国所当仿效也。英国社会富力充实，良由其人民有勤俭贮蓄之美风，生命保险公司即一种之贮蓄机关也。英人多有远虑，少壮之时，恒为老年之预备，生存之顷，复为身后之永图。观于教员养老年金之制，可以知其社会富实之由来矣。吾国人民非无贮蓄之思想，而法律之保障不严，商家之信用不著，有欲从事贮蓄而卒无可以信托之处者。钱财在手，不知不觉之间消耗殆尽。此固吾国社会贫困之一大原因，非独教育界中人而已。愚愿学界同志采英制之所长，共图个人经济之独立，不受财产之牵累，斯可殚精一志以图教育之进行。治生理财，乃个人自立之要务，未可为琐屑细故而忽之也。此余之所感者九也。

……今湘省学校似于徒手体操不甚注重，而于游戏、兵式二种则大为奖励，似于轻重之间，未得其宜也。游戏亦有二种，余在日本高等师范学校附属小学校之所见，多为传旗、竞走等活泼之游戏，与湘省学校今日所流行者不同。此种游戏运动，周旋中规，折旋中矩，颇难记忆，似与游戏之本义不合。余闻英人之讲体育也，于论体操之当伴以音乐与否，谓跳舞之运动以娱乐为目的，以音乐节之为宜；体操之运动，以锻炼意志为目的，则不宜伴以音乐。湘省所行之游戏，皆伴以音乐者。欲锻炼儿童之意志，仍有待于徒手体操，此亦可注意之事也。此余之所感者十也。

（杨昌济著，王兴国编注：《杨昌济集》卷一，湖南教育出版社 2008 年版，第 50-64 页。）

评析

此文原载《湖南教育杂志》1913 年第 17 期和 1914 年第 3 期、第 4 期。文中所论的十点归国体会，涉及学校设立、儒教学习、教材质量、学制阶梯、公平考试、财政经费、学科统合、教员资产、学生思想意志培养等教育的诸多方面，对如今教育办学多有裨益。近百年来，中国教育在杨昌济所提到的诸多方面，如教员的选拔与培养、教育经费的投入、教育阶梯的设立等都得到了很大的改善。

近年来，国学热、读经热的兴起，引发了人们关于中西文化及其教育的诸多反思。杨昌济关于中西教育的观点，在今日仍不失为真知灼见。他认为，读经的目的在于挽风俗、正人心，因此尤其需要重视国文教育。重视国文，重温经典，就是珍重、保护自古以来的精神文化财产。同时，读经要精择，取经说之极精要者，编入国文教科书及修身教科书，目的是辅助培养青少年的道德修养。重文学、重国文、精通于中国文学，才知中国固有的文明，起自尊之心，强爱国之念，这才是国家存立、兴旺发达的真基础，应着意培养有此自尊之心、爱国之念的青少年。多读、精读、熟读自古以来的优美文章是国文教育的根本方法。重视国学，诵读经典，本质上是对民族文化认同感、文化自信的培养。学习国文，用优秀的传统文化涵养中华民族之魂与根，在教育建设的过程中重新体认自我、三省吾身，进而生根发芽，收获硕果，为中华民族之复兴注入源源不断的动力。

教育上当注意之点

整顿、敏活、精确　日本广岛海军兵学校，分教授、训练之二大部，尤注意于精神教育，使生徒有坚确之志操、高尚之品格，且养成统御部下必要之素质。盖真正之自由，自服从严格之规律而生，而于海军兵学校之训练可得见之。自中学卒业而入此校者，其所受之心的影响之尤大者，在于规律之严整与起居之一一有法度。左准绳、右规矩，古圣人之举动，不图于兹见之。盖整顿、敏活、精确者，兵学校之三纲领也。服装、器具欲其整顿，行动欲其敏活，自修欲其精确，而日课之时间尤欲极其精确。海军兵学校楼上廊下，无不悬有大自鸣钟，可以见其训练之精神矣。

吾国人有一极大弊病，即不洁是也。衣服不洁，口齿不洁，体肤不洁，器具、书物不整，随地唾涕，当道便溺，浴室、厕所尤为不洁，较之西洋、日本，真有自惭形秽者。无怪乎西人自以为文明，而谓吾国人为野蛮也。试观汉口、上海之洋街，皆宽平洁净，而一入中国人街道，则狭隘拥挤，秽污不洁，相形之下，判若天渊。而彼处居民，终古如斯，毫不知变。此真可为叹息者矣。上海西洋人公园门首榜云"华人不许入"，又云"犬不许入"。此真莫大之奇辱，而安之若素，此日本人所嘲笑以为大国民之大度者也。平心论之，华人如此不洁，如此不讲公德，实无入公园之资格。西人所为，虽欺人太甚，亦吾国人有以自取之。不急改良习惯，养成与西人平等交际之资格，则此等耻辱终无湔洗①之期。而欲改良习惯，不可不赖教育。故任教育者，必养成生徒爱清洁、爱整齐之习惯，断不许丝毫潦草。此诚强国保种至要之图，不可忽也。

寄宿舍之改良　苏格兰学校，自小学、中学以至大学，悉皆走学，无寄宿者。此有二益：一则生徒不离家庭之监督，于陶冶品性较为有效也；一则学校无经理膳宿之烦，经费亦可节省也。省城学校多有寄宿舍，此因中国人家无寄寓学生之习惯，而旅馆又非学生所宜住，故学校不得不负此义务。然而种种弊端遂起于此。生徒离父母之监督，而学校管理万难周到，都会风气极坏，青年易于失足。此一弊也。聚集多人，饭食难于供给，生徒营养不足，有害健康，故有谓今日学校会食之制，反不如前日书院分斋以斋夫承办伙食之为得法者。此诚学界所宜研究改良之一大问题，关系于学生之健康者甚大，不可忽也。愚以为招人承办小寄宿舍，以学校管理之规则托其执行，似较以一人承办全校数百人之伙食者为易于称职。英国恶克斯福大学②学生之不愿住寄宿舍者，得寓居学校所指定之人家。其寄寓学生之人家，有代学校管理学生之义务。此又一办法，可以采用者也。美国有一种寄宿舍，尤可为法。美国某市镇有一小学校，环此小学校之傍，建寄宿舍数处，皆为学校之所有，其寄宿舍即请本学校之教师携家眷居之，而分派学生二三十人，使寄宿于其处，使教师监督之。其组织之法，系一人居一室，间有兄弟二人同居一室者，须由其父兄请求之，别有会客室与共游戏之室。食事聚于一堂，分为两案，年长者教师与之共食，年幼者教师之妻与之共食。又设为年长学生管理年幼学生③之法。年幼学生无状，年长学生可以鞭之。此小学校共八年卒业，寻常小学四年，高等小学四年。自初入校至卒业，皆住此寄宿舍，不许迁移。故学生之视教师夫妇也，直如家庭之父母，而教师夫妇则视学生如子。而学生与学生之间，则相视如兄弟，可于不知不识之间涵养德性。此真至善之法

①　湔（jiān）洗：洗涤、洗刷，常与耻辱、罪责连用。
②　恶克斯福大学：指牛津大学（University of Oxford）。
③　"学生"据文意加。

也，但需费稍多，非家有余力者不能入耳。

历史、地理 凡人不可无历史、地理之知识。历史者，合古今为一连续；地理者，合世界为一全体。上下五千年，纵横九万里，必具知其大略，而后胸中有一全体之组织，有所谓世界观、人生观，有所谓大我。孟子曰："万物皆备于我矣。"陆象山①曰："宇宙内事皆吾性分内事。"具有历史、地理之智识，而后所谓大我者，可以构成。近世伦理学家，多主张自我实现说。所谓自我者，大我也，以宇宙为一体之大我也。谋世界之公益，即所以实现自我也。今人不知学问之意，不知教育之道，学校多忽于历史、地理，而学生尤厌之，徒知注重于英文、数学，而不知历史、地理之知识为构成大我之要素。终日求学而不知求学之目的何在，终日施教而不知施教之目的何在，欲其收效难矣。

报章杂志 人不可一日不看报章杂志。报章杂志乃世界之活历史也，即皆自我之实现也。日日看报，则心目中时时有一社会国家之观念，而忧世爱国之心自愈积而愈厚，且得有种种之常识，积累久之，则深明世故，可以应无穷之变，投其所向而无不如志。此真精神知识之营养，如饮食之不可缺者矣。王船山曰："存君亲民物于我而恒不失物，存我于君亲民物而恒不失我。"日日看报，即所以存君亲民物于我也。苏东坡曰："良工使手习知其器，器习知其手，故不至一旦扞格②而难操天下之大器也，若非常运用之，则必至一旦扞格而难操矣。"云云。此大器今虽不得运用之，要不可怠于观察，怠于观察则懵于时势，一旦有事必至有手足无所措者，不可不加深察也。世界活历史为有机的一大团体，生生而变化，血脉贯通，日日观察之，则相互之关系，必致之因果一一显明，而此一大物者乃真为我有矣，乐莫大焉。

提倡实业 余前在日本东京时，见报章载有诸户清六③逸事，有可为吾人之法者。诸户清六，日本实业家也，白手成家，致富千万。彼每朝起时，

---

① 陆象山：陆九渊，字子静，宋代理学家、教育家。因讲学于象山书院，世称陆象山。

② 扞格：抵触，格格不入。

③ 诸户清六：日本实业家，心有国民，屡为公共事业捐资。

在被中即将此日所应行之事，立一次第：何时作某事，何时会某客，何时出外，先至某处，次至某处，何时归，通盘筹画，先定一方案而后起床，即准是次第行之。彼最惜时间，无事不会客，有事多于门口立谈，事毕即退，决不再交闲话。家中常备东洋车与车夫，以备有事时即时他往。食时不欲添饭之耽误时刻也，常备二碗，更迭食之。小物必惜，但有丝毫之用，必保存之。在火车中买茶，茶碗、茶壶必携归家，无委弃者。菲饮食、恶衣服，其行事颇与我国积财家相类。但彼于公众事业亦能慷慨捐资，如独力①创办桑名地方水道，捐助日俄战争军人遗族数万金，此则大有异守财虏者。又彼规画甚大，能立百年长久之计。彼之事业分三大部：一农业部，二林业部，三商业部。吾国富商但经营商业而已，经营农业、林业者甚少其人。此等事业，真增国富之本计也。昔汉樊重②欲作家具。先种梓、漆，邻人笑之，二十年后，卒收其用，向之笑者反向求乞。远大之规画③，固非常人之所及也。吾国人通弊，坐眼光太近、毅力不坚，无有能立百年不拔之至计者，甚可叹也。立国之本何在乎？非政治家，非学者，而实业家也。军人为激烈之战争，实业家为和平之战争。兵以卫实业，实业以养兵。兵者消费，实业者生产。激烈之战争偶发，平和之战争永续，其重轻盖可知矣。吾国人有崇拜官吏之风。凡富商之末流，无不趋入官场者。趋入官场，则向来经营实业之能力，因以销蚀而事业衰矣。昔范蠡亡吴霸越，退而经营农业、商业，屡致千金，屡散千金。马援屯田畜牧于塞上，积谷万余石，牛、羊、马数千头。范蠡政治家也，马援军人也，而皆有经营实业之能力，如此独立自助，乃真不愧大丈夫之事业。美国大统领非皆第一流，往往为大资本家肘下④之人物。彼资本家固不愿为大统领也。彼操纵一国之大柄，其势力实有可以自立者，无取乎势

283

---

① 独力：单方面的力量。
② 樊重：字君云，西汉末年人，擅长货殖与农事。
③ 规画：筹划，谋划。
④ 肘下：原文为"时下"，疑有误，故改之。

位也。吾国人不注意于开发地力①，独立自助，乃群趋于官吏之一途，干谒②钻营，倾挤排陷，以分生业者之余利，亦可悲已。

（杨昌济著，王兴国编注：《杨昌济集》卷一，湖南教育出版社 2008 年版，第 45-49 页。）

📑 评析

此文原载于《湖南教育杂志》1913 年第 16 期。在此文中，杨昌济主要提出了以下观点：一是要重视习惯教育，养成生徒爱清洁、爱整齐之习惯，做到整洁、敏捷、精确；二是要改良寄宿制度，目的在于使学生有健康的身体和良好的人际交往，便于人格的养成与教育；三是认为历史、地理的学习，是认识自我、形成大我的必备条件，是实现自我人生观与价值观的主要手段，其意义不容忽视；四是提倡养成日日读报的习惯，关注时势变化；五是提倡实业，鼓励生产与商业发展，增强立国之本。

教育，对完整的"人"的要求永远不会过时。杨昌济的教育思想不同于传统礼教，其充满人文精神和进步思想，其全面培养学生能力的观点是文章精髓。重视习惯教育，培养学生的仪容仪表意识；重视身体素质和交际能力的培养；倡导综合学习以体认自我，构建格局；提倡实业发展与融入时代。教育的任务在于培养完整的人，培养对象不是仅仅会读书、考试的冰冷机器，而是具备思考能力、交际能力和积极价值观的人才。深耕中国文化之优良精髓，并倡导和鼓励人的全方位发展，培养具有中国文化认同感的完整的人，将为我国教育国际化及人类命运共同体的构建提供重要力量。

---

① 地力：土地的出产能力。
② 干谒：拜见，为某种目的而求见地位高的人。

黄兴

黄兴（1874—1916），字廑午，又字克强，湖南长沙人，中国近代杰出的爱国者和民主革命家。黄兴出身书香家庭，其身上集中体现着"心忧天下"的情怀和"经世致用"的学风。他一生都在为革命实践奔走，"以国利民福为唯一之宗旨"。同时，他还曾留下了"笃实""无我"等家教格言，成为激励后人的优良作风。黄兴的主要成就是领导了黄花岗起义，成立华兴会和中国同盟会，与孙中山被时人并称为"孙黄"。

复上海昌明礼教社书

前奉惠书，因军事旁午①，久稽裁答。再奉华翰，敬悉诸君拳拳礼教，欲挽狂澜，愿力甚宏，佩慰无已。吾华立国最古，开化亦最先。制礼乐，敷五教，舜时已然，三代尤盛。吾国数千年文野之分，人禽之界，实在乎此。秦汉以后，学术庞杂，道化凌夷，君主私其国家，个人私其亲族，流毒至数百世。夷狄乘之，国种岌岌！忧时者眷怀世变，疾首痛心，主张政治革命、家庭革命。而不学小夫，窃其词不识其义，或矫枉过正，或逾法灭纪。来书所谓假自由不遵法律、借平等以凌文化，鄙人亦日有所闻。诚古今大变，为始事诸人所不及料者。前请大总统通令全国学校教师，申明纪纲，即以此等恶习关系民国前途甚巨，实欲遏此横流。诸君创办昌明礼教社，以研究礼法、改良风俗为己任，深明匹夫有责之义，是宣布共和来所日夕望而不图得之者也。甚盛！甚盛！

鄙人频年奔走，学殖②荒落。窃以为西国实业日异月新，既以东亚为市

---

① 旁午：交错，纷繁。
② 学殖：原指学问的积累增进，后泛指学业、学问。

场，即不能禁民之不购货。惟有事事仿造，翻新出奇，非惟可塞漏卮①，实可畅销国货。至其习俗，则学其醇而避其醨②。必一一求其形似焉，则误矣。此模仿外国之当辨别者一也。

中国习俗，恶染甚多，如食洋烟，喜缠足，不明公德，不讲卫生之类。志士呼号，已数十年，至今尚未能痛改。而其习惯之善良者，如孝友、睦姻、任恤③之类，或弃之如遗，不惜犯天下之大不韪。比来少年在学校则不师其师，在家庭则不亲其亲。似此行之个人则无道德，行之天下则无秩序，发端甚微，贻祸甚大。孟子所谓猛兽洪水之害，实无逾此。此中国习俗当渜除、当保存之不可不辨别者二也。

抑又有进焉者，中外治理各不相侔④，大抵中国素以礼治，外洋素以法治。吾国制礼，或有失之繁重者，不妨改之从同；外国立法，或有因其宗教沿其习俗者，万不可随之立异。本此意以辨其途径，导以从违，酿成善良风俗，庶几在是。诸君子以为何如？

鄙人志在吊民⑤，晚不闻道，尚望不我遐弃，有以教之。谨复。

（黄兴著，刘泱泱编：《黄兴集》第一卷，湖南人民出版社 2008 年版，第 373-374 页。）

评析

1911 年，辛亥革命推翻了在中国存续两千多年的封建君主专制制度，1912 年，中华民国成立。这一历史性革命极大地推动了中华民族的思想进步，广泛传播了民主、共和的先进思想。但与思想解放并行而来的，则是思

---

① 漏卮（zhī）：古时指有漏洞的盛酒器，比喻酒量大，没有限度。
② 醨（lí）：味淡的酒。
③ 任恤：诚信并给人以关怀与帮助。
④ 侔（móu）：相当，齐等。
⑤ 吊民：抚慰百姓。

想的驳杂与混乱。"忧时者眷怀世变，疾首痛心，主张政治革命、家庭革命。而不学小夫，窃其词不识其义，或矫枉过正，或逾法灭纪。来书所谓假自由不遵法律、借平等以凌文化。"有鉴于此，黄兴立主讲明中国传统伦理道德之新义，以扶正社会之风。

在黄兴看来，礼教为恢复社会秩序之关键，不可荒废，此文为《复上海昌明礼教社书》，集中反映了黄兴对礼教的态度及对恢复礼教的深切期盼。黄兴认为，礼教是中国传统政治制度和文化的基础。"吾华立国最古，开化亦最先。制礼乐，敷五教，舜时已然，三代尤盛。吾国数千年文野之分，人禽之界，实在乎此。"再加上当时社会不良风气极盛，"中国习俗，恶染甚多，如食洋烟，喜缠足，不明公德，不讲卫生之类"，因此昌明礼教，实有必要。新时期研究礼法、改良风俗尤要注意：一方面应该对外国风俗习惯进行采择，不可盲目模仿；另一方面应该对中国固有风俗之优劣处进行分析，或涮除，或保存，应该多加审辨。

总之，在鉴别中外风俗习惯中，应该求同存异，万不可标新立异。如何实现中华优秀文化的复兴与创新性发展，为当今中国之时代命题，作为中国传统文化重要组成部分的礼乐之教，亦当如此。现代式礼乐之教唯有抽离尊卑等差之糟粕，因时制宜、因地制宜，并与当代价值相结合，方可实现其浸润人心、提升人格之效验。黄兴对传统礼教之辨析、提倡，值得我们关注。

在周南女校欢迎会上的演说

兄弟今日亲临贵校，见贵校学生精神活泼，非常崇拜。现在民国成立，当学生者大非昔比。资格增高，已有天上人间之别。然资格高，程度亦当与之俱高。将来建设事业重大，皆今日学生之责也。

现在当注意者，为男女平等一问题。夫男女不平等，不独中国为然，欧西各国亦复如是。揣世界潮流，知二十世纪中必不容有此阶级。惟冀女同胞早将资格造好而已。资格维何？第一在学问。学问有教习指导，勤而习之，造成当非难事。第二在德行。德行为学问之根本。据东亚看起来，立国以中国为最古，而道德亦以中国为极完善，中国之道德且为欧西各国所不及。究之道德从何处说起？盖有一定标准，即孝弟忠信礼义廉耻是也。时局维新，人多鄙夷旧道德，至谓君主且已推倒，焉用忠为？殊不知忠者非如腐儒学说专指忠君而言，凡做事能着实做去即谓之忠。古人所谓"为人谋而不忠"，即此可悟忠字之确解。人莫不知爱其父母，实行其爱即成为孝。至如礼义廉耻，关于人格问题，无此四字即不成人格。凡此皆道德上之范围也。西洋学问发达，于此等道德范围未必完备，亦是缺点。合新知识与旧道德而一炉冶之，可造成世界第一等国，即可造成世界一种最优美之学风。其责任匪异人任，即在我女同胞身上。

数年前湖南之女学寥寥若晨星。周氏女塾开办虽早，然当初学生不过数十人。朱剑凡先生于此数年内苦心经营，几经挫折，卒至组织完全，内容日臻完善。从此实力进行，不特可为湖南之模范，且可为全国之模范。学生逐渐增加，已至四百，可称最盛。将来充分发达，即增至四千人，亦不见其多。兄弟希望朱先生忍耐办去，庶目的可达也。

至论女学之发达，固当首推欧洲。但欧洲之女子亦不过助男子办交际事件。夫男子对于国家当负责任，女子何独不然？此英国女子所以有参政权之剧争也。我国提倡女权者，必使学生减少虚荣心，从实际上用功，则将来之参政权可不争而自至，是在办学及求学者好自为之而已。

（黄兴著，刘泱泱编：《黄兴集》第二卷，湖南人民出版社 2008 年版，第 571-573 页。）

📑 评析

　　1912 年 11 月 13 日上午 9 时，周南女校开会欢迎黄兴，首先由校长朱剑凡致欢迎辞。这是黄兴在大会上的答词。黄兴突破"男尊女卑"之束缚，倡导"男女平等"之理念。在他看来，要实现男女之间的权利平等，首先需要确保男女在教育领域的平等机会。《在周南女校欢迎会上的演说》，集中反映出黄兴对女子教育之重视。

　　在此篇演讲词中，黄兴首先对女校学生提出了学问与道德修养的要求。"第一在学问。学问有教习指导，勤而习之，造成当非难事。第二在德行。德行为学问之根本。"他认为这是追求男女平等的必备条件。其次，黄兴另发传统道德观念之新义："忠"指的是"凡做事能着实做去"，"孝"即对父母"实行其爱"；"礼义廉耻"则关乎人格之养成。他倡导追求新知识应和旧道德的重新诠释与理解相结合，创立一种优美的学风。最后，黄兴对女子教育寄寓殷切期望，"从实际上用功，则将来之参政权可不争而自至，是在办学及求学者好自为之而已"。他认为，德业双修之后，女子的参政权会不争而至。

　　当今教育，对道德与知识的传授，不应将女性置之度外，应该重视女性教育，关注女性权益，女性可以是花朵，也可以是山峰，要看见"她"的力量。唯有这样，我们才能建设一个更加平等、和谐的社会。

289

梁启超

梁启超（1873—1929），字卓如，号任公，别号饮冰室主人，广东新会（今江门新会区）人，中国近代维新派领袖、学者。梁启超自幼聪明好学，光绪十一年（1885），进入广州学海堂学习汉学。17岁中举后，得到李端棻的赏识，在结识康有为后，逐渐走上了改良维新的道路。他的主要贡献包括参与"公车上书"，领导北京和上海的强学会，创办《时务报》，任长沙时务学堂主讲等。其著作被编为《饮冰室合集》。

湖南时务学堂学约

一曰立志。《记》曰："凡学士先志。"孟子曰："士何事？曰尚志。"朱子曰："书不熟，熟读可记；义不精，细思可精；惟志不立，天下无可为之事。"又曰："学者志不立，则一齐放倒了。"今二三子俨然服儒者之服，诵先王之言，当思国何以蹙，种何以弱，教何以微，谁之咎欤？四万万人，莫或自任，是以及此。我徒责人之不任，我则盍任之矣！"己欲立而立人，己欲达而达人""天下有道，丘不与易"，孔子之志也！"思天下之民，匹夫匹妇，不被其泽，若己推而纳之沟中"，伊尹之志也！"如欲平治天下，当今之世，舍我其谁"，孟子之志也！"做秀才时，便以天下为己任"，范文正之志也！"天下兴亡，匹夫之贱，与有责焉"，顾亭林之志也！学者苟无此志，则虽束身寡过，不过乡党自好之小儒；虽读书万卷，只成碎义逃难之华士。此必非良有司与乡先生之所望于二三子也。朱子又曰："立志如下种子，未有播莫稗①之种，而能获来牟②之实者。"科第衣食，最易累人。学者若志在科第，则请从学究以游；若志在衣食，则请由市侩之道。有一于此，不可教诲，

---

① 莫稗：莫、稗为二草名，似禾，实比谷小，亦可食。莫，通"穄"。
② 来牟：古时大小麦的统称。

愿共戒之。先立乎其大者，则其小者不能夺也，此为大人而已矣。立志之功课，有数端。必须广其识见，所见日大，则所志亦日大。陆子所谓"今人如何便解有志？须先有智识始得"。此一端也。志既立，必养之使勿少衰。如吴王将复仇，使人日聒其侧，曰："而忘越人之杀而父乎？"学者立志，亦当如此。其下手处，在时时提醒，念兹在兹。此又一端也。志既定之后，必求学问以敷之，否则皆成虚语，久之亦必堕落也。此又一端也。

二曰养心。孔子言："仁者不忧，智者不惑，勇者不惧。"而孟子一生得力，在不动心。此从古圣贤所最兢兢①也。学者既有志于道，且以一身任天下之重，而目前之富贵利达，耳目声色，游玩嗜好，随在皆足以夺志。八十老翁过危桥，稍不自立，一落千丈矣。他日任事，则利害毁誉，苦乐生死，樊然淆乱，其所以相撼者，多至不可纪极；非有坚定之力，则一经挫折，心灰意冷，或临事失措，身败名裂。此古今能成大事之人所以希也。曾文正在戎马之间，读书谈学如平时，用能百折不回，卒定大难。大儒之学，固异于流俗哉！今世变益亟，乱机益剧。他日二三子所任之事，所历之境，其艰巨危苦，视文正时，又将过之；非有入地狱手段，非有治国若烹小鲜气象，未见其能济也。故养心者，治事之大原也。自破碎之学盛行，鄙夷心宗谓为逃禅，因佛之言心从而避之，乃并我之心，亦不敢自有，何其慎②也。率吾不忍人之心，以忧天下救众生，悍然独往，浩然独来，先破苦乐，次破生死，次破毁誉。《记》曰："国有道，不变塞焉，强哉矫。国无道，至死不变，强哉矫。"孟子曰："富贵不能淫，贫贱不能移，威武不能屈，此之谓大丈夫。"反此即妾妇之道。养心之功课有二：一静坐之养心，二阅历之养心。学者在学堂中，无所谓阅历，当先行静坐之养心。程子以半日静坐，半日读书。今功课繁迫，未能如此，每日亦当以一小时或两刻之功夫，为静坐时。所课亦分两种：一敛其心，收视返听，万念不起，使清明在躬，志气如神；一纵其心，遍观天地之大，万物之理，或虚构一他日办事艰难险阻，万死一生之境，

---

① 兢兢：精勤的样子。

② 慎（diān）：颠倒错乱。

日日思之，操之极熟，亦可助阅历之事。此是学者他日受用处，勿以其迂阔而置之也。

三曰治身。颜子请事之语，曰："非礼勿视，非礼勿听，非礼勿言，非礼勿动。"曾子将卒之言曰："定容貌，正颜色，出辞气。"孔子言："忠信笃敬，蛮貊可行。"斯盖不得以小节目之也。他日任天下事，更当先立于无过之地。与西人酬酢，威仪言论，最易见轻，尤当谨焉。扫除习气，专务笃实，乃成大器。名士狂态，洋务膻习，不愿诸生效也。治身之功课，当每日于就寝时，用曾子三省之法，默思一日之言论行事，失检者几何，而自记之。始而觉其少，苦于不自知也；既而觉其多，不可自欺，亦不必自馁。一月以后，自日少矣。

四曰读书。今之服方领、习矩步者，畴不曰读书，然而通古今达中外能为世益者，盖鲜焉。于是儒者遂以无用闻于天下。今时局变异，外侮交迫，非读万国之书，则不能通一国之书。然西人声、光、化、电、格、算之述作，农、矿、工、商、史、律之纪载，岁出以千万种计，日新月异，应接不暇。惟其然也，则吾愈不能不于数十寒暑之中，划出期限，必能以数年之力，使学者于中国经史大义，悉已通彻；根柢既植，然后以其余日肆力于西籍。夫如是而乃可谓之学。今夫中国之书，他勿具论，即如注疏、两经解、全史、九通，及国朝掌故、官书数种，正经正史，当王之制，承学之士，所宜人人共读者也。然而中寿之齿，犹惧不克卒业。风雨如晦，人寿几何？若从而拨弃之，则所以求先圣之道，观后王之迹者，皆将无所依借。若率天下人而从事于此，靡论难其人也；即有一二劬学①之士，斳斳然讲之，而此诸书者，又不过披沙拣金②，往往见宝，其中精要之处不过十之一二，其支离芜衍，或时过境迁，不切于今日之用者，殆十八九焉。而其所谓精要之一二者，又必学者于上下千古，纵横中外之学，深造有得，旁通发挥，然后开卷之顷，

---

① 劬（qú）学：勤奋学习。
② 披沙拣金：沙里淘金。比喻从大量的事物中选取精华。

钧元提要①，始有所获；苟学识不及，虽三复若无睹也。自余群书，数倍此数，而其不能不读，与其难读之情形，亦称是焉。是以近世学者，虽或浏览极博，研究极勤，亦不过扬子云所谓"绣其帨鞶②"，刘彦和所谓"拾其芳草"，于大道无所闻，于当世无所救也。夫书之繁博而难读也既如彼，其读之而无用也又如此，苟无人董治而修明之，吾恐十年之后，诵经读史之人，殆将绝也。今与诸君子共发大愿，将取中国应读之书，第其诵课之先后，或读全书，或书择其篇焉，或读全篇，或篇择其句焉，专求其有关于圣教，有切于时局者，而杂引外事，旁搜新义以发明之，量中材所能肄习者，定为课分，每日一课。经学、子学、史学与译出西书，四者间日为课焉。度数年之力，中国要籍一切大义，皆可了达；而旁证远引于西方诸学，亦可以知崖略③矣。夫如是则读书者，无望洋之叹，无歧路之迷，而中学或可以不绝。今与二三子从事焉，若可行也，则将演为学校报以质诸天下。读书之功课，凡学者每人设札记一册，分专精、涉猎两门，每日必就所读之书，登新义数则。其有疑义，则书而纳之待问匦④以待条答焉；其详细功课，别著之学校报中。

五曰穷理。瓦特因沸水而悟汽机之理；奈端⑤因苹果落地而悟巨体吸力之理；侯失勒·约翰⑥因树叶而悟物体分合之理；亚基米德⑦之创论水学也，因入浴盘而得之；葛立理尤⑧之制远镜也，因童子取二镜片相戏而得之。西人一切格致制造之学，衣被五洲，震轹⑨万国，及推原其起点，大率由目前至粗极浅之理，偶然触悟，遂出新机。神州人士之聪明，非弱于彼也，而未闻有所创获者，用与不用之异也。朱子言大学始教，必使学者，即凡天下之

---

① 钧元提要：探取精微，摘出纲要。
② 帨鞶（pán）：佩巾与鞶带。
③ 崖略：大略，概略，梗概。
④ 匦（guǐ）：匣子，小箱子。
⑤ 奈端：即牛顿，英国物理学家。
⑥ 侯失勒·约翰：即约翰·赫歇尔，英国天文学家。
⑦ 亚基米德：即阿基米德，古希腊学者。
⑧ 葛立理尤：即伽利略，意大利物理学家、天文学家。
⑨ 震轹（lì）：震动压倒。

物，莫不因其已知之理，而益穷之，以求至乎其极。近世汉学家笑之，谓初学之人，岂能穷凡物之理？不知智慧日浚则日出，脑筋日运则日灵，此正始教所当有事也。特惜宋儒之所谓理者，去实用尚隔一层耳。今格致之书，略有译本。我辈所已知之理，视前人盖有加焉，因而益穷之。大之极恒星诸天之国土，小之及微尘血轮之世界，深之若精气游魂之物变，浅之若日用饮食之习睹，随时触悟，见浅见深，用之既熟，他日创新法制新器辟新学，皆基于是。高材者勉之。穷理之功课，每刚日诸生在堂上读书。功课毕，由教习随举目前事理，或西书格致浅理数条以问之，使精思以对；对既遍，教习乃将所以然之理揭示之。

六曰学文。《传》曰："言之无文，行而不远。"学者以觉天下为任，则文未能舍弃也。传世之文，或务渊懿①古茂，或务沉博绝丽，或务瑰奇奥诡，无之不可；觉世之文，则辞达而已矣，当以条理细备，词笔锐达为上，不必求工也。温公曰："一自命为文人，无足观矣。"苟学无心得而欲以文传，亦足羞也。学文之功课，每月应课卷一次。

七曰乐群。荀子曰："人之所以异于禽兽者，以其能群也。"《易》曰："君子以朋友讲习。"曾子曰："君子以文会友，以友辅仁。"直谅多闻，善相劝，过相规，友朋之益，视师长有加焉。他日合天下而讲之，是谓大群；今日合一堂而讲之，是谓小群。杜工部曰："小心事友生。"但相爱，毋相妒；但相敬，毋相慢；集众思，广众益。"学有缉熙于光明"，乐群之功课，俟数月以后。每月以数日为同学会讲之期，诸生各出其札记册，在堂互观，或有所问，而互相批答，上下议论，各出心得，其益无穷。凡会讲以教习监之。

八曰摄生。《记》曰："张而不弛，文武不能也；一张一弛，文武之道也。故君子之于学也。藏焉修焉，息焉游焉。"西人学堂，咸有安息日，得其意矣。七日来复，先王以至日闭关，商旅不行，此古义之见于经者，殆中西同俗也。今用之，起居饮食，皆有定时，勿使过劳。体操之学，采习一二。

---

① 渊懿：渊深美好。

摄生之功课，别具堂规中。

以上八条，堂中每日功课所当有事；以下二条，学成以后所当有事。而其基础，皆立自平时，故并著之。

九曰经世。庄生曰："《春秋》经世，先王之志。"凡学焉而不足为经世之用者，皆谓之俗学可也。居今日而言经世，与唐宋以来之言经世者又稍异。必深通六经制作之精意，证以周秦诸子及西人公理公法之书以为之经，以求治天下之理；必博观历朝掌故沿革得失，证以泰西希腊罗马诸古史以为之纬，以求古人治天下之法；必细察今日天下郡国利病，知其积弱之由，及其可以图强之道，证以西国近史宪法章程之书，及各国报章以为之用，以求治今日之天下所当有事，夫然后可以言经世。而游历讲论二者，又其管钥也。今中国所患者，无政才也。《记》曰："授之以政，不达，虽多亦奚以为。"今中学以经义掌故为主，西学以宪法官制为归。远法安定经义治事之规，近采西人政治学院之意，与二三子共勉之。经世之功课，每柔日①堂上读书功课毕，由教习随举各报所记近事一二，条问诸生以办法，使各抒所见，对既遍，然后教习以办法揭示之。

十曰传教。微夫悲哉！吾圣人之教之在今日也！号称受教者四万万，而妇女去其半焉；不识字者，又去其半之半焉；市侩胥吏又去其半之六七焉；帖括贱儒，又去其半之八九焉。此诚庄生所谓举鲁国皆儒服，而真儒几无一人也。加以异说流行，所至强聒，挟以势力，奇悍无伦。呜呼！及今不思自保，则吾教亡无日矣。今设学之意，以宗法孔子为主义。子贡曰："不得其门而入，不见宗庙之美，百官之富。"彼西人之所以菲薄吾教，与陋儒之所以自蔑其教者，由不知孔子之所以为圣也。今宜取六经义理制度微言大义，一一证以近事新理以发明之，然后孔子垂法万世，范围六合之真乃见。《论语》记子欲居九夷，又曰"乘桴浮于海"。盖孔子之教，非徒治一国，乃以治天下。故曰：洋溢中国，施及蛮貊，凡有血气，莫不尊亲。他日诸生学成，

---

① 柔日：古代以干支纪日，凡天干值乙、丁、己、辛、癸的日子称柔日。因均属偶数，也称偶日。

尚当共矢宏愿，传孔子太平大同之教于万国。斯则学之究竟也！传教之功课，在学成以后。然堂中所课，一切皆以昌明圣教为主义，则皆传教之功课也。

（梁启超著：《饮冰室合集》文集第二册，中华书局 2015 年版，第 23—29 页。）

📝 评析

时务学堂，是清末维新运动期间湖南所创办的第一所近代新式学堂，1897 年 1 月由时任岳麓书院山长王先谦领衔正式呈报立案、湖南巡抚陈宝箴批准创办。它的创办标志着湖南教育由旧式书院制度向新式学堂制度转变，也是湖南近代化教育的开端。戊戌变法失败后，时务学堂先后更名为求实书院、湖南省城大学堂。1903 年湖南省城大学堂与改制后的岳麓书院合并，组建湖南高等学堂，1926 年正式定名为湖南大学。毛泽东曾说："湖南之有学校，应推原戊戌春季的时务学堂。时务以短促的寿命，却养成了若干勇敢有为的青年。"

时务学堂创建之初，梁启超作为中文总教习，所制定的《湖南时务学堂学约》明显带有"中学为体"的倾向。在他看来，时务学堂应以"宗法孔子为主义"，积极推动儒教的创新与发展，通过深入挖掘和阐述中国儒家的大经大法，来吸收、论证西方学问的精髓与要义。在《学约》中，所论"立志""养心""治身""读书""穷理""学文""乐群""摄生"八条，为"每日功课所当有事"；所论"经世""传教"两条，则是"学成以后所当有事"。"经世""传教"唯有立足于前，方可有日后成功之机。

梁启超所列之学约十条，前九条均为儒家传统治学要法，最后的"传教"一条，则是身处时代动荡之际挺立中华文化之主体地位的需要。《学约》对中国传统教学理念的发展，对西方新式思想的吸收，进一步扩展了湖湘学子的视野，推动湖南文教事业由传统教育向近代教育的转变。

范源廉

范源廉（1876—1927），字静生，湖南湘阴人，中国近代教育家。早年师从梁启超，就学于长沙时务学堂。戊戌变法后，范源廉流亡日本。回国后，创办学校学堂，他历任教育部次长、中华书局总编辑部部长、北京师范大学首任校长、南开大学董事会会长、中华教育文化基金委员会董事长等，一生投身于教育事业，是教育改革、公益教育、职业教育的重要推动者，为中国近代教育事业的创立和发展作出了重大贡献。其著作被收录在《范源廉集》中。

教师之大任

吾国处新旧递嬗①之会，旧者多已破坏，新者未至完成，凡百事物，皆有风雨飘摇之感。而国人长此沉沦于倾危之境，不能自即于安定者，其最大原因，盖莫甚于无学。今即断言，谓吾国必兴学始能图存，苟学不兴，则终必亡。识者当不病言之为过也。然各国之兴学也，有因其人民富于独立自营之性，合群策群力以图之者；亦有本于政府统一强毅之力，提纲挈领以行之者。而循是二途以期之吾国，皆未可骤至者也。夫政府与一般人民，既皆力有未逮，则所谓兴学以图存者，举国茫茫，尚有可与谋者乎？吾旷观默念，忧心如焚。不能不对于心所爱敬举国之为教师者，迫切陈辞以明大任之所归矣。

教师云者，统自大学以至小学之为教员者言之也。吾之致爱敬于教师，初不以其所居学校之程级而有所轩轾②。诚以今日之中国，学之为要，既无长幼之殊，更无专门普通之别。故言兴学以图存，而觉现在之为教师者，即

① 递嬗：依次更替，逐步演变。
② 轩轾：车前高后低为"轩"，车前低后高为"轾"，喻指高低优劣。

皆直接当此大任之人。深愿凡为教师者，皆一自反省，而得所以自信也。

　　或曰：兴学之事至为繁难，今以政府及一般人民犹患力有未逮者，安可以责诸势力微弱之教师乎？曰：是不然。教育者，必赖教师而后能行者也。彼法令之美备、经费之充裕、校舍图书等设备之完全，谓之无裨于教育，固不可也。然使数者皆备，而教师不得其人，则教育安有寔①乎？今国人之于学务，其为热心赞助或肆力抵排者，皆不多见。其居最大多数者，类皆视学之于己漠然无关，或于兴学之利害疑信参半者也。故为教师者而善于教育也，则人观于兴学之益，赞助者将日加，而抵排者亦将日减。使为教师者而不善于教育也，则人怵于兴学之害，赞助者将日减，而抵排者亦将日加。学之兴废，视乎风气之开塞，而能开塞风气者，莫若教师之自身也。国之存亡，视乎学之兴废，而能致学之兴废者，仍莫若教师之自身也。征之往史，某代以学术称，某代以气节著，论者推其原因，每归功于当世师儒之讲学。今虽时势大异、方法攸殊，然此种关系，则今固无殊于昔也。吾敬爱之教师，既日以训迪后进为事，其将示若何之观感于社会？更将遗若何之评论于他日耶？夫固宜有以自审矣。

　　吾既以兴学图存之大任归之于教师，吾固深信夫为教师者，实居于开发风气、转移国运之地位者也。虽然，所贵于教师者，非在其地位，而在其能不自负其地位。诚能不负其地位，斯有克胜其任之望矣！然则为教师者，必如何而始能不自负其地位乎？请更依今日之情势，而就其最要者言之。

　　一曰自尊。教师之职，事劳而酬薄，其居程级较高者，酬虽较优，然方诸同等之他种职务，或亦不能无逊。且其势位平近，无炫赫之声威，常易为流俗所轻视。惟然，人每有慨：夫教师之不可为者矣！而不知彼之观念，实为根本之错误也！夫教育为何等事业，岂可视为利禄之途耶！纵位高多金之念未为甚恶，然使为教师者竟亦陷于流俗之习见，动以财贿荣名等之末务，自扰其高洁之神明，是已不知自尊矣。夫不知自尊者，乌足以为人师。

----

① 寔：通"是"。此，这。

二曰好学。今者世界大通，文化竞进，纵横学海，万派争流。吾人急起而求之，则实用之学术不难日进于昌明；坐视而忽之，即固有之文明且将渐归于澌灭。此诚国家文化消长之机，千古未有之遇，有心者所必不能视为等闲者也。夫教师既以从事学业为务，是尤当于国家文化之进运，首致其开拓之功。虽或书器缺乏、研究为难、离群索居、讲习不便，亦当矢如饥如渴之忧，求日就月将之益，以免遗自误、误人之失也。若其安于暇逸、不事钻研、故步自封、无心进取，是直忘其以学教人之本分矣。若是者，又安足以为师耶！

三曰尽职。教育之事，依理想推之，每易信其效果之过大，而就实际求之，又辄见其效果之甚微。此所以热诚将事之教师，往往有辍于半途者矣。然实则教育之影响，其结果至为复杂，非可一概而论也。农夫服田力穑，有耕耘之时焉，有收获之时焉，教师之尽其职务，则正耕耘之时也。诚能专一心志，笃守其职，灌溉既勤，被泽自广。斯其不灭之精神与无穷之希望，自有发荣垂实于后代青年之一日也。且吾人处今日之中国，精神与物质之诸方面缺陷至多，不能不感其痛苦。惟从事教师之职者，常得以所见之缺陷、所感之痛苦，求弥补救济于将来，斯诚非他种职业所能比拟者矣。苟明乎此，则为教师而不乐于尽职者，当未之有也。

上述三者，原无当于教育与修养之精义，但衡诸浅近之事理，谓今日之为教师者，必当如是焉耳。兹请更进言之。我国师道盛于古昔，师道也者，实至可宝贵之国粹。当求所以保存之，更当有以发挥而光大之者也。即吾今以兴学图存之大任归诸教师者，亦不过期其本悲天悯人之怀，以尽觉世牖民之责而已。有为者亦若是，举国中多数之教师，安见无踊跃兴起、当仁不让而振起师道之精神，以新此学荒道敝之天地者乎！是诚所馨香祷祝者也。

虽然，吾之殷然责望于教师者，良以教师之职任至重且大，而望凡为教师者之自觉也。吾更有望夫为政者，为国民重师资，特致力于培养策励之道，尤有望于士夫之明达者，躬率子弟，为社会之倡导，而对于担当大任之教师，致其敬爱之诚也。

（范源廉著：《范源廉集》，湖南教育出版社 2009 年版，第 28-31 页。）

📑 评析

此文发表于 1914 年 2 月《中华教育界》第 14 期，明确了教师在国家教育中的重要地位，并认为教师能起到"开发风气、转移国运"的作用。范源廉对教师提出了三方面的要求：一是自尊，选择教育事业的教师，就应该与追求名利的其他职业区别开来，明确自身的责任与义务，迥于流俗之见，才能自尊自敬；二是好学，教师担负传承文化的重任，因此对古今学术源流及中西文化异同等，都应广泛涉猎，钻研学习，开拓创新，以尽教人之本分；三是尽职，由于教育的效果很难测定，所以很难收到立竿见影的效果，但教育者也不能因此而失去教育信心。此三点，在今天读来，也切中时弊。

教师是先进思想文化的传播者，在建设教育强国的时代背景下，教师群体具备良好的师风师德，显得尤为重要。此文要求教师具备自尊、好学、尽职的品质。而新时代的广大教师，除了责任感和良好的职业素养、专业知识外，还要具备良好的政治素养，树立远大的格局，胸怀中华民族伟大复兴的战略全局，着眼中国特色社会主义事业薪火相传，坚持党的全面领导，坚持马克思主义的方向，深刻领悟"两个确立"的决定性意义，增强"四个意识"，坚定"四个自信"，做到"两个维护"，秉承教育"四个服务"理念，努力培养一代又一代拥护中国共产党领导和我国社会主义制度、立志为中国特色社会主义事业奋斗终身的有用人才。

说新教育之弊

清季罢科举，颁学制，兴学校，励游学，而新教育以兴。非轻事纷更也，诚鉴于世界之大势，处积弱之余，而欲为图存之计，莫要于教育之革新也。乃岁月推迁，国事益急，而多年经营之教育，迄于今日，不惟未见其盛大，且反日即于衰微。虽时局抢攘①、经济窘困有以致之，而其最要之原因，盖莫甚于向之热心学务者，已多趋于消极；而一般社会之人，又对于新教育多怀疑阻也。使若是之心理，长此不变，吾知教育事业之终得以维持者，盖亦鲜矣！更安有发达之望乎？时人所指摘教育之弊端，至为不一。大抵以宗旨不正、学科太繁、费用过多、成绩不良之四者为尤甚。兹试就此数端，说明其真相，以冀消当前之疑阻，策补救于方来，或亦有心者所乐与研究者欤！

一、新教育之宗旨。后生小子，竞尚自由，倡言平等，于家庭主破坏，于学校起风潮，于社会为逾闲荡检②、非道无法之举动，其祸视洪水猛兽为尤烈，是弊害之最大者也。呜呼！言教育而生此现象，诚不幸之甚矣！然溯自由平等说之由来，其最彰明较著③者，莫如法国革命之宣言；而在当时实与亲爱一语并称，为共和政体之生命。乃传至吾国，亲爱之说无闻，独所谓自由平等云者，风靡一世，已可异己。且各国自由平等之要求，无不由政治、宗教而发，其是非利害，姑弗具论，要常缘附于政治、宗教者也。我国于宗教本无可争，而青年学子又绝无可干预政治之理。诚使为学生者稍明内外之国情，审己身之分际，则即熟读法国革命、美帝独立之历史，饫闻④自由平等之说，亦犹是寻常之史迹耳，夫何足异？而乃眩乱迷罔，如饮狂泉，果何为者乎？是诚所谓假托名号以行罪恶者也。是诚不能不咎师长之教导无方，

---

① 抢攘：纷乱的样子。
② 逾闲荡检：越出法度，不遵守道德规范。
③ 彰明较著：形容非常显明。
④ 饫闻：犹饱闻。谓所闻已多。

少年之狂愚妄作，以遗祸于新教育也。

然论者因以疑及教育之宗旨，是亦未免过已！按现行学制，于小学校教育，规定以留意儿童心身之发育，培养国民道德之基础，并授以生活所必需之知识技能为宗旨；于中学校则规定以完足普通教育，造成健全国民为宗旨；于专门学校则规定以教授高等学术，养成专门人才为宗旨；于大学则规定以教授高深学术，养成硕学闳材，应国家需要为宗旨。教育赖学校以行，谓学校之宗旨即教育之宗旨，无不可也。各种学校之宗旨，既皆有所揭橥①，昭然共见，自为我国公私各学校所当遵守勿渝者也。官府督之，群众察之，安有能背弃其应守之宗旨，以鼓吹自由平等为事者乎？此事理之了无可疑者也。且观各国之往迹，自由平等之说，其得势力也，常因施政之失宜；其失势力也，亦常因施政之改善。吾人诚欲去此危祸之媒，固亦宜于教育有所注意；然其最要之关键，要仍视施政之何如耳。若因疑自由平等之说，为即缘新教育而起，并认新教育之宗旨当不外是，遂以恶弃其说之故，而并摧抑教育焉，则亦惑之甚者也。是必当辨别者也。

二、新教育之普通学科。今之学校，必由普通而进习专门。初等小学必修之教科凡四，高等小学必修之教科凡八，中学之学科凡十有三。幼年为学博骛不专，将必茫无所得，且即至中学毕业，仍无一艺之成；故往往有宁令子弟就学家塾，专习国文或兼及英文、算学，而自信其课程为简要得宜者矣。又或以为经营生计，端赖专长；今旷日持久学习普通，劳而寡获。故更有宁令子弟为工厂商店之学徒，操习一艺而自诩为得计者矣。青年之不入学校也，比比皆是。大抵其父兄多怀此疑虑者也。然其疑虑之所在，果即为新教育之弊耶，毋亦昧于普通学之性质及其功用，而未释然于习与不习之利害耳？兹试说明其当习之故如下：

（甲）人之心身，具有诸种之能力，不事启发，则亦无由自著，如璞玉之必待雕琢，嘉种之必待播植也。人之幼时，其心身又最适于修练。普通学

---

① 揭橥（zhū）：做标志用的小木桩，引申为标志。

之为用，即从多种方面以活动其各部之机能，而助成其全体之健全发达者也。故其外观虽似嫌于泛涉，而察其内蕴，实足以统合学子之心身，而付与以调和均齐之效益。此启发个人之能力，普通学为必要也。

（乙）今者世界大通，文化日进，人生必要之知能，因以益多。人苟于日用寻常之事理，茫乎莫悉其要，斯涉身处世，鲜不动辄得咎者矣。普通学之程度，虽至浅近，然差足应此种之需求。故文明各国，莫不定普通教育之一部为国民义务教育。其年限愈长者，则其国势之发展亦愈强大。诚以普通学之力，足以推举后辈之国民，同跻于当世进化之域；更能齐一其根本思想，而成举国一致之远谟①。此最为强固民志、伸张国力之要图也。我国今处存亡危急之秋，使为国民者而长此缺乏知己知彼之常识，不克尽其公私之责务焉，几何而不自速于沦丧耶？是欲培养国民适于生存之力，又非普通学不为功也。

上述二者，已可见普通学之性质与功用矣。故普通教育可为职业教育、专门教育之基础，而大有别于职业教育、专门教育者也。论者乃以所习非专门之学术，而直接与职业无关，遂疑其学科为繁杂而无实益，至目为新教育之弊焉。斯不亦过矣乎！虽然，论者之说，诚未当矣。若施行普通教育者而不加意于学科之内容，求适合于国家社会之情形与学者身心发达之程度，是又背戾普通学之性质，而丧失其功用者也。

三、新教育之费用。学校之经营，子弟之就学，各须多种费用，公帑竭于应付，私力困于支持，值兹财政艰难、民生凋瘵之际，何以堪此！故教育费常被认为不急之需，置诸可省之列也。第察全国之情形，因中小学校近多停办之故，而子弟之改入私塾或教会学堂者，骤然加多，此就各人计之，容有较为省费者，若合多数人之支出而并计之，则其总额要未必遂减于学校之所费也。又以缺乏高等专门学校之故，凡已习普通学者，无地可以升学。于是负笈海外者，遂至络绎于途。计其支出，必远过于求学国内者，更无论矣。

---

① 远谟：深远的谋略。

夫留学于外，非不善也；然苟非程度已至，势必徒耗多金，而卒鲜实益。其学于私塾或教会学堂者，固亦愈于废学也；然曷若合全国之力，因地制宜，筹设各级之学校，使学者各得从其材力境遇之所至，而受整齐统一之教育乎？至从来学校用款，率多浮滥，诚足为病，是在准诸适度之标准，以力求撙节①而已。若徒持省费之见，而不顾教育之何如，吾恐于国于家，其为利于今日者甚微，而损失于他日者将无限耳。

四、新教育之成绩。各等学校之毕业者，其实力每多未足，不克胜相当之责任，此最为人所诟病者也。其原因虽甚繁，要可以三者概括之。

（甲）原于设学与就学之蹐等：清代学制，自小学以毕业于大学，须时二十一二年。毕业专门学科（高等专门学堂），须时十七八年，即仅修完普通学科（中小学堂），亦须时十有四年，此修学年限之定则也。民国改订学制，短缩年限，然自小学以毕业于大学，仍须时十有八年。诚以学问之道，非穷年矻矻，历久渐摩，不能有成也。然溯自定制之始（光绪二十九年），以迄于今，才十有二年耳。使学制甫颁，即奋迅以进，是在今日，仍当不逾研习普通学之范围，此理之至显者也。顾事实乃大异乎是，北京大学则成立已久矣，高等学堂尝遍设于各省矣。其间兴废变迁，尤难悉数。此设学之凌蹐②为何如耶？更从就学者观之，则毕业于内外之大学或专门高等学校者，久已后先相望，其毕业于低级之学校者更无论已。夫学制之规定如彼，而设学与就学之情形乃如此，岂不甚可异哉？虽在学制颁布以前，国内已有学校，并早有留学他国者。此少数之人，其根柢本自深厚，不当以凌蹐拟之。然多数之称为学成而毕业者，其未遵循序渐进，以充实其学力，殆无可讳言者也。此种变则之教育，在曩者迫于时势之需求，亦属事非得已。然迁流至于今日，则教者学者更安可不以养成实力为的，而力矫欲速不达之失耶？

（乙）原于管理教授之未善：学生成绩之优劣，恒视学校管理与教授之良否以为衡。我国兴学之始，有最大之阙失焉，即未能致全力以储备师资是

---

① 撙节：节省，节约。
② 蹐（jí）：践踏。

也。从来当教育之任者，其性行学谊，不愧为师者虽不乏其人，然合全国以计之，要必居于少数。而学校之管理无法，教授失宜，则几于随在遇之。误有为之青年，阻国家之进步，斯其为害，何可胜言！故为今日之教育计，首重师范之养成，以正本清源，急谋现状之改进，以补偏救弊，皆事之不容或缓者。

（丙）原于社会之习尚：凡物有需求，则有供给。学术知能之于社会国家也亦然。自来社会之分业，为士农工商四者，学问之事，几专属之于士。近时内外交通，渐知凡百事物，莫不有学；而振兴实业、提倡教育之声，亦常闻于远迩。然按诸社会之实际，则似学术知能之需要，仍未见其殷切也。中小学校之毕业者，其受工场商店之信任，常逊于寻常之学徒。专门学科之毕业者，即学行优长，而在社会中每苦无可就之职业。其足以容纳群材，而又为世俗欣慕者，厥惟官吏之一途。以是学子之志于为官，几同于流水之归壑。此在他种专门学校荒寂无闻之会，而法政一科所为独盛于一时也。夫法政为经国处世之要端，讵①不宜学，然世之视为终南捷径者，固知其所学将在彼而不在此边。且即学法政者，亦未必皆得为官。而若农、若工、若商，则虽学有专长，更甚鲜效用之望。举世滔滔，苟非别有怀抱者，安肯不自暇逸而致力于学问？又安能不浅尝辄止而更乐于深造耶？教育之力固足以转移社会；然方其未至也，则常为社会之力所转移。今我国社会之风习，其力量固至深厚而莫与易也。

以上四端，仅就时论所指摘为新教育之弊者解说之。是所谓弊，有本于事实者，亦有生于误解者。其为误解，吾望国人洞察其实情，而自祛其惶惑；其为事实，吾尤望躬与其责者，尽其心力之所能，以蕲②达于改良进步之域。更进而言之，所谓新教育者，盖以新之别于旧也。此实为甚大之谬误。盖一国之教育，凡以进民德、开民智、增民力而已。保存国粹与适应时势，凡独立国之教育主义，必含此二者而靳③合为一焉，初无彼此之可分也。语云：

---

① 讵：岂，表示反问。
② 蕲（qí）：求。
③ 靳（jìn）：吝惜，不肯。

"行歧路者不至，怀二心者无成。"吾国人而念今日之教育为存亡之所属乎，庶几无怀二心，无行歧路，同心协力，以求其必至，以要其必成；慎毋徒虑其有弊而漠然置之，更毋听任其终弊而苟焉处之，以阻害教育者阻害国家也！

（范源廉著：《范源廉集》，湖南教育出版社 2009 年版，第 33—38 页。）

📝 评析

蔡元培曾评价范源廉注重实践，此篇可以看出范氏教育思想务实的特点。此篇发表于 1914 年 5 月《中华教育界》第 17 期，其中关于新教育弊端列举了以下四点。其一，宗旨不正。即一味向心性尚未完全成熟的学生灌输自由平等的思想，而此思想既无亲爱人情可言，又遗忘培养学生道德与技能的重心，这是本末倒置的表现。其二，学科太繁。教育当传授真才实学，而当时的教育多繁杂空乏，既不精也不专，与国情不符合，使教育本来的功能丧失。其三，费用过多。学校所收费用颇多，而适时民生凋敝，多数人无力支付。其四，成绩不良。学校所培养可谓国民社会所用的实才少之又少。范源廉对上述四点及其原因的分析，可谓鞭辟入里，发人深省。

范源廉认为当时针对新教育弊端的批评不外乎教育的形式与内容，可见宗旨端正、学科务实的义务教育之于国计民生的重要性。"教育必须为社会主义现代化建设服务、为人民服务，必须与生产劳动和社会实践相结合，培养德智体美劳全面发展的社会主义建设者和接班人。"如今正是我国加快推进教育现代化，建设教育强国的关键时期，我国计划到 2035 年全面实现义务教育优质均衡发展。随着义务教育制度的不断完善，此文谈到的宗旨不正、学科太繁、费用过多、成绩不良等弊端早已消除，国民教育已然实现了历史性的跨越，并紧紧围绕立德树人根本任务，朝着建成教育强国战略目标扎实迈进。

论教育当注重训练

范源廉

教育之方式有三：曰养护，曰教授，曰训练是也。三者实行之时，虽互有不可离之关系，而从理论上研求之，则固可区分而较量之者也。大抵养护主于锻炼身体，教授主于传导知能，而训练则主于陶冶德性。陶冶德性者，乃教育根本目的之所存，故训练之为用，即直接以达教育之目的者也。吾人研求教育之理法，于养护与教授固皆非可轻视，而训练实尤有当注重者也。夸美纽斯①曰："无训练之教育，等于无水之水车。"其言深可味矣。训练之为要，于心理上、伦理上有重大之价值焉，于个人生活、国民生活有特殊之旨趣焉，此稍治教育学者，莫不知之，无俟辞费者也。我国兴学有年，成绩若何，人所共见。莘莘学子，其为德性坚定，能自拔于流俗而足以证教育之效果者，固非必无其人。然有心者旷观黉序之气象，每不禁怒②焉心忧，谓一般青年非习于委靡而神昏志堕，即失之虚骄而趾高气扬，斯二者殆为今日学生之通病。如是而惨淡经营之学校教育，乃不惟不得世人之崇信，且适成为诟病之丛。此其故果安在耶？窃尝思之，而觉学校教育之所以致此者，其因养护之未讲求，教授之不适当，虽皆事所不免，而由忽于训练或不得训练之方者，实当尸其咎之泰半③焉。故今欲求改良教育，则训练之研究诚未可再置为缓图也。训练之法，有当行于教科之内者，有当行于教科之外者，请进论之。

一、教科内之训练

赫尔巴德④之说曰："教授者，为训练而施者也。"其视训练之重及其与

---

① 夸美纽斯：捷克教育家。

② 怒（nì）：忧思。

③ 泰半：大半。

④ 赫尔巴德：即赫尔巴特，德国教育家、心理学家。

教授之关系可以知矣。盖生徒之在校，无论所学者为何种学科，方其受课之时，列坐一堂潜心领受，即足以养其勤勉忍耐静肃和同之诸德，已为寻常生活难得之机会矣。使为教师者果能体会教授与训练之关系，于其所任之教科不徒以讲解明晰为能，更期其所含之义理贯彻生徒之心情，以长其善而救其失，斯其为效必有益为深切者矣。兹更就各种学科分述其要焉。

修身。启发德性必赖道德上之知识。本科之为用能明确道德之思想，更能养道德上之情操者也。故教授之主旨，应常就所指导之事项，诱其感想，促其反省，使学者不仅于在校之时正其行为而已，必确立其将来处世之基础，而使终身不甘为背德之人，斯为尚焉。

国文。本科以教授文字为主旨。文字者，国民精神之所寄而个人理想之所由著者也。其教材之内容，常足以使生徒发生文学之兴趣及资以启发智德或兴起其美感焉。且教授时又必有作文之课。作文者，与生徒以发表心情之机会，亦即与教师以窥测其心情之机会也。使其所发表者而悉衷于事理，则当奖进之，以策言行一致之效。非然者，务矫正之，使自知省悟而后已。斯于文字形式之外，而得修练心情之要义矣。

外国文。外国文之教授，亦不宜徒重文字之形式，更当注意于文字之内容。易言之，即指导学者使立于客观地位，以领解他国文化之精神也。若在译述之时，更当令其立于主观地位，以诚实尽其传宣之责，是亦足资以养成品性者也。

历史。历史者，圣哲贤豪之传记也。使其事而与圣哲贤豪无关，则率为一时琐屑之记载，而无与于历史之本质矣。吾人读史，可于政治上、战争上、学术上之多种方面以亲接古人之精神。古人往矣，古人之事业与际遇未尝即随之俱往也。有为者亦若是，诚足以兴人之观感而激人之志气矣。故教授本科时，务当阐扬古人之精神而使生徒与之俱化，斯历史教科有以异于无知之故纸而跃然有生气矣。虽历史为已往之陈迹，古今之时会不齐，若外国历史，则以人律我情形更不能无异，然使教者临机而善导之，其足以资品性之陶冶，要无可疑也。若徒沾沾于琐屑之往迹，以强求生徒之记忆，夫安足以语此耶？

地理。吾人生活之实际，其关于地理者至繁，地理之教授必以切于生活为要。大地之上，水陆分错，虽势若阻绝而实无远勿通，即无方之人而不与吾人同此生活也。为教师者，当审生徒年齿之长幼，里居之情形，使由近而及远，由直观而进于想象，以体会实际生活之意义。若徒示以高山大川之名称或鸿都胜迹之概况，殊非适宜之教授也。至就地理教科以引起生徒爱国之情，则使其感邱墓①庐舍之可亲，风土文物之可爱，与世界大地之可供飞跃，又最良之方法也。

数学与自然科学。是等学科皆含有充足之道德意义。盖数之为物，不能有几微之差，亦不容有纤毫之伪，计算者必当集其心力，为严格之思索而后能得正确之结果也。若理化博物诸科，足以使人领会宇宙间之真理及其与人类之关系，既以助进其崇高正直之德，复使感受自然之美，而和化其心情。至于行精密之实验，为详审之推究，其甚有益于训练之功用更无论矣。

手工图画唱歌诸科。此类科目浅视之，似仅属于外部之技能，然教授果得其宜，则皆足以养成生徒勤劳、整饬、刚强、优美之诸德及共同一致之精神者也。

体操。体操之教科，为以意志役使身体之练习，亦即为使身体服从意志之练习也。故欲使生徒有强固之意力、健全之体力，皆当于本科求之。托尔斯泰曰："健全之精神寓于健全之身体。"然更可反言之曰："健全之身体保于健全之精神。"体育之重要如此，为教师者安可徒视为外部之活动已耶？

以上所述，乃明教授非徒为教授之理，更以著教授即以行训练之实。然各种学科固自有其目的，今兹之主张，初非谓可易其本来之目的，而必牵强附会，用以为道德教育之资者也，惟蕲从各种学科之诸方面通力合作，以遂陶冶品性之目的耳。

二、教科外之训练

校训与校歌。二者足以表示本校之主旨而养成全校之美风。一校之中，

---

① 邱墓：坟墓。

风气既成，不惟新进之生徒易同化于旧生，即生徒之已离校者无论何时何地仍得服膺校训校歌之旨趣，而坚其进取自尊之念，引其切磋亲爱之情，其为用之宏为何如乎？

工作及勤务。使生徒任洒扫饲畜之事及为学校园之工作等，不惟得以习劳而已，保持整洁之美习及得与自然物相接触皆其益也。若使服班长或值日生之勤务，则于传达命令处理事务，更得增其治事之历练矣。

仪式。如民国纪念日之祝贺式、孔子诞日之纪念会、始业或毕业式等皆定于仪式规程，而为学校所当举行者也。无论何种仪式，要当以庄严而无拘苦，和乐而能整肃为归。当举行之时，其状况或良或否，即平时习礼之成绩所由表著者也。惟定期举行之仪式，往往至流于形式而全失其精神，其列席者或竟视为虚应故事之举，是大反乎仪式之意义而为有心训练之师长所必当矫正者也。

竞技与旅行。运动会等所行之竞技，足以奖进生徒之体育而鼓舞其勇气，更养成共同之精神及对于团体之德义，诚甚有益于身心者也。惟过事运动而致荒弃学业，过重胜负而致引起纠纷，是则切宜戒之。若夫旅行，更不可视为校外之教授，非直为娱散心情而已。如观察事物，可得种种研究之实证；分任职务，得以练处事之才能，尤旅行之益也。

其他之机会。上述数者之外，如关于生徒起居服食之事，如学校与家庭之联络及遇偶发事项等，皆施行训练之最好机会也。此等机会学校中常多有之，诚不可以悉计，惟在为师长者思所以利用之耳。

从来学校之实施训练，多寄其作用于赏罚。夫赏罚固非不可用者也，然苟不善用之则往往有不见其益而反见其害者矣。诚以赏罚之本意，非仅加受者以外部之笼络束缚也。使赏之罚之，其力不足以深入受者之心，而使其有所鼓舞有所畏惧，则赏罚之用穷而其害且立见矣。故赏罚非不可用于训练，惟徒用赏罚而以为有当于训练，则未为可也。

教育学家亦有谓训练之事，惟宜行于家庭而非学校所能完其效者，以吾人之成德，始于习惯，终于自治，其为时甚长，而人生之学校生活非若家庭生活之为久长也。其说自不为无见。夫使人而生于诗礼之家，自幼弱之时即已熏染于善良之习，初无待于学校之裁成，岂不甚善？然人之家庭至不齐也，况既就学之后，则学校生活之重要实无让于家庭。涵养德性之事，更安能尽责望于家庭耶？且若居于寄宿舍之生徒，则恒积岁累月藏修息游，几无时而离学校，其关系之亲切，且有远过于家庭者，是在收容生徒于寄宿舍之学校，于生徒德性之养成，其责任为尤专且重矣。

学校之于生徒既多有训练之机会，且实有训练之责任矣。虽然，果谁为履行此任务而善用此机会者耶？以言教科，吾将不能不望诸教员，使为教员者不自信口讲指画，为即毕其能事也。则以言教之余，更当思进以身教。以言管理，吾更不能不有望于舍监及他之职员，使任舍监诸职者不仅以办理杂务执行琐细之规条为尽责也，则求形式之整齐，更当谋精神之振作。然在一校之中，果何由而得为教员若舍监者，皆知训练之当重而更能实行其所信者乎？吾以是更不能不有望于负统一全校之责之为校长者矣。诚以训练之行也，即有教员舍监诸人分当其任，然揭其主义，齐其步武，而资其模范者要非赖于全校所宗仰之校长不为功。是校长责任之重，于生徒之训练上有更为显著者矣。子曰："其身正，不令而行；其身不正，虽令不从。"孟子曰："以力服人者，非心服也；以德服人者，中心悦而诚服也。"夫使今日学校之为校长及为教师或舍监者，果能先正其身而勉为有德之人，则著训练之功，以改良今日之教育又岂必为至难之事哉。

（范源廉著：《范源廉集》，湖南教育出版社 2009 年版，第 47-52 页。）

📑 评析

此文发表于 1915 年 1 月《中华教育界》第 4 卷第 1 期。范源廉关于道德教育的观点引人深思。此篇中的"训练"，指的是陶冶德性的教育。范源廉认为，陶冶德性，是教育根本目的之所在。因此，德性的培养，应遍布学校教育的各个环节、各个方面。在教师所任教的科目中，培养德性更应切合学生的心理特点和情绪，阐明其所含之义理，长善救失。同时，范源廉强调，学校应该承担起道德教育的重任，教育管理者及后勤服务者，都身负教育的责任，在各种教育教学活动中，教师应该正身勉励学生，以收道德教育之功。

师友之关系
（节选）

师弟本在朋友范围以内，在学校说，师友的关系，可分两种：

一、学生对于教职员关系。

二、学生间彼此的关系。

我相信一个人离开社会是不能生存的。在现今的世界，作鲁滨孙独居孤岛的生活，固是不成；再退一步，单讲求学，只是仿照古来"闭户读书"的方法，也是不成的。学校即是社会。学校之中若师若友，不一其人，彼此间之关系，于个人，于全校，皆影响甚巨。这是我很觉得紧要，所以特为提出来一说。

开首，我们且先看中国古时的师生关系如何。中国古时的师生关系，书本里纪载①的很多，诸位都多已知道。那种关系是如何纯洁，如何亲密。不必说那道统传授，当时认为是人生非常事业，就是些义理、文学、技术等之传习，为先生者，大多能尽其所长，教给学生。为学生者，对于先生，亦大多能专心一志，致敬尽礼的好好受教，把事师竟看做与事父事君相同。普通一般人都是把"天""地""君""亲""师"五者一齐的供祀起来。依今日社会进步的眼光去看，诚然有些失当，但另从一方面说，把师生间关系比诸君亲一样，却并不为过分。因为师生间的结合，常以高尚纯洁的精神为主，

---

① 纪载：即记载，"纪"通"记"。

这一点在寻常君臣亲子之间，并不是都能做得到的。此于人生是最有意义，于社会是最有价值的。更推开来说，中国这样一个大国，广土众民，能彀①凭仗自己固有的文化，在很早的时代即将全国统合为一，原因固是很多，而因人类本富有摹仿性，中国人尊师之风更是盛行，遇事彼此传授，远近遵守，历时既久，遂使大家冶为一炉，不可分解，当必是重要原因之一了。至于因为尊师过甚，演成守旧之习，门户之见，这确是他的坏处。那些坏处，我们不客气应当努力去改掉；他的好处，我们却不可一并弃了他。

至于朋友的关系，如通有无，益闻见，古来的教训很多，我相信在今日学校中，最用得着的是"善相劝，过相规"二语。能做得到几分，便可收切磋砥砺的益处不少。

在西洋，学生对于先生，先生对于学生，都是非常的亲密。西方人本来把社会看得比家庭重。他们同学的亲密，有时自己的亲兄弟似乎还比不过。学生离校以后，记念先生，似乎比记念家长还要甚些。师友的关系本来多在精神方面，那种彼此团结的力量，也是发于自然的了。中国学生到了外国，也和外国学生差不多。他们是离家万里，长年作客，有许多教员对于他们，或他们对于先生的相敬相爱，竟是不亚于西洋人的。我举一个例：我在英国参观牛津大学的时候，正值前财政总长罗文干君因公下狱，当时有一位老先生仓皇来问，问是否即是在英国留学的罗文干。他再问："电报疏略如此，你能知其详吗？"他又说："我听得他入政府，方以为中国有望，为甚么他竟遭了这样一回事呢？"后来我回国，在北京看见罗君，告以此事。他说那位老教授，当是他的业师某某先生。因之他也很懊丧，为了他自己的不幸，致害了他的先生远远地悬念。就这一段故事看，我们也可以想见他们师弟间的情谊是怎样的了！

大凡西洋的学校中，从形式上说，师友之间礼节虽然很简，却是仍然非常重视礼节。至于精神的方面，则彼此诚挚相与，真情美感自然流露，那种

313

---

① 彀（gòu）：同"够"。

令人欣悦的气象是到处可以看见的。

日本学了中国的旧法，许多长处现在还保存着；一方面又学了西洋的许多好处。就一般情形说，他们师生之间，也是很圆满的。

我们再回转来看中国。中国这许多的学校，依现状而论，当教员的一方面，无愧为师的人固是不少，但实在也不免有些未尽善的；学生一方面，只是闹这个教员好，那个教员不好。至于如何是好与不好，更没有什么标准。依我看来，选择教员是有一种标准的，即是看教员是否用功。教员如果用功研究学问，他的学问自必时有进步，时有心得。他自己既好学问，忠于学问，自必很乐意尽他所得的来教学生。他自己既有学问，又肯教人，不论他是老教员，或是新教员，这定是好教员无疑了。至于普通大家都认为好的教员，我想约可分为两种：

一、天才。

二、绩学之士。

一是教员对于所任的学科生来有特别的能力，平时虽不多用功，仍能著其专长。二是不单靠着天资，日积月累，继续用功所造成的学者。这两种教员，学生应当学那一种呢？依我看来，是应当学第二种的。因为第一种的天才，是学不来的。天才不是学成的，一个时代也不过只能有几个这样的人。譬如诗家的李白，学诗的人如果没有李白的天才，学李白的诗，要想和他并驾齐驱，一定是不会成功的。所以最稳当的，便是学那所称绩学之士了。绩学之士凭他日积月累的经过，对于研学，可以把学生引到一条省气力的路上去。授课之时，问答是一件很要紧的事。有时学生问教员，或者教员不知道，而因这一点不知道，遂引起教员的向上研究，这便是所谓"教学相长"了。学生如果不愿意问，先生如果不愿意答，这便差了。现在许多的学生逼迫着先生编讲义，实在不好。学生方面只图省事，唯恐教员所编的讲义不详不备。教员方面为着豫备①讲义稿，日夜忙碌，不得用功。学生方面墨守讲义，不

———————————

① 豫备：准备。

能进步。外面潮流，天天改变，学问愈趋愈新，不几天，讲义都成废纸了。范源廉教员学生把很宝贵的光阴，很要紧的功夫，都断送在这些讲义上面，岂不可惜吗？我并不是立刻就要废止讲义，不过这一件事实在是觉得可惜，不得不痛切一说，给大家想想。

再者，教员徒使学生省力，也并不全是好事。譬如补药以及那些现成的滋养品，只有病人、老年人和一切衰弱的人，才觉得是相需甚殷的。若是身体强壮的，他所饮所食，不论粗糙，都能够自己消化，也就自然滋补，决不愿意受那和病人……同样的供养。这是一件很明白的事。这样说，我们当学生的，应当自己努力，自己用心。先生不过一时偶尔的引路的人，到了若何地步，总得自己前进。株守盲从，那是有志的青年所能甘心的吗？

在今日的中国，学生不会用功，也有些可原谅的地方，即是学校里书籍设备太不完全。在西洋高等学校里，大都是教师讲一次，学生便要看许多的书，或是做许多实验。听说有些学生，他自己定了研究的方向，所怀意见，本与教师不同。一方面是如此，一方面却非常高兴听他的先生怎样讲。教师讲得多了，他那研究的新门径，也就要开辟得更深远些。及到他日成功，学生的主张，便完全与先生立于不同之点。于是新学说、新著作、新发明便出现了。我们学校的设备，学生的用功，固然不能希望，骤然就跟得上人家，总得打定主意，也往那一条路上走才对。

学校中教员之外，职员的地位也是很重要的。职员固须有相当的学识和才干，但是最要之点，还在是否肯尽心力。论到办事，无论大小，是难得尽人都如意的。我说职员办事，果真是为学校尽了心力，办得好，固然是应当敬重他，就是办得有些不好，也当加以体谅，不可徒事责备。我想对于学校职员办事，是应当取这样的标准的。

职员的地位和教员不同，他们是与学生一般的生活有密切关系的。职员能使学生生活安宁而有规律，大家身心蒙其影响，学业便容易进步。但是有一层，我们试替职员们想想，他们的生活却比教员差得多了，论待遇，概是很薄。而且教员授课虽多劳苦，在学问上还自能发生许多兴趣。职员们所做的事情，大概都是些单调的，呆板的，或是很零杂的。他们只有看见学校发达，学生个个都能成材，不枉费他们积月累年的辛苦，这便是最大的快乐了。

上面说过，学生对于教员要重情谊。说到此处，更可以知道对于职员的情谊，仍是很关重要的。他们终日为着学生的课业、起居、食宿等事，忙忙碌碌，这些事应当办好，固属是为职员的责任，在他们自己诚应如此着想。但在学生一方，若忘了自己的分际，遇着事总是责备职员，麻烦职员。事实上职员少，学生多，甲去乙来，扰过不了，无论何人，到了一定限度，总不免要厌烦了。不幸真到了这地步，为职员的对于所管的事，只求早完早去，对付收场。如此，试问校事还能望有起色么？我以为学生如果认清了职员是为学校办事的，学生对于职员的态度，应当为学校替职员省事省工夫（如保持清洁和秩序之例），并进而帮助他，使他办事容易，办事有效。果能这样，人的情谊，自必很好。大家相敬相爱，无不相安，哪还怕有职员不肯为学校尽心竭力的吗？

至于同学彼此相待，我觉得大家在学校时，就要互相爱重，力谋团结。到了毕业以后，这才能得同学的助益，享同学的快乐。若在校时名为同学，实则彼此相视漠然，毫无情谊。到毕业后，大家四散，再讲联络，想要一德同心，替国家社会来办事，我看是很难有希望的了。

……

至说同学的情谊，在学校时应当如何的养成？我想就在各人平日去掉些小小意见，不要嫉忌他人，不要图便自己，更积极的互相切磋、互相帮助，那情谊自然就会生长起来。最好是能够"善相劝，过相规"。人有长处，我便学来。人有短处，我便给他补正。孔子所说"三人行，必有我师"的一段话，那是专从己身个人着想。如果大家相处，都能劝善规过，所得效果，便是彼此都好的，自比那独自一人去从善或改不善更要强一点了。一个学校最不幸的是有少数学生胡闹，同学们大众都视为与己无干，等到乱子闹大了，大家却因连带关系，不能不平分责任。许多闹风潮的学校里，学生内部分裂作若干派，大概多起于这些原因。假使同学能平常彼此规劝，那样的事情便可以没有，或者就是有了，学校的秩序总还不易破坏，同学的情感也不至大有伤损的了。这是很可注意的事。

学校之中，对于教员、职员及学生彼此的关系，上面都说过了，现在还另有一个人的关系，不能不提出一说。

这一个人是谁？我们虽不曾看见过他，接触过他，他却是我们很熟识很亲热的，这人便是"师范大学先生"。诸君当知道他在法律上有人格的，他是一个有机体，由许多部分结合而成的。我们各个人在师范大学中为教员、职员或是学生，便是这全体中一个一个的细胞，各有一分子的功用，应各尽一分子的责任。他有他的精神生活，也有他的物质生活。他的精神生活，是要安宁，要整顿，要向上进取；他的物质生活，不用说了，即是校内的种种设备，以及维持扩张的各种经费。精神一方，是我辈应当一齐努力，始终振作不懈的；至于物质一方，大家都知道现在他是贫弱得很厉害的，单就经费而论，本月是分文无着。我昨天见财政当局，费了一早晨功夫，仍是一无结果。积欠债款，已经三十多万元，校内校外都是债主。我们当这样难局，应当怎样过活呢？我想总得大家尽力扶助，不可再加以剥削。校中各项费用，能省的务须节省。学生对学校应缴纳的宿费、讲义费，每人共十八元，总望赶早交付。现查自从一月六日发出收费布告之后，交费者只有六人；第二次布告之后，交费者亦只三十三人。我很知道交费一事，同学方面也颇有些困难，但是各人分配，积少成多，总望全数早早交齐。本来讲义费一项，在学校通算学生每人应占十三元许，除诸君各人所交八元外，学校尚要替每人负担五元。再者消费物品，也盼望同学帮助学校节省。我查出信封一项，十一月、十二月、一月三个月，平均每月用去大信封2200多，小信封5500多，信纸每月13000多张，作长篇英文用纸每月1080张；除电灯外，每月用去洋烛500支。这些东西有许多都是学生用去掉的。消费这样的多，不能不切望大家皆留意减省。

此外还有几句要报告的话。这些日子，我收到学生诸位的信不少，所陈对于校事的意见，有些能行的，已经采取，在那里实行；有些一时还不能作，只好在那里等待机会。三四年级所提出的升学问题颇为重要，与学校组织及经费等项都有关系，应俟详加审议，方能决定。看你们的来信，知道诸位很爱重我。其实我个人并无什么足当推崇之处。我只希望你们能敬爱本身和教员、职员、同学，尤其是敬爱我们的师范大学，这就是我要回答你们的一点意思了。

（范源廉著：《范源廉集》，湖南教育出版社 2009 年版，第 288-295 页。）

评析

1924 年，范源廉时任北京师范大学校长。此文发表于 1924 年《教育丛刊》第 5 卷第 2 期。文章从学生与教职员、学生彼此之间以及作为"师范大学先生"中的一分子的角度讨论了健康积极的人际关系当如何建立的问题。正如《岳麓书院学规》所载，读书交友应当做到"损友必须拒绝；不可闲谈废时"。这一点，在范源廉看来也是如此，教师、学生都应心怀信仰，拥有对知识的敬畏和自我修养的精神，讲学者尽心尽责，读书者相互砥砺，众人相敬又相爱才是"师范大学先生"应有的风度。

"教育的本质是一棵树摇动另一棵树，一朵云推动另一朵云，一个灵魂唤醒另一个灵魂。"自古迄今，师生关系、师友关系都是我国教育过程中核心的关系，我国有"视师如父""从游伴游""同窗共读"的传统。师生交往是师生之间传递知识、触碰灵魂、彼此理解、教学相长的过程，师生和睦对于发挥教育功用、人才培养大有裨益，因此建设平等和谐的师生关系是我国深化教育改革过程中不可缺少的环节。我国主张以传统人文滋养新型师生关系。在教学活动中秉持平等原则、互利原则、理解原则、包容原则、主动原则等，善用时代变迁的机遇构建新型师生关系，从而发挥好师生和睦关系的教育力量。

徐特立

徐特立（1877—1968），又名徐立华，原名懋恂，字师陶，湖南长沙人，中国无产阶级革命家、教育家。徐特立一生致力于教育事业，曾任教于周南女校，后兴办梨江学校、长沙平民夜校等私学，提倡平民教育。1910年至1928年间，曾前往日本、法国、比利时、德国考察学习。他创办了长沙师范学校、长沙女子师范学校，任校长；曾任教于湖南省立第一师范学校，是毛泽东的老师。徐特立还投身中国的革命实践，中华人民共和国成立后，历任中央人民政府委员、中共中央宣传部副部长等职。其著作被编为《徐特立教育文集》《徐特立文存》等。

国文教授之研究
（节选）

绪　言

《学记》，记人教学之义，为我国教授法之肇端。朱子读书法，程端礼《读书分年日程》，其支流也；然皆属通义，类于现今教授总论。王弼《周易略例》，杜元凯《春秋释例》，下逮《史通削繁》《文心雕龙》之类，辨别各籍性质，指示用功程途，类于现今教授各论。日人丰田所著之《缀方教授》，武岛所著之《修辞学》，其精粹处悉出于梁刘勰之《文心雕龙》及宋陈骙之《文则》，惜择焉不精，语焉不详，我国学子译而读之，不得要领，牵强附会，全失本意。近人所著之教授法讲义，转相沿袭，乖谬甚多。如以矫正平上去入四声，比况日本《国语教授法要指》中之矫正地方讹音，不知音兼双声叠韵，单言四声不足以尽之。如方言舟，自关而西谓之船，自关而东谓之舟。舟、船同为舌头音，又同属上声，将谓舟为讹音乎，抑船为讹音乎？不知言语不统一，不专属音；音读之不统一，不专属声，此附会东籍而失者也。又谓我国文字，非如西洋各国以声音统括一切之字，故必字字读之方可，此由不知形声孳乳①之义也。单体之文不过数百，单体既明，则谐声会意之偏旁可类推矣。三十六字母统一切字之声，二百六韵统一切字之韵，合双声叠韵以求训诂，纲举而目张矣，安见西文易、中文难乎？下走滥竽教育事业，常病教授无方，爰就我国古籍，于教育有关者，随时札记，并参考东籍，成教授法一书。才识谫陋，不敢自信，先出国文一科，质诸同志，有道君子，幸见正焉。

第一章　教授要旨

一、知普通之言语：欲求言文一致，当统一读音，及事物之名称。扬雄《方言》，服虔《通俗文》，刘熙《释名》，钱竹汀《恒言录》等，皆为沟通事物之名称而作；《说文》以比况正音，孙叔然《尔雅音义》，以反语正音，皆为统一音读而作。《史记》引《尚书》"协和万邦"为"合和万国"，"钦若昊天"为"敬顺昊天"，已启言文一致之体。自宋以来，名儒语录、名臣语录（元张养浩之三事忠告，现今牧令全书之类），及今之演说辩护，皆纯粹言文一致之文。小学编纂国文，宜仿其体例。若有创无因，于历史习惯不合，必多滞碍难行之处。

二、知日常之文字文章：文字即形声训诂，文章即文法修辞法。小学国文为科学之管钥，笔札之资粮，簿记之述载，过雅过俗，两不适用，故文字文章以日常为限，通形声训诂，其益有二：（一）用文审谛②，则文章精确，于属文有益；（二）分析字句，洞悉义例，则认字得要领而便记忆，于读书有益。仓颉古字，俗师失读，汉宣帝征齐人正之，为读书计也。司马相如著凡将，扬雄著训纂，虽非专为属文计，而文字之精当亦因之也。但用字虽精当，而语句篇章之组织失序，亦不足以达意，故文法尚焉。文章意义有言情、述理之殊，组织有骈文、散文之别，与世酬答，亦随地异体，故修辞法尚焉。

---

① 孳乳：派生，演变。
② 审谛：仔细地看。

三、养成表彰正确思想之能力：讲书、属文、写字之类，皆发表之事。学问至能发表，则实有诸己，旁通触类，左宜右有，运用不穷。绩学之士，读书必有札记，以记所得著所疑。记所得则要领明矣，著所疑则启他日读书参证之途矣。王伯厚《辞学指南》述用功之法曰：须编文字一卷或半卷（分编题、编语两种。编题以事实分类，编语以学说分类）。近人读书多寓于著述中，往往取古人书补之、广之、续之，或辑其佚说，或求其义例，故著一书而群书皆通。小学生徒虽读书无几，不能言著述，然集字集句可也（字以音同者集为一类，说明其孳乳。贾品朝《群经字辨》分为五类选录：一字同音异，二字音清浊，三彼此异音，四字音疑混，五字训得失。小学生集字之法，当仿其例）；长篇表记，短篇引申可也；口之所言，以笔书之可也。

四、启发其智德：小学国文，以有补于身心日用为要。凡家业、家事、法制、经济，及古人嘉言懿行，皆当附于国文教授，切文字不附义理教授，则智识只得文字一部分而失之偏。我国小学书籍如《内则》《弟子职》及王伯厚《小学绀珠》《朱子小学》，皆注重智德，惟史游《急就篇》，专授文字，从未闻有专授文章者。盖离训诂义理而言文章，必流于浮滑滥调，或芜杂不精确。章实斋讥归震川评点《史记》曰："《史记》体本苍质，而司马大才，故能运之以轻灵；今归唐所谓疏宕顿挫，其中无物，遂不免于浮滑，而开后人以描摹浅陋之习（今之教国文者，专教谋篇、布局、用笔，而训诂不明，义理不达，油腔滑调，误人不浅）。"章氏虽非为小学言，而小学教授要旨，亦不外是。

321

（徐特立著，武衡等主编：《徐特立文存》第一卷，广东教育出版社1995年版，第5-7页。）

📑 **评析**

此文的节选部分主要讨论了教授国文的宗旨。徐特立认为，语言与文字应该尽量趋于一致，这样才有利于学习。而学习文字文章，必须通晓形声训诂与文法修辞。为了养成正确表达思想的能力，须从集字、集句、札记等入手。小学的国文教学，除了注重形声、训诂，还应有补于身心日用，着意启发智力、培养品德。

汉字是中华民族伟大的发明和智慧的结晶，五千多个字符穿越几千年历史在中国人的血液中奔腾不息。汉字不仅是中华文明的象征，也是哲学、历史、文学等中国学术存在的基础。因此，熟练掌握汉字的语音、形体、句法并借以表达思想和情感，是每一个中国学子理应做到的事情。此文从基础学习的角度切入，指导学生学习训诂、音韵以及遣词写作等基础科目，可以深入培养年轻学子对本民族文化的认同感，树立其文化自信，为其写好中国字、讲好中国话、传播好中国声音奠定基础。

我们怎样学习

所谓我们的学习，就是以我们为对象来研究学习，非泛言学习。

一、学习的态度——打破关门主义，提倡学术自由

华北书店出版中级刊物，该刊编者要我写一篇关于学习的文章。我认为我们向来只看自己的一套，成为学术上的关门主义。第二届边区参议会通过学术思想自由决议后，就有华北书店的刊物出版。我们在法律上给朋友们以出版自由，而我们的朋友也给我们在他们的刊物上写文章的自由。我们在学术方面从此添了一个生力军，突破了学术上的关门主义。今后我们应该互相学习，互相批评，只有学术上的真理，没有党派上的成见和辩护。我们党的领袖列宁的工作作风是采取美国的实际精神。他曾号召我们的党员读十八世纪反宗教的著作。马克思吸收过去历史上一切知识的遗产，且推尊黑格尔和

费尔巴哈为他的先生。虚心向朋友们学习，是共产党的优良的历史传统。但在我们关门主义的工作作风下，将要失掉这一传统。边区参议会通过学术思想自由案，正是我们和我们的朋友双方的光明前途，也就是中华民国的光明前途。所以，该刊编者要我写关于学习的文章，而引起了我无限的历史上的感想。

昔日孔子择师，而说"三人行，必有我师焉"。这不是孔子故意谦虚，实际上一切人们都有他所长，也都有他所短，择善而从，则人尽师也。古人谓耕当问奴，织当问婢，无知的奴婢，却对于耕和织有他们的专长，而非有知识的奴隶主所能及。因此，谈到耕织问题，在古人可以说，奴婢我师也。唐朝文人韩愈，其文章的价值超过以前八代，但他以为择师不必择高于学生者，只择其专长，所以在他所写的《师说》上写着："弟子不必不如师，师不必贤于弟子。闻道有先后，术业有专攻。"真正有学问的人没有不虚心学习的，无分古今中外，任何阶级、任何党派，都一样要向他们学习。现在我们要向热心学习的同志提议，学习的第一等问题就是虚心，就是向朋友学习。应该知道我们虽然能把握着前进的政治，但对于技术、科学等各方面还落后于他人。对于文学，我们也只有少数的左翼作家，其他的作家还没有吸引到我们这里来。至于经济建设，我们也只有正确的经济政策，而缺乏专门技术人才和科学人才。所以我们除政治外，没有足以自夸的东西，虚心学习朋友的东西，应该是我们学习的基本态度。一个政党或一个政治派别当然各有自己的立场，但互相学习，互相批评，携手共进，双方发挥其所长，更足以表现中华民族的伟大。

一般的说，青年总是前进的，而"顽固"二字上总是常常加上一个"老"字，这一句话是有科学意义的。因为年老的人们常被青年所尊敬，自己虽然虚心学习，而青年人对于老年人总不免有许多客气，他们到了老年人面前，许多好意见常不是直线形的供给老人，而是委委曲曲想说不说，这就把好的意见打了一个大的折扣。可以说，年高的人难于受益了。又年高的人，其地位常在人们之上，在他领导下的人们不免要保存他的威信，不独背着他不敢议论他的长短，即当面亦不敢露骨的直说，所以下级批评他的上级总是要打若干折扣。纵使上级虚心接受，下级也总有些不敢尽言。尤其是真正高明的上级，他的下级经常以自己的学识经验太不行，虽然对上级有意见，终以自己没有十分的把握而不敢言。因此，位高、学高和经验高的人们往往难有学问和知识的获益。明末时江西有个学者魏伯子说：天下唯四高人最难受益。所谓四高人，即年高、位高、学高、德高；所谓最难受益，即我在上面所说的那些。三国时曹操将北伐乌桓，其部下向他进言说：许昌是京城，距离襄阳刘表很近，我们的军队远去伐乌桓，倘刘表乘虚入许昌，则大事去了。曹操不听，竟北伐乌桓，且胜利回师。曹操回师之时，大奖过去阻止他伐乌桓的部下。因为曹操地位、学问、经验均为部下所尊敬，他的部下平时不敢向上级多言，当国家危急存亡之时，进一言又错了，以后将无人敢向曹操说话了，所以回师时大奖过去进言的人们。我们的党在抗战中所决定的一切政策，均为国人所拥护，威信在全国大大地提高了，除非敌视我们的人，谁都对我们的党和党员怀着敬意。我们的朋友过高的估计延安，势所不免。因此我们的某些干部也不觉自大。其实我们除政治及运动战外，差不多很少可以自夸处。我们的政治干部有许多也是抗战前后才学习政治，并非真正深刻的了解马列主义，而对于科学技术干部，常存在着他们政治不行的心理，其实，自己对于马列主义也并不高明。目前我们应该改变狭隘的自夸的态度。党员应该向非党员学习，干部应该向群众学习，政治干部和技术干部应该互相学习。

二、怎样学习

怎样学习，是整个科学方法问题，虽然不必写一本厚书，也应该写一本小册子，前面所写的还不过是其中的一个题目，我想还有几个题目值得提出来简单地说一下。

（一）学习要有时代性：因为历史上成功的学者都是为着改造或建设当时的新时代而立言的，一切学习都包含着无限的斗争精神。

（二）学习要抓住基本的知识：即不好高骛远，而忽略基本的东西。喜马拉雅山是世界著名的高山，因为它是建立在西藏高原上，是基盘广大的高原上的一个高峰。假如把喜马拉雅山建立在河海平原或江淮平原上，八千公尺的孤峰是难于存在的，犹如无源之水是易于枯竭的。

（三）学习要有方法和立场：中国古代诸子百家均有自己的独到处，惟杂家什么都有一点，而没有专长，等于抄书匠，无一成功者。合法的马克思主义者，马克思主义的修正派，无一定的方法和立场，也就无一能成为无产阶级的学者。中国研究《说文》者，不下数十百家，而许氏的正统派还是"二徐"①，刊本则终推孙星衍本。所以学习虽宜无书不读，但不是毫无方法、毫无立场的。

（四）学习要有事业和职业的目的及长期的计划：为学习而学习的学习和无计划乱抓的学习，都是不对的。为着学习才去工作，即借工作以帮助学习的了解，仍然是为学习而学习，这也是不对的。所以学习要有事业和职业的目的，换句话说，就是应该为工作而学习，不是以工作来帮助学习，而是以学习来提高工作的能力，加强工作的效率。

（五）学习要有一定的中心对象，使一切学习围绕着它：像建军一样，要有基干部队作领导；像作战一样，其中心对象是守住中心据点，一切掠野是为着攻坚，是为着守这一据点。

（六）学习要抓住要领：中国的学者自古以来总是贪多而不找中心的一环。所以司马谈论周秦以来的六派学说，而指孔子一派为博学而不得要领，虽劳心劳力而无成功。

（七）学习要有批评的、革命的、实践的精神：对于古人的学术遗产及对于自己过去的著述，都要把它当历史看，而加以批评地重新审查。

以上七个问题，只作了简单的说明，庄子所谓"蝉翼之知"，我的知识也仅一"蝉翼"而已。我已将就木焉，替社会效力已晚了，但如有十年功夫

---

① "二徐"：指徐铉和徐锴。二人精通文字学，号称"大小二徐"。

没有他事来扰，或者还可以做点事情。如有机会再作进一步的分析。

（徐特立著，武衡等主编：《徐特立文存》第二卷，广东教育出版社 1995
年版，第 213-217 页。）

📑 评析

此文发表于 1942 年《学习报》第 1 期。徐特立认为，正确地对待学习的
态度，就是打破关门主义，虚心向古今中外优秀的人学习。对于怎样学习，
徐特立提出：学习要有时代性，把握时代的脉搏，为改造世界而学习；学习
要抓住基本的知识，不要好高骛远；学习要有方法和立场，要有独到、自得
之处；学习要有事业和职业的目的及长期的计划，应该为工作而学习；学习
要有核心的对象和目的；学习要抓住要领，要博学而能守约；学习要有批评
的、革命的、实践的精神，要有重新审查的眼光和勇气。

此文的核心内容是对正确的学习态度与学习方法的阐述。一方面，有志
于学者需要开眼看世界，不可拘泥于身份和阶级，不论古今中外的文化知识
都务须择善而从，为我所学；教学须有教无类，吸收知识也当秉持同样的思
路。另一方面，学者是民族的未来，时代责任感、历史使命感以及求真务实
的治学态度都是必不可少的。正如孔子所言："古之学者为己，今之学者为
人。"如今学者也应当有深厚的家国情怀和担当精神，学习科学的知识和技
能，并积极投入改造世界的时代洪流，做马克思主义的践行者。

李肖聃

李肖聃（1881—1953），原名犹龙，字肖聃，后以字行，别号西堂，又有星庐、桐园、巫斋、灵岩等笔名，湖南长沙人。他早年东渡日本求学，后回国履职，曾任当时司法总长梁启超之秘书，后任教于北京政法专门学校、湖南大学等。李肖聃崇信理学，博学多才，著述颇丰，较有代表性的有《湘学略》《西堂闻见录》《星庐笔记》等，著作汇编于《李肖聃集》。

与熊作范论尊师

民生于三，事之如一，师友之谊，古贤所敦，故自称弟子，尊曰先生。先生古称父兄，《论语》云"有酒食，先生馔"，是其例也。《弟子职》言"先生施教，弟子是则"。《孟子》言"先生将何之"，始指所受业之人。至袁枚《与人论先生书》，则已泛及于人人，为尊人之达称矣。颜回之于孔子，事之犹父。汉世风俗最厚，多表师丧。黄榦之于朱子，本女婿而称门人，徐爱之于阳明，以妹夫而称弟子，以师生之谊重，而婚姻之事轻。惜抱①不许其徒称年侄，亦此意也。前清之时，督抚之于教官，尊卑悬绝，而程春海②之呼邓湘皋③，犹曰老师。乡人为子弟求师，必衣冠跪拜。书院山长，春初送学，地方长官，敬礼维虔，肄业生童，分班叩谒，至乡会座主，受学业师，无敢抗言违忤者，盖儒先之教泽犹存，国家之纲纪尚在，士族儒门，未敢荡然于礼法之外也。学堂既建，渐染夷风，总办俨同长官，教习由其指令。始由武备，渐及随营，事出军规，不同常轨。其后文校，亦习其风，教者由校

---

① 惜抱：指姚鼐，字姬传，一字梦谷，室号惜抱轩，世称惜抱先生，安徽桐城人，清代文学家，桐城派重要作家。
② 程春海：字云芬，号春海，安徽歙县人，嘉庆十六年（1811）进士。
③ 邓湘皋：指清代诗人邓显鹤，新化人，字子立，号湘皋，晚号南村老人。

长所聘，固处宾师之位也，而依仿倭制，命曰教员，虽未改成实官，隐已视同属吏。故以皮先生①之高名，而赵尔巽②擅行无礼；以廖季平③之宿学，而蜀提学公然驱逐。至于今日，则院长之于校长，竟用呈文，东北大学之于王某是也。教员致书校长，竟称钧座④，麓山工校之于宾步程是也。习而久之，莫知其原，至有校长致书，而主任尊之曰手谕矣。辞退教员，而校长公然语人曰：将某某开除矣。校长为一学之首，居主人之位，而奋其吏气，忘所自来，则生徒之敢于聚众侮师，肆行非礼，固由主校者纵之。此而曰养成学生尊师重道之风，何可得乎？

今之教员固多毛遂，致兹轻蔑，或亦自招。然既已聘之为师，固宜待之以礼，即其人向为世好，或为旧徒，校长固不得庬然自大⑤，而不修宾主之仪也。况古之学校，尤重引年⑥。犯上作乱，《论语》之微言；悖逆忤老，蛮夷之宿性。今人于此等大事，全然不讲，而专责学生，不亦过乎？然李习之⑦从韩公游，且娶其亡兄之女，而其祭公文，乃曰我撰兄行，《来南录》径呼韩退之⑧。戴东原⑨受业于江慎修⑩，情谊至重，而东原但曰婺源老儒江某。章太炎居曲园⑪门下八年，相待至厚，而一言不合，乃有《谢本师》之作。此事先友杨怀中⑫极非之。近时某公自叙，痛詈其少日塾师，有类市井小儿。吾友陈君天倪⑬深伤之。此皆习于俞正燮⑭之妄说。俞氏为尊师正义，

---

① 皮先生：指经学史家皮锡瑞。
② 赵尔巽：字公镶，号次珊，又号无补，汉军正蓝旗人。1903年4月至1904年6月担任湖南巡抚。
③ 廖季平：指清末至民国时期学者、思想家廖平，初名登廷，字旭陔，1879年中举后改名廖平，字季平，晚号六译。
④ 钧座：对长官的尊称。
⑤ 庬然自大：妄自尊大之意。
⑥ 引年：谓古礼对年老而贤者加以尊养。
⑦ 李习之：指李翱，字习之，河北赵郡人，唐代文学家、哲学家。
⑧ 韩退之：指唐代文学家韩愈。
⑨ 戴东原：指清代哲学家戴震。
⑩ 江慎修：指江永，清代著名经学家、音韵学家、天文学家和数学家。
⑪ 曲园：指清末文学家、经学家、古文字学家、书法家俞樾，字荫甫，自号曲园居士，浙江德清人。
⑫ 杨怀中：指杨昌济。
⑬ 陈君天倪：著名经史学家，原名星垣，又名鼎忠，字天倪，湖南益阳人。
⑭ 俞正燮：清代学者，字理初，安徽黄山人。

其词多偏，至今日取缔社塾，则竟遣吏捉人，如捕巨盗矣。向读伊川传，伊川亦尝考察里塾，正其句读，甚则为易其人。则知政府施政，自有体统，曷尝陵暴之至此极乎？故师弟之谊不敦，人伦之义以绝；师儒之选不严，则道术之坏莫修。石门阎季容先生之《论师》，予录于教育文编者，其言深痛可覆按也。足下其审观而自察焉，无徒责人以礼而求自重焉，则君子立身之道也。十二月八日记。

（李肖聃撰，喻岳衡校点：《李肖聃集》，岳麓书社 2008 年版，第 422-424 页。）

评析

在此篇选文中，李肖聃追溯历代师生情谊及其伦理，认为尊师不外乎以下三个方面。一是学生、弟子应懂得如何尊师。"一日为师，终身为父""为学莫大于隆师亲友"，这是传统的尊师重道的美德。二是负责教育管理的行政人员，诸如校长等，应该选拔有学识和德行的教师，应以宾主之谊对待教师，而非以尊卑、官吏的态度对待教师。三是教师应该自尊。这是尊师重要的内涵，欲人尊己，先须自尊。自尊是教师得到他人和社会尊重的基础。

文章从受教育者、教师选拔者以及教育者三个方面论述了尊师的条件与必要性，以上三方面对当今教育发展、师风师德建设均有所启示。其一，学生应尊师。教师是创新知识、传播知识、传递文明、培养人才的使者，师严而后道尊，学生尊敬老师便是尊敬知识，尊敬老师也才能在学会做人的基础上更好地习得知识，如历史上众多名人也都是尊师重道的典范。其二，教育事业领导者、组织者应当尊师。教育是崇高的社会公益事业，教育事业的领导者、组织者带头尊师，引领全社会重视教育，尊重教师和知识，可为我国建设教育强国的发展拓宽道路，扫清障碍，这也是我国国家文明的体现。其三，教师应当自尊。"培养社会主义建设者和接班人，迫切需要我们的教师既精通专业知识、做好'经师'，又涵养德行、成为'人师'。"教育意味着奉献，为人师表首先应严于律己，具备良好的师风师德，贯彻社会主义核心价值观，坚持教育为人民服务、为中国共产党治国理政服务、为巩固和发展中国特色社会主义制度服务、为改革开放和社会主义现代化建设服务。受人尊者首当自尊，这是尊师重教过程的首要环节和重中之重。

傅熊湘

傅熊湘（1883—1930），初名德巍，字声焕、君剑、文渠等，更名尊，又更名熊湘，号钝安等，晚号倦翁，湖南醴陵人，早慧有文才，十四岁毕六经，师从王先谦，历主《大汉报》《长沙日报》笔政，诗、文、词兼工，为近代著名文学家和学者。著作收集在《傅熊湘集》中。

中学国文教科之商榷

一、总则

中学校者，在使学生具足普通知识，为升学预备，兼使完成人格，立足于社会，为国民之中坚也。准是以施，其教授中国文学之旨趣有二：

1. 养成学生看书及作文之能力，其教授为艺术的。

2. 使知中国文学变迁之大势，其教材为国故的。

其应有之教科书有五：

1. 文学读本。

2. 日用文式。

3. 文法概要，附语法。

4. 文字学大意。

5. 文学史略。

其应有之辅助书有二：

1. 教科书之参考书，师生合用。

2. 国文书目提要，学生课外阅书用。

其教授之法有三：

1. 讲读。

2. 作文。

3. 习字。

其每周教授时间及课程依六三三制分配如左①：

第一年读本四、作文一、习字二，共七小时；第二年读本四、作文一、文法二，共七小时；第三年读本四、作文一、习字一、文法及日用文一，共七小时；第四年读本三、作文一、习字一，共五小时；第五年读本三、作文一、文字学一，共五小时；第六年读本三、作文一、文学史一，共五小时。

附注：第三年上学期授文法毕，接授日用文；第四年以下，作文可间周一次，以余时加授读本。附部定课程于左，以备参证。

第一年讲读、作文、习字，共七小时；第二年讲读、作文、习字、文字源流，共七小时；第三年讲读、作文、习字、文法要略，共五小时；第四年讲读作文、文法要略、文学史，共五小时。

附注：右第一年当新制第二年，推至新制第五年至，本篇所定时数本此。以上各则于下文一一说明之。

二、文学读本

近今言国文教授者厥有二弊②：

1. 以白话为足以代表一切文学，欲用以改革文言，主张多选白话，其弊在使文体日流于浅陋，治学者无由窥见国学之奥蕴。

2. 以研究新文化为文学之替身，主张多谈主义，其弊在离去文学教科之本旨，学者无由考知文学之艺术。

由是二者而发生之困难亦有二：

1. 白话无适当之教材，如宋人语录，纯以教训为主，本无文学之可言。小说中如《水浒》《红楼》，又每足贻害青年之德行，其语法于今日亦多不普通。至于近人报章杂志，率皆仓卒取辨，求其有当于文章之价值者殊少，又每为长篇，不适教科之用。

---

① 原稿为竖排本，现改为横排版，文中的"如左"即"如下"之意。后同。
② 弊：原文为"蔽"，据文意改。

2. 白话无讲读之必要，白话取其浅易，自可一览而知，更无烦教师之讲授，至于专谈主义，是谓逐而之他，无益于学生之文学。

本篇于白话之主张如下：

1. 白话为文体之一，而施各有宜，不必以代一切之文，而谓文当废，今于第一二年读本间选白话，使备一体，以备施于通俗之用，并附语法于文法中，使知作白话之要。

2. 所选白话，以有当于文学之价值者为主，既不排斥何一主义，亦不因其谈主义而入选。

读本之编制，自来约分四说如下：

1. 时代说。依作者时代而分，自古及今为递进的，由今溯古为逆溯的。旧选多主递进，部章则主逆溯。其利在使学者易瞭于文学变迁之迹，然于一学年中专习一时代之文，易生厌倦而无变化，且文之深浅，究不以古今而分，殊难适用。

2. 体裁说。依文学体裁而分，旧如《昭明文选》①《姚氏类纂》②《曾氏杂钞》③ 等皆是，其利在使学者得以考见文体之源流，而比较其同异，用于教科，弊与前项相等。

3. 主义说。依文之内容而分，大抵以教训为主，其弊与主张以研究新文化为文学教科者同。如以励行明耻标目，女学职业分途，及强合时代潮流者是。近如中华书局之分级古文选本，以孝弟忠信分类，直是修身教科，与类书，全非文学本旨。

4. 程度说。依文之浅易而分，此说较为适当，本篇亦用其例，但仍须兼顾及时代与体裁。

兹先言本篇所拟之选材标准如下：

① 《昭明文选》：由南朝梁武帝的长子萧统组织文人共同编选的诗文总集。
② 《姚氏类纂》：指清代姚鼐所编《古文辞类纂》。此集是桐城派散文观点的代表选本，所选文章以唐宋八大家作品为主，其前后亦选有各朝代知名作家的文章。
③ 《曾氏杂钞》：原名《经史百家杂钞》，共四册，曾国藩编纂。

1. 时代。代表其时代之重要人物与作品，所谓"代不数人，人不数篇"者，必求其备，借以可考知当时文学大概及其变迁源流。

2. 体裁。体裁云者，不尽如文选及姚、曾所分门类已也，如有韵无韵之骈文，对于散文为一体，诗词对于文为一体，白话对于文言为一体。戏曲小说为自来选家所不录，于选家之外，自为一体，凡此必求其备，以资博识。

3. 学术。此与谈主义者不同，此以与文学相联之国学为主，彼以教训为主也。凡经史子集中，关于学术之文，兼合文学教科之用者，必以入选，使知文学之大要。

4. 程度。中学为普通教育，教材自当按合程度，其有骛于广博，涉于高远，或篇幅过长，故实过多者，权从割爱，要以中学学生能学者为限。

次言本篇所拟之编制法如下：

1. 时代划分。三代两汉六朝为上古期。此期之文，皆言之有物，无空乏架套之弊，且国故以是期为多，在选中应占百分之四十。唐宋元明为中古期。此期之文，大抵循八家格调，较为虚浅，在选中但占百分之二十五。

2. 循环编制。每学期中自为一集，每集中略具各时代，先近世，次中古，次上古。并略备各体裁，以免专一时代、专一体裁之沉闷，而引起读者之兴味。其各集次序，以文之深浅渐进，大抵第一二三年，取便于学习之文，四五六年兼取关于学术之文。六学年十二学期，编为六本十二集，于第三本内，为初级中学作以一结束。

3. 备①选教材。教材必备于教授所需，于篇题下加圈，三圈者必读，两圈者备读，一圈者备阅，以便教授时有伸缩之余地，并可使学生得以较多之总集，以引起其阅书之兴趣。书之字数，以初级四时，高级三十计算，每周约需千二百字，每学年以四十周计，约需四万八千字。加选一倍，约十万字（商务印书馆读本，每本约三万字至四万字）。高级中学之师范职业科及女子中学，其读本与普通科自可不别，时间即有多少，教材仍可活用。每见同校

---

① 备：原文作"倍"，据文意改，后同改。

同级之教师，选材多有出入，如能备选教材，供其复选，则教材不相统一之弊可免。

读本之评注及句读如下：

1. 不用总评，惟长篇仿《曾氏杂钞》之例，用小字于行中分疏段落。可不分者，即不必琐。

2. 必要之音义及注释，附列眉端，以简为主。其涉及故实考证者，别入①参考书中。

3. 采用新式标点。列"句读顿分冒问叹"七种点于行左，列"人名、地名、特名"三种点于行右，列"删引"两种号于行中。但除白话体外，不用起首空格及逐段分提。

4. 于文之精要处，仿姚、曾之例，加连圈或点于左旁。

以上说读本竟。

三、日用文式

中学校应授日用文式之理由有二：

1. 中学国文教科，每于日用之文，无暇道及，学生不悉体例，出于社会交接，困难殊多，故须授以日用文式。

2. 日用文主于通俗应酬，常苦干枯质直，非可厕人读本之列，故须于读本外另为一编。

日用文式之要目有五：

1. 书信文式。如程式、称呼、例语等。

2. 公牍文式。如公文程式、条陈、布告、商业文件等。

3. 契约文式。如买卖、租赁、借贷、合股、雇佣等。

4. 应酬文式。如挽、贺联，幛②等。

5. 杂文式。如柬、启等。

---

① "入"原文为"人"，据文意改。
② 幛：上面题有词句的整幅绸布，用作庆贺或吊唁的礼物。

日用文式之分量及教授分配如下：

1. 全书以二十小时授完。

2. 于第三年下学期教授，备毕业初级中学者，得应用之需。

四、文法概要，附语法

文法者，所以语集字成句之法，及其篇章结构之式，于学生读书作文，具占重要。

其目的有三：

1. 字类，或曰词性。

2. 句读。

3. 篇章，附修辞大要。

编辑文法之要点如下：

1. 引用例句，须于读本联络，使得参互证明。

2. 每节须附题例，使之实习。

语法附于文法书，其理由如下：

1. 本篇认白话为文体之一，并有讲授语法之必要。惟语法与文法，皆以论集字成句之式，其特异之点甚少，故只于文法中随例附入，不须分立，以省重复。

2. 语法用字及缀句，与文法异者，附于文法书中，可资对照。

文法概要之分量及教授分配如下：

1. 全书以六十小时授完。

2. 于第二年及第三年上学期教授，便学生得预备读书及作文之能力，且同时可为学英文文法之助，若依部定于新制第四年教授（旧制第三年），则学生于英文文法，已经学过，转生厌倦。

五、文字学大意

文字学之在中学教科，近人有主张废除者，本篇仍主存在，但不求过详，故改旧称之《文字源流》为《文字学大意》。其理由如下：

1. 六书为文学之源，欲为文，先识字，不可不明其大意。

2. 学生披阅古书，于形声通假，动多隔阂，非稍治小学不为功。

3. 学生下笔为文，别体俗字，满眼皆是，至不可读，当有以矫其弊端。

《文字学大意》之要目如下：

1. 六书大意。

2. 字体变迁考，附书法大意，商务印书馆之《文字源流》仅言字体变迁，太简陋，不管用。

3. 训话释例。

文字学之分量及教授分配如左：

1. 全书以四十小时授完。

2. 于第五年教授，部定第二年教授即今第三年实则，非至高级中学，于此科不易了解。

六、文学史略

文学史近人有主张废除者，本篇主张存在之理由有二：

1. 主废者，以未多读文学书，不应先授文学史。本篇主张文学史于第六年教授，学者可据六年所读，以为参证之资。

2. 主废者谓不如依时代选文，加以统一说明，较为切实。本篇以为依时代选文，不合编制，故认文学史有讲授之必要，使学者得明体例而知变迁。

编辑文学史略之要点如左：

1. 须据读本全书，依时代逓进，作一总目，使学生得于其时代中之人物及作品，有所证明。

2. 注重文体之源流变迁，使与读本连贯。

3. 须与读本参考书及国文书目提要，互相发明。

文学史之分量及教授分配如左：

1. 全书以四十小时授完。

2. 于第六年教授。

七、教科参考书

上说五种教科书，除日用文式、文法概要外，余为文学读本、文字学大意、文学史略，皆有编定参考书之必要。其通则如下：

1. 参考书不列本书全文，只载于书中各篇相关联之重要材料及事实。

2. 本文已瞭者，即不必强列。

3. 参考书所引，须备载其书目。

4. 参考书师生合用。

文学读本参考书备载之件如左：

1. 篇体来历及作者事略。

2. 篇中所引之重要故实。

3. 传本不同之字句考证。

4. 本书删节之篇章。

5. 诸家评语撮要。

6. 可与本文参证之作品。

7. 可与本文参证之书目。

文字学参考书，拟附编二书于后，其目如左：

1. 《说文部首集解》①，许书为治小学之本，拟据王段②诸家注释，删存其要，作为集解，以备学生有志治小学之用，且得与文字学本书相证明。

2. 《字学举隅》③，据坊本校正增删之，可矫学生写别字之弊。

八、国文书目提要

中国文学，浩如烟海，非有限之读本，所能尽其涯略。近今为教师者，

---

① 《说文部首集解》：为教育家龚秉权所著。

② 王段：王指王念孙，著有《广雅疏证》和《经传释词》等。段指段玉裁，著有《说文解字注》等。

③ 《字学举隅》：清龙启瑞编著。

亦知学生文学，非纯恃课本，所能求精，多提倡课外阅书，其说是已。然试一反问，学生应阅何书？何本最善？其书之大旨如何？每苦难于置答。有意研精之学者，常恨不得门径，茫然无所适从，遑论收事半功倍之益。今为谋学生阅书便利起见，拟编国文书目提要，以为治国学者津逮①，其略如左：

1. 书目分经史子集四部，小学附于经部，每部中以门类别之。

2. 所举以关于国故及文学者为限，并略依中学程度所能读者。

3. 册数多少及较善之版本，宜并载入。

4. 略仿《四库书目》之例，每书目下作一提要，指示书目中内容，并详载其何篇宜读，何篇宜阅，何篇可省。

5. 书有近人注释校勘之善本者，宜并载入。

6. 书有节本者，宜并载入。如《史通削繁》② 之类为节本之善者。如《史记菁华录》③ 等书虽非善本，然亦可供初学之用。

7. 业书当分注其何种为最要，并略其可省者。

8. 近人小说，多不胜载，但举其可语于文学者。

9. 近人著述，有但载报章杂志，而未见单行本，即据有报章杂志之本载入。

10. 书目所载诸书，学校宜备读之。

九、讲读

上列各教科书，惟读本兼讲与读。余如日用文、文法、文字学、文学史，但讲授而已。数者之中，又以读本为重要，兹述本篇对于讲读之意见如下：

1. 于课前，使学生预习，并用参考书。

2. 课时，先使学生讲解或诵读，教师为指正之。

3. 指示题义、体裁及本篇大意与各段内容。

① 津逮：比喻通过一定的途径而达到或得到。
② 《史通削繁》：清纪昀撰。
③ 《史记菁华录》：清姚祖恩选评。

4. 解释篇中重要字义、音读及故实。

5. 文中之古代思想与现世异者，须说明其进化之阶级。

6. 于时代及体裁，注意本篇与前读各篇之比较。

7. 教师范读后，须有余时使学生自读。

8. 课前学生之预习，得与口问笔答一律记分。

十、作文

本篇对于学生作文之意见如下：

1. 第一、二、三年每周一次，第四、五、六年，间周一次。

2. 每次于教授时间内，只编定一小时，限本日交卷，不限在教室内交齐。

3. 学生自拟之题，其作品须与教师命题者视同一律。

4. 奖励学生课外作文，并许为一律批改。

5. 日记、讲演录、诗词、小说等，皆得以作文论。

6. 学生作文，须自用新式标点，如读本所用。

7. 誊写作文，须用楷书，借习小字功课。

8. 学生课外阅书之疑问及心得，可附誊于作文课后，由教师批答之。

作文命题之宜注意者如下：

1. 须揣学生多数之程度能理解者。

2. 须求其切近易见，为教科所曾及或学生所已知。

3. 于普通中仍具异性者。如故乡山水记、吾乡风俗谈、自述等题是。

4. 涉于广义之题，与涉于空乏之题，宜少出。如富国策、救时论之类太广，史论题易泛。

5. 提倡学生自拟题。

批改作文之方法如下：

1. 批评分二种：关于字句者，用顶批；关于全篇作意或文气者，用总批。

2. 批语须求切实，忌空乏，无必要者，宁缺。

3. 圈点但于精要处之，不以施于全卷。

4. 注意纠正文法及字体之误谬。

5. 体裁之指示，须与读本连络，字句之纠正，须引文法证明。

6. 误字或别体，用"△"标，令学生自行检正于下次卷尾。

7. 添改但施于原文字句不能达意之处，并略其空泛、虚浅、重沓、无杂者，适可而止，不达原意，不改全篇。

8. 尊重学生思想自由，勿凭一己之主观，而施以束缚，但其谬误过甚者，必纠正之。

9. 卷面但记等第，或于题下单双圈标识，其分数另存之，不记于卷面。如题下用双圈者，自八十分以至百分为优等；单圈者，自六十分至七十五分为中等；不圈者，五十五分以下为不及格。记分皆以五进。

傅熊湘

10. 遇数卷同一谬误者，当于教室以说明纠正之。

十一、习字

习字近有主张废除者，以非每周一二时节能习好也。然苟并此一二时而不习好，复何望？且社会人事日繁，非书写便捷，不足以给，故本篇于习字课，主张存在，其教授如下：

1. 第一年，每周二时；第二、三、四年，每周一时。以临摹大字为主，每时至少须临大字六十。第三、四年，兼临于草，并实习尺牍。

2. 习字范本，须视其手性所近，由教师为其择定。普通大楷，以颜欧为主。手性高者，可习汉隶魏碑，行草可习字晋帖。初习宜专一家，久之亦可博览。

3. 须授学生以书法大意，附于文字学教科内。见前。

4. 批改习字，须注意于其分行布白之合法与否。

5. 习字纸须用九宫格，以便于范本临摹。

6. 提倡学生课外有常之字课，及书法研究会，并为批改之。

十二、结论

上述各节，容不免有挂漏之处，然大略具是矣。取其易知而可行，故不为新奇可喜之论，属草既竟，更述所以草本篇之希望。

（一）今之论文学教科者，虽主张各有不同，要于坊间出版之教科书，皆认为有改造之必要。坊本既不适用，势必由教者自编，往往以同校同级之学生，而教本都非一致，又皆临时取辩，编制既有未精，印刷尤极粗劣。且句点未具，错误更多，虚掷教授时间从事于校勘点句之役，诚非得已。主校事者，既耗多数不同式之讲义费，又不能及时出版，以致追呼催索，日须与印刷为难。学生则在校数年，随教师之进退为转移，初无一定之课本，常有同篇之文，因教师易人，前年已教，后复入选者，至于文法、文字学、文学史之属，或届毕业而未知为何书，曾不得与于升学考试。职是之故，而国文日荒，国学日绝，求其弊而不得，不曰"中国文学难通"，即曰"学校国文时间过少"。又适文学改革之论起，以其浅陋易习，遂深中于人人之心，土苴①国学，弁髦故训，其甚欲以"'四书''五经'褙窗子，《史记》《汉书》抹桌子"者，其弊诚不知核极也。夫灭国新法，必先灭人文字，此时人习言也。中国文学之精粹，久为西人言东方文化者所乐道，彼方欣慕之不暇，我乃举而弃之，如弃敝履，新畴未殖，而祖业已荒，此宁杞人之忧，抑亦胥溺②之惧？夫使循往时右文之习，必欲人皆屈宋，士尽马班，固是一弊。独至今日，言必俚野，文废古先，斯则矫枉过正，苟便一时，非国民长久之计也。今言中学教科，非必使文学复古，但就现行学制所有之科目与时间，而整理其教材，厘正其谬误，使能为所谓明白晓畅，不古不俗，不支之文，借供应用，斯亦言教育者之责已。故本篇之希望，在促学校之自觉，毅然猛省，定一有系统之国文教科书以求裨益于青年学子，更希望今日挟资本主义为营业垄断之大书馆，力求改进，毋徒取利而贻害青年。更希望为国文教师者，

---

① 土苴：以之为渣滓、糟粕，比喻贱视。

② 胥溺：相继沉没。

共起编书，务衷一是，以为今日文荒学荒之救济。

（二）本篇创意于民国九年秋季。其时湘省各中学校方盛行以白话代文言之论，因约同人假①楚怡小学，集一"中等学校国文教授研究会"以资讨论，乃会中新书，各持极端，异议纷如，无从董正。其时余亦草一提议，为李肖聃先生取登《民治日报》，与本篇颇有出入。去年夏间，省教育会复集斯会，余会一往，然诸人惩于上年之事，到者寥寥。今年遂决计编书，于暑假期间，甄选读本，略具端绪，常欲发其例而未暇也。会秋间，省立第一中学，集本校国文教员复为斯会，与者八人，各出历年经验所得，参观互证，持论渐同，因约各就所主张，草为一文，以资商榷，于是而三年以来创意之本篇，得以斟酌损益，形诸楮墨，不可谓非集会之益也。顾今言国文教授者，见于报章杂志，无虑十数家。本篇于持论异者，固不敢强同，其与同者，亦不欲故异，务求其适当，得所指归，新旧之间，尤不欲有所偏袒。惟自顾学殖荒落，诸多未备，敢掬诚意，希望我同人及当世学者，加以讨论，严格批评。真理所存，不厌十反，"风雨如晦，鸡鸣不已"。大雅君子，其亦有乐于此乎？十一年十一月二十七夜记。

（傅熊湘著，颜建华编校：《傅熊湘集》，湖南人民出版社 2010 年版，第522-533 页。）

评析

此篇主要讨论新文化运动兴起后，傅熊湘对传统国文学习的认识及主张。傅熊湘认为，白话文不足以代表一切文学，国文教科书多选白话文，使文体流于浅陋，言语俚俗，学者很难由此登堂入室，得国学之奥蕴；以研究新文化为文学之替身，主张多谈主义，失去文学教科的本旨，学者无法全面感知文学艺术。傅熊湘感叹，如果一味废除文言文，国民不懂国文，文化就会失去根

① 假：借。

基与载体，非长久之计，因此希望编写出较为系统的国文教科书，帮助青年学子学习国文。

新文化之意气理当追从，而中华文脉之深蕴亦不可失。傅熊湘渴望学者研习国文，体察国学精粹的殷切之意跃然纸上。诚然，我国拥有百万年的人类史、一万年的文化史、五千多年的文明史，中国历史源远流长，弥足珍贵，不识汉语古字，不通文言章法，只会使所学所思流于浅俗。因此，文言文与白话文都是体现传统文化深蕴的载体，都应当走入国民教育的书本与课堂。而文章精髓之处在国文书目提要部分，在书目上以作为中华古籍之中心的经史子集为主，循循善诱，教学者读经以体仁，读史以明智，读子部泛观百家，读文集以陶冶文笔，而版本上以刊刻精良之善本为准，充分关照读者视角，倡导在古籍之下撰写提要，力求文本之宜读。

本篇所论国文书目、讲授方式以及习字、讲读等要求都条理清楚明白，足资当今教授中文者、学习中文者借鉴。

344

中学适用之文学研究法
（节选）

书籍选矣，时间定矣，遂得期其必阅必读乎？曰：未也。孔子曰："吾十有五而志于学。"何谓志？《诗》大序曰："在心为志。"志从心从士，心者，志之所之也。心不在则志不立，志不立则五官颓废，四肢懈弛，而百事毁坏，业无由进，学无有益，曹子桓所谓"禽视鸟息，终于白首，此徒圈牢之养物"也。故士之为学，当以立志为先；立志之方，当以治心为要。孟子曰："学问之道无他，求其放心而已矣。人有鸡犬放，则知求之。有放心而不知求，哀哉！"中学时期，志学之期也，国文之学，致用之学也。中学所肄科学虽多，然使国文毫无根抵，即以学他科，一展卷间，每为文句所障碍，亦何由悉其底蕴？且中学时期，不事研求，升学以后，业有专门，更无暇为课外之研究。是今日诿为无暇者，即终身暴弃，不求自致于学者也。是故中学时期之光阴，至于难得，其精力又至为可用，目前肯吃一分苦，即将来得享十分乐；肯胜一分暇，即他日免着十分忙。治心譬如救火，为学譬如疗饥。心之为火，不止燎原，学之为饥，甚于乏食，此在中学时期必宜自勉者也。且为学固以致用矣。致用之方不一，其欲利及于群众，溥施于社会，则大端也。他且勿论，今使有博通中外之才，而无条畅疏达之笔，以之议论政事，宣布教命，推陈学说，发表意见，言格格而不通，语期期而难晓，将何以谕众？何以行远？此又在中学时期不可不于文学植其基者也。然而今之为学者，则曰文取通俗，无事高深，固不借助于多量之书籍以求通也。不知所谓文取通俗者，文之形式之事，而非为文者本源之事也。本源之事，在于洞知古今事物之理，成败盛衰之故，以为立身行己之道，与夫应事接物之规，所谓"先立乎其大者"也。大何由立？曰在于读书。读书既多，则见事明，积理富，于以发而为文，自足系一世之重，而为群众心理所同，匪特词达而已。彼为白话与文言之争者，是犹沾沾于文字形式之末焉耳。庸有为白话，而遂可空疏浮滥束书不观者哉？抑文与话固无所用其争执也。文有体要，施诸通俗，期于共喻之事，若讲演，若报章，若小说，若教授小学校之儿童，则白话尚已。至于文学之事，典册之载，固不必去简而之繁，去深而就浅，去雅以从俗，必期尽人皆喻也。故以白话为文体之一，可也；以白话而废文言，不可也。况文与话但形式之异，其所以为本源者则一。审是，则倡为白话文学者，有不可不读书也。虽然，读书固自有法，不得其法，则用力多而获效鲜；得其法，则事半而功倍。兹且言读书之法。书有宜读，有宜阅，有可阅而不及阅即不阅亦可者，有必读即不及读亦当熟读者。课单中阅读时间，宜分列之，前章选书，既注其略矣，今但言如何读，如何阅。必读之书，作文所借以为资本者也。法宜先将全书阅过，视其必读与否。或全读，或选读，或选取全篇，或取一二节，或仅取一二语，宜精要，不必贪多。其辨别之法：

1. 视其有用而为吾所需用者。

2. 视其为吾所需用而能用者。

3. 视其为吾所能用而喜读者，此自选之法也。

其次：

1. 于自阅自选之后，请名师俊友相与复选。

2. 用前人选本，相与对勘。

3. 一次阅选之后，得为二次阅选，或去或补，此参选之法也。如是选出之书，谓之读本。

读本，除全读书者外，最好能自抄出：

1. 以免书卷繁重，无从翻捡之劳。

2. 书或公藏或借阅者，免事后遗忘之苦。

3. 抄本得之艰辛，于内容益增重视。

4. 抄过后，更易熟，抄书之工，倍于读书，其易得益，亦倍于读书。

但此可施于能稍习字而书写便捷足给者。今之学生，恐大半不耐此苦。若老辈则善读书者，无不抄书。以吾湘论，曾文正在军中日，虽夜半必作抄书功课，见近出石印《曾文正日记》手写本中，按日可稽，其《经史百家杂抄》半成于军中也。王湘绮①教人读书，务在抄书，自言平生每日抄书，至少必满四百字，晚年犹然，人所共见。吾人在中学时期，事不及文正之繁，年不若湘绮之老，有志自奋，又何惮而不为也？

读书宜开口朗诵，注目凝视，澄心极思，所谓心到口到眼到也。文章者声音之事，洽于听闻，合于节奏，其筋节神韵之处，往往于诵读中得之，考知著书者所处时代，及其书中所及之同时人物。孟子所谓"诵其诗，读其书，不知其人可乎？是以论其世也，是尚友也"，即是此意。看书多时，往往能以此书通彼书，且因是而知此书中所论，或与彼书为同调，或为彼书之背景，此是另话。以上二者既得，于是开篇，视其可喜而有当于吾心者，则

---

① 王湘绮：王闿运。

默志之，或点记，或折书角。一篇既完，察其主要所在：所说何事，有道理否？文章好否？我要用他否？或将来我有用他时候否？如是阅去，待全书完时总察之。不相矛盾否？古人书如经史子之类，有后人伪作羼入①否？书之要旨何在？出于九流之何一家耶？此书亦有应读者耶？应读者为何篇？我阅此书所得之益为何几事耶？笔记之，书于日记本中，以俟他日观览。

阅书有时亦宜细，详其所要者是也。有时则适用看日报新闻之法，不须逐字逐句细嚼，略其所不必要者是也。此在心眼熟时自能之，要当用吾前说，于有用中求需用，于需用中求能用，庶能以我用书，不致我为书役，此得之经验者也。

阅书宜有常功，有专力，有日记，有摘本。其法：

1. 定课不须过多，总期无事能完课，有事亦能完课。如第一日阅五十页，第二日阅六十页，第三日阅一百页，平均每日得七十页。定课只须三十页，或更少之，要以每日必完此三十页为准。即日间有事耽搁，入夜必阅之，临睡必阅之，非有不得已之事故，不轻缺课。若无事之日，阅完常课三十页，更可酌加若干页，或即此三十页，加以复习，或复习上两三日所阅者，其味弥永。偶然于定课外，能更加功，此中自相慰劳之乐，不可言喻。

2. 阅一书宜完一书，然后更阅他书。不惟如此，第一本未完，不必翻第二本；第一篇未完，不必翻第二篇，庶用力专功易竟。其无多暇阅书者，更有一法，将全书计算共若干页，如此书共五百页，约计此一星期内得暇，即于书中每七十页处折一角，每日完一角，奋勇于七日内阅完之。余昔年初读《说文段注》即用此法，将十四篇分为二十八日，以一日阅序，合年假一月内完毕，后亦竟能如愿。然段注本殊厚，功亦太苦，所得亦不多。其明年，余再用此法，于暑假两月内完之，每篇分为四日，每日上午自八时至十二时止，专阅此书，有如旧地重游，又有余闲，得与其中父老相流连作酒食，乐可知也。此本非法，而愚以法名之者，为今世一日万几之中学生说法也。

347

---

① 羼（chàn）入：掺入。

3. 中学时期之学生，当自觉自决以求自动，此今日之恒言也。自动者何？自教育，自管理，自监督，自鞭策，无有师保，如临父母是也。然惟中学时期之学生，在生理适为筋肉极发达之时代，故欲念亦大盛。每一动心，则忘所事，日复一日，全不记初志之为何？此危机也。收此放心之法，则惟有仍假于物以监督之。其物惟何？日记本是也。伊古以来，利用此有名之监督以成功者，不可偻指计。其法，于阅书之先，立一整齐有定之日记本，或用坊间印成月日之本，先将定课试行若干日。经过犹豫时期后，立志既定，则于独室中，向此日记本作礼宣誓，誓曰："余誓以至诚遵守定课，不敢懈怠，非不得已，必无间断，谨誓。"然后将所定课单及誓词，录于日记本中，注明暂以几年或几月为期，期过再续。然后每日将阅读页数起止，一一注明之，字必端楷，如教友之临上帝，此为"心教"。愚平生所最信仰者，未知达者以为何如也？

4. 阅书每苦旋得旋忘，又方务博览，不易复习，则有一法，摘抄是也。其法，于日记外，另备一有定之本，将阅书所得者，悉记其中。摘抄之法，宜少不宜多，宜精不宜乏。其适用前所言于有用中求需用，于需用中求能用，则不易之道也。大抵阅书三十页，所摘不过一二页乃至三四页为止，此除应选读者而言。前云遇其可喜有当于吾心者，则默识之，或点记，或折一角，即为此也。其有疑义或自发议论者，亦入册中，备他日腾出以质师友。但最忌批写于书本上，无论借书不可乱写。盖摘本之益，在便于复习，及检查，譬如此书共有二十本计，一千六百余页，照前列计算，则所摘者不过五六十页乃至百页。全书既已阅，自能融会大致矣。而我视为能用之物，悉在此区区之小册中。复习时，既不须更用原书，翻检时亦易见面，岂非至便？若无力购书，而借藏书者，此法尤在必用。

读书不必皆有书也，则莫如就公私藏书借读。此苦余饱尝之，然借书必有信用：

1. 守定远期。

2. 谨防污损。

能守此，则人亦乐于借与矣。然得一书即读一书，固亦不患书少，不过有时须用他书参考耳。购书之法，宜论版本好，校勘精，此是另话。今日读书者，尚讲不到此，要能稍阅书目，按图索骥，虽不中不远矣。

书有必购，有宜购，有可购，不能同时购得者，缓急先后，可自定之。能藏书者，利及子孙，泽溥天下，非直己身计也。有力者岁节游宴舆马之资，每年亦可得百本。在中学六年，即得六百本，前所列书目毕矣。即无力者，亦可借沾余光，以成互助，何乐而不为也。又或同班之友、同社之人，相约购书，不相重复，交互借书，事尤易举。若学校富有藏书，则此亦无烦过虑，要以能自购为尤便耳。亲师取友，为读书所最要，然此固难言，不能以无明师俊友，遂不读书也。古人具在，吾皆可师，任择所安，夫谁能遏？曾文正作《先哲画像赞》，亦此意也。孟子自谓未得为孔子徒，私淑诸人而已，其所成就，固有余师，此尤吾人所宜取法。惟益者三友，损者三友，交苟不慎，反败吾事，虽无益友，损则宜袪，此宜兢兢，勿为俗染也。

愚草是篇，历两昼夜之力，言虽无当，余情信笃，以外昔贤读书之法甚多，自可博加探索。此不具引，冀为今日学荒之救济，则糠核亦胜徒饥，幸勿以为笑也。十二年一月二日夜，鸡鸣，毕稿于宝南街宅。

（傅熊湘著，颜建华编校：《傅熊湘集》，湖南人民出版社 2010 年版，第 546-551 页。）

📑 评析

中国人历来有崇尚文化，重视读书的传统。古时朱熹读书讲求循序渐进、熟读精思、虚心涵泳、切己体察、着紧用力、居敬持志的风格。如今长沙岳麓书院的学规中也保存着"日讲经书三起；日看纲目数页；通晓时务物理；参读古文诗赋；读书必须过笔；会课按刻蚤完"的学习法则。此文同样深谙读书学习的精髓。傅熊湘对中文的学习提出了具体的要求与指导：一是应保证足够的阅读时间，应持之以恒地坚持读书，每日完成一定的读书任务；二是在读书的选择上应泛观博览，既有文言，又读白话，二者不可偏废；三是在方法的选择上，主张精读、诵读、抄读等多法结合。

近年来，"耕读传家"不再只是流传于民间的家风传统，更进一步上升为我国文化建设的国家战略。2020年中宣部印发《关于促进全民阅读工作的意见》，努力营造爱读书、勤读书、读好书、善读书的良好社会氛围，致力于培养一批又一批谙熟阅读方法、具备阅读素养、发扬读书传统的新青年，对此，传道授业者责无旁贷。随着全民阅读战略的不断推进，年轻读者常常问及读什么书好，怎样读书。傅熊湘提供了正确、科学的选书办法和读书指导，在全民阅读的今日，这些方法仍旧大有裨益。

朱剑凡

朱剑凡（1883—1932），曾名周家纯，湖南宁乡人。朱剑凡早年与杨昌济等人东渡日本，潜心研究教育，立志献身教育事业。1905年，他回国后，毁家兴学，创立周南女校，任该校校长；也曾兼任湖南省立第一师范学校校长、长沙师范学校校长，资助毛泽东创办文化书社等。

我国人"生的观念"与"死的观念"之根本误谬
（节选）

谓生死观就是人生的根本觉悟何？这根本觉悟是人生自身的问题。西洋人对于人生自身问题的研究，现今已到了最透彻的地位。我国人还是迷离惝恍，不知究竟怎么弄到这步田地呢？我以为是两种最重要的学说造成的。

第一是庄子的生死观。庄子的人生哲学纲领全在天道的自然，他以为人生全无改进的希望，换言之，就是出世主义说。他所说的话看起来如"吾生也有涯，而知也无涯，以有涯随无涯，殆已"，"化其万化而不知其禅之者，焉知其所终，焉知其所始，正而待之而已耳"，都含有外死生的意味。他以为万物皆一生死，皆由天命，人类亦然。我是无主权的，焉能有作主的地位？只好得过且过。与其沉浮便了生死大事，何必去研究他呢？□既应了此种达观，自然只认人生为被动的适合，不认人生为自动的适合了。

第二是孔子的生死观。孔子说"未知生焉知死"。他以为既生而为人，我只认可服从道德的习惯、的义务。这个生死葫芦是万不可打破的，简直可以说是人因道德而生，与"道德因人而生"的见解绝对不相容。比起庄子来，庄子是明知其为火坑想要跳出却是无从跳出，只好用冷水来凉凉自己的身体，实在烧起了也只好闭着眼睛付之自然。孔子明知其为大坑，不想跳

351

出只想在火坑里就地打滚，不想自己本有灭火的能力结果把自己都弄成了烧坏。

孔庄的两种生死观都是劝人不必研究这生死的所以然，所以我国人几千年来，懵懵懂懂抱着这个闷葫芦，至今还没有打破，结果遂造成一种变态的人类。我姑且把我国普通人的心理约略举几项出来，就可知我国人病的现象。这种病的现象不从根本上诊治，无论怎样说、怎样做都是说不清、做不好的。

（一）我国人认人生的位置极低。人在自然界中本来占极优秀、极高尚的地位，什么水火风电土木草石禽兽，害我的可以抵抗他、征服他，益我的可以利用他、支配他、玩弄他。如何有这种能力呢？因为人"有理性""能工作"的缘故。有理性、能工作，所以能够发见，能够发明自己的位置在自然界的最高点。可怜我国人生长在科学不发达的时候，种种理性和工作的本能天天退化。到了二十世纪，多数还抱着"庶物的信仰""偶像的道德""二重存在的观念"，与太古时代的人类睡在一个床上做梦，什么"太阳菩萨""电母娘娘""土地公公""狐狸精"，怪怪奇奇的念头塞满了一头脑，把毫无灵性的自然物看得和人一样，有时乎怕起来尊敬起来，觉得比自己还要高些。不独在现世的祸福利害应该受自然物的支配，就是死了还要"敲木鱼""看风水"，求他来支配来生，你看可怜不可怜呢？

（二）我国人认意志不能自由，全然为运命所支配。这种"命运预定"的人生观最可恐怖。今日我国事事不进步，却都是这种思想的原动力。孔老夫子有一句话说是"获罪于天，无所祷也"。这句话可以代表凡事皆有命定的见解。后来墨子虽有非命的主张，墨子的意思以为祸福全是自己招来的，并不由命定。若是祸福全由命定，那不做好事的也可得福，不做恶事的人也会得祸，人又何必去做好人呢？然而生逢社会专制时代，多数人不许人有精神的见解。所以自从孟子把他看成异端以后，也就没有人敢提倡他这种学说了。秦汉以来，我国人的思想界被运命预定的思想所占领，只知道"命里有时终须有，命里无时莫强求"，有了富贵利达的命，便视为分所当然。与他同类的痛苦绝不能引起他的同情，有时偶发善心，做了几种假仁假义的事，他都是因要修功积德，预备自己来生再来享受。何曾有丝毫平等博爱的思想？甚至于连骄傲残忍的行为好像都是他命里头带来的。他人无论如何，若是有了贫苦贱困的，即自己看自己一点价值都没有。什么危险痛苦侮辱都甘心忍受（江宽被撞死了八百余人，赔了二千元，一人的生命，只得二元五角。其他可以不消说了），看见有好命的人便会羡慕他、崇拜他、服从他，一切卑贱懦弱奴隶苟且的行为也似乎是命里头带来的，我自己也无可知。这种观念不知断了许多美满的人生，造下了许多弥天的罪恶，所以我觉得他是最可恐怖的人生观念。

（三）我国人，因无乐生的观念，所以不能免除苦痛，这种思想不限于出世观。除极端出世观的人外，大概可分为四种。第一是"习于痛苦，想离开痛苦无能力离开的人"。这种人可以苦力来作代表，他生在贫苦人家，吃的、穿的、住的都极不堪，最苦的简直和猪狗一样。要说他是不知痛苦吗？他既是一个人，自然是知痛苦的，但是因为受痛苦的时间太久，分量太多，他的精神界已经麻木了，与痛苦同化了。痛苦的反应性（身体被火烧着，便知痛苦，便思逃避，这就是反应性）已经快要消失了，所以他遇着极难受的都能受。人非木石，为什么弄得这样呢？他因为有了不乐生的念头，所以他不想增进自己的文明幸福，以为是痛苦，是无从逃避的，长久不改恐怕会要由"动物界"降到"植物界"，由"植物界"降到"无生物界"去了。第二是"明明受了痛苦，精神极不自由，他还说是快乐，不想离开痛苦的人"。这种人可以"老爷""大人""阔老板""土财主"来作代表。他们用尽了掠夺的心机，使尽了掠夺的气力，好容易弄到这个地位。吃好的，穿好的，住好的，以为只要有了顶好的命，可以过好日子了。谁知他有了这样还嫌不够，又要想那样终日里弄神弄鬼，闹得□不安，觉得四方八面的人都是他的仇敌。防备了这个，那个又来了。抵抗了这里，那里又动了。先以为可以长久享受不合理的幸福，谁知不能，毕竟要等到大祸临头才觉悟起来。"袁世凯是最近的'榜样'"，才晓得真正的幸福我还未曾享受，岂不可怜？第三是"看

353

见同类受苦，自己受了痛苦想要避免又没有办法，只好时而聪明时而糊涂，得过且过，似厌世非厌世，似乐生非乐生的人"。这种人最多。除了第一、第二、第四三项外，大概都是这一种。连我都可算在数内。这种人太多，可好可歹，不必评论。第四是"估我国人全数中一半的女子"。他的"理性的感觉"和"工作的能力"已经消灭多时了。我也不忍说了。请大家用平等的眼光去看看我国□里面这种"忍受毫无意义的苦痛"的女子生活，便知道我国女子还未曾列入人的阶级。以上所说的四种人所受的痛苦分量虽说略有不同，但是忍受痛苦不求乐生的思想都是一样。

（四）我国人"不知个人是死生有灭""社会是永远不朽"，这个道理须用社会学和生物学来证明。就社会的性质研究起来，这社会是个有机体的组织。怎么叫有机体呢？凡有机物的生命全靠各部分彼此互助、共同生活，所以叫做有机体。一部分好可以使得全体好，一部分坏可以使得全体坏，所以说"一发可以牵动全身"。无论是从古看到今，从东看到西都是互相牵制的。前人影响了后人，后人又影响了更后人，东方的人影响了西方人，西方人又影响了东方人。人虽死了，所讲的话做的事，无论好坏、大小都可以永远在社会上发生效果。这就是生活永存的道理。再就生物的作用实验起来，人身上的细胞生存有一定的期限，旧的快要死了，新的便来代替他，旧的若是不换去，新的是永远不会来。人可没有这长的寿命了。所以不独新的细胞在人身上有大功，就是旧的细胞他到了老衰的时期，能够退位也是有大功的。社会比人身是一样道理。可惜我国人的科学程度太浅，以为人死了就是灭了，永无希望了。所以只晓得做那丧心害理的事情。专就生前想，不替死后想。好比肚子里的粪本来是要排去的，他偏要停留在肚子里头，等到发了作，不独粪的位置不能保存，恐怕连人的生命都要受累。更有一种人，因为受了生活政治的压迫，心理忽起变态，放着明明白白的道理不去想，正当的事情不去做，专门想些长生不老的方法，去拜什么"真人"，讲什么"灵学"，设什么"盛□坛"，百怪千奇样样出现。丢了最可靠的"现在"不去努力，偏偏要希望那"未来"万不能做到的事，预备着要与"崇拜庶物"的锡兰岛的伏多人、马来群岛的亚加人携手，还有什么话可说呢。

（朱剑凡：《我国人"生的观念"与"死的观念"之根本误谬》，大公报
1919 年 6 月 24 日至 28 日。）

评析

此文为朱剑凡在健学会第一次讲演的内容，1919 年 6 月 24 日至 28 日分
5 期连载于《大公报》。朱剑凡在演说中主要分析了中国人生死观的根源以及
种种观念表现，表明了其对社会进化论的认识。他指出，生死观是人一生的
根本觉悟问题。

生命是自然人的最高人格利益，也是人类拥有一切的基础。生死观可谓
人一生中最需琢磨明白的问题，也是教育者首先需要引导人正确看待的问题。
能否积极、健康地看待生与死，能否钻研明白形体与精神的关系，能否在尊
崇逝者与良知良能间做出正确选择，是一个人能否奉献社会，实现人生价值
的重要前提。因此，朱剑凡在第一次演讲中便点名国人生死观念的谬误，旨
在教导后学，使其树立正确的生命观、人生观、价值观，而后再去学习知识，
运用知识。生命教育是基本的教育，此文所谈也是教育中的基础部分。

355

易白沙

易白沙（1886—1921），原名易坤，因钦佩陈白沙而更名白沙，湖南长沙人，著名学者。他从小刻苦好学，熟读经书，16 岁时即主持永绥（今湖南花垣）师范学校，17 岁主持安徽怀宁中学，继而为旅皖湖南中学校长。1917 年以后曾在湖南省立第一师范学校、天津南开大学、上海复旦大学等任职。有《易白沙集》传世。

教育与卫西琴
（节选）

英人卫西琴①著《中国教育议》一篇，严几道译之，揭诸《庸言报》二十七及二十八两期，称为今日无弃之言，有益吾国不少。卫氏之论尊崇孔子，主张中国教育惟须发挥孔子之精神，不必取法欧、美，蹈日本之后尘，失独立之本性。其用心近于公允，立法似乎平善易行。严氏译其文，欲以定今日教育之指针，则严氏已极惊伟，叹为岐山②之凤音③。鼓舞之情，流露于译文，殆禹闻善言则拜之意也。

卫氏以殊绝万里外之皙人④，反复推尊中国孔子，心存千载之上，眼观百世之后，发为谠言⑤，足以招黄魂，神州四百兆主民，无不食其嘉赐，宜为严氏所击节叹赏也。然愚者之虑，不在此而在彼。今日中国行政、立法，无不曰本之历史之特性、地理之特性、风俗习惯之特性，将来教育之设施，更不能须臾离此特性，必不待问。观近日取消留学生于海外，停办学校于国

① 卫西琴：又名卫中，英文名为 Alfred Westharp，音乐学博士，曾著《中国教育议》，由严复翻译并在《庸言报》上发表，引起学术界、教育界关注。
② 岐山：山名。在今陕西省岐山县境内。上古称"岐"。
③ 凤音：比喻美妙的音乐。多指笙箫等细乐。
④ 皙人：白种人。
⑤ 谠言：正直之言，直言。

内，直以教育与革命党混合为一问题，视欧化之教育即革命之教育，是教育本此特性而排欧化，已渐渐见诸事实。卫氏倡议不自我先，不自我后，恍惚如阳鸟之随气候而来，奔走燕都，挟尊孔之道，以干当世。今之燕都，实发挥吾国特性之中心也，尊孔云云，久已司空见惯。今卫氏曰"孔子之道，大于一也，其宇宙一之符也"。往者予为社论，发明此一之义，标其曰"北京"，则此一者，意北京尚克有之。此仅如群蛙喧夜之中，增一蚯蚓之吟暗而已矣。愚读其文，深惜此西山之凤鸣非其时耳。

虽然卫氏之言，因全国上下心理之趋向而言者也，严译亦因全国上下心理之趋向而译者也。言者译者，既合于全国心理之趋向，其影响所及，可以推知。政府更将持之有故，以号于国曰：排欧化非仅中国之特性，即西人亦有焉，彼西方明哲，且期期以为不可，吾反弃吾之特性，以效颦于人之所唾弃，岂非大愚？此论一出，势必反吾国于闭关时代。平情论之，中国近日何尝一实行欧美之教育耶？又今日而言教育之法，除效法欧美外，尚何所适从耶？愚为此言，非谓吾之国粹不当保存也。保存国粹为一事，施行新教育又为一事，二者宜交倚而并行，不当执一以相慢。今从卫说，是其不及，与言欧化者之太过，厥弊维均矣，果得称为知理之言乎？卫氏居日本久，日人为愚言，彼实一富于僻性之音乐家，尝著论推言日本之琴为世界良乐第一。即此以推，其他可见。愚敢言卫氏不知中国，亦不知日本。吾之声名文物，孔子而外，群彦犹多，固可以言独立教育。即如印度，佛学昌明，理无不备，尤具有独立之资格者也。至于日本，本无所有，不法西方，即法中国，不法中国，即法印度，无往而不失其独立之本性，有何国粹销沉①之可言？日本教育之弊，在锢于形质，阙于精神，不在独立与依傍。锢于形质为一问题，依傍又为一问题，本无独立之可言，而必以此相责，是犹禁小儿之学语，而勉其终身为呱呱之啼。独立之议，失日本之情也。若在中国，孔子与教育，亦属两事。孔子为教育之一部，而非教育之全体，此非孔子之小，实中国教育范围之大也。卫氏欲尊中国教育，乃以孔子包括之，反卑视中国之教育矣。

357

---

① 销沉：同"消沉"，衰退没落。

兹本此意，以为商榷可乎？

中国之教育，与孔子之教育，不可混淆。夏曰校，殷曰序，周曰庠，皆政府所立之学校。司徒因民性之殊，施十有二教，小司徒掌邦之教法。乡师治教于乡，州长治教于州，党正治教于党。鼓人教声乐，舞师教兵舞，师氏教三德三行，保氏教六艺六仪。教育之权，政府操之，教育之事，官吏授之。其制则国学为大学，乡为中学，党为小学，塾为家学。其事则上而礼乐射御书数，下而稼穑树艺饬材，（《考工记》：审曲面执，以饬五材，以辨民器，谓之百工）皆掌于司教之官。《管子》之《弟子职》，《小戴》之《曲礼》，尤见古人小学教育之精粹。故国无失教之民，即民无失业之事。上焉者德行道艺，登于贤能之书，其次犹不失为耕战之民。孙仲容①氏常考古代教育之制曰：自王世子公卿大夫之子，洎夫邦国所贡，乡遂所进，贤能之士咸造焉；旁及宿卫士庶子，六军之士，亦皆辈作辈学。以德行道艺相切劘②，乡遂则有乡学六，州学三十，党学百有五十。遂之属别则如乡，盖甸郊之内，距王城不过二百里，其为学辜较已三百七十有奇，而郊里及甸公邑之学，尚不与此数。推之削县罿之公邑采邑，远及于畿外邦国，其学盖十百倍蓰③于是，无虑大数，九州之内，当共有学数万。读孙氏之说，可知周时教育之普及，声名文物，粲然大备，为中国学术极盛之时期，岂偶然哉？

以上所言，中国之教育也，而非孔子之教育也。周室既衰，诸侯强大，日以愚民为事，恶典籍之害己而去之，焚书之祸，自不始于秦孝公。教官失职，诸子云起，各以所学为教，于是由政府之教育，变为平民之教育。孔子弟子三千，通六艺者七十人。孟子从者数十人。墨子弟子，能持守圉④之器以待寇者三百人。列御寇弟子，同行见南郭子者四十人。许行之徒，为神农之言者数十人。当时诸子，各以平民代政府之职，讲学之盛，风猋⑤云疾，

---

① 孙仲容：指清代著名学者孙诒让。
② 切劘：切磋。
③ 蓰（xǐ）：五倍。
④ 守圉：即守御，防御。"圉"本义为养马的地方。
⑤ 猋（biāo）：迅疾。

开中国未有之局。诸子之中，最有势力为儒、墨、道三派。天下之言，不归杨则归墨，不归墨则归儒。孔丘、墨翟，无地而为君，无官而为长，天下丈夫女子，莫不延颈举踵，而愿安利之。三派之教育，已遍布于中国，然所学各异，其施教之道亦殊。试先言道家、墨家之教育。道家如关尹、老聃、杨朱、列御寇、庄周，皆为大师，其动若水，其静若镜，澹然独与天地精神往来，为神明最完满之教育。流为入世之学，则管、晏、申、韩，以神明之教，富国强兵，开张四维。道家教育，贵自食其力，上可以保全廉耻，逍遥物外，非卿相之禄所能诱；下可以仰事俯畜，免于饥寒，不为失业之游民，尤不言迷信。老子曰：以道莅天下，其鬼不神。韩非解之曰：人处疾则贵医，有祸则畏鬼。圣人在上，则民少欲；民少欲，则血气治而举动理；血气治而举动理，则少祸害。夫内无痤疽①瘅痔之害，而外无刑罚法诛之祸者，其轻恬鬼神也甚。列子亦言土无扎伤，人无夭恶，物无疵厉②，鬼无灵响。管子亦言牺牲珪璧，不足以享鬼神。韩非竟以事鬼神、好祭祀为亡国之征。此皆道家之教育力破迷信者也。墨家以墨翟、禽滑釐、宋钘、尹文诸子为大师，其教育随地因人而说法。国家昏乱，则语之尚贤、尚同；国家贫，则语之节用、节葬；国家憙③音湛湎④，则语之非乐、非命；国家淫僻无礼，则语之尊天、事鬼；国家务夺侵凌，则语之兼爱、非攻。盖其教育宗旨，专在矫弊，虽偏于迷信，重于物质，然读其修身之论，恬淡冲远。神明之学，出于道家，因不欲以此为教，非不知也。墨家教育，不贵自救，故曰弟子虽饥，不忘天下；又曰一农之耕，分诸天下，不能人得一升粟，其精神专备世之急。赴汤蹈火，死不旋踵，任侠好义，而绝私斗，精于制器，手不离规巨，故以巨子为圣人。《经上》《经说》上、下数篇，言光学重学之理，最重者为守圉之器。刻木为鸢，飞三日而不集。刘三寸之木为车辖，而引五十石之重，皆以备守城之用。

---

① 痤疽：毒疮。

② 疵厉：灾害疫病。

③ 憙：同"喜"，喜悦。

④ 湛湎：沉湎，沉迷。

专欲守小国以阻强邻，实行其非攻之说。其教育为天下所延颈举踵，即以此也。此道家、墨家教育之大略也。彼各具有特长之精神，一为神明，一为物质，孔子不能范围之。

孔子之教，与道、墨殊。不言食力，故不如农圃；不言迷信，故未能事鬼；不言遁世，故干七十二君；不言战争，故未学军旅之事。然儒家教育，实分二种，一为大人之教，一为小人之教。大人者治人，小人者治于人，如上所言，皆治人之教育。其弟子上可以为天子诸侯，下可以为卿相。《说苑》曰：孔子言，雍也可使南面。南面者，天子也。《盐铁论》曰：七十子皆诸侯卿相之才，可南面者数人。是儒家且有帝王思想。孔子常言为东周，欲应公山弗扰之召，而不嫌其叛；又曰文王既没，文不在兹乎？是明以文王自任。后人处专制时代，不敢公言南面之志，往往以王佐尊之，岂不厚诬孔子？孔子施教之魄力大于道家，救民之政策优于墨家。道家谦下，似近于怯；墨家勤劳，尤过于苦。孔子斟酌二家之间，得乎中庸之道，志在救民，非如野心者之囊橐①天下，何嫌何疑，而必讳此南面之说乎！孔子以后，有二大儒，一为荀子，一为孟子。荀子常自谓德若尧、禹，宜为帝王，遗言余教，足以为天下法式表仪，所存者神，所过者化。孟子言五百年必有王者兴，以其时考之则可矣；又言如欲平治天下，当今之世，舍我其谁？是孟、荀二子，均有帝王之思。后人慑于专制，不敢明言，微言大义，沉没久矣。此儒家治人之教育，已见于实行者。其治于人之教育，如不言农圃，而曰富庶。又曰：黎民不饥不寒，然而不王者，未之有也。不言迷信，而慎终追远，祭必其鬼；不言遁世，而箪食瓢饮，舒陋巷之乐，曲肱而枕，抗浮云之情；不学军旅，而言无敌于天下。教民于七年，皆为治于人之教育所不可缺也。观其三月学《韶》，不知食味，暮春风浴，独与点也。倜乎尘埃之表，醇然礼乐之怀，辅以道家之神明、墨家之物质，是诚中国一完全之教育。若卫氏欲施汉武帝、董仲舒之术，举儒家以抹杀诸子，非真知中国之教育也。请再言其排斥欧化之误。

① 囊橐：囊括，聚集。

......

卫氏又有一言，已成事实，则所谓选派东方名宿硕师，使议独立教育之统系也。今名宿之最著者，莫若湘之王湘绮。总统促之出山，任史馆之职，以历史尤关于教育，非得老宿，莫能胜任。最近沪报载其史馆人员资格，一必须翰林，一必有辫。征诸王先生平昔言行，当无不确。王先生虽食民国之粟，辫发固存，有目者莫不见之。陶然亭之会，翰林翩翩，至者五十，书蝇头五古之诗，沉吟圣清，复科举时代双抬之格式。教育独立，已肇萌芽，影响所及，全国披靡，假以岁月，此种教育，不难成一独立之统系。王先生尝立议天子迁都咸阳，则夷人自服，不待言和。以若所为，求若所欲，卫氏以为较无危险者，愚则不敢与知。悲夫，悲夫！餔糟歠醨①以酬其醉，淈②泥扬波以荡其浊，不图西人之子，亦能与世推移也！

（易白沙著，陈先初编：《易白沙集》，湖南人民出版社 2008 年版，第 1-9 页。）

📝 评析

此文原载 1914 年《甲寅杂志》第 1 卷第 2 号，是一篇驳论文章。其立论主要有以下观点。保存国粹是一事，借鉴欧美的新教育又是一事，二者可以交叉并行，并不存在孰重孰轻的区别。中国教育传统比较多元，有儒、道、墨等多家，儒教为其中的重要一支。因此中国教育与孔子教育，不可混淆。儒教相较于其他诸教而言，既有不足，又有优长，不能举儒教而抹杀了其他诸教在中国教育中的地位与作用。易白沙以开放的眼光审视中国教育，主张教育应当多元化，而不是单一地高举儒教。我国古代学说有九流十家，虽儒学长期占据社会主流，但教育者不应将知识设限，而应以更加多元、开放的

---

① 餔（bū）糟歠（chuò）醨：吃酒糟，喝薄酒。
② 淈（gǔ）：搅浊，扰乱。

教学内容培养学生。优秀的教育应当百花齐放，而不应只有一家之言，如此才能培养综合能力更加全面，精神人格更加独立的完整的人。更深层次的一点，易白沙以具有批判性的、辩证的眼光审视了文化差别，在中外文化的优劣取舍方面给出了中肯的回答，各国教育不同的本质在于文化不同，保留传统与对外学习是可以并行不悖的。在今日，我们要对传统文化进行科学分析，对积极的、好的内容予以继承和发扬，对消极的、不好的内容进行抵制和摒弃，而面对来自国外的文化和知识，态度也是如此。

此文对中国教育多元化的特点进行了阐述，有利于我们全面认识中国教育及儒家教育的特点，对当今国民教育的建设和发展给予精神营养。

李达

李达（1890—1966），号鹤鸣，湖南永州人，中国哲学家，传播马克思主义的先驱。1920年，李达与陈独秀等人在上海发起成立中国共产党早期组织，并主编《共产党》月刊，参加《新青年》的编辑工作。1921年2月起，李达任上海的中国共产党早期组织代书记，7月出席中国共产党第一次全国代表大会，当选为中央局宣传主任，成为中国共产党的主要创始人和早期领导人之一。1922年11月应毛泽东邀请出任湖南自修大学校长，并主编湖南自修大学机关刊物《新时代》。李达坚守马克思列宁主义的理论阵地，1937年5月在上海出版《社会学大纲》，被毛泽东誉为"中国人自己写的第一本马克思主义哲学教科书"。其重要著作被编入《李达文集》。

平民女学是到新社会的第一步

有钱有势的人，不愿意无钱无势的人有智识；男子不愿意女子有智识。因为无钱无势的人若有了智识，就觉悟到自身所处的地位，发生反抗运动，要脱离有钱有势的人的掠夺和压迫。女子若有了智识，就觉悟到自身所受的苦痛，生出反抗行为，不甘做男子的奴隶和牛马。所以，有钱有势的对于无钱无势的行愚民政策，男子对于女子行愚民政策。数千年来，所有一切教育权都握在有钱有势的人手里，都握在男子手里。法律的，社会的，经济的种种限制，使得无钱无势的人不能得到读书的机会，使得女子不能取得读书的资格。所以教育变成了特权阶级的特权，学校变成了他们压迫欺骗民众的工具。

近几年来，中国人民受了民治潮流的激荡，人人都知道教育应该普及，但是在现今的军阀财阀的恶势力范围之下，任凭那班热心教育的人如何筹备，教育总不会普及的。且就中国现时官办的学校说，各项教育经费均被军阀财阀挪借一空，学校的生命也朝不保夕；其次如私人创办的学校，除了以营业为目的或含有政治臭味者外，为开发民众智识而办学的实在很少，而且也无论是官办的或私人办的学校，规定有种种严格的制限，无钱无势的人绝不能受教育的。女子，除了少数叨庇①父兄的余荫的以外，大多数都是无钱无势的，一方面和无钱无势的男子一样，要受有钱有势的人的压迫，一方面又要受无钱无势的男子的压迫，旧制度的限制，旧礼教的束缚，无论如何，女子总难得到求智识的机会。所以无论提倡新文化的人怎样鼓吹开放大学，都不是根本上的办法啊！

我们不说远了，单就现在的状态说，第一，现在抱有热烈的求学欲望而无学校可入的年长失学的女子正不知有多少；第二，因为经济问题而不能求学的与不能继续求学的女子正不知有多少；第三，甘受机械教育而被教育机关摈斥的或不甘受机械教育的女子，也不知有多少。至于为旧制度旧礼教所束缚所窒息永远不知求学的女子尤其不可胜数。在资本主义制度未推倒以前，我们暂不去作什么不分贫富不分男女都受平等教育的空谈，只要就前述三项女子着想，想一个教育伊②们的法子出来也就难能了。

但是就现在的各种学校一一观察起来，能够收容这三项女子的学校，除了这创办的平民女校之外，一个也没有。说到这里，我就不得不推荐这平民女校实是满足这三种女子求学欲望的第一个学校了。

平民女校有下列三特点。

一、为无力求学的女子设工作部，替伊们介绍工作，使取得工资维持自己的生活，实行工读互助主义。

二、为年长失学的女子设专班教授，务使于最短时间，灌输最多智识。

三、为一般不愿受机械的教育的女子设专班教授，使能自由完成个性。

由以上三点看起来，我们可说平民女校实是以前所未有的学校，虽然将来发展怎样，还不能知道，而就现在说，伊的确是为女子解放而办的第一个学校了。

---

① 叨庇：承受庇护。

② 伊：她。

現在感着智识缺乏的女子一天比一天多了，假使全国各大都市都能照样的把平民女学创办起来，使这类有觉悟的女子都能够得到求学的机会，那么，我想不上几年，真的女子解放的先锋队到处都要组织起来了……

大家不要把平民女学等闲放过了，注意呵，平民女学是到新社会的第一步哩！

（中共一大会址纪念馆编：《中共一大代表早期文稿选编》，上海人民出版社2011年版，第123-124页。）

李达

365

📝 评析

平民女学，是中国共产党创办的第一所培养妇女干部的学校，1921年10月在上海创办，李达任校长。办校目的是培养妇女运动人才，为开展妇女解放运动创造条件。入校学生20人，分高初级两班，丁玲、王一知、王剑虹等均在该校学习过。任课教师有陈独秀、高语罕、邵力子、陈望道、沈雁冰、沈泽民等。该校开办不到一年，因经费困难停办。此文发表于1922年上海《妇女声》第6期，主要分析了女子受政治、家庭、经济等种种束缚，不能接受教育的原因，提出推进平民女学是建设新社会的第一步。

每一个妇女都是时代和梦想的书写人、奋斗者。"妇女事业始终是党和人民事业的重要组成部分"，中国共产党始终把广大妇女作为推动党和人民事业发展的重要力量，致力于促进社会资源公平分配，反对教育特权化，保障妇女和儿童的合法权益。建设平民女学，普及妇女教育是反对旧文化、反对旧道德、解放新思想、冲击旧礼教的关键一环，平民女校实行工读互助主义，保证无力求学女子能够维系生活；为年长失学女子设专班，以高效方式传授知识；设立专班提倡个性，对女性人格自由成长给予了极大的关怀。

廖世承（1892—1970），字茂如，江苏嘉定（今上海嘉定）人，中国教育家。曾就学于清华大学，后留学美国获博士学位，回国后，先后任教于南京高等师范学校及东大附中、上海光华大学、光华附中、国立师范学院、华东师范大学、上海第一师范学院、上海师范学院，并曾任主任、副校长、副院长、院长等职。廖世承在国立师范学院任院长期间，对中国师范教育悉心研究，撰写了《师范教育与抗战建国》《师范学院的使命》《抗战十年来中国的师范教育》等长篇文章。主要作品收集在《廖世承教育论著选》中。

师范教育与抗战建国

记得在童年时读《左传》，读到晋文图霸一段："晋侯始入而教其民，二年欲用之。子犯曰：'民未知义，未安其居。'于是乎出定襄王，入务利民，民怀生矣，将用之。子犯曰：'民未知信，未宣其用。'于是乎伐原以示之信，民易资者，不求丰焉，明征其辞。公曰：'可矣乎？'子犯曰：'民未知礼，未生其共。'于是乎大搜①以示之礼，作执秩以正其官。民听不惑，而后用之。出谷②戍，释宋围，一战而霸，文之教也。"觉得子犯太文绉绉了。义、信、礼和战争有什么关系？后来年龄渐大，读书较多，才了解战争不是专靠武力的。武力须有民众为后盾，民众没有其实的力量，武力就无从发挥，所以"纣有臣亿万，惟亿万心"。试看秦始皇并吞六国，威加海内，兵力何等雄厚？然而因二世无道，陈涉揭竿一呼，秦兵如摧枯拉朽③的倒了。这是什么缘故？这表示秦之亡，不亡于军事，而亡于文教失修，所以贾谊《过秦

---

① 大搜：古时天子、诸侯五年举行一次的军队大检阅。

② 谷：指齐国谷邑。

③ 摧枯拉朽：摧折枯枝朽木。比喻极容易办到。

论》以"仁义不施"为秦的罪状。反过来说，要是民众有真实的力量，就是武力被敌人摧毁，国土被敌人践踏，主权被敌人侵略，国家还有复兴的日子。欧战以后的德国，就是例子。协约国可说是想尽方法，把德国的军备解除了，德国的经济压迫到无可收拾的地位了，然而不到二十年，德国依然一跃而为世界一等强国。这不是武力的功效，这完全因为人民组织的建全，教育的普及，爱国思想的发达与劳苦精神的培养。

从上边的例子，可以看出教育与战争是分离不开的。教育有一分的力量，战事上就发生一分的效用；教育有一毫的疏忽，战事上就发生一毫的缺陷。因为我们平时对于科学的不注重，所以运用新兵器时，就缺乏人才；因为我们教育尚未普及，所以战事发生，民众未能全体动员；因为我们忽略人格教育，所以知识分子不明大义，甘心为虎作伥①，做汉奸的甚多；因为我们的教育，与人民的生活隔离太远，所以要动员民众的时候，就感到组织不健全。但因为近来提倡新生活运动，多数人尚能明礼义，知廉耻，重国家，耐劳苦，纵流离失所，家破人亡，对于政府，毫无怨言；因为大多数知识分子明了目前惟一的出路，在"救亡图存，自力更生"，所以抗战一年余，纵敌人阴谋离间，无孔不入，全国上下，尚能团结一致，抵抗到底。由此说来，抗战的胜利，可说是教育的胜利；抗战的失败，可说是教育的失败。以前普法战争，普人归功于小学教师；日俄战争，日人归功于小学校，理由一点也不错。教育在平时可培养建国的人才，在战时可发挥御侮的力量。抗战建国，都要靠托教育。反过来说，抗战抗不了，建国建不成，还有什么教育可言？

教育方面最重要的，当然是师范教育。没有良好的师资，各级教育，都不会上轨道。以后的师范教育，应该怎样办才能完成抗战建国的目的？这个答案，只有就这次战争所暴露的优点弱点方面来找。

第一，要树立坚强的信念。意志的锻炼，有时要胜于体格的锻炼。两军交绥，初起时，人人怀必胜之心，都有凌厉无比的锐气，待久而久之，信心

367

---

① 为虎作伥：为老虎引路的鬼。比喻给坏人做帮凶，为坏人效劳。

消失，暮气乘之，胜负就未可知了。鲁曹刿有言："夫战，勇气也；一鼓作气，再而衰，三而竭。"拿破仑亦言："两军胜负，系于最后五分钟。"在苦战一年余，主客交困，师老力竭的时候，谁能保持士气，谁能持久，谁就有最后胜利的可能。在广州、武汉相继陷落时，全国人民均皇皇然不可终日。试问当时有多少人能抱定"抗战必胜、建国必成"的信念？使非我最高领袖指挥若定，必致士气动摇，功败垂成①。要是后方民众能一致鼓励前方的将士坚持必胜的信念，军事前途就大可乐观。不特军事如此，其他事业也如此。意志薄弱的人，往往浅尝辄止②，一无所成。爱迪生之所以成为科学家，与其谓由于创造天才，毋宁谓由于意志坚强，有百折不挠的精神。我常告诫青年："'怕'是人生的大敌。先生怕学生，就管不住学生；学生怕考试，考时就心慌；年轻人怕见生人说话，见了生人，话就说不出；青年怕失败，怕出远门，怕做薪水低微的事，事业就永远不成功；将领怕死，怕敌人，仗就打不好。你们要打破怕的难关，一切有办法。不怕并不是胆大妄为，怕和谨慎小心有别，所以古人说'胆欲大而心欲细'。"胆大心细的人，就是意志坚强的人，就能树立中心信念。信念坚强，而后能发扬固有的文化，保持独立的精神。这是做教师的人首应注意的一件事。

第二，要砥砺高尚的人格。人格是多方面的，要什么样子的人格，才算高尚？我们认为人格方面最要注意的是气节，是风骨，是能"见利思义，见危授命"。钱基博先生向诸同学作第一次精神谈话时，曾提到罗忠节公泽南。罗先生是一个村学究，率厉子弟，与太平军作战，所向无敌，他的弟子如王鑫，李续宾、续宜兄弟，均为一时名将，而以仁勇为士卒所亲附。文人从戎，为什么武功能如此烜赫③？就因为他有气节，有风骨，能见利思义，见危授命。钱先生说："自来言程朱之学者，往往小廉曲谨④，可以持躬而不足以任

---

① 功败垂成：事情接近成功的时候却遭到了失败。含有惋惜之意。

② 浅尝辄止：略微尝试即行停止。比喻不肯下功夫深入钻研。

③ 烜赫：昭著，显赫。

④ 小廉曲谨：小事上的廉洁谨慎。意指拘于小节，不识大体，故言"小""曲"。

大事。顾泽南义勇愤发，本之义理，朝出麾兵，暮归讲道，如生龙活虎，不可捉搦，矫矫乎莫之尚矣。"（见钱基博《我记忆中所认识之湖南学者》）孟子曰："生我所欲也，义亦我所欲也，二者不可得兼，舍生而取义者也。"怎样到了"二者不可得兼"，会"舍生而取义"？照现在社会的眼光看来，未免有点傻。可是一个民族，到了"二者不可得兼"，没有人肯"舍生取义"，那个民族就有点站不住脚了。但是怎样来砥砺一个人的气节呢？我以为半由于个人的学养，半由于社会的制裁。旧社会崇尚贞节，未曾读过书的女子，都知道贞节的可贵，宁死不肯失节，这完全受了社会制裁的影响。现社会对于有气节、有风骨的人，不见得怎样尊重，而对于"临财苟得，临难苟免"的人，不见得怎样深恶痛疾。砥砺人格，尚未成为风气。转移风气的责任，在学校，在教师。教师能崇尚气节，砥砺廉隅①，学生自能感化于无形。学生受了感化，便能转移社会的风气，这是做教师的人应特别注意的一件事。

第三，要修习实用的知能。此次抗战，因一部分士兵不善用新式的武器，战事上吃了不少的亏。这不能怪士兵，这要怪我们过去对于科学常识和实用技能，太不注意，以致一旦应用，就发生困难。我上次路过贵阳，与省府委员某先生谈，某先生系教育界前辈，他深慨我国读书人的不切实。他说："新回国的留学生，都喜欢研究大而无当的问题，对于目前抗战急须解决的事实，反不去理会。"真慨乎言之。记得湖南前辈王先谦先生也说过："日本维新，从制造入手；中国维新，从议论入手。"议论多于事实，文章高于知能，这是我国士大夫的通病。批评别人，头头是道，自己做起事来，到处碰壁。过去学校里边造就出来的书呆子实在太多了！以后再不改弦易辙②，养成明事理，识大体，从实际上做工夫的人，一切事业都无从建设起，这是我们对于师范教育所要求的又一件事。

第四，要陶冶良好的才艺。人是活的，不能一天到晚专做死板的工作。譬如我们全体师生会食时，要肃静无声，但是不能强迫大家一天到晚不讲话。

369

---

① 廉隅：比喻端方不苟的行为、品性。
② 改弦易辙：事物之间不协调犹如曲将变调、车将改道，比喻遇事不顺要灵活变通。

我们有时需要"静如处子",有时需要"出如脱兔"。所谓"文武之道,一张一弛"。心理学告诉我们,一种工作做得长久了,换一种工作,有时可以减轻我们的疲劳。我们的身心,需要调剂。所以有了正常的工作,还得有消遣的工作。西方的中学校——特别是英国的——对于课外活动的注重,不亚于正课。他们要学生学习骑马、划船、游泳、爬山、溜冰、打靶,以及各种球类比赛。这种运动,的确不单是有益身心,并且在急难时,还可收到防卫的作用。不过我所说的才艺,不限于运动一类,项目可说很多:有喜欢音乐的,有喜欢画画的,有喜欢做诗的,有喜欢临池①的,有喜欢下棋的。"海阔凭鱼跃,天高任鸟飞",在紧张的空气中,必得有松懈的时间。不论我们所好的性质如何,只要能调剂身心,陶冶性情,增加人生的意义和乐趣者,都可说是良好的才艺,我们不要把这个问题看轻了。因为过去不注意闲暇教育,雀牌就深入民间(我在内地跑,看到不少乡村人民沾染着这个风气),不良好的娱乐,就起而代之。要知道个人的事业愈大,工作愈繁剧,愈需要一种抒写胸臆、陶然自得的才艺,来培养我们的新机,助长我们的生命力。转移风气的责任,又非师范教育来担当不可。

第五,要激发亲民的精神。最近半年内,我在后方各省跑,来回走了三万数千里路,对于真正民间的生活,略略知道一些。现在乡村中最大的问题是清洁问题、医药问题、营养问题、教育问题、利用地力问题和改善生活问题。这许多问题,都有极大的阻力,都不易着手改革。记得有一次宿在一个很污秽的伙铺上,我和同伴说:"住在都市的人们,时常喊'深入民间',他们能到这样的伙铺上'深入'一下,才了解民间的生活。"在后方跑,最使我感觉不安的,就是知识阶级和民众的生活隔的太远。享受愈富厚,隔离愈疏远,几成了公例。我们所享受的,是他们的血汗,但是他们享受到我们什么呢?香港是一个浪漫的都市,我经过了两次,觉得生活太靡费了,太没有抗战的气味了。但第三次路过,适逢小贩献金运动,他们把卖来的钱贡献国

---

① 临池:指学习书法,或作为书法的代称。

家，数天内就凑集了十余万元。情绪的热烈，使人看了下泪。我听某先生说："广东献金运动最热烈的是劳动人员，最不热心的是有钱的人。""有钱者出钱，有力者出力"，是全国普遍的呼声。但是结果有力的出了力，还出了钱；有钱的没有出力，也没有出钱。教育界人士应该深深地忏悔，以前学校的门关得太紧了，以致对于民力的伟大，民生的疾苦，没有深切的了解。关了门办学，不能称为"学校"，只能称为"修道院"。我们要的是学校，不是修道院。我们要把全国"修道院"的门打开了，变成民众的学校。这一副重担子，又非师范学校来挑不可。

要是全国的师范教育，都能注意到上述五点，个个毕业生受到意志的训练、人格的训练、艺术的训练和社会的训练，个个毕业生都成为精神、文化、专业上的斗士，青天白日的光彩，必能照耀各地，粉碎敌人的迷梦，重新建设起一个锦绣的河山！

（廖世承著，汤才伯主编：《廖世承教育论著选》，人民教育出版社 1992 年版，第 437—442 页。）

📑 评析

1938 年 10 月 27 日，国民政府教育部行文批准国立师范学院（今长沙师范大学前身）正式成立，校名为"国立师范学院"，校址设在湖南溆浦县和蓝田镇。国立师范学院荟萃了众多知名学者，其中有钱基博、钱锺书、皮名举、孟宪承、陈传璋、高觉敷、储安平等。1953 年 8 月全国院系调整，国立师范学院更名为湖南师范学院。本文写于 1938 年，发表于《国师季刊》1938 年第 1 期，廖世承时任国立师范学院院长。本文主要论述了教育与战争的关系：教育在平时可培养建国的人才，在战时可发挥御侮的力量。师范教育是教育方面的重中之重。没有良好的师资，各级教育都很难走上轨道。廖世承结合当时的办学实际，提出了师范教育的努力方向，要点如下：一要树立坚强的信念，要注重意志的磨炼。"意志坚强的人，就能树立中心信念。""信念坚强，而后能发扬固有的文化，保持独立的精神。"二要砥砺高尚的人格，注重气节、培养风骨。"转移风气的责任，在学校，在教师。"三要修习实用的技能，培养从实际上做工夫的人。四要陶冶良好的才艺。要培养调剂身心、陶冶性情、增加人生的意义和乐趣的才艺。五要激发亲民的精神。对于民力的伟大和民生的疾苦，我们应有深切的了解。总之，师范教育应注重意志、人格、艺术、社会的训练，提高学生的技能，使其成为精神、文化、专业上的佼佼者。

毛
泽
东

毛泽东（1893—1976），字润之，笔名子任，湖南湘潭人，中国无产阶级革命家、战略家、理论家、军事家，中国共产党、中国人民解放军和中华人民共和国的主要缔造者和领袖。从 1949 年到 1976 年，毛泽东是中华人民共和国的最高领导人。他对马克思列宁主义的发展、军事理论的贡献以及对共产党的理论贡献被称为毛泽东思想。他的主要作品被编入《毛泽东选集》《毛泽东文集》等。

体育之研究

国力苶①弱，武风不振，民族之体质日趋轻细，此甚可忧之现象也。提倡之者不得其本，久而无效，长是不改，弱且加甚。夫命中致远，外部之事，结果之事也；体力充实，内部之事，原因之事也。体不坚实，则见兵而畏之，何有于命中，何有于致远？坚实在于锻炼，锻炼在于自觉。今之提倡者非不设种种之方法，然而无效者，外力不足以动其心，不知何为体育之真义。体育果有如何之价值，效果云何，著手何处，皆茫乎如在雾中，其无效亦宜。欲图体育之有效，非动其主观，促其对于体育之自觉不可。苟自觉矣，则体育之条目可不言而自知，命中致②远之效亦当不求而自至矣。不佞③深感体育之要，伤提倡者之不得其当，知海内同志同此病而相怜者必多，不自惭赧④，贡其愚见，以资商榷。所言并非皆已实行，尚多空言理想之处，不敢为欺。倘辱不遗，赐之教诲，所虚心百拜者也。

---

① 苶（nié）：疲倦，精神不振。原文为"恭"。
② "致"原文为"政"。
③ 不佞：谦称。
④ 惭赧：因羞惭而脸红。

第一 释体育

自有生民以来，智识有愚暗，无不知自卫其生者。是故西山之薇①，饥极必食，井上之李②，不容不咽。巢木以为居，皮兽以为衣，盖发乎天能，不知所以然也，然而未精也。有圣人者出，于是乎有礼，饮食起居皆有节度。故"子之燕居，申申③如也，夭夭④如也"；"食饐而餲⑤，鱼馁而肉败，不食"；"射于矍相⑥之圃，盖观者如墙堵焉"。人体之组成与群动无不同，而群动不能及人之寿，所以制其生者无节度也。人则以节度制其生，愈降于后而愈明，于是乎有体育。体育者，养生之道也。东西之所明者不一：庄子效法于庖丁，仲尼取资于射御；现今文明诸国，德为最盛，其斗剑之风播于全国；日本则有武士道，近且因吾国之绪余，造成柔术，觥觥⑦乎可观已。而考其内容，皆先精究生理，详于官体之构造，脉络之运行，何方发达为早，何部较有偏缺，其体育即准此为程序，抑其过而救其所不及。故其结论，在使身体平均发达。由此言之，体育者，人类自养其生之道，使身体平均发达，而有规则次序之可言者也。

第二 体育在吾人之位置

体育一道，配德育与智育，而德智皆寄于体，无体是无德智也。顾知之者或寡矣，或以为重在智识，或曰道德。夫知识则诚可贵矣，人之所以异于动物者此耳。顾徒知识之何载乎？道德亦诚可贵矣，所以立群道平人己者

---

① 西山之薇：典出《史记·伯夷列传》。周武王得天下后，伯夷、叔齐以吃周朝粮食为耻，在西山下采食野薇，后饿死。
② 井上之李：典出《孟子·滕文公下》。陈仲子，战国人。他以哥哥做大官为不义，不愿在其家生活，便同妻子逃到楚国，以织麻鞋为生。有一次，他三天没有吃饭，看见井上有被虫吃了过半的李子，忍不住爬过去吃了。
③ 申申：舒适安闲的样子。
④ 夭夭：体貌安舒或容色和悦的样子。
⑤ 食饐（yì）而餲（ài）：食物经久而变味。
⑥ 矍相：古地名，后借指学官中习射之地。
⑦ 觥觥：健壮的样子。

此耳。顾徒道德之何寓乎？体者，为知识之载而为道德之寓者也，其载知识也如车，其寓道德也如舍。体者，载知识之车而寓道德之舍也。儿童及年入小学，小学之时，宜专注重于身体之发育，而知识之增进、道德之养成次之；宜以养护为主，而以教授训练为辅。今盖多不知之，故儿童缘读书而得疾病或至夭殇者有之矣。中学及中学以上宜三育并重，今人则多偏于智。中学之年，身体之发育尚未完成，乃今培之者少而倾之者多，发育不将有中止之势乎？吾国学制，课程密如牛毛，虽成年之人，顽强之身，犹莫能举，况未成年者乎？况弱者乎？观其意，教者若特设此繁重之课以困学生，蹂躏其身而残贼其生，有不受者则罚之。智力过人者，则令加读某种某种之书，甘言以餂①之，厚赏以诱之。嗟乎，此所谓贼夫人之子欤！学者亦若恶此生之永年，必欲摧折之，以身为殉而不悔。何其梦梦如是也！人独患无身耳，他复何患？求所以善其身者，他事亦随之矣。善其身无过于体育。体育于吾人实占第一之位置，体强壮而后学问道德之进修勇而收效远。于吾人研究之中，宜视为重要之部。"学有本末，事有终始，知所先后，则近道矣。"此之谓也。

375

第三　前此体育之弊及吾人自处之道

三育并重，然昔之为学者详德智而略于体。及其弊也，偻身俯首，纤纤素手，登山则气迫，涉②水则足痉。故有颜子而短命，有贾生而早夭，王勃、卢照邻，或幼伤，或坐废。此皆有甚高之德与智也，一旦身不存，德智则从之而隳③矣。惟北方之强，任金革死而不厌④；燕赵多悲歌慷慨之士；烈士武臣，多出凉州。清之初世，颜习斋⑤、李刚主⑥文而兼武。习斋远踄千里之

① 餂（tiǎn）：探取，诱取。
② "涉"原文为"步"。
③ 隳（huī）：毁坏。
④ 死而不厌：见《礼记·中庸》。原文为："南方之强与？北方之强与？……衽金革，死而不厌，北方之强也。"
⑤ 颜习斋：名元，字易直，号习斋。清初思想家、教育家。研究学问主张实践，勤劳动，忍嗜欲，苦筋骨，习六艺，讲世务，以备天下国家之用。
⑥ 李刚主：名塨，号恕谷。清初思想家。少时从学于颜元，后发展颜氏学说，世称"颜李之学"。通五经六艺，主张学问要结合实用。晚年修葺习斋学舍，讲学其中，从游弟子甚多。

外，学击剑之术于塞北，与勇士角而胜焉。故其言曰："文武缺一岂道乎？"顾炎武，南人也，好居于北，不喜乘船而喜乘马。此数古人者，皆可师者也。

学校既起，采各国之成法，风习稍稍改矣。然办学之人犹未脱陈旧一流，囿于所习，不能骤变，或少注意及之，亦惟是外面铺张，不揣其本而齐其末。故愚观现今之体育，率多有形式而无实质。非不有体操课程也，非不有体操教员也，然而受体操之益者少，非徒无益，又有害焉。教者发令，学者强应，身顺而心违，精神受无量之痛苦，精神苦而身亦苦矣，盖一体操之终，未有不貌瘁神伤者也。饮食不求洁，无机之物、微生之菌入于体中，化为疾病；室内光线不足，则目力受害不小；桌椅长短不合，削趾适履，则躯干受亏；其余类此者尚多，不能尽也。

然则为吾侪学者之计如之何？学校之设备，教师之教训，乃外的客观的也，吾人盖尚有内的主观的。夫内断于心，百体从令，祸福无不自己求之者，我欲仁斯仁至，况于体育乎。苟自之不振，虽使外的客观的尽善尽美，亦犹之乎不能受益也。故讲体育必自自动始。

第四　体育之效

人者，动物也，则动尚矣。人者，有理性的动物也，则动必有道。然何贵乎此动邪？何贵乎此有道之动邪？动以营生也，此浅言之也；动以卫国也，此大言之也，皆非本义。动也者，盖养乎吾生，乐乎吾心而已。朱子主敬，陆子主静。静，静也；敬，非动也，亦静而已。老子曰"无动为大"，释氏务求寂静。静坐之法，为朱陆之徒者咸尊之。近有因是子[①]者，言静坐法，自诩其法之神，而鄙运动者之自损其体。是或一道，然予未敢效之也。愚拙之见，天地盖惟有动而已。

动之属于人类而有规则之可言者，曰体育。前既言之，体育之效则强筋骨也。愚昔尝闻，人之官骸肌络及时而定，不复再可改易，大抵二十五岁以

---

① 因是子：名蒋维乔，习静坐数十年，著有《因是子静坐法》。

后即一成无变，今乃知其不然。人之身盖日日变易者：新陈代谢之作用不绝行于各部组织之间，目不明可以明，耳不聪可以聪，虽六七十之人犹有改易官骸之效，事盖有必至者。又闻弱者难以转而为强，今亦知其非是。盖生而强者滥用其强，不戒于种种嗜欲，以渐戕①贼其身，自谓天生好身手，得此已足，尚待锻炼？故至强者或终转为至弱。至于弱者，则恒自闵②其身之不全，而惧其生之不永，兢业自持：于消极方面则深戒嗜欲，不敢使有损失；于积极方面则勤自锻炼，增益其所不能。久之遂变而为强矣。故生而强者不必自喜也，生而弱者不必自悲也。吾生而弱乎，或者天之诱我以至于强，未可知也。东西著称之体育家，若美之罗斯福③，德之孙棠④，日本之嘉纳⑤，皆以至弱之身，而得至强之效。又尝闻之：精神身体不能并完，用思想之人每歉于体，而体魄蛮健者多缺于思。其说亦谬。此盖指薄志弱行之人，非所以概乎君子也。孔子七十二而死，未闻其身体不健；释迦⑥往来传道，死年亦高；邪苏⑦不幸以冤死；至于摩诃末⑧，左持经典，右执利剑，征压一世，此皆古之所谓圣人，而最大之思想家也。今之伍秩庸⑨先生七十有余岁矣，自谓可至百余岁，彼亦用思想之人也；王湘绮死年七十余，而康健矍⑩铄。为是说者其何以解邪？总之，勤体育则强筋骨，强筋骨则体质可变，弱可转强，身心可以并完。此盖非天命而全乎人力也。

非第强筋骨也，又足以增知识。近人有言曰：文明其精神，野蛮其体魄。

---

① "戕"原文作"戗"。
② 闵：同"悯"。
③ 罗斯福：美国人，1901年任总统，后连任。其人好胜，体格亦强，卸任总统后，到非洲东部探险，著述甚多。1932年开始任总统的，是另一个小罗斯福。
④ 孙棠：据日文体育大字典载Sauod，是德国铁哑铃操的普及者，常进行巡回演出。
⑤ 嘉纳：日本东京大学教授，讲道馆馆长，曾将日本柔术改良为柔道，后被选为国际奥林匹克委员会委员。
⑥ 释迦：释迦牟尼，佛教创始者。
⑦ 邪苏：耶稣，基督教所信奉的救世主，称为基督。传教于犹太各地。后因改革犹太教，被钉死于十字架上。
⑧ 摩诃末：指伊斯兰教的创始者穆罕默德。
⑨ 伍秩庸：伍廷芳，字文爵，广东新会人。早年留学国外。历任驻美国、秘鲁、墨西哥、古巴等国公使。
⑩ "矍"原文作"镬"。

此言是也。欲文明其精神，先自野蛮其体魄；苟野蛮其体魄矣，则文明之精神随之。夫知识之事，认识世间之事物而判断其理也，于此有须于体者焉。直观则赖乎耳目，思索则赖乎脑筋，耳目脑筋之谓体，体全而知识之事以全，故可谓间接从体育以得知识。今世百科之学，无论学校独修，总须力能胜任。力能胜任者，体之强者也；不能胜任者，其弱者也。强弱分，而所任之区域以殊矣。

非第增知识也，又足以调感情。感情之于人，其力极大。古人以理性制之，故曰"主人翁常惺惺否"，又曰"以理制心"。然理性出于心，心存乎体。常观罢弱①之人往往为感情所役，而无力以自拔；五官不全及肢体有缺者多困于一偏之情，而理性不足以救之。故身体健全，感情斯正，可谓不易之理。以例言之：吾人遇某种不快之事，受其刺②激，心神震荡，难于制止，苟加以严急之运动，立可汰去陈旧之观念，而复使脑筋清明，效盖可立而待也。

非第调感情也，又足以强意志。体育之大效盖尤在此矣。夫体育之主旨，武勇也。武勇之目，若猛烈，若不畏，若敢为，若耐久，皆意志之事。取例明之，如冷水浴足以练习猛烈与不畏，又足以练习敢为。凡各种之运动持续不改，皆有练习耐久之益，若长距③离之赛跑，于耐久之练习尤著。夫力拔山气盖世，猛烈而已；不斩楼兰誓不还，不畏而已；化家为国，敢为而已；八年于外，三过其门而不入，耐久而已。要皆可于日常体育之小基之。意志也者，固人生事业之先驱也。

肢体纤小者举止轻浮，肤理缓弛者心意柔钝，身体之影响于心理也如是。体育之效，至于强筋骨，因而增知识，因而调感情，因而强意志。筋骨者，吾人之身；知识，感情，意志者，吾人之心。身心皆适，是谓俱泰。故夫体育非他，养乎吾生、乐乎吾心而已。

① 罢弱：疲弱。"罢"古同"疲"。
② "刺"原文为"刾"。
③ "距"原文为"讵"。

第五　不好运动之原因

　　运动为体育之最要者。今之学者多不好运动，其原因盖有四焉：一则无自觉心也。一事之见于行为也，必先动其喜为此事之情，尤必先有对于此事明白周详知其所以然之智。明白周详知所以然者，即自觉心也。人多不知运动对于自己有如何之关系，或知其大略，亦未至于亲切严密之度，无以发其智，因无以动其情。夫能研究各种科学孜孜不倦者，以其关系于己者切也，今日不为，他日将无以谋生，而运动则无此自觉。此其咎由于自己不能深省者半，而教师不知所以开之亦占其半也。一则积习难返也。我国历来重文，羞齿短后，动有"好汉不当兵"之语。虽知运动当行之理与各国运动致强之效，然旧观念之力尚强，其于新观念之运动盖犹在迎拒参半之列，故不好运动，亦无怪其然。一则提倡不力也。此又有两种：其一，今之所称教育家多不谙体育。自己不知体育，徒耳其名，亦从而体育之，所以出之也不诚，所以行之也无术，遂减学者研究之心。夫荡子而言自立，沉湎而言节饮，固无人信之矣。其次，教体操者多无学识，语言鄙俚，闻者塞耳，所知惟此一技，又未必精，日日相见者，惟此机械之动作而已。夫徒有形式而无精意以贯注之者，其事不可一日存，而今之体操实如是。一则学者以运动为可羞也。以愚所考察，此实为不运动之大原因矣。夫衣裳襜襜①、行止于于②、瞻视③舒徐而夷犹者，美好之态，而社会之所尚也。忽尔张臂露足，伸肢屈体，此何为者邪？宁非大可怪者邪？故有深知身体不可不运动，且甚思实行，竟不能实行者；有群行群止能运动，单独行动则不能者；有燕居私室能运动，稠人广众则不能者。一言蔽之，害羞之一念为之耳。四者皆不好运动之原因。第一与第四属于主观，改之在己；第二与第三属于客观，改之在人。君子求己，在人者听之可矣。

---

① 襜襜（chān）：摇动的样子，指衣裳宽大。
② 于于：自得的样子。
③ 瞻视：顾盼。

第六　运动之方法贵少

愚自伤体弱，因欲研究卫生之术。顾古人言者亦不少矣，近今学校有体操，坊间有书册，冥心务泛，终难得益。盖此事不重言谈，重在实行，苟能实行，得一道半法已足。曾文正行临睡洗脚、食后千步之法，得益不少。有老者年八十犹康健，问之，曰："吾惟不饱食耳。"今之体操，诸法樊①陈，更仆尽之，宁止数十百种？巢林止于一枝，饮河止于满腹，吾人惟此身耳，惟此官骸藏②络耳，虽百其法，不外欲使血脉流通。夫法之致其效者一，一法之效然，百法之效亦然，则余之九十九法可废也。目不两视而明，耳不两听而聪，筋骨之锻炼而百其方法，是扰之也，欲其有效，未见其能有效矣。夫应诸方之用，与锻一己之身者不同。浪桥所以适于航海，持竿所以适于逾高，游戏宜乎小学，兵式宜乎中学以上，此应诸方之用者也。运动筋骸使血脉流通，此锻一己之身者也。应诸方之用者其法宜多，锻一己之身者其法宜少。近之学者多误此意，故其失有二：一则好运动者以多为善，几欲一人之身，百般俱备，其至无一益身者；一则不好运动者见人之技艺多，吾所知者少，则绝弃之而不为。其宜多者不必善，务广而荒，又何贵乎？少者不必不善，虽一手一足之屈伸，苟以为常，亦有益焉。明乎此，而后体育始有进步可言矣。

第七　运动应注意之项

凡事皆宜有恒，运动亦然。有两人于此，其于运动也，一人时作时辍，一人到底不懈，则效不效必有分矣。运动而有恒，第一能生兴味。凡静者不能自动，必有所以动之者，动之无过于兴味。凡科学皆宜引起多方之兴味，而于运动尤然。人静处则甚逸，发动则甚劳，人恒好逸而恶劳，使无物焉以促之，则不足以移其势而变其好恶之心。而此兴味之起，由于日日运动不辍。

---

① 樊：杂乱。
② 藏（zàng）：指内脏。

最好于才起临睡行两次运动，裸体最善，次则薄衣，多衣甚碍事。日以为常，使此运动之观念相连而不绝，今日之运动承乎昨日之运动，而又引起明日之运动。每次不必久，三十分钟已足。如此自生一种之兴味焉。第二能生快乐。运动既久，成效大著，发生自己价值之念。以之为学则胜任愉快，以之修德则日起有功，心中无限快乐，亦缘有恒而得也。快乐与兴味有辨：兴味者运动之始，快乐者运动之终；兴味生于进行，快乐生于结果。二者自异。

有恒矣，而不用心，亦难有效。走马观花，虽日日观，犹无观也。心在鸿①鹄，虽与俱学，勿若之矣。故运动有注全力之道焉。运动之时，心在运动，闲思杂虑，一切屏去，运心于血脉如何流通，筋肉如何张弛，关节如何反复，呼吸如何出入，而运作按节，屈伸进退，皆一一踏实。朱子论主一无适，谓吃饭则想着吃饭，穿衣则想着穿衣。注全力于运动之时者，亦若是则已耳。

文明柔顺②，君子之容，虽然，非所以语于运动也。运动宜蛮拙。骑突枪鸣，十荡十决③，喑噁④颓山岳，叱咤变风云，力拔项王之山，勇贯由基⑤之札，其道盖存乎蛮拙，而无与于纤巧之事。运动之进取宜蛮，蛮则气力雄，筋骨劲。运动之方法宜拙，拙则资守实，练习易。二者在初行运动之人为尤要。

运动⑥所宜注意者三：有恒，一也；注全力，二也；蛮拙，三也。他所当注意者尚多，举其要者如此。

第八　运动一得之商榷

愚既粗涉各种运动，以其皆系外铄而无当于一己之心得，乃提挈各种运

---

① "鸿"原文为"鸣"。
② 文明柔顺：古人称赞周文王"外文明而内柔顺"。
③ 十荡十决：指项羽在垓下（今安徽灵璧县）被刘邦重重包围，只剩十骑，他十次冲入汉兵阵地，都突破缺口，冲了出来的故事。
④ 喑噁（wū）：厉声怒喝。亦作"喑呜"。
⑤ 由基：养由基，一作养游基，春秋时代楚国大夫，是个百发百中的射箭能手。
⑥ "运动"原文为"运运"。

动之长，自成一种运动，得此运动之益颇为不少。凡分六段：手部也，足部也，躯干部也，头部也，打击运动也，调和运动也。段之中有节，凡二十有七节。以其为六段，因名之曰"六段运动"。兹述于后，世之君子，幸教正焉。

一、手部运动，坐势。

1. 握拳向前屈伸，左右参（左右参者，左动右息，右动左息，相参互也），三次。

2. 握拳屈肘前侧后半圆形运动，左右参，三次。

3. 握拳向前面下方屈伸，右左并（左右并者，并动不相参互），三次。

4. 手仰向外拿，左右参，三次。

5. 手覆向外拿，左右参，三次。

6. 伸指屈肘前刺①，左右参，三次。

二、足部运动，坐势。

1. 手握拳左右垂。足就原位一前屈，一后斜伸，左右参，三次。

2. 手握拳前平。足一侧伸，一前屈。伸者可易位，屈者惟趾立，臀跟相接，左右参，三次。

3. 手握拳左右垂。足一支一揭，左右参，三次。

4. 手握拳左右垂。足一支一前踢，左右参，三次。

5. 手握拳左右垂。足一前屈，一后伸。屈者在原位，伸者易位，两足略在直线上，左右参，三次。

6. 手释拳。全身一起一蹲，蹲时臀跟略接，三次。

三、躯干部运动，立势。

1. 身向前后屈，三次（手握拳，下同）。

2. 手一上伸，一下垂。绷张左右胸肋，左右各一次。

3. 手一侧垂，一前斜垂。绷张左右背肋，左右各一次。

---

① "刺"原文为"剌"。

4. 足丁字势。手左右横荡，扭挟腰胁，左右各一次。

四、头部运动，坐势。

1. 头前后屈，三次。

2. 头左右转，三次。

3. 用手按摩额部、颊部、鼻部、唇部、喉部、耳部、后颈部。

4. 自由运动。头大体位置不动，用意使皮肤及下颚运动，五次。

五、打击运动，不定势（打击运动者，以拳遍击身体各处，使血液奔注，筋肉坚实，为此运动之主）。

1. 手部。右手击左手，左手击右手。

（1）前膊。上面、下面、左面、右面。

（2）后膊。上面、下面、左面、右面。

2. 肩部。

3. 胸部。

4. 胁部。

5. 背部。

6. 腹部。

7. 臀部。

8. 腿部。上腿、下腿。

六、调和运动，不定势。

1. 跳舞，十余次。

2. 深呼吸，三次。

（中共中央文献研究室、中共湖南省委《毛泽东早期文稿》编辑组：《毛泽东早期文稿》，湖南人民出版社 2008 年版，第 56-69 页。）

📋 评析

此文发表于 1917 年 4 月 1 日《新青年》第 3 卷第 2 号，毛泽东当时为湖南省立第一师范学校本科四年级第八班的学生。本文专论体育，认为体育锻炼是人类养生之道，目的在于使身体各部位得到全面协调的发展。因为身体是知识与道德的承载者，所以体育在人生中占据重要的位置。身体强壮而后才能追求学问道德的进步。要形成自觉的体育运动习惯，关键在于主观愿望。勤加体育锻炼的作用在于强筋健骨，增长知识，调节感情，提升意志，促进身心的和谐与统一，可以养身，也可以乐心。毛泽东分析了今之学者多不好运动的原因，从客观上来说，是积习难返，提倡不力；从主观上来说，是无自觉之心，学者以运动为耻。毛泽东还指出运动不宜多，应有利于身心，应持之以恒，应倾注全力。

"身体是革命的本钱，健康是一切的根本"，"欲文明其精神，先自野蛮其体魄"。毛泽东一直将体育锻炼与读书学习并重，要以优秀的理论知识指导行动，首先要有健康的身体来承载知识。体育强则国强，鼓励青年学子参加体育锻炼，使年轻人拥有强健的体魄是实现国家富强的重要保障。毛泽东重视体育的教育思想给人警醒，修身不只是静坐冥想、研习科学文史，还有对身体素质的锻炼，这是读书人调养心性，立德立功的大前提。因而，在教育活动中，我们应当重视学生的文化学习与体育运动协调发展，进而以体育志，以体育心，使强壮者再接再厉，体弱者在锻炼中不断成长，体育之效不可忽视。

学生之工作

我数年来梦想新社会生活，而没有办法。七年春季，想邀数朋友在省城对岸岳麓山设工读同志会，从事半耕半读，因他们多不能久在湖南，我亦有北京之游，事无成议。今春回湘①，再发生这种想象，乃有在岳麓山建设新

---

① 今春回湘：指 1919 年 3 月 12 日离京赴沪，4 月 6 日从上海回到长沙。

村的计议，而先从办一实行社会说、本位教育说的学校入手。此新村以新家庭、新学校及旁的新社会连成一块为根本理想。对于学校的办法，曾草就一计划书，今抄出计划书中"学生之工作"一章于此，以求同志的教诲。我觉得在岳麓山建设新村，似可成为一问题，倘有同志，对于此问题有详细规划，或有何种实际的进行，实在欢迎希望的很。

一

学校教授之时间，宜力求减少，使学生多自动研究及工作。应划分每日之时间为六分。其分配如左：

睡眠二分。

游息一分。

读书二分。

工作一分。

读书二分之中，自习占一分，教授占一分。

以时间实数分配，即：

睡眠八小时。

游息四小时。

自习四小时。

教授四小时。

工作四小时。

上列之工作四小时，乃实行工读主义所必具之一个要素。

二

工作之事项，全然农村的。列举如左：

（甲）种园。（一）花木。（二）菜蔬。

（乙）种田。（一）棉。（二）稻及他种。

（丙）种林。

385

（丁）畜牧。

（戊）种桑。

（己）鸡鱼。

<h2 style="text-align:center">三</h2>

工作须为生产的与实际生活的。现时各学校之手工，其功用在练习手眼敏活，陶冶心思精细，启发守秩序之心，及审美之情，此为手工课之优点。然多非生产的（如纸、豆泥、石膏、各细工），作成之物，可玩而不可用；又非实际生活的，学生在学校所习，与社会之实际不相一致，结果则学生不熟谙社会内情，社会亦嫌恶学生。

在吾国现时，又有一弊，即学生毕业之后，多骛①都市而不乐田园。农村的生活非其所习，从而不为所乐（不乐农村生活，尚有其他原因，今不具论）。此于地方自治之举行有关系。学生多散布于农村之中，则或为发议之人，或为执行之人，即地方自治得学生为之中坚②而得举行。农村无学生，则地方自治缺乏中坚之人，有不能美满推行之患。又于政治亦有关系，现代政治，为代议政治，而代议政治之基础筑于选举之上。民国成立以来，两次选举，殊非真正民意。而地方初选，劣绅恶棍武举投票，乡民之多数，竟不知选举是甚么一回事，尤无民意可言。推其原因，则在缺乏有政治常识之人参与之故。有学生指导监督，则放弃选举权一事，可逐渐减少矣。

欲除去上文所说之弊（非生产的，非实际生活的，骛于都市而不乐农村），第一，须有一种经济的工作，可使之直接生产，其能力之使用，不论大小多寡，皆有成效可观。第二，此种工作之成品，必为现今社会普通之要需。第三，此种工作之场所，必在农村之中；此种之工作，必为农村之工作。

上述之第一，所以使之直接生产。第二，所以使之合于实际生活。第三，所以养成乐于农村生活之习惯。

---

① 骛：原作"鹜"。
② 坚：原文为"竖"，据下文知为"中坚"。

四

于上文所举以外，尚有一要项，今述之于下。言世界改良进步者，皆知须自教育普及使人民咸有知识始。欲教育普及，又自兴办学校始。其言固为不错。然兴办学校，不过施行教育之一端。而教育之全体，不仅学校而止，其一端则有家庭，一端则有社会。家庭之人无知识（家庭之组织不善、习惯不善等从之），则学生在学校所得之知识与之枘凿①，其结果只有二途：一则被融化于家庭，造成一种孝子顺孙新旧杂糅②之乡愿。一则与家庭分张，近来"家庭革命""父子冲突"之声，所由不绝于耳也。社会亦然。学生出学校入社会，若社会之分子无知识（社会之组织不善、习惯不善等从之），则学生在学校所得之知识与之枘凿，其结果亦只有两途：或为所融化，或与之分张。从来之柔懦奸邪，皆前一种之结果。从来之隐士，皆后一种之结果（隐士之隐，多为社会与其理想枘凿而然）。故但言改良学校教育，而不同时改良家庭与社会，所谓举中而遗其上下，得其一而失其二也。

虽然，欲依现在之情形，由学校之力，改良家庭与社会，由办学校之人，同时为改良家庭与改良社会之人，其事果得为乎？此吾可径答之曰不可得为也。盖依现今之情势，家庭、学校、社会，三者其关系，非为有机的而为无机的，非为精神的而为形式的。形式尽相结合，而精神上则常相冲突。今以学校对于学生之目的言之，为"养成有独立健全之人格之人"。而家庭对于子弟之目的，则为"养成可供家庭使命之人"（例如父兄只责子弟赚钱养家，却不问其来历）。社会对于个人之目的，亦非以社会为个人之发展地，而以个人为社会之牺牲品（例如工厂奴使工徒，又各种机关下级人员之生活，多感痛苦而不觉愉快）。此岂非精神上相冲突之明证乎？由今之道，无变今之俗，家庭、学校、社会，将相违日远，焉有改良之望哉！

今请申言吾人之意，真欲使家庭社会进步者，不可徒言"改良其旧"，

---

① 枘凿：原文为"柄凿"。"枘凿"是"方枘圆凿"的简写，喻互相矛盾。
② 杂糅：原文为"杂粹"。

必以"创造其新"为志而后有济也。盖所谓改良家庭、改良社会云者，无非改良"生活"，而旧的家庭生活与旧的社会生活，终不可以改良。此等之旧生活，只适用于旧时代。时代已更，则须别有适应此时代之新生活。且伊古以来，几曾真见有改良其旧之事？有之，皆创造其新者耳。近人知旧剧之不可改良为新剧，而岂知各种旧生活亦皆不可改良为新生活也。今试征之家庭与社会之事实，与现今之家长言子弟人格独立，与现今之工厂主谋与工徒分配平均，尽人而知其不可能也。故劳动者欲求完全之平均分配，非在社会制度改革之后不能得到。子弟欲求完全之人格独立，非在家庭制度改革之后不能得到。社会制度之大端为经济制度。家庭制度之大端为婚姻制度。如此造端宏大之制度改革，岂区区"改良其旧"云云所能奏效乎？

创造新学校，施行新教育，必与创造新家庭、新社会相联。新教育中，以创造新生活为主体。前节所云"生产的工作""实际的工作""农村的工作"，即新生活之大端也。

新学校中学生之各个，为创造新家庭之各员。新学校之学生渐多，新家庭之创造亦渐多。

合若干之新家庭，即可创造一种新社会。新社会之种类不可尽举，举其著者：公共育儿院，公共蒙养院，公共学校，公共图书馆，公共银行，公共农场，公共工作厂，公共消费社，公共剧院，公共病院，公园，博物馆，自治会。

合此等之新学校、新社会，而为一"新村"。吾以为岳麓山一带，乃湘城附近最适宜建设新村之地也。

夫论政治革命之著明者，称法兰西；论社会革命之著明者，称俄罗斯，所谓"模范国"是也。论街衢之修洁者，称柏林；论商市之华丽者，称巴黎，所谓"模范都"是也。吾人于南通县之自治教育，亦艳称之，则又所谓"模范地方"也。所以然者，效验既呈，风树乃树，世人耳目，咸集注之。

诚欲转移风化，自宜养成一种势力，而此种势力，宜抟控①而切忌涣散。旗帜务取鲜明，而着步尽宜按实。今不敢言"模范国""模范都""模范地方"，若"模范村"，则诚陈义不高，简而易行者矣。

俄罗斯之青年，为传播其社会主义，多入农村与农民杂处。日本之青年，近来盛行所谓"新村运动"。美国及其属地斐律宾②，亦有"工读主义"之流行。吾国留学生效之，在美则有"工读会"，在法则有"勤工俭学会"。故吾人而真有志于新生活之创造也，实不患无大表同情于吾人者。

五

第二节所举田园树畜各项，皆旧日农圃所为，不为新生活，以新精神经营之，则为新生活矣。旧日读书人不预农圃事，今一边读书，一边工作，以神圣视工作焉，则为新生活矣。号称士大夫有知识一流，多营逐于市场与官场，而农村新鲜之空气不之吸，优美之景色不之赏，吾人改而吸赏此新鲜之空气与优美之景色，则为新生活矣。

种园有二，一种花木，为花园，一种蔬菜，为菜园，二者相当于今人所称之学校园。再扩充之，则为植物园。种田以棉与稻为主，大小麦、高粱、玉③蜀黍等亦可间种。粗工学生所难为者，雇工助之。

种林须得山地，学生一朝手植，虽出校而仍留所造之材，可增其回念旧游爱重母校之心。

畜牧如牛、羊、猪等，在可能畜养之范围内，皆可分别畜养。

育蚕须先种桑，桑成饲蚕，男女生皆可为。

养鸡鱼，亦生产之一项，学生所喜为者也。

六

各项工作非欲一人做遍，乃使众人分工，一人只做一项或一项以上。

---

① 抟控：主持、执持。
② 斐律宾：今译菲律宾。
③ 原脱"玉"字。

学生认学校如其家庭，认所作田园林木等如其私物，由学生各个所有私物之联合，为一公共团体，此团体可名之曰"工读同志会"。会设生产、消费、储蓄诸部。学生出学校，在某期间内不取出会中所存之利益，在某期间外，可取去其利益之一部而留存其一部，用此方法可使学生长久与学校有关系。

七

依第三节所述，现时各学校之手工科，为不生产的，所施之能力，掷诸虚牝①，是谓"能力不经济"。手工科以外，又有体操科亦然，各种之体操，大抵皆属于"能力不经济"之②类。今有各项工作，此两科目可废弃之。两科目之利，各项工作之中，亦可获得。

（中共中央文献研究室、中共湖南省委《毛泽东早期文稿》编辑组：《毛泽东早期文稿》，湖南人民出版社 2008 年版，第 406-413 页。）

📑 评析

此文发表于 1919 年 12 月 1 日《湖南教育月刊》第 1 卷第 2 号。1918 年 6 月，毛泽东在湖南省立第一师范学校本科毕业。毕业后，他同蔡和森等人到岳麓书院野餐露宿，进行社会改造问题的探讨，计划在此期间办"工读同志会"，来实现建设新社会的愿望。这一教育设想，受到日本学者小路实笃的新村主义和 19 世纪俄国的农业社会主义影响，既带有对传统士大夫所追求的田园生活的改造，又与以大机器生产为基础的现代职业教育的"半工半读"有质的区别。这虽然在当时的社会条件下看来只是遥远又虚幻的田园牧歌，但对毛泽东中、后期的社会教育思想产生了重要的影响。

---

① 虚牝（pìn）：喻无用之物。
② "之"原文为"二"。

此文精髓之处在于毛泽东对学习内容和科学学习方法的提倡。毛泽东为学生生活作息制订了详细的时间计划，其不仅要求学生以教授讲课与自由学习的方式刻苦读书，还给予了学生充分的工作、游息的时间。此学习时间计划，注重激发学生的主观能动性和培养对知识的实际操作能力，且有张有弛，松紧适度，教育与生产劳动相结合的思想是对马克思主义教劳结合思想的继承、丰富和发展，让学习工作出效率，让实践活动检验真知。而毛泽东对学生的工作内容安排亦有深蕴，即"工作须为生产的与实际生活的"，可见其崇尚实干。反对脱离现实始终是共产党人教育事业的信仰之一，与毛泽东"实事求是，一切从实际出发"的智慧遥相呼应。此文寄托着毛泽东渴望改当时一国之弊、普及教育、传授实际技能、培养积极情怀的愿望，发人深省。

湘潭教育促进会宣言

湘潭教育促进会同人，欲以协同之主张，对于吾邑教育有所促进。特公同议决，发表如次之宣言。

吾邑兴办学校，将及廿年。光宣之际①，成绩颇佳。民国初元，进步尤速。虽内容未臻美备，要亦粗具规模。近年欧潮东渐，学说日新。全国学界人士，靡不振臂奋起，顺应潮流，从事改革。独吾邑教育，既不能应时势之需要，力谋刷新，复不能本固有之精神，维持原状。校所停闭及半，青年皆向学无门。学款年有增加，黄金尽掷诸虚牝。推原根本，皆由主持教育者，不察世界潮流，不知②自身缺陷，无责任之观念与振奋之精神，有以致之也。教育为促使社会进化之工具，教育者为运用此种工具之人。故教育学理及教

---

① 光宣之际：指清朝光绪（1875—1908）、宣统（1909—1911）年间。
② "知"原文为"如"。

育方法必日有进化，乃能促社会使之进化；教育者之思想必日有进化，乃能吸收运用此种进化之学理及方法而促社会使之进化。自世界思潮日趋转变，吾国新文化运动，随之而起。文学革新，思想解放，全国风传，进行甚速。美博士杜威东来，其新出之教育学说，颇有研究之价值。而吾县深闭固拒，对于外间情势，若罔闻知。主持督促之人，既固陋而寡通，尤昏愦而无识。思潮不能顺应，教育因而失效。瞻念前途，隐忧无极！至吾邑教育实在腐败情形，久已道路喧传，怪状百来，事实具在，无可讳言。主持教育者，无一定方针，无具体计画，复无任事之毅力与改善之决心，遂使教育界缺乏振作奋发之精神，而人民渐起不信任学校之心理。若不急起直追，共谋补救，愈趋愈下，势非陷全邑教育于破产状况不止。敝会同仁，本敬恭桑梓之心，为促进教育之计，愿与全县教育界人士交相勉励，外观世界之潮流，内审自身之缺陷，勉负职责，振起朝气。对于全县教育，如何规画，如何进行，如何涤除旧污，如何输入新识，如何使经费支配得当，如何使用人可免失宜，如何使不成问题之新旧界限疏通打破，如何使从前种种意气之争消除变化，一循真理，协谋进行。凡此均极重要问题，非大众一心，勇猛精进，不能解决。同人力量虽微，一诚自矢。凡所主张，尽为全局公益设想，绝非个人好恶，亦无偏激感情。各方意见，总期虚心采纳，相见以诚。但求旨趣相谐，均当引为同志。今当发起之始，特此宣言。

（中共中央文献研究室、中共湖南省委《毛泽东早期文稿》编辑组：《毛泽东早期文稿》，湖南人民出版社 2008 年版，第 446-448 页。）

📑 评析

在毛泽东等人的发起下，湘潭教育促进会于 1920 年 7 月 27 日正式成立。该会以促进湘潭教育，宣传新思潮，倡导革新教育为宗旨。毛泽东被选举为该会文牍干事。《湘潭教育促进会会务报告》记载，1920 年 7 月 30 日，该会举行第一次干事会，决议"宣言书推毛泽东主稿"，"次日，毛泽东草出宣言书"。同年8月3日、4日，该宣言在湖南《大会报》公开发表。此文对主持教育者提出：要洞察世界潮流，要比较分析自身优劣之处，要有方针、计划，增强责任意识，要振奋精神，要有勇担大任的决心与毅力。毛泽东主张勇猛精进地吸收先进的教育思想，革除教育腐败，振兴教育事业。

不论是中华人民共和国成立之前，还是社会主义建设时期，毛泽东对教育的战略地位始终拥有明确的认识。毛泽东重视国民教育，将人才的培养视为国家崛起之大计，并一再对教育工作者的责任担当和教培能力提出要求，力求革除弊习，与时俱进，吸收马克思教育思想，以新教育取代旧教育。可见，教育改革的首要对象，始终在授教者。人民教师理应以不负使命，以敢担大任的决心，端正育人态度，明确工作职责，提高教育能力，开阔学识眼界，从而以先觉觉后觉，以教师身份引领学生，解放思想，吸收知识，全面发展。

蔡和森

蔡和森（1895—1931），又名蔡林彬，字润寰，号泽膺，湖南湘乡永丰镇（今属双峰）人，中国共产党早期重要领导人。蔡和森于1913年进入湖南省立第一师范读书，其间，同毛泽东等人一起组织进步团体新民学会，创办《湘江评论》，参加五四运动。1922年，蔡和森出席中共二大，任中共中央机关报《向导》周报主编，积极宣传党的政策、路线和方针。1925年，领导五卅运动，同年前往苏联任中共驻共产国际代表。1927年至1928年，任中共中央秘书长、中共中央政治局常委等职。1931年回国，担任中共两广省委书记，6月在香港被英当局逮捕，8月英勇就义于广州。蔡和森生平著作皆收录于《蔡和森文集》。

蔡林彬给邹蠡鼎
（留法勤工俭学问题）

鼎兄：

我接尔两封长信，详哉其言之！会事待后商量。至往法普通之疑问，则无当于弟之所持也。然究无意劝兄；兄一年中不可离长沙一步也。此回所来分子，主体太少，六人中尚有三人要考军官学校，令我寒心！升兄坐误事机，弟对之殊不欲再发一言，所最可感者，闹成一事机非常之不易，而赴事机者愈亲切愈熟知之人，则愈漠视愈犹夷而不可动。老成审慎，诚有异乎常人！究亦何敢多赞。兄之所疑，不可不于此略祛一二，以壮芝赞诸必来者之胆：一则工之性质，不可看得太拘，须知十五六万华工，消纳五六十教员及翻译，当不为那样不可能。二则不要将进学堂看得那样要紧；此外尚有其大者远者重者。且即就甘心于进学堂言，一有组织，形势便变，万无不能达目的之理，尤且有早入早达之望也。三则明年之能往与否，一审世界大势便可知，尤令人怀疑者在此点，尤不成问题者亦在此点也。再，开边事，想先觅一人托人荐到吉省办点事情，然后徐图发展。润兄说有湘乡黄君①（农校卒业）可当此任，大约近日即有信去。若其来省，定会来访兄，当接洽留住也。驻京惟有润兄最宜，弟则反恐不经济，且形格势禁殊甚，兄将何以再教？

彬白

（蔡和森著：《蔡和森文集》上册，人民出版社 2013 年版，第 19-20 页。）

评析

此篇大约作于1918年，载《新民学会会员通信集》第一集。作此信时，受工读思潮和马克思主义的影响，为实现"科学救国""实业救国""教育救国"的目的，蔡和森正努力筹备组织学生赴法勤工俭学一事。书信中，蔡和森积极引导人们赴法留学，告诫其择工的注意事项，他勤于招生，组织工读的热切之意、殷勤用心可见一斑。其为求引先进思想于华夏而审时度势，预备周详，呕心沥血之精神无不叫人动容。

革命先烈之奉献精神令人刻骨铭心，艰苦奋斗、努力拼搏的民族基因时至今日仍流淌在中华儿女的血液之中，"科学救国""实业救国""教育救国"等目标与实干兴邦、科教兴国互为表里，作为民族复兴的百年之计，依旧指引着华夏儿女奋进。

395

蔡林彬给陈绍休
（留法勤工俭学问题）

赞周兄：

奉来片，敬悉。此在兄不妨细心。在弟不妨卤猛。弟以为吾人行事，只

① 湘乡黄君：黄公略，湖南湘乡人，中国共产党早期领导人之一。

可得半行半，万无全势，亦万无全理。凡弟前之所呈，似已过于得半之数。虽粗枝大叶，稀疏处多；然总不至误人太甚。即其对于李石曾先生等之信念，亦只如此而已。今谨择要条答，有不到处，请参查前信，便知消息。（一）战后尚可往，尚须人。（二）并不是专怕潜艇，只是现在船要装兵，不暇装工，李去一年以后，船行约可如常。（三）想不至延三四年。李等办有孔德中学①，对于卒业生之不升学者，尚有介绍于中法合办各机关录用之语。（四）月薪不可知，想不至无。（五）只要同人来得五六七八九，定会开班。（六）只要文凭，取录不成问题。（七）育德中学②为保定之学校，李等为保定之人。（八）英亦须工；但无此种组织。（九）自以李等为中坚。（十）天津工厂内容不知道。（十一）不入预校，诸公无格外资助之能力。余容润升二兄到时商量报告。顺问近祺！

弟彬复。二十四日。

（蔡和森著：《蔡和森文集》上册，人民出版社 2013 年版，第 21 - 22 页。）

📑 评析

此篇大约作于 1918 年，载《新民学会会员通信集》第一集。书信中的北京孔德中学、保定育德中学都是当时留法勤工俭学运动的发祥地。书信中，蔡和森积极策划留法勤工俭学预备班的招生事宜，并回答了十一个相关问题，为共产主义早期活动栉风沐雨、殚精竭虑，文字中饱含培养共产主义青年战士的殷切期望。

文中，共产党早期组织领导人艰苦斗争，前赴后继的革命精神、斗争精神、探索精神让人动容。纵使面临战争，蔡和森等人仍以不惧艰险的姿态遣

---

① 孔德中学：位于北京，由蔡元培、李石曾等人创办。
② 育德中学：位于河北保定，建于清光绪年间。

送青年赴法学习，以开眼看世界的姿态学习新知识，掌握新技能，建设新国家，拓展新天地。世间本无道，路过的使徒多了才踏出路径，教育历来是国之根本，建设教育强国是中华民族伟大复兴的基础工程。

蔡林彬给毛泽东
（大规模的自由研究）

润之兄：

　　昨夜奉读来示，极忠极切！本以待兄主张然后定计，今计定矣。只要吾兄决来，来而能安，安而能久，则弟从前所虑种种，皆不成甚问题；盖所仰赖于兄者，不独在共学适道，抑尤在与立与权也。大规模之自由研究，最足动吾之心，慰吾之情，虽不详说，差能了解。兄之"梦呓"①，尤是弟之兴味，通我智核②，祛我情瞽③，其为狂喜，自不待言。前者对于大学之兴味，全在制造友生；对于往法兴味，全在团结工人；二皆不适，亦既耿耿于心。只以事不称意，遂思超脱原计，另辟一路；实则又入网罗，此运思不缜密之过也。自由研究社，略分内容与外延。今兄于外延已略揭其端，远矣大矣，只有巴黎一处，当加矣！至其内容，弟尝思非财力差厚不举，非通一二外国文字不行。故前有虑其太早之说，又有往法做三五年工即行回国开馆延朋之想，由今思之，此亦似太早计。着手办法，惟有吾兄所设之"乌托邦"为得耳。且同侪既有一队往法，则凡所以调剂利用之者，正大有方法可想，是以前之异议，又已神而化之矣。私窃以为不但本国学校无进之必要，即外国学校亦无进之必要；吾人只当走遍各洲，通其语文，读其书报，察其情实而已

---

① 梦呓：梦话。
② 智核：智力方面的约束。
③ 情瞽：因情感而起的愚钝。

足，无庸随俗拘苦为也。吾人之穷极目的，惟在冲决世界之层层网罗，造出自由之人格，自由之地位，自由之事功，加倍放大列宁与茅原华三①（此二人亦不审其果有价值否，暂以为近人近事而假借之）之所为，然后始可称发展如量。然有时为达此穷极目的计，不必要中亦有必要在；是以本来厌恶学校也，而竟又欲入学校；本来痛恨万恶也，而竟公然主张主人君子要为恶。然此实一时之直觉，未经师友之讨论，是以前书略吐之，明知此等为兄脑中所含弘，特欲借此得丰富之反响耳。兄之行止，幸已确定，无犹夷，前书斟酌之说，实无所用其斟酌也！熊希龄氏若抵湘，请兄为往法事往会之，问其答应筹款若何，其详在致升兄书中，请查阅。谨此顺问行期。

蔡林彬。八年七月二十四日。

（蔡和森著：《蔡和森文集》上册，人民出版社 2013 年版，第 26-27 页。）

📑 评析

此篇大约作于 1918 年，载《新民学会会员通信集》第一集。书信中主要讨论了毛泽东所提出的"大规模的自由研究"的学习方法以及共产主义培养人才的目标。毛泽东"大规模的自由研究"思想大致包括四层含义：一是大规模阅读，比较研究多种主义；二是提倡集体学习，广泛结交志同道合的学友；三是积极开展并参与大规模的社会实践、社会调研，以实践检验知识，增长才干；四是从自身出发，围绕个人兴趣爱好，自由选择研究对象和研究方法。蔡和森对毛泽东这一思想多有认同，并在信中讨论了这一学习思想的推广方式："走遍各洲，通其语文，读其书报，察其情实而已足。"蔡和森认为，通过这一学习方法，中国共产党培育的人才应当是以列宁与茅原华山为榜样，拥有自由的人格、事业和地位，能够结合工人运动，冲决世界的网罗，最终对整个中国与世界的格局带来至大至深的改变的人。事实证明，以毛泽

---

① 茅原华三：笔误，当为茅原华山，日本学者。

东、蔡和森为代表的共产党早期组织领导人，在大规模自由研究思想指导下，比较了多种主义，最终坚定选择了共产主义和马克思主义，顺应了历史潮流和人民的愿望，"大规模的自由研究"思想在当时的历史环境中的确有实效。

"大规模的自由研究"为我们治学读书提供了方法论上的指导，治学当大胆假设，小心求证。读书当结交益友，泛观博览，反对一言堂，以免独学无友，孤陋寡闻。在实践中探索真理，在治学中塑造时代和人民所需要的品格。

曾宝荪

曾宝荪（1893—1978），字平芳，别号浩如，教育家，曾国藩曾孙女。幼时从祖母郭筠（馆名艺芳，曾纪鸿夫人）学。稍长，入上海晏摩氏女校，继入务本女学校，再入浙江公立女子师范学校。毕业后，入浙江冯氏高等女学校。1912 年春，去英国留学。回国后，得亲友及社会人士赞助，于 1917 年 9 月在长沙创办一所艺芳女子学校，自任校长。曾宝荪一生以教育为业，终身未婚。

艺芳的组织与学生的自治

艺芳的组织与各学校大致相同，有董事会、校长、教务主任、训导主任、总务主任，及各专责教职员。所不同的是，如上文所说有一个艺芳学友会，全体学生与教职员都加入，而校中大事的定夺，在这个会。不但校长教员不能勉强，就是董事会，也不能勉强。可以说实在大权操之于学生，因为学生人数占学友人数绝大多数。

学校得教育部许可为六年中学一贯制。初中不毕业——但学生如要转学，可以给她转学证书——四年级可以插班，收外面的初中毕业学生，五六年便不收插班生了。一年级招生，不超过三十人，等到四年级，即使因为有离校学生而补入插班生，也决不超过三十人。因此到六年高中毕业，人数很少，最多不过二十四五人，甚至少到只有九人。学生一律住校，每日三餐，师生同在一个食堂，见面特多，自然亲切，有如家庭父母子女。学生有小疾病，由学校校医免费治疗，但如有重病则由学校通知家长商量医治。

训育工作由师生分任，各班举班长一人，每寝室举室长一人，分任指导与劝化的责任。如有一同学不能听从，可以告知训导主任，再不听从，则训导主任告知校长，校长亲自与她个别谈话。艺芳从不记过，不开除学生，但经校长一番劝导，没有不改悔的。功课不好的学生，各科教员亲自为她们补习，甚至校长也亲自补教，绝不收补习费。我有一个学生，算学极坏，经我自己给她补一学期，后来是算学最好的一个。另有一个学生，在长沙各女学都读过，每次闹事出来。而她的父亲，是长沙一个有名学校的教务主任。她到我们学校时，由她父亲送来，对我说"只要曾先生能把她在贵校毕业，我就感激不尽了"。第一个礼拜，有一天夜晚，我就请她来谈话，我告诉她"无论有何不满意的事，不管与同学、老师，甚至家庭、经济或婚姻有关的问题，都可来和我讲，我一定站在你的角度，同情地与你解析"。我要她答应我，"如发生你不满的事，先同我商量再取行动"。她答应了我。果然在三年读高中的时候，只与我谈了二次话，均满意解决，直到毕业。此学生是湘潭人，一九四九年夏天毕业。那时长沙已经乱哄哄了，我要同学人人回家，而这个学生坚持留校三日，为的要送我上飞机离开长沙。师生感情，有如此的深。

学校规矩，每日六时起床，七时早餐，七时三刻礼拜，八时上课，上午四堂课，十二时半中饭，饭后休息一小时，二时至四时再上二堂课，每日只六堂课，下午的课多半是科学试验、音乐、手工、图画、体育等不太用脑力的课。每礼拜六第一节课由我讲论时事——世界、本国、本省——的要事。每礼拜五下午请名人演讲——讲题包括文学、科学、艺术、宗教等等，使学生多得课外常识。学生的学业成绩，若用升学考试来衡量，可说极好，因为高中毕业联考，我校是百分之百及格；考大学，考出洋也是百分之百的成绩。最好还是学生读书的精神。夜间自修，不要先生监察，考试也不要监场，决无夹带、枪替或私相传授的举动。至于普通生活上，也做到抽屉不要锁，园中花果不乱摘，别人的东西决不擅用。不是艺芳没有出过失物的案子，有过两次，都查出来了。而且那拿东西的学生有一个痛改前非，有一个自行告退了。

有一次，一个四年级学生失去了一只金表，报告好几次，都没有人送回。于是学友会召开临时大会，有人提议"搜查"，我极力反对，同学中也有反对的。因为搜查，可以有坏人"移赃好人"的危险。但学友会通过要"搜查"，校长也无法禁止。我便将各班同学召集在大礼堂。然后由训导主任、学友会会长、干事一人及被查学生本人，拿她的箱子钥匙——若是锁好的箱子，去开箱搜查。我在大礼堂讲台上讲故事与众人听。我讲了些中国故事，如《聊斋》上的"王成""劳山道士"等，也讲了些外国故事，如纪柏林的"失去的光"（Kipling's the Light that Failed）及戴华（M. Diver）的"报复"（Requital）等等。学生听得津津有味，心平气和，同学中那些反对搜查的，本来很不高兴，也都不作声了。恰好听得出神之时，忽有工友来报告"金表在垃圾桶内寻到了"，于是皆大欢喜，也没有人追问了。我想那金表很少可能是偷去的人怕搜出，丢在垃圾桶内的，因为时间不许可，因此可能是扫地时，工友不小心，扫出去了，也可能学生们自己吃零食时，纸屑果皮包住，连金表一起丢了。总之，从那以后，没有失过东西。尤其大众听笑话故事时，把气氛和缓下来，大众嬉笑的再上课，将一天大事，化为无事。这就是艺芳师生合作的精神，也是艺芳的民主精神。

因为艺芳人数太少，体育竞赛，就差得多了。那时长沙以"周南"和"一女师（古稻田）"体育最好，艺芳不能与同日语，但是艺芳有体育家的精神，屡败屡战，从不发"输"气。

学生对于学校财政可以过问，每两个礼拜，可以查学校的伙食账一次（那时因为人少，没有由学生自办伙食），每学期也可查学校财务账一次，出入对照，可以看出学校收入的学费、膳费、杂费，远不够学校的开支。其中尚除开巴师①、约农②、萧女士与我不受薪水，外国来的教员，由国外友人支持，也不支艺芳薪水。因为如此，所以不敷尚不太多，而学生的杂费，每每还有多余的退回与学生（学生每人每学期缴学费二十五元，膳费二十元，杂费十元，均光洋计算。杂费包括电灯、炭、文具等，多退少补，中途退学，

---

① 巴师：指巴路义女士。她是对曾宝荪产生重要影响的老师，协助曾宝荪创立艺芳女子学校，并担任该校英文教员。

② 约农：曾约农，1909年考取第一届庚子赔款赴英留学，在伦敦大学攻读矿冶。归国后，他和堂姐曾宝荪于长沙创办艺芳女子学校。

只退膳杂费，学费不退）。这样学生对于学校财政，很清楚，也很信任。

（曾宝荪、曾纪芬著：《曾宝荪回忆录》，岳麓书社 1986 年版，第 76-80 页。）

📑 评析

此文主要讲述了艺芳女子学校的办学特色。艺芳女子学校设立学友会，不仅全体学生在列，教职员也全员参与，由于学生人数占学友人数的大多数，因此，其办学特色在于学生自治、师生合作。老师与学生共同生活，彼此关系融洽。训育工作由师生分任，艺芳对学生呵护有加，从不记过，也不开除学生，若学生中有行为顽劣者，一经校长教导，也会即刻悔改。学校在传授学生知识方面也下足了功夫，对功课不好的学生，各科教员会亲自为她们补习，甚至校长也会亲自补教，且绝不收取补习费用。学生有权监督学校的财务工作，可以定期查账。曾宝荪认为，艺芳女子学校充分体现了师生合作与民主精神。

师生合作、师生民主以及学生自治是艺芳女子学校的办学特色，而其最根本的，在于教学层面对学生主体性的关注，其不同于一般的机械式、任务式的教学模式，而是更加关注学生的感受，保护了学生的合法权益，以培养受教者的能动性为主，为培养人才的过程中注入了更多真情实感，使教育成为更有温度的存在。艺芳女子学校之办学理念不仅在当时遥遥领先，在今日亦有深刻的启迪意义：教育，当以人为本。教师应当走向学生身边，尽职尽责，循循善诱，陪伴他们探索奥秘，在学校中创设平等、尊重、合作、民主的学习环境和营造教学氛围，使学生在知识层面的授业、解惑中完善人格，也使教师这一职业在立德树人的过程中更显神圣、庄严。教学相长，此之谓也。

陈东原

陈东原（1902—1978），安徽合肥人，1929 年毕业于北京大学教育系。1937 年留洋回国后，曾任安徽省教育厅督学、安徽大学教授、教育部督学兼社会教育学院教授、国立师范学院院长、重庆女子师范学院院长兼教授。陈先生长期从事教育管理和教育科研工作，尤专中国教育史。其主要著作有《中国教育论》《中国古代教育》等，1936 年出版的《中国教育史》影响尤大，被誉为"第一部中国教育史专著"。

本院的历史使命

距今一千八百年前，东汉有一个青年想找一位优良的教师，便跑到当时评衡人物的大师郭林宗面前去求教。郭先生答复他八个字，说："经师易得，人师难求！"这八个字写在《后汉书》里，便一直成为评衡教育成效的最好标准，而且到现在都有价值。汉代经生，重视章句口耳之学，《汉书·儒林传》赞，称汉儒"一经说至百余万言"。桓谭《新论》谓"秦近君说《尧典》篇目两字之谊，至十余万言；但说'曰若稽古'，三万言"，口说过多，力行遂少，所以郭林宗说他们是经师不是人师。历史上的人师，不是没有。春秋之世，孔墨，徒满天下，影响后世，至久至广，其为人师，自不待言。宋明间朱陆王，讲求性命之学，不管他们的学说合不合现代的思想，他们都发生过很大影响，他们都确是人师。除却这些卓卓著称而外，二千余年来，蓬门僻巷，老死牖下，在那无数的教师之中，一定也有不少的人师，尽了他的责任，发生过很多的影响。不过或仅为一地方所崇拜，或则竟没没无闻罢了。虽然如此，自汉迄今，因为经书考试是正统的教育，在这种要求下，毕竟是经师多于人师，故其结果，遂演成习斋①所说"言悖于孔孟谬也，言不

---

① 习斋：清初思想家、教育家，颜李学派创始人颜元。原字易直，更字浑然，号习斋。

悖于孔孟亦谬也"的现象。

教育是培养人的。在人类社会的关系里，心与心的接触，人格与人格的融贯，没有比教师与学生之更为密切接近、影响更大的。三十年前，教育科学化的主张，甚为重视，教育行政者和教师，知道了很多教学方法、教学技术，但对于这些技术方法的基本理由、究竟目的反忽略了。现在的教育思想，已在那里转变，至少美国的教育学说，业已有了转变的趋向。如同统整学说的提倡、师范教育的重视，以及文化陶冶的加强，都可说是这种趋向的代表。教育是艺术或是科学，成为教育思想上的大论点。许多教育学者认为课程、组织及设备，虽在教育上居重要地位，而更其重要的，是有待于活的教师之运用。这种趋向就是认为人师较经师为重要的证据。

人师为什么重要？我们只要看人师所应备的条件，就可明白。人师应备的条件，大体说来，应当是：

一、把握住教育目标，切实去做。

二、应有哲学素养，以及对于人生的了解。

三、应有广博的知识基础、研究学问的兴趣。

四、应于其所教学科，有比较专门的研究。

五、应具领导青年的热忱，为学生的模范。

六、应具国家民族的眼光，为社会事业的领袖。

以上六点，实是现代人师应备的基本条件。

有人以为，良好的教师，是天生的，不是培养的。具有这种误解的人，可说很多。其实，若就上述六种条件而论，哪一种不需有教育的造就？因为，要想具备上述的六种条件，必须具有优良的品格，如同创造力、想象力、学习力、聪明、远见、风采、仪表、学识、健康，以及光明的胸襟、活泼的态度、诚实、谨慎、谦和、忍耐、勇敢、敏捷、乐观、向上等种种优良的品德。必是有了优良的品格，然后易于造成上述的条件。而这种优良的品格，虽然一部分属于天生，大部分却都是由于启发、暗示，因环境与教育之不同而改变其程度的。所以师范教育，倘认真去办，一定可收着效果。本院成立于师范学院制度的创建之时，忽忽迄今，恰满十年，过去方针，一是以造就人师、充实教育灵魂、改进中国教育为责任。东原受命于艰难困窘之时，缅维①过去历史，自当兢兢业业，继续人师之造就。不过，要想完成本院所负的使命，断非少数人之努力为已足，必须全体教师，热诚坚定，有意识地领导全体同学，共同一致，认识人师意义的伟大，把握住时代的需要，身体力行，潜修奋进，然后，才足以完成这伟大的历史使命，奠定我国师范学院制度的基础。

（孔春辉主编：《师范弦歌：从蓝田到岳麓》，湖南师范大学出版社 2008 年版，第 14-15 页。）

📑 评析

此文写于 1948 年，陈东原时任国立师范学院院长。此文深刻之处在于陈东原提出了经师与人师这一对概念，并进行区分。陈东原认为，人师相对于经师而言，最大的不同在于他不仅仅传授知识，还教会学生如何做人，而国立师范学院的使命便在于培养优秀的人师。陈东原对人师的基本条件，从教育目标、哲学素养、知识基础、学科研究、领导热忱、民族眼光等多个方面提出了具体的要求，勉励师生将自己造就成为对国家、社会有用的人才。

先教做人，再教学问，这一教育理念在中国历史中已传颂千年之久。《大学》开篇即讲："大学之道，在明明德。"《尚书·虞书·尧典》云："克明俊德，以亲九族。"可见教师培养人的首要任务在于引导学生体悟明德，树立正确的价值观，培养良好的道德品行，保持积极的人生态度，拥有健康的生活旨趣，这也是身为人师的责任所在。立业先立德，教师应当引导学生系好人生的第一粒扣子，在明大德、守公德、严私德的基础上，进而传授技能，以科学的知识解惑，从而在为国家和社会培养优秀人才的过程中，完成人师的历史使命。

---

① 缅维：遥想。

后记

　　一晃十余年过去了。幸运的是，当时并不惘然。2010 年编这本书时，我还是一个留校不久的助理研究员。承蒙朱汉民老师信任，将编撰教育卷这一重任交给我。我花了两年时间翻阅"湖湘文库"中的各家文集。应该说，那是一段难得的读书时光。本来为了完成遴选篇目的任务，宜有针对性地浏览和速读，可我常常信马由缰地通读，又常常广泛地查阅相关文献，所以总体进度并不是很快。2012 年夏天，此书基本完稿，之后我出国访学一年，《湖湘文化名著读本 教育卷》最后付梓已经是 2014 年了。

　　孟子曾借伊尹之口说："天之生此民也，使先知觉后知，使先觉觉后觉也。"湖湘的一代代先知先觉者发扬士大夫精神，创新儒学，力主教化，使一代代后知后觉者义无反顾地奔赴思想文化的前沿，守先待后，筚路蓝缕，宏开风气之先，终成中流之柱，道德文章、事业功业，粲然可观。近年来，我先后主持了国家社科基金项目"宋代礼学与理学""汉宋礼学研究""中国礼教思想史"等。回首过去，我发现自己对于理学、礼教的认识，其实很大程度上得益于此书的编著。在《湖湘文化名著读本 教育卷》中，湖湘名人对中华优秀传统文化的继承和发扬，深深地影响了我对中国地域文化、中国古代教育的认识和研究。

　　2023 年 9 月接到湖南大学出版社的修订任务以来，我又重读了一遍书稿。鉴于当年选入篇目较多，覆盖面也比较广，本次修订主要是对篇目进行了重新审视，合理增删，对引用底本进行了校订，同时对人物简介、注释以及评析进行了大量优化。我指导的博士生刘文鹏、孙东煜在此次校订中贡献良多。此次校订其实又是一次自我教育。日常教学中，我教授的对象主要是岳麓书院中国哲学、中国思想史方向的本硕博学生。成为什么样的人，立志做怎样的学问，如何修养身心，仍然是我们师生朝夕都需要共同面对的深切著明的问题。湖湘教育致力于培养经世济民的人才，但愿这一湖湘文化名著读本能给我们力量和启示。

殷　慧

2024 年 10 月 12 日于岳麓书院胜利斋